Jochen Sohn
Die Welt im Aufschwung

Jochen Sohn

Die Welt im Aufschwung

Rediroma-Verlag

Bibliografische Information der Deutschen Nationalbibliothek:
Die Deutsche Nationalbibliothek verzeichnet diese Publikation in der Deutschen Nationalbibliografie; detaillierte bibliografische Daten sind im Internet über http://portal.dnb.de abrufbar.

ISBN 978-3-98885-401-8

www.rediroma-verlag.de

23,95 Euro (D)

Zusammenfassung

Ich prophezeie über „gezielte" Wanderungen in der Welt den Weltfrieden. Über Grenzen, Freiheit und vor allem Wiederaufbau entsprechend der Länder wird persönlich und vom sozialen Stand die Gleichheit erreicht und garantiert.

Gott ist nur gut, der Mensch ist auch gut, allerdings mit Fehlern behaftet, die manchmal auftreten. Das Böse, wie man früher sagte, und Angst machen, gibt es nicht mehr. Gott hat das Spiel gemacht, und er wird mit uns siegen. Eine zweite Erde gibt es nicht. Der Mensch tendiert als Priorität absolut zum Guten hin, nicht dem Bösen. Hat der Mensch zu wählen, er würde den guten Weg einschlagen.

Es gilt, alles umzuwandeln und der Richtung von Gott zu folgen, ins Gute. Erreicht man das nicht, ist man nicht nur vor Gott schuldig.

Den Hang zum Bösen hat man nicht, man kann nur über eigene Fehler zum böse sein verleitet werden.

Wir streben somit durch Gleichheit aller Menschen zum Guten, um im Paradies (unserer alten Erde) leben zu können und zu dürfen.

Ein mögliches Weltprojekt, für die Ewigkeit.

Vorhandene Migranten dürfen bleiben, nachrückende müssen legal einreisen und wie alle anderen Bewohner dieser Welt auch Wiederaufbauarbeit leisten.

Ist die Gleichheit und der soziale Stand der Länder als identisch erreicht, gibt es kein Migrationsproblem mehr. Und alle sind glücklich.

Inhalt

Das Vorwort

Zum Frieden in der Welt.

Die Welt muss die Lebensqualität, sowie den Standard identisch und als gleich ansehen, vertreten und auch als Mensch sich gleich fühlen dürfen.

- **Alle Menschen führen zum Frieden.**
- **Alle Menschen sind letztlich nur gut.**
- **Alle Menschen haben seit Geburt Fehler.**
- **Das Böse gibt es nicht.**
- **Alle Menschen tendieren zum Guten.**
- **Eine Verurteilung dessen, wer dem Guten ausweicht, ist rechtens.**
- **Gott ist nur gut.**
- **Gott hat keine Fehler.**
- **Gott gibt es, pro Religion, pro Person, und den Gott für alle, die Sonne für alle.**
- **Gott ist geschlechtslos und ist überall.**
- **Gott ist Streit fremd.**
- **Wenn uns unsere Götter vertrauen, gewinnen wir.**
- **Verantwortung und Haftung, so wie es geht, gebündelt und zielgerecht, von jedem.**
- **Kein einzelner Mensch kann und darf die Welt alleine retten.**
- **Freie Wahlen, immer und überall.**
- **Eine komplette Mannschaft zur gleichen Zeit auswechseln sollte man nicht.**
- **Liebe regiert die Welt.**
- **Irren ist menschlich, zu glauben, gut.**
- **Bild dir deine Meinung.**
- **Jeder weiß, was gut ist.**
- **Fehler muss man finden.**
- **Jeder wird und bleibt gut.**
- **Rache ist Völkermord.**
- **Krieg als Wirtschaftsunternehmen ist falsch.**

- **Wer sich nicht nur zu Hause so geben kann, wie er ist, ist glücklich.**
- **Jeder trägt Kultur in sich.**
- **Eine heile Welt gibt es schon, das Paradies.**
- **Jeder hilft, und die Welt arbeitet zusammen.**
- **Legale Migranten leben überall, wo immer sie benötigt werden.**
- **Illegale momentan vorhandene Migranten haben Bleiberecht.**
- **Arbeit gibt es genug.**
- **Eine freie Orientierung muss gegeben sein.**
- **Der Mensch ist Mensch.**
- **Verallgemeinerungen können ein Ziel bedeuten.**
- **Punktgenaue Spenden, helfen viel.**
- **Verständliche Sprache nutzen.**
- **Finde Menschen, die du magst und die mit dir gemeinsame Ziele verfolgen.**
- **Jeder erreicht das Bewusstsein zum richtigen Leben.**
- **Auf der Erde gibt es schon jetzt Menschen im Paradies.**
- **Gott lässt den Menschen auferstehen oder über Fehler wiederholt prüfen.**
- **Auch wenn der Mensch den Weg kennt, er ist schwach.**
- **Das wird ein Fest.**
- **Du wirst gewinnen.**
- **Manche Dinge sind für die Liebe nur nach Bedacht eingeschränkt verträglich.**
- **Ältere Menschen verbauen Jüngeren die Zukunft nicht.**
- **Werden Fehler nicht erkannt, verliert man den Weg zum Guten.**
- **Ob es Wunder gibt, die einem Angst machen können, glaub ich manchmal nur.**
- **Zum Beispiel ist es ein Fehler, lebenslang auf die Eltern zu hören.**
- **Ein Fehler ist es auch, das Gute im Menschen anzuzweifeln.**
- **Misshandlungen und Intoleranz sind Fehler.**
- **Sich nicht bewusst nach seiner Tendenz zum Guten zu orientieren, ist ein Fehler.**

- **Einfach nicht nach Fehlern zu suchen, ist ein Fehler.**
- **Die Gerechtigkeit und Meinungsäußerung zu missachten, ist ein Fehler.**
- **Vermeide jeden Fehler.**
- **Mache auf Fehler aufmerksam.**
- **Lasse niemanden links liegen.**
- **Fehler macht man auch, wenn man sich zu viel vornimmt.**
- **Gott storniert, nimmt weg, beginnt neu oder verlängert Weltliches.**
- **Der erste Eindruck, kann so gut sein, dass man sich zusammennehmen muss.**
- **Achte die Privatsphäre und andere Meinungen.**
- **Behandle andere, wie du auch behandelt werden möchtest.**
- **Wichtig ist der Mensch nicht.**
- **Wir werden bei dir sein und siegen.**
- **Die letzte Entscheidung haben alle zusammen.**
- **Man muss das bewerten, was man sagt, und nicht das, was man hören möchte.**

Die Erde

Die gängigste Theorie zur Entstehung des Universums, ist der Urknall.

Nach einer Explosion von einer extrem heißen und glühenden winzigen Masse sind kleine, mittelgroße und große Elemente („Himmelskörper") entstanden. Die ungleich großen Teile haben sich nach der Explosion unterschiedlich schnell abgekühlt. Sie flogen umher und sind entweder miteinander verschmolzen oder es entstanden durch dezentrales Aufeinanderprallen im schwerelosen Raum Rotationen bzw. Anziehungskräfte.

Je größer und schwerer die Körper waren, umso mehr zogen sie kleinere in ihre Umlaufbahn und um sich. Im All drehen sich alle Körper um sich selber oder auch zum Teil um andere Körper. Die Himmelskörper leuchten ständig oder sie leuchten nur kurzzeitig aufgrund einer Reflexion oder Kollision. Der Urknall ist kein Werk eines Menschen und beruht nur auf rein physikalischen Gesetzen.

Das Sonnensystem ist nur ein Teil des großen Universums bei dem sich acht Himmelskörper, die sogenannten Planeten (Merkur, Venus, Erde, Mars, Jupiter, Saturn, Uranus und Neptun) in unterschiedlichen Abständen um die leuchtende und wärmende Sonne drehen. Je weiter die Planeten von der wärmenden Sonne entfernt sind, umso kälter sind sie auch. Für die von der Sonne aus gesehen an dritter Stelle kommenden Erde gilt: Die Sonne erwärmt die Erde genau richtig, am Äquator stärker als an den Polen, weil sie bei gleicher Intensität und zeitbedingt am Äquator viel mehr Fläche bestrahlen kann.

Es trifft strömende Kaltluft von den Polen auf Warmluft vom Äquator. Warmluft, die an Kaltluft vorbeifließt, dehnt sich mehr aus als die Kaltluft und es entstehen Druckverhältnisse die Winde hervorrufen.

Der Hauptwindstrom um die Kontinente der Erde, der Jet-Stream, fließt je nach Temperaturdifferenz in der Luft und der Beschaffenheit der Erdoberfläche, beeinflusst durch viele kleine Kalt/warm-Windbewegungen, ebenso wie die Bebauung der Erde unterschiedlich ist.

Die Ozeane spielen bei der Wettergebung bei der Luft und dem Wasser mit ihrem Golfstrom auch eine entscheidende Rolle. Die Ozonschicht, der schützende Mantel um die Erde, der magnetische Feldmantel durch das flüssige Eisen im Erdkern sowie Wasser- und Luftströmungen sorgen für das Überleben für alle Lebewesen auf der Erde.

So viel man heute weiß, ist ein Leben außerhalb der Erde entsprechender Sonneneinstrahlung und des fehlenden Wassers auf den anderen Planeten oder im All für uns nicht möglich.

Solange die Entwicklung uns nicht eines Besseren belehrt, ist die Erde für uns alternativlos und der beste Planet für alle.

Unsere Zeit auf der Erde kann jedoch begrenzt sein, achten wir nicht auf uns, auf unsere Verschmutzung und Erwärmung durch Abgase und Verunreinigung durch schädliche Abfallprodukte.

Die fünf Hauptreligionsarten

Das Christentum mit 2,0 Milliarden Gläubigen
Der Islam mit 1,6 Milliarden Gläubigen
Der Hinduismus mit 1,0 Milliarden Gläubigen
Der Buddhismus mit 0,5 Milliarden. Gläubigen und
Das Judentum mit 0,15 Milliarden Gläubigen
Religionsgemeinschaften haben sich weltweit immer wieder jahrhundertelang verfolgt und bekämpft. Heutzutage gibt es in dem Sinne keine Glaubenskriege mehr, jedoch beanspruchen einzelne Religionen jeweils für sich immer noch einen führenden Stellenwert, obwohl sie in ihrer Einstellung zum Überirdischen sehr ähnlich sind.

Durch ihre unterschiedlichen Vorschriften, Pflichten und Ausübungen stehen sie oft in Konflikt und in Auseinandersetzung miteinander. Alle Religionen versuchen, den guten Menschen zu prägen, und alle Religionen müssen jedoch ihre Daseinsberechtigung haben.

Jede Religion glaubt an Wunder und an eine gute Zukunft.

Musik ist Teil jeder Religion.

Der Staat steht über der Religion, darf und sollte sich aber nur bedingt und nicht unmittelbar über Religionsfragen äußern.

Jede Religion kennt Heilige.

Bei jeder Religion muss man Opfer bringen und je nach dem streng nach Regeln leben.

Jede Religion an sich möchte verursachen, dass der Mensch glücklich wird.

Jeder Mensch hat bzw. braucht eine Religion oder eine ähnliche Lebensphilosophie in seinem Leben, um sinnvoll existieren zu können.

Die Hauptgemeinsamkeit von allen Religionen oder Glaubensgemeinschaften ist, dass der Mensch seine schlechten Eigenschaften ablegt und den Weg zum Guten findet.

Alle Religionen müssten sich den aktuellen Stand der Völkerverständigung stellen und sich gegenseitig anpassen, ohne dabei die eigene Identität zu verlieren.

Leben wollen

1. Frieden ist das Ziel, unter Einhaltung weltweiter Menschenrechtsverbindlichkeiten.
2. Schlechte Laune kann unangenehm wirken.
3. Keine Leistung bleibt auf Dauer gleich gut.
4. Man kann nicht nur an das Gute oder nur an das Böse glauben, was auch falsch wäre.
5. **Alle Menschen haben die Tendenz zum Guten.**
6. Denken oder handeln die Menschen schlecht, dann vergehen sie sich an ihrem eigenen vorgegebenen Weg zum Guten.
7. Jede Staatsform bietet jede Religionsrichtung an.
8. **Die Religion oder der Glaube sollen immer als gleich und wählbar angesehen werden und in jedem System vertretbar sein können**.
9. Über die Zeit ändert sich dein Leben immer.
10. Bedingungslose Liebe gibt es nicht und darf es auch nicht geben.
11. Man sollte versuchen, die Fehler des anderen akzeptieren zu wollen.
12. **Die Welt zu verbessern, muss das Ziel eines jeden sein.**
13. Das reelle Gefühl über Dauer übertrifft den momentanen Zustand entscheidend.
14. Man sollte sich in den anderen reindenken, um sich ihm anpassen zu können.
15. **Im Leben gibt es immer Dinge, die man nicht herleiten kann, sondern auswendig lernen muss**.
16. Um richtige Ratschläge zu bekommen, muss sich derjenige erst mal geöffnet haben.
17. Versuche, Veränderungen zunächst dir selber bewusst zu machen.
18. Richtig leben heißt, den anderen als wichtig anzusehen.
19. Wer den anderen ernst nimmt, gewinnt sein Vertrauen.
20. Man darf Kindern nicht unnötig Angst machen, jedoch auch nicht versuchen, ihnen die heile Welt vorzuspielen.
21. Gemeinsames Lachen hilft.
22. Man darf keine Kosten unnötig verursachen, die die nachfolgende Generation bezahlen muss.

23. Wer nur gute Erfahrungen macht, lernt fürs Leben nichts dazu.
24. Übermäßige Kontrolle schadet nur und hilft nicht.
25. Dinge, die ich gut kann, mache ich auch gerne.
26. Freunde kann man sich aussuchen.
27. Optimismus setzt Widerstandskräfte frei.
28. In Teamsitzungen erarbeitet man sich mehr als alleine.
29. Das Gefühl, dass man geliebt wird, stärkt ungemein.
30. Im fitten Körper steckt ein fitter Geist.
31. Ohne Tagesstruktur keine Zufriedenheit.
32. **Versuche, andere Menschen so zu sehen, wie sie wirklich sind.**
33. Man muss mit dem, was man tut, zufrieden sein.
34. Man merkt leider oft viel zu spät, was man falsch gemacht hat.
35. Ohne sich Ziele zu setzen, ist kein glückliches Leben vorstellbar.
36. Wer nicht vermitteln kann, tut sich sehr schwer in der Gemeinschaft.
37. Wer sein Leben nur im Luxus verbringt, verliert den Bezug zur Realität.
38. Nur wenn man weiß, was man will, kann man sich dem Anderen gegenüber öffnen.
39. **Seine Erfahrungen muss jeder selber machen.**
40. Es allen Menschen gleichzutun, geht nicht, man sollte es auch nicht versuchen.
41. Wer anderen nicht hilft, darf von ihnen auch nichts erwarten.
42. Bleib deiner Linie treu und es geht dir gut.
43. Ohne Motivation stagniert der Mensch.
44. Manchmal muss man sich schnell entscheiden können, manchmal muss man langsam warten.
45. **Es tut gut anderen zu helfen**.
46. Was man behauptet, muss man auch begründen können.
47. Man durchlebt im Leben mehrfach eine Krise.
48. **Wer Schlechtes tut, verrät die eigene Menschlichkeit.**
49. Stellt man sich in die zweite Reihe, ist man oft genauso gut, dran.
50. Man muss mit Leitlinien leben können.
51. Alles optimal zu, behandeln, geht nicht.

52. Das Alter macht weise und gelassener.
53. **Finde die Qualitäten, die nur du dein Eigen nennst**.
54. Demonstrationen sind erlaubt und machen oft Sinn.
55. Wer immer nur das Beste glaubt, kann leicht enttäuscht werden.
56. Humor ist wichtig und lustig sein ist nicht verkehrt.
57. Handle, als ob es für alles eine Lösung gibt.
58. **Die Menschen kommen mit mehr guten als schlechten Eigenschaften zur Welt**.
59. Zwang erzeugt Angst, Widerstand und Blockade und führt nicht zur Lösung.
60. Isolierte Menschen werden psychisch und körperlich krank, wir brauchen einander.
61. Etwas verbessern zu wollen, ist immer die richtige Idee.
62. Nichts in deinem Leben ist sicher, ohne eine Warnung und einem Versprechen.
63. **Suche stets, das Gute im Menschen**.
64. Wenn man versucht, alle Wege zusammen zu machen, geht man letztlich getrennte Wege.
65. Wenn böse sein Spaß macht, muss man eine Pause machen.
66. Den Satz. Es geht nicht, darf es nicht geben.
67. Tue nur das, was du auch allein für richtig hältst.
68. Das Sterben an sich ist nicht mit Schmerzen verbunden.
69. Probleme anderer darf man sich nicht zu eigen machen.
70. Reden hilft, Schranken abzubauen.
71. Zeit zu haben, gilt zu Recht mit als das Wichtigste im Leben.
72. Gelegenheiten können einmalig sein.
73. Ohne genügend Schlaf ist ein gutes Leben unmöglich.
74. **Seine Grenzen muss man kennenlernen**.
75. Fast jeder merkt unmittelbar, was gut für ihn ist.
76. Wir brauchen eine Vorstellung für ein Leben nach dem Tod.
77. Sei zufrieden damit, wie es dir geht, und du bist frei.
78. Jeder muss es guthaben können.
79. Verstehen, ausführen, verändern und dabei konsequent bleiben ist ein Muss.

80. Ohne Widerstand kein Freiheitsgedanke, ohne Freiheitsgedanke kein Widerstand.

81. Man sollte sich jeden Tag etwas Schönes vornehmen.

82. Glück und Unglück folgen oft direkt oder umgekehrt aufeinander.

83. In der Normalität liegt die Vielfalt.

84. Niemand darf alleine gelassen werden.

85. Gedanken, über die man nachdenken muss, sind tief in uns.

86. Einen guten Geschmack auszuleben, kostet unnötig viel Geld.

87. Eine Vielzahl von optimistisch denkenden Kulturen, auch schon in der Anfangsphase, in jedem Land vertreten, wäre ein schöner Traum.

88. Komplimente hört man immer gerne, Kritik gerne zu hören, muss man lernen.

89. Höre den anderen an, bevor du ihn verurteilst.

90. Zu Beginn ist jede Meinung von Bedeutung.

91. Gehen Fußballvereine an die Börse, spekuliert man auf die Gesundheit und die Kondition sowie die Torgefährlichkeit einzelner Spieler mit Gewinn oder Verlust, auf Risiko mit schwindelerregenden Summen. (Ein Lotteriespiel ohne erkennbaren Nutzen, das es nicht geben dürfte, da es auch nur für fiktive immer steigende Umsätze sorgt.)

92. Viele Sportler und auch Prominente lassen sich ihre Bekanntheit in Form von Werbung teuer vergüten. Die Sonderzahlungen für im Grunde Nichtstun und ungerechtfertigte zusätzliche „Ausschüttungen“ sind ungerecht, und widersprechen auch dem marktwirtschaftlichen Denken.

93. Wenn man gegen etwas ist, muss man sich auch entsprechend verhalten.

94. Kein Land sollte zur Sorge vieler, automatisch für ein anderes Land haften müssen, wobei der Gedanke zur Gleichheit und Einheit im Vordergrund stehen muss.

95. Wer sich nur zwischen zwei Alternativen entscheiden muss, hat es gut.

96. Böses zahlt sich nie aus, man „verschuldet“ sich.

97. Hat man an allem etwas auszusetzen, wird man nicht glücklich.

98. Man kann nie so genau reagieren, wie es vom anderen gewünscht wird.

99. Wenn jemand weniger weiß oder weniger kann, heißt das nicht, dass die Person weniger wert ist.

100. Der Wert einer Anlage darf sich nicht im Allgemeinen ins Unerschwingliche in kurzer Zeit verändern.

101. Wer ständig nach Kompromissen sucht, findet auch nur Kompromisse.

102. Darauf, wie etwas gesagt wird, sollte man erst im zweiten Anlauf achten.

103. Es darf mir nicht zu viel ausmachen, nicht immer in der Lage zu sein, positiv auf andere zu wirken.

104. **Jeder muss zu Lebzeiten versuchen, mit sich ins Reine zu kommen**.

105. Zur Organspende muss man bereit sein.

106. Versuche immer, den richtigen Zeitpunkt abzupassen.

107. Man muss sich ersetzbar machen können.

108. Am Ende des Lebens fragt man sich, ob man zu Lebzeiten gut war.

109. Erst alleine, dann gemeinsam.

110. Ein Grundeinkommen für Berufseinsteiger, aber auch eine Grundrente muss es geben, wenn lebenslange Arbeit und die Ausbildung einen Wert haben sollen.

111. Manager, Vorstände, Fußballer oder Schauspieler verdienen viel zu viel über Gehälter und zusätzliche Nebeneinkünfte, die im Einzelfall verhandelt und selbst beim Rausschmiss noch bezahlt werden müssen.

112. Jede neue Aufgabe richtig zu erfüllen braucht Zeit.

113. Wer mehr weiß, sollte auch Verantwortung tragen.

114. Angst kann Entscheidungen beeinflussen.

115. Wir werden zu besseren Menschen, indem wir mit anderen zusammen sind.

116. Firmen zahlen Prämien, für erreichten Umsatz und das Klima durch die Zufriedenheit der Mitarbeiter.

117. In schwierigen Zeiten müssen sich Freundschaften besonders bewähren.

118. Man sollte nicht immer nur sagen, was man meint, sondern auch, was man gerne möchte.

119. Manche Dinge müssen direkt erledigt werden.

120. Ob man den anderen wirklich liebt, stellt sich eigentlich nicht erst spät heraus.

121. Wer nichts lieben kann, kann kein Glück empfinden.

122. Wer Böses zulässt, kann sich schnell selbst zum Verbrecher entwickeln.

123. Zum täglichen Leben gehört dazu, sich ärgern zu dürfen.

124. Existenzängste dürfen nicht zur Kapitulation führen.

125. Man kann nicht immer der liebe Mensch sein, aber man kann immer ein Mensch bleiben.

126. Ein Kopftuchverbot wäre diskriminierend und der falsche Weg.

127. Jeder freut sich darauf, nach sinnvollen Werten zu streben und Anerkennung zu bekommen.

128. Menschen besitzen die Fähigkeit, sich entscheiden zu wollen und zu können.

129. Lerne, dein Verhalten zu deuten, damit du Missverständnisse vermeiden kannst.

130. Wird nichts gebraucht, muss auch nichts produziert werden.

131. Intelligente Menschen sind nicht automatisch gut.

132. Der Weg zum Glück führt über Stufen der Zufriedenheit.

133. Auch der, der mit leeren Händen kommt, kann etwas geben.

134. Suche den Moment, um glücklich zu sein.

135. Über das Glück anderer kann man selbst glücklich werden.

136. Du bist das für andere, wie du dich zur Schau stellst.

137. Die Zukunft ist nur über Gemeinsamkeiten erreichbar.

138. Druck kann man nur eine Zeit lang ertragen.

139. Nur über Veränderungen kann man sich weiterentwickeln.

140. Man muss negative Gedanken akzeptieren, um positiv denken und handeln zu können.

141. Süchte besiegt man in der Regel nicht beim ersten Mal.

142. Bewältige die Vergangenheit, setze dir Ziele für die Zukunft oder „lebe“ in der Gegenwart.

143. Alle Menschen sind anders, das heißt, sie denken und handeln anders als du.

144. Ein flexibler Staat braucht eine flexible Bevölkerung.

145. Mit einem Unglück ist das Leben noch nicht zu Ende.

146. Theorie ohne Praxisbezug macht keinen Sinn.

147. Geht man nur nach Regeln vor, büßt man Flexibilität ein.

148. Ohne Berücksichtigung des Vergangenen kann die Zukunft nicht gestaltet werden.

149. Mache es erst dir recht und dann den anderen.

150. **Der Mensch entscheidet sich initiativ stets für den richtigen Weg**.

151. Jeder muss Qualitäten zu schätzen wissen.

152. Wie im Leben kommt es auch im Alltag immer auf die Dosis an.

153. Keiner kann einem letztlich wichtige Entscheidungen abnehmen.

154. Man muss sich selber, so wie man ist, akzeptieren.

155. Dreh dich nicht ständig um, der Sinn des Lebens liegt vor dir.

156. **Eine Liebe ohne Prüfungen gibt es nicht**.

157. Jeder Mensch lügt in seinem Leben.

158. Der Sinn des eigenen Lebens muss erstrebenswert bleiben.

159. Die Natur bestimmt unser komplettes Leben.

160. Jeder Mensch freut sich anders.

161. Man muss sich wahrscheinlich erst Ziele setzen und sich erst dann, fast zeitgleich, überlegen, wie man sie erreichen kann.

162. **Keine Integration ohne Toleranz und Zusammenleben**.

163. **Geregelter häufiger Wechsel in der Staatsebene, Stabilisierung des Lebensstandards über ihren Einkauf, Beschränkungen, Zölle, Vereinbarungen und die Lohnstruktur, müssen einheitliche angepasste Regeln sein.**

164. Unbekanntes reizt.

165. Die Anbauflächen für Nahrungsmittel und deren Vielfalt nimmt in der Welt im Lauf der Zeit immer mehr ab.

166. Auf der Welt werden in Zukunft voraussichtlich immer mehr Menschen leben.

167. Der Klimawandel reduziert Landflächen.

168. Erst wenn es beim anderen etwas zu ergründen gibt, interessiert man sich für ihn.

169. Eine zu hohe Konzentration des Wohlstandes darf es nicht geben.

170. Neid liegt an den Genen und hat jeder.

171. Keinen Menschen kann man gegen einen anderen Menschen austauschen.

172. Was einem in einer Beziehung guttut, muss man herausfinden.

173. Wer zu viel am Computer sitzt, verlernt Emotionen.

174. Gib dich, wie du bist, die Wende zum Guten trägt jeder in sich.

175. Manche Entscheidungen erfordern den richtigen Moment.

176. Die Menschen entscheiden sofort, was sie für Gut und Böse halten, jedoch sind ihre Vorstellungen davon sehr unterschiedlich.

177. Radikalisierte Menschen sind gefährlich.

178. Man muss immer daran glauben, eine noch bessere Lösung finden zu können.

179. Wenn es in Industrieländern zur Armut kommt, verfällt die Bevölkerung leicht ins rechtsextreme Lager.

180. Aus dem Dunkeln führt immer ein Weg zum Licht.

181. Ein Existenzminimum darf niemand kürzen, ganz im Gegenteil, es steht jedem in der Welt zu.

182. Das intensivste menschliche Empfinden ist der Kontakt von Haut zu Haut.

183. Wer glaubt, die Weisheit mit Löffeln gefressen zu haben, ist psychisch angeschlagen und braucht Hilfe.

184. Wer sich im Detail verliert oder pauschal denkt, hat keine Chance, positive Veränderungen voranzutreiben.

185. Der richtige Weg zum Ziel heißt Ausprobieren.

186. Suche nicht nach einem Glück, das nur dich betrifft, denn das gibt es nicht.

187. Die Todesstrafe zu verhängen, ist falsch.

188. Grundlegende Vorschriften helfen nur, wenn sie in allen Ländern der Welt gleich praktiziert werden.

189. Egoistischen und undankbaren Menschen muss man die Unterstützung verweigern.

190. Komplexe Lebensphilosophien versteht nicht jeder und nicht in jeder Lebenslage.

191. Wird von einem Medikament die Dosis erhöht, können auch die negativen Nebenwirkungen entsprechend zunehmen.

192. Jemandem zu zeigen, dass man ihn nicht mag, ist oft ein Fehler und manchmal unvermeidbar.

193. Finanzielle Unterstützung muss es für mittel- und geringverdienende Menschen, speziell mit vielen Kindern in sozial schwächeren Familien geben.

194. Eine globale Aufgabe ist es, Entwicklungs- und Schwellenländern bei der Reduzierung ihres CO2-Ausstoßes zu helfen und sie finanziell dabei zu unterstützen.

195. Nicht nur die Politik muss man eine Vielzahl von Maßnahmen in unterschiedlichen Bereichen umsetzen, um die richtige Lösung ansteuern zu können.

196. Gut sein macht Spaß, das heißt aber nicht, dass man nur gut ist, wenn man Spaß hat.

197. Jede Gesellschaft braucht Menschen, die für sie einstehen und für ihre Rechte kämpfen.

198. Die Liebe seines Lebens verlässt man nie.

199. Man sollte in einer Beziehung niemals versuchen, den Partner bloßzustellen.

200. Man muss loslassen können.

201. Derjenige, der liebt, strahlt Glück und Liebe aus.

202. Durch Verbote kann man Missstände kurzzeitig beseitigen, aber nicht beheben.

203. Erfolgserlebnisse helfen, über schlechte Stimmungslagen hinwegzukommen.

204. Nicht jeder Widerspruch ergibt Sinn.

205. Vorschriften können helfen, den richtigen Weg zu finden. Gebote dagegen leider nur schwer.

206. Jeder Hinweis, Vorschrift oder Gesetz ist auch zeitlich begrenzt zu deuten.

207. Sich gegenseitig zu stärken, ist ein Muss.

208. Auch Konfessionslose glauben an etwas.

209. Terroristische Anschläge können aus unterschiedlichen Motivationen entstammen und lösen Hass und Gegengewalt aus.

210. Die Psyche setzt Grenzen.

211. Man sagt, Sterbende können noch hören, wenn andere Sinnesorgane schon nicht mehr funktionieren.

212. **Die Zeit bringt die gerechte Veränderung**.

213. Wer sich nicht öffnet, kann nicht geliebt werden.

214. Wer sich ärgert, blockiert seine positiven Ströme.

215. Verurteile niemanden, nur weil er sich abreagieren oder Luft machen muss.

216. Um sich von Hassgedanken zu lösen, muss man sich auf positive Gedanken berufen.
217. Wer nicht aus Fehlern lernen kann, wiederholt sie.
218. **Liebe ist eine Kraft ohne Richtung**.
219. Wer liebt, lebt länger und besser.
220. Sich schön anzuziehen, reicht nicht aus, um sich glücklich zu fühlen.
221. Die meisten Dinge, vor denen man Angst hat, existieren nicht.
222. Wer sich nicht entscheiden kann, hat Angst vor sich selbst.
223. Jeder Mensch braucht irgendwann mal Hilfe.
224. Das Empfinden für die Zukunft und für die Vergangenheit ist von momentaner Liebe geprägt.
225. Finde deine eigene persönliche Einstellung und richte dich danach.
226. Überall in der Welt kämpfen Menschen für Frieden und Gerechtigkeit.
227. In dem Moment, in dem man glaubt, was darstellen zu müssen, fangen die Probleme an.
228. Die Menschen, die sich nicht selber hinterfragen, verfolgen nicht das beste Ziel.
229. Den Weg zum Glück muss sich jeder selbst erarbeiten, sich plausibel machen und an ihn glauben.
230. Werden Menschen älter, verlieren sie ihren jugendlichen Charme.
231. Immer recht haben zu müssen, ist schwere Arbeit.
232. Viele Reiche geben sich arrogant und eingebildet.
233. Mach dir klar, was du für dich als gerecht ansiehst.
234. Je älter Menschen werden, umso mehr denken sie über den Tod nach.
235. Bereut man die Vergangenheit, hat die Zukunft keine Chance.
236. Alle Tiere ordnen sich in ihrem System der Hierarchie unter.
237. Werden Wahlversprechen nicht unmittelbar umgesetzt, kann man nicht direkt von Täuschung ausgehen.
238. Jede Richtung kann sich ändern und die bessere sein.
239. Nicht jeder Mensch der Angst hat, ist krank.
240. Ehrlichkeit ist eine der wichtigsten Eigenschaften, die man besitzen muss, um mit anderen richtig umgehen zu können.

241. Bestimmen darf man nur über sich selbst.

242. Werden grundsätzlich gleiche Leistungen vom Staat und von der freien Wirtschaft unterschiedlich bezahlt, kann weder von Gerechtigkeit noch von gesundem Wettbewerb die Rede sein.

243. Können Reiche mehr Gesetze für Steuernachforderungen nutzen und geltend machen wie Arme, muss es gerecht und anschaulich machbar bleiben.

244. Wer Gefühle einfordert, verlässt das Gleichgewicht auf Kosten der Toleranz.

245. In einer Demokratie muss man geltende Gesetze und deren Aktualisierungen durch vorab-Meinungsbeschlüsse über die Regierung achten.

246. Pubertierende Kinder haben noch keine gefestigte Meinung.

247. Gesundheit und Glück kann man sich nur bedingt selber erarbeiten.

248. Gastfreundschaft erhält man am meisten in Entwicklungs- und Schwellenländern.

249. Warten ist im Grunde verlorene Zeit.

250. Ohne Wärme, Emotion und Mitgefühl ist leben nur schwer denkbar.

251. Nur über Einstimmigkeit erreichen wir den Frieden, den wir alle wollen.

252. Wer Streit sucht, findet ihn auch.

253. Hass setzt Unzufriedenheit voraus.

254. Sex sollte auch vor der Ehe eine akzeptable Wahl sein.

255. Die Menschen denken zu viel.

256. Eine Einbahnstraße in zwei Richtungen gibt es nicht.

257. Für Menschen, die einem am Herzen liegen, investiert man viel Zeit.

258. An Gesetze muss man sich halten.

259. Akzeptiere mich jetzt so, wie ich wirklich bin, und sieh auch das, was ich denke.

260. Niemand darf vergöttert werden.

261. Ohne selbst zu lieben, empfängt man keine Liebe.

262. Lerne dein Gegenüber sowie auch alle anderen Lebewesen mit ihrer Vielfältigkeit zu schätzen.

263. Kritik in Grenzen verträgt jeder.

264. Man darf sich keines Menschen, aber auch keines Tieres sicher sein.

265. Der letzte Weg ist immer der Weg zum Frieden.

266. Arroganz und Überheblichkeit bemerkt man früh.

267. Psychisch Kranke urteilen meist falsch über ihre eigene und die Gedankenwelt anderer.

268. Grundsätzlich können Übersetzungen von Schriften und Gesängen verschiedenster Konfessionen für ein friedliches Beisammensein sorgen.

269. **Verloren ist nur, was nicht wiederkommt.**

270. Auf jede Frage kann eine Vielzahl von Antworten folgen.

271. Arbeitet der Körper, verbraucht er Energie.

272. Für jeden muss jemand da sein, an den man glaubt und bei dem man Unterstützung findet.

273. Die Kraft und die Macht eines Staates sagt nichts über seiner Menschlichkeit aus.

274. Wenn jeder für sich lebt, finden wir nie zusammen.

275. Eine Beziehung ist der Anfang von allem.

276. Misstrauen kann sehr enttäuschen.

277. Für das Überleben sind Gespräche sowie körperliche Bewegung notwendig.

278. Glaube nicht, die anderen regeln das schon.

279. Die Erziehung der Eltern prägt das spätere Befinden der Kinder.

280. Maßnahmen bei der Erziehung umfassen Loben, bestrafen, spielen, Gefühle zeigen und konsequent sind.

281. Wer Gutes getan hat, der fühlt man sich besser.

282. Wenn jeder die Gedanken des anderen lesen könnte, würde die Welt in wenigen Minuten untergehen.

283. Religiöse Zeremonien muss man achten.

284. Von hier und von da fällt immer auch die Sicht auf dich.

285. Das richtige Handeln ist vorprogrammiert.

286. Teile anderen deine Gedanken mit und du reißt Mauern ein.

287. Menschen aus Krisengebieten sind zu integrieren.

288. Bei der Kindererziehung sind entweder 1.) die Eltern der Chef 2.) das Kind der Chef oder 3.) jeder macht, was er will.

289. Wer sich nicht für gut hält, muss trotzdem gut sein.

290. Die innere Selbstzufriedenheit bedingt nicht die Art der Einstellung.

291. Die Geschichte seiner Eltern, Großeltern und Vorfahren darf man nicht leugnen.

292. Ein Mensch, der voller Liebe ist, möchte nicht sterben.

293. Ist man im Stress, macht man Fehler.

294. Schon der Glaube, was verkehrt gemacht zu haben, sorgt für Unmut.

295. Menschlich ist der, der Fehler macht.

296. Wer zu wenige soziale Kontakte hat, kann leicht auf dumme Ideen kommen.

297. Nicht nur, wenn es einem gut geht, muss man sich sozial verhalten.

298. Man braucht die Gewissheit, bestraft werden zu können.

299. Wer frech wird, kriegt meistens einen drauf.

300. Gefühle zu zeigen, kann sehr schön sein.

301. Ohne Humor kann ein Leben sehr langweilig werden.

302. Verunreinigen und erwärmen wir unsere Erde weiter wie bisher, bleiben Folgeschäden nicht aus.

303. Viele Risiken kann man eingehen, aber nicht jedes.

304. Freiheit ist das Maß für das richtige Zusammenleben.

305. Man muss sich immer anpassen können.

306. Kinder lernen schon im Kindergartenalter, friedvoll miteinander umzugehen.

307. Im Alter lieben die meisten Menschen geordnete Verhältnisse.

308. Gehe den ersten Schritt und du hast deinem vergangenem Ich etwas voraus.

309. Verlasse dich nie auf die Allwissenheit der Obrigkeit, denn auch sie kann sich irren.

310. Über eigene und fremde Fehler kann man lernen, andere Meinungen besser zu verstehen.

311. Frech sein gehört zum Leben und sagt mir, wie ich bin.

312. Die Aussage „wer mich nicht mag, den mag ich auch nicht“ stimmt nicht immer.

313. Für die Zukunft wünschen sich die meisten Menschen eine Verbesserung ihres Lebensstandards.

314. Krieg ist der Weg, bei dem wir uns missverstanden fühlen und durch den wir alles falsch machen.

315. Liebe vergeht nie.

316. Nicht jeder kann aus seinem finanziellen Missverhältnis versuchen, das Beste daraus zu machen. Armut, Schulden und Reichtum muss man versuchen, auszugleichen mithilfe von Spenden, Gesetzen, Hilfsorganisationen oder Stiftungen. Und natürlich Hilfe vor Ort von jedem.

317. Langeweile macht krank.

318. Was man verspricht, hält man auch.

319. Man urteilt meist zu schnell und auch zu negativ über andere.

320. Durch Musik kann man fröhlich werden, Kraft schöpfen und auch langfristig bessere Gefühle entwickeln.

321. Reichsein kann, wenn es zur Schau gestellt wird, Hass erzeugen.

322. Die Macht über die Welt kann nur jemand besitzen, der allmächtig ist.

323. Solange wir an das Gute glauben, kann das Ziel nur Gemeinsamkeit sein.

324. Die Freiheit mit Frieden und Verständigung ist das richtige Maß für das gemeinsame leben.

325. Damit eine Beziehung konstant gut bleiben kann, muss man konstant an ihr arbeiten.

326. **Ohne Vertrauen kann man nicht lieben**.

327. Wer zu perfektionistisch ist, bekommt gerade deshalb Probleme.

328. Vor Friedenfindung müssen wir uns angeglichen haben.

329. Für faire Chancen für alle Menschen darf und muss man immer eintreten.

330. Nicht jeder überlegt als Erstes, was das Beste für einen selber ist.

331. Ohne Gewinn keine Verlustrechnung.

332. Der Staat muss abwägen, ob Ausgaben dem Land für die Zukunft Vorteile bringen, oder nur dem momentanen Wohl dienen.

333. **Wenn Selbstmordattentäter Menschen umbringen wollen, kann das Motiv entweder Liebe oder Hass sein, unabhängig davon, ob sie als gesund oder als krank eingestuft werden**.

334. Wer glaubt, etwas falsch zu machen, verzweifelt an sich und seinen vorhandenen Fehlern.

335. Seinen Charakter verkörpert man ständig und er zeichnet die Person aus.

336. Man muss lernen, mit journalistischen Berichterstattungen umzugehen.

337. Wenn einem etwas nicht klar ist, muss man nach der Antwort suchen.

338. Geheimnisse sind Ehrensache, die nur mit Bedacht weitergegeben werden dürfen.

339. Jeder trägt eine Portion von Schuld in sich.

340. Eine Art Gottesfürchtigkeit brauchen die Menschen nicht.

341. Ein weltweites Abrüsten kann nur unter Druck erfolgen.

342. Pausen sind wichtig und müssen vom Gesetzgeber vorgeschrieben sein.

343. Immer wenn du kannst, sei einfach so, wie du bist.

344. Völker müssen sich in irgendeiner Form miteinander unterhalten können.

345. Kontinuität ist ein Muss für jeden Menschen, denn es fördert ihn.

346. Das Leben hört nie auf.

347. Zurückgeben können tut gut.

348. Nicht nur die Gegenwart kann die schönsten Momente des Lebens zum Ausdruck bringen.

349. Nicht alle Missverständnisse können Wege zeigen, die zum Ziel führen.

350. Wenn der Luxus zum Standard wird, verliert das Leben an Bedeutung.

351. Der Stärkere muss immer dem Schwächeren helfen.

352. Wirtschaftsunternehmen ab einer bestimmten Größe schaden der Persönlichkeit des Menschen.

353. Überhöhter Konsum macht abhängig und auf Dauer unglücklich.

354. Auch Angst kann sich zu einem Rausch entwickeln, der zur Sucht wird.

355. Der Mensch ist auf der Suche nach sich selbst.

356. Das langfristige Ziel muss weltweites Abrüsten sein.

357. Ältere Menschen schwanken im Wahrnehmen ihres Bewusstseins.

358. Jede Verbesserung ist nach einer gewissen Zeit nicht mehr aktuell.

359. Die Gewohnheit lässt ein Altbewährtes immer wieder neu aufleben.

360. Achte auf dich und lasse dich nicht zwingen, wie deine Eltern zu werden.

361. Durch Zwang verursachende Drohungen laufen gegen die Wand oder schlagen zurück.

362. Wir brauchen uns, und uns brauchen wir.

363. Sei mit dir im Reinen und du schaffst beste Bedingungen, um glücklich zu werden.

364. Das Zölibat und die Enthaltsamkeit entsprechen nicht der Natur des Menschen.

365. Mit Geduld erreicht man mehr als ohne sie.

366. Durch Erfolg erarbeitet man sich zusätzliches Selbstbewusstsein.

367. Extreme Umstände können die Wahrnehmung einschränken.

368. Auch Tiere müssen ein frohes Leben verbringen dürfen.

369. Witze, die falsch verstanden werden, können das beste Klima zerstören.

370. Keine Regierung darf zu Krieg, Mord oder Todesstrafe zustimmen.

371. Menschen sind und werden keine Götter.

372. Jeder möchte etwas verbessern.

373. Die gute Beziehung zu Tieren hilft einem auch beim Zusammenleben mit Menschen.

374. Steht nur die Vernunft im Vordergrund, werden Gefühle isoliert.

375. Erfahrungen helfen, Verhalten besser zu regeln und zu bestimmen.

376. Eine Art Energiepol kommt, arbeitet und ruht sich überall in unserer Seele aus.

377. Sortiere dein Leben so, dass auch spätere Generationen davon profitieren können.

378. Abtreibungen sollten unter bestimmten Voraussetzungen legalisiert werden.

379. Auch ein junger Mensch muss selber seinen eigenen Weg finden können, unabhängig von dem, was Elternhaus oder Umfeld ihm sagen.

380. Was wir brauchen, ist das Teilen können für die Zukunft.

381. Wer nicht mal nachfragt und sich nicht für die Meinung anderer interessiert, sollte einem eigentlich egal sein.

382. Wer meint, die eigene Meinung wäre die einzig richtige, ist verblendet.

383. Wer ständig Angst vor zugeführten Schmerzen hat, liebt zum Schluss nur noch sich selbst.

384. Leben Menschen nur in ihrer eigenen Gedankenwelt, ist ein friedvolles Miteinander mit anderen nicht möglich.

385. Wenn alte Menschen Dankbarkeit und inneren Frieden verkörpern, sieht man zu Recht zu ihnen auf.

386. Ausgewogene Ruhepausen, aber auch Bewegung mit Anspannung sind für das Altwerden wichtig.

387. Sei, wie du bist.

388. Es versteckt sich nicht alles, was man tut, im Sinn des Lebens.

389. **Um den Wohlstand durch Ex- und Importgeschäfte zu garantieren, müssen sich die Länder in wirtschaftlicher und politischer Richtung arrangieren**.

390. Es muss schon alles stimmen, damit es in Ordnung ist.

391. Kleine Fehler sollte man schnell verzeihen.

392. Fehler sollte man versuchen, nicht zu wiederholen

393. Man muss auch mal das Gute sehen.

394. Jeder Mensch testet den anderen.

395. Die schönsten Momente erhält man durch Blicke oder Gesten der anderen.

396. In jeder Beziehung gibt es Krisen, die man zu überstehen hat.

397. Wer mal freundlich und mal unfreundlich ist, hat noch lange keinen schlechten Charakter.

398. Wer Angst vor sich selber hat, kann dazu neigen, eine Katastrophe anzusteuern.

399. Man sollte Viehhaltung nur regional durch kurze Transportwege im Bedarfsfall zulassen.

400. Wer sich mit allen gut versteht, ist beliebt und hat es leicht im Leben.

401. Ohne Liebe hat der Mensch keine Chance, richtig zusammenzuleben.

402. Nicht jede Werbung darf vom Staat gefördert oder auch nur erlaubt werden.

403. Das Internet kann süchtig machen.

404. Suche den Zeitpunkt, zu dem du dich deinem Gegenüber öffnen kannst.

405. Ist man zu gut, reagieren sich die anderen an einem ab.

406. Man darf nicht alles weitererzählen, was man weiß.

407. Aus Liebe darf nie Hass entstehen.

408. Wir müssen lernen, miteinander umzugehen.

409. Spätestens im Alter holt einen die Muttersprache ein.

410. **Nichts ist umsonst oder geht verloren**.

411. Die Kinder müssen, fast absolut, auf eigenem Empfinden ihren Weg finden und ihm folgen.

412. Terroristische Anschläge beeinflussen nicht nur die Börse und den Wert des Geldes.

413. Pläne und Konzepte erleichtern einem den Stand, den jeder Mensch braucht, um erfolgreich zu sein.

414. Die meisten Menschen würden Toleranz und Nächstenliebe als die entscheidenden Eigenschaften der Menschheit sehen.

415. Wer sich abreagieren will, sollte nicht gleichzeitig die heile Welt vorspielen.

416. Kinder glauben, was man ihnen sagt, auch wenn es ironisch gemeint ist.

417. Bittende Menschen sollte man nicht lange warten lassen.

418. Mach „bösen Geistern" klar, dass wir alle als Mensch gleich gut und gleich wichtig sind.

419. Wenn eine Beziehung funktionieren soll, muss jeder seinen eigenen Bereich haben.

420. Gesetze oder Vorschriften bedürfen immer einer Auslegung und dürfen nicht bis ins kleinste Detail beschrieben sein.

421. Wer seine Meinung äußert, muss wissen, dass sie nicht immer die richtige ist.

422. Dumpinglöhne zerstören auf Dauer die Wirtschaft und das Wohlbefinden der gesamten Welt.

423. **Wenn sich alles so entwickelt, wie man es sich vorstellt, kann es nicht langweilig werden**.

424. Gäbe es in der Welt keine Armut, wären wir alle zufrieden.

425. Tiere lieben mehr als Menschen.

426. Für pubertierende Jugendliche wirken Eltern immer lächerlich.

427. Sei ein Vorbild, denn es macht glücklich.

428. Gepflegtes bzw. sauberes Aussehen zahlt sich eigentlich immer aus.

429. Spätestens im Alter kommt der Wunsch, Respekt und Ansehen zu erhalten.

430. Wer schon im Kindesalter im Rampenlicht steht, bekommt später meist Persönlichkeitsprobleme.

431. Wer immer sein Innerstes offenbart, hat keine Geheimnisse mehr.

432. Man schaut gerne auf die Fehler der anderen, bevor man Selbstkritik übt.

433. Sehnsüchte, die realisierbar sind, fordern den Menschen.

434. Jeder neue Tag bringt was.

435. Wer blind die Meinung des anderen vertritt, ist ein schwacher Mensch.

436. **Die Menschen lieben Frieden, keine Toten, keine Verwüstung, Hunger, Druck oder Angst.**

437. Menschen, die ausnahmslos Macht ausüben wollen, zerstören das allgemeine humanitäre Gefüge und den Zusammenhalt zwischen den Menschen.

438. Unterschiedliche Staatsformen, Religionen oder Verfassungen können unter Ländern Differenzen verursachen, die bis hin zum Krieg führen.

439. Gesetze gelten für alle, und zwar gleich.

440. Man sollte den Partner vor der Hochzeit sehr gut kennenlernen.

441. Man sollte lernen, mit jedem Menschen umgehen zu können.

442. Die gesetzliche Rente muss ohne zusätzliche Vorsorge ausreichen.

443. Beamtentum gibt heutzutage keinen Sinn mehr und bevorteilt zu Unrecht.

444. Die Überflussgesellschaft ist nicht mehr ethisch zu vertreten.

445. Arbeitgeber und Arbeitnehmer mit ihren Gewerkschaften verhandeln in regelmäßigen Abständen über Tariferhöhungen, welche oft viel zu hoch sind, bei zum Teil zweistelligen Prozentzahlen, und schädigen dadurch die Bevölkerung, den kompletten Staat und die Wirtschaft. Durch die Preisspirale mit der notwendigen Verteuerung des Produktes durch Gewinn- und Lohnsteigerrungen wird das Produkt unwirtschaftlich teurer, verursacht Pleiten und Inflation und fordert und verursacht Gewinneinbußen und noch mehr Armut in der Dritten Welt (nicht jedes Gewerk wird von Gewerkschaften vertreten und verhandelt jährlich neu, was einer Alternative entsprechen würde).

446. Eine Kostensteigerung darf nur 2 – 3 % /Jahr betragen, um das Kaufbedürfnis neu zu wecken, die Produkte aber nicht zu teurer werden zu lassen.

447. Ökologisch hergestellte Bioprodukte sind oft zu teuer.

448. Man muss fairen Handel fördern.

449. Beim Kauf von Produkten aus fairem Handel werden Herstellerländer finanziell unterstützt und stärken den Welthandel, das Klima und ihre Gesundheit.

450. **Das Gehirn speichert mehr positive als negative Erinnerungen ab.**

451. Wer ständig bevormundet, verliert das Vertrauen der anderen.

452. Journalisten dürfen die Menschen nicht gegeneinander aufhetzen.

453. Respekt, Toleranz und Neugier braucht der Mensch, um andere richtig kennenzulernen.

454. Der Mensch kann bewusst, unbewusst, aber auch parallel und gleichzeitig denken.

455. Man sollte, wenn möglich, jeden Tag etwas machen, was einem Spaß macht.

456. Krisen können helfen, die Selbsterkenntnis zu fördern.

457. Schmerz löst Wut aus.

458. Sich für wichtig zu halten, macht grundsätzlich Spaß.

459. **Gerechtigkeit heißt nicht, dass der eine in Geld schwimmt und der andere verhungern oder verdursten muss.**

460. Das Hauptvermögen in der Welt besitzen nur ein paar hundert Menschen, dagegen hungern mehrere Milliarden.

461. Die Milliardäre müssen die Ersten sein, die den Hunger und den Durst in der Welt stillen müssen.

462. Das menschliche Gehirn hat auch noch im hohen Alter ungenutzte Speicherkapazität, jedoch nicht unbedingt nur für alle zu speichernde Daten.

463. Arme Menschen sind oft schon dankbar für die kleinste Hilfe, die man ihnen anbietet.

464. Höre auf deinen Körper, denn er weiß, was gut für dich ist.

465. Bleib bescheiden und heb nicht ab.

466. Egal, wie es einem geht, es ist Pflicht eines jeden, an den anderen zu denken.

467. Die Medien beeinflussen das Zusammenwirken der Reichen und der Armen untereinander.

468. Gutes zahlt sich aus.

469. Reich muss Arm helfen.

470. Die Dosis gibt immer das Maß an.

471. Menschen, die unterschiedliche Charaktere besitzen, ergänzen sich oft und stärken einander.

472. Der Zustand vom Schlafen zum Aufwachen ist fließend.

473. Bei einem kommunistischen Staat sowie bei einer Militärdiktatur wird die Bevölkerung in Meinungsfreiheit, sozialer und wirtschaftlicher Entwicklung eingeschränkt, was schadet, manche heutzutage immer noch aus Unwissenheit jedoch noch wollen.

474. Auch in einem demokratischen Staat können das Gerechtigkeitsempfinden und das Gleichheitsgefühl weder vom Staat noch von der Bevölkerung immer gewünscht, meist ungewünscht oder fiktiv umgesetzt werden.

475. Auch dadurch, dass es reiche und arme Länder gibt, kommt es immer wieder zu Konflikten.

476. Dicke, die abnehmen wollen, haben schlechte Laune.

477. Wenn man alles hinterfragt, wird man nicht glücklich.

478. Keine Stimmung ist über den Tag konstant.

479. Industrieländer beuten Entwicklungsländer aus, indem sie bei importierter Ware viel zu hohe Gewinnaufschläge für sich beanspruchen, ohne bereit zu sein, dementsprechende Entwicklungshilfe leisten.

480. Wie man Dinge beobachtet, ändert sich ein Leben lang.

481. Beobachtet man nur, ändert sich nichts.

482. Zum Überleben braucht man Anerkennung.

483. Der Mensch lernt ein Leben lang.

484. Nicht nur was du sagst, auch wie du dich gibst, bist du.

485. Wer an sich glaubt, kennt sich. Wer sich liebt, vertraut sich.

486. Genießen ist was Tolles, wenn man es kann.

487. Wenn es einem gut geht, wird man meist unkritisch.

488. Lebewesen bestehen aus einer unbegrenzten Zahl von Wundern.

489. Den Augenblick zum Geschenk zu machen, ist für jeden zu jederzeit möglich.

490. Die Zeit kann ein wichtiger Vertragspartner sein.

491. Lerne andere Menschen als gut kennen.

492. Achte nicht nur auf das Wort des anderen, sondern auch auf seine Aussage.

493. Der Mensch kann zu Tieren ein gleichwertiges Verhältnis aufbauen wie zu Menschen,

494. Tiere können denken und fühlen.

495. Wenn man etwas nicht versteht, ärgert man sich.

496. Oft gibt es Entscheidungen, die führen wieder auf den gleichen Weg.

497. Sein eigenes Glück erkauft man sich nicht über das Unglück anderer.

498. Phasen der Langeweile können zu Kreativitätsschüben führen.

499. Jeder Mensch sollte Pate für eine gute Sache sein.

500. Man muss nicht jede Minute miteinander verbringen, um gute Freunde zu sein.

501. Eine Krankheit verdeckt leider meistens die Sicht auf das Gute.

502. **Das Leben ohne Zeit ist glücklos**.

503. Ohne Risiko kein Gewinn, ist eine falsche Aussage.

504. Vorbilder braucht der Mensch.

505. Dösen und gleichzeitig denken geht nicht.

506. Verhalte dich so, wie du es auch von dir und dem anderen erwartest.

507. Mit Menschen friedvoll zusammenzuleben, ist manchmal schwer.

508. Verantwortung tragen zu dürfen, ist eine Befähigung, für die man dankbar sein muss.

509. Im Alter erkennt man erst die wichtigen Dinge des Lebens.

510. Einen vorbestimmten Pfad gibt es nicht.

511. Nicht jeder Wunsch geht in Erfüllung.

512. Integrierte Emigranten dürfen wie einheimische Sozialhilfeempfänger mit Bürgergeld und gleichen Rechten vom Staat bei uns leben, für die Anfangszeit sogar etwas besser, was als fraglich für viele deutsche langjährige Steuerzahler und Mitarbeiter als Unrecht empfunden wird.

513. Eine gemeinsame Weltreligion ist heutzutage noch nicht vorstellbar, wird es aber geben.

514. Verbessern kann sich nur der, der auch Kritik zulässt.

515. Neugierige Menschen können unangenehm sein.

516. **Man muss die erzwungene Frühverheiratung in allen Ländern stoppen.**

517. Ich bin der Meinung bei einer engen Beziehung, wie Ehe, können nur zwei erwachsene Menschen unabhängig von Kindern miteinander verbunden sein, auch aus Emanzipationsgründen.

518. Stolze Menschen kann man nicht unterdrücken.

519. Wird die Welt auch noch so groß, die Anzahl der Kinder ist immer Sache der Eltern.

520. Jedes Wachstum stößt auf Grenzen.

521. Die Menschheit lernt nicht pro Generation linear mehr dazu.

522. Erst recht Produkte, die häufig im Umlauf oder teuer sind, müssen extrem umweltfreundlich sein.

523. Schlechte Laune kann viele Gründe haben.

524. Man muss sich nicht immer für alles, was man tut, rechtfertigen.

525. **Nach dem Tod bekommt man eine neue, die gleiche Chance zum Leben.**

526. Das meiste im Leben erkennt man nicht unmittelbar.

527. **Wenn Menschen missbraucht werden, verlieren sie ihre Würde**.

528. Die Kirchen müssen staatliche Kontrollen zulassen.

529. Wenn Frauen bei der Familiengründung mehr Einfluss nehmen dürfen, macht das Sinn.

530. Egoisten bekommen ihre Wünsche nicht von anderen erfüllt.

531. **Neid ist etwas Schlimmes.**

532. **Armut darf es nirgendwo geben**.

533. Mach dir in regelmäßigen Abständen klar, dass es dir im Vergleich zu anderen Menschen eigentlich sehr gut geht, und handle dementsprechend.

534. **Den Sinn des Lebens findet man nur durch Öffnung seiner selbst.**

535. **Der Mensch kann, wenn er will, sich auch selber prüfen.**

536. **Liebe ist die Erfahrung, dass man zusammengehört**.

537. Der Weg ohne Beeinflussung von außen führt ins Verderben.

538. In einer Beziehung muss man akzeptieren und loslassen können.

539. Jeder Mensch hat Macken.

540. Hilfe geben ist für das Wohlbefinden ergiebiger, als Hilfe zu erhalten.

541. Nicht jede Krankheit ist therapierbar.

542. Jede neue Erfahrung ändert den Menschen.

543. Nicht alles, was einem als gut erscheint, wird auch von anderen als gut angesehen.

544. Nicht jeder kann über sich selber lachen.

545. Auch Menschen mit einem schlechten Geschmack müssen respektiert werden.

546. Der Mensch interessiert sich für Abgründe.

547. Alle Menschen machen Fehler, die man dann natürlich auch verzeihen kann.

548. Wer sich nicht äußert, läuft Gefahr, Aggressivität zu entwickeln.

549. **Normalität kann man nicht bewerten**.

550. Schwache Menschen erkranken leichter.

551. Jeder Mensch muss er selbst werden dürfen.

552. Identität muss man finden.

553. Mache nicht alles, nach was dir vorgelebt wird.

554. Arbeit = Weg x Kraft.

555. Frieden und Freiheit sind eng miteinander verbunden.

556. Wer viel für Luxus ausgibt, muss auch spenden können.

557. Man kann die Wirtschaftsleistungen verschiedener Länder nur vergleichen, wenn auch die Löhne, Bedingungen und Verhältnisse ähnlich sind.

558. Sinnvoll Zusammenarbeiten kann man nur, wenn man das auch will.

559. Das Produkt aus Arbeit, Gewinn und Leistung eines jeden Landes sollte gleich sein.

560. Wenn sich Aggressionen gegenseitig aufbauschen, muss man eine Pause machen.

561. **Wer nichts klarstellt, verliert auf Dauer**.

562. Unsicherheit schadet auf kurz oder lang dem Menschen und der Gesundheit.

563. Aus einer zerflossenen Liebe kann sich keine gute Freundschaft entwickeln.

564. Die Emotion macht den Menschen aus und steckt in den Genen.

565. Nicht nur die hausgemachten Gesetze versuchen zu verhindern, dass Böses oder Fehlverhalten geschieht, und um sicherzustellen, dass es bestraft werden kann.

566. Psychische Krankheiten können Schuldgefühle verursachen, bei denen man Freud und Leid nur schwer unterschiedlich wahrnimmt.

567. Durch die Bereitschaft, ein Risiko einzugehen, lernt man sich oft besser kennen.

568. Seinen Kick braucht und sucht sich jeder selber.

569. Folge dem Sinn deines Lebens.

570. Bei geringem Einsatz mit großer Wirkung spricht man von einem erfolgreichen Handeln.

571. Verändert man die Basis für seine Grundsätze, ändert sich der Mensch.

572. Lebensfreude ist immer, auch fürs Altwerden und im Alter, gut.

573. Fehler, mit denen du leben musst, darf es nicht geben.

574. Gibt es in einem Land nur eine Partei, die man wählen kann, stimmt etwas in dem System nicht.

575. Ein zwei- oder Drei-Parteienstaat funktioniert.

576. Auch die kleinste Partei muss sich integrieren wollen und integrieren dürfen.

577. Immer konsequent zu sein, macht krank.

578. Die Entwicklung und das Aufwachsen eines Lebewesens beobachten zu dürfen, kann einen glücklich machen.

579. Ohne Gedächtnis kein selbst gestaltetes Leben.

580. Jeder sollte zuerst an sich denken, anderen helfen muss man gleich als Nächstes

581. Eine Depression ist wie Lampenfieber, verbunden mit einer Art angstvoller Ziellosigkeit.

582. Die Achtung des anderen als gleichartigen Menschen darf nie verloren gehen.

583. Zum Gutwerden braucht jeder mehrere Anläufe.

584. Sage nicht automatisch jedem deine Unterstützung zu.

585. Jeder für sich geht nicht.

586. Süchte machen einsam.

587. Hilfe, die allen guttut, ist die einzig richtige Lösung.

588. Charakterzüge, die man selber besitzt, schätzt man auch bei anderen.

589. **Wer glauben kann, fühlt sich gut.**

590. Nach seiner Veranlagung leben zu dürfen, sollte normal sein.

591. Schau in dich und du weißt, wer du bist.

592. Die Menschen wollen sich austauschen.

593. Manchmal glaubt man, dass, wenn man an Tote denkt, sie es in irgendeiner Form mitkriegen.

594. Manchmal redet man, ohne zu denken, was zu Irrtümern führen kann.

595. **Lieben kann man immer und es tut auch immer gut.**

596. Wer sich mit einfachen Worten ausdrücken kann, sorgt für mehr Klarheit in seiner Aussagekraft.

597. Das Leben ist nicht dafür da, perfekt zu sein.

598. Wenn die Sonne einen wärmt, tut es gut.

599. Kinder sind keine Erwachsenen, und das ist auch gut so.

600. Eltern und Kinder dürfen sich nicht immer auf gleichen Ebenen befinden.

601. Die Vergangenheit darf nur zum Teil das zukünftige Handeln bestimmen.

602. Wenn wir in der Vergangenheit leben, werden wir uns nicht zur Zukunft orientieren können.

603. **Der Mensch braucht Zugehörigkeitsgefühl.**

604. Frage dich immer wieder, ist das immer noch der Weg, den ich gehen wollte?

605. Handle nach eigenem Empfinden.

606. **Ein Leben ist das Kostbarste, das es auf der Erde gibt.**

607. Wer nicht Ja sagen kann, muss Nein sagen.

608. Ob etwas gut ist, weiß man erst nach einer gewissen Zeit.

609. Eine Partei, die ständig nur an ihrem Image arbeitet, vergisst, was sie will.

610. Nur eine Vielzahl von Gedanken führt zum Erfolg.

611. Wer sich nicht geliebt fühlt, reagiert sich früher oder später ab.

612. Jeder bildet sich in Verbindung von seiner Erfahrung seine eigene Meinung.

613. Auf bestimmten Anlässen muss man sich entsprechend verhalten.

614. Im menschlichen Körper befinden sich mehr Krankheitssymptome oder Erreger, als man von außen erkennen und behandeln kann.

615. **Es gibt keine Regel oder Vorschrift, die unbegrenzt gültig ist.**

616. Man sollte als Kind ruhig glauben, dass auf der Erde die wahre Gerechtigkeit zu finden ist.

617. **Vorstellbar wäre eine breit aufgestellte Mittelschicht mit einem kleineren Anteil an Oberschicht.**

618. **Eine reine Mittelschicht funktioniert natürlich zum Schluss auch, ist jedoch schwerer zu verwirklichen.**

619. Wichtig von unwichtig unterscheiden muss man bei jeder Meinungsbildung.

620. Menschen sind nicht besser als Tiere, sie artikulieren sich nur anders.

621. Sind alle gut zu mir, heißt das noch lange nicht, dass ich alles richtig mache.

622. Hass schwenkt nur in Gehorsam um, wenn die Gegebenheiten stimmen.

623. **Nur wer auch an sich und anderen glaubt, Fehler zu kennen, kann gut sein.**

624. Kein Mensch sagt oder weiß alles oder kennt genau den richtigen Weg.

625. Kalt abgewiesen werden will niemand.

626. **Beten kann auch nur ein Gedanke sein.**

627. **Ohne jeglichen Druck führt keine Erziehung zum Erfolg**.

628. Man muss für sein Recht eintreten.

629. Man muss dem anderen auch mal recht geben können, auch wenn man anderer Meinung ist.

630. Versuche, dich mit allen Menschen der Welt zu verstehen.

631. Nicht immer bekommt man eine zweite Chance.

632. Nicht jeder Ratschlag kann begründet werden.

633. Menschen mit Geld haben mehr Einfluss.

634. **Terrorristen glauben nicht an das Jüngste Gericht, das heißt, keine Rechtfertigung ist nach dem Tod zu erwarten, das ist der grundfalsche Lebensgedanke**.

635. Verbiete dir selber etwas, was du besonders gerne machst, und dein Selbstwertgefühl wächst ins Unermessliche.

636. **Verbiete dem Menschen perspektivlos etwas und er wird schlecht.**

637. Auf der Erde leben zu dürfen, ist ein Geschenk, das man nicht wegwerfen darf.

638. Alles für gut, und zum Teil mit Fehlern verbunden, gibt es.

639. Menschen, die vermitteln, äußern sich vorsichtig.

640. Wir hoffen, dass die Erde immer bestehen bleibt.

641. Die Unendlichkeit beginnt, macht keine Pausen, ab sofort und „von vorne".

642. Man muss täglich Neues begreifen.

643. Angst ist der Zustand, zu glauben, nicht handeln zu können.

644. Ob man zuerst oder am meisten Menschen, Tiere oder Pflanzen liebt, ist egal.

645. Finde heraus, was du willst, und lerne es einzufordern.

646. Die Welt liebt mich, und natürlich, ich auch sie.

647. Mach dir bewusst, dass der andere genauso wie auch du verletzbar ist.

648. So gut, wie man glaubt, ist man nicht.

649. Du musst dich selber glücklich machen, andere können dich nur dazu anleiten.

650. Nur wer sich selber liebt, kann geliebt werden.

651. Egoistischen Machthabern ist ein Weltfriede egal.

652. Wer einen Fehlschlag seinerseits ausschließt, ist immer unglücklich.

653. Zu sehr von sich überzeugt sein, ist falsch.

654. Wenn ich mir selbst nicht vertraue, kann ich auch nicht mit anderen sinnvoll umgehen.

655. Niemand bevormundet mich.

656. Von der Mitte geht die Macht aus, der Anfang wird nach unten diktiert.

657. Man glaubt ja blöderweise immer, dass man was Besonderes ist.

658. Es kann zum Erfolg führen, wenn man was behauptet, ohne zu wissen, ob es stimmt.

659. Wenn man das Gute im Menschen sieht, kann man tolle Dinge erleben.

660. Ohne den Willen, was zu versuchen, kann es nicht besser werden.

661. Rauschgift macht abhängig und das kurzzeitige Glück entschädigt für nichts.

662. Was immer so ist, bleibt auch so, solange man das will.

663. Mangelnder Austausch führt zum Kompromiss und nicht zur Lösung.

664. Wer sich nicht unterordnen kann, kann im Team keinen Beitrag leisten.

665. Arm und Reich wird es in Grenzen immer geben, sie rücken nur näher.

666. Jeder Diktator übt gezwungenermaßen direkt oder indirekt Gewalt aus.

667. Jeder Mensch braucht eine ihn ausfüllende Aufgabe.

668. Man bringt Religionen aufgrund ihrer Geschichte immer mit Wut, Angst und Zorn in Verbindung, wobei die Vergangenheit heute zur Stunde, tabu sein sollte.

669. Wer sich selber schützen will, darf zwanglos drohen.

670. Wer glaubt, das Leben hört nie auf, lebt richtig.

671. Hass kann Hass erzeugen, kann aber auch zur Liebe führen.

672. Fehler, zum Teil schon seit der Geburt und während des ganzen Lebens, begleiten uns, zur Rechenschaft und zum Begreifen des Universums.

673. Man kann nur über andere bestimmen, wenn es sozialverträglich bleibt.

674. Auf die erste Straftat folgt oft eine zweite.

675. Das Leben bietet Chancen, besser zu werden.

676. **Alle sollten an eine von der Natur gegebene Unsterblichkeit glauben**.

677. Bei Wärme dehnt sich ein Körper aus, bei Kälte zieht er sich zusammen.

678. Wo Wärme ist, ist auch Kälte.

679. **Kein Mensch kann nur lieben,** böse oder frech sein.

680. Im Alter wird man kritischer.

681. In manchen Dingen kann man unflexibel bleiben.

682. „Das Böse zieht mich an, im Kern bin ich gut."

683. Ohne Annäherung keine Gemeinsamkeit.

684. Mit Liebe Grenzen setzen.

685. Das Alter macht nicht automatisch gut.

686. Wer keine Liebe empfängt, läuft Gefahr, kriminell zu werden.

687. **Jedes Menschenleben sollte gleich viel wert sein, nur Gute, für den Moment, sind die besseren Menschen.**

688. Vorurteile bestimmen den Weg mit.

689. Ein weltweiter Frieden ist möglich, wenn wir uns vom System wirtschaftlich, menschlich, religiös und politisch noch mehr akzeptieren und annähern können.

690. Keine Leistung darf automatisch eine Gegenleistung fordern.

691. Reichtum ist nicht die Lösung für alles.

692. Immer kann man nicht Vorbild sein.

693. Schreitet der Klimawandel weiter fort, reduziert sich die Artenvielfalt kontinuierlich.

694. Gut zu sein, ist nie ein Fehler.

695. Der Himmel wird uns zur gegebenen Zeit empfangen und uns mit Neuem in Verbindung bringen.

696. **Das Leben wird anders, denn es verändert sich.**

697. Zu viel Stress sorgt für schlechte Laune.

698. Tritt das Negative auf, rückt es leider auch oft in den Vordergrund.

699. Eltern, die Mauern bilden, sind zu Recht nicht sehr beliebt.

700. **Wer sich in Gedanken abreagiert, kann unangenehm werden.**

701. Für Versehrte, Rentner oder Behinderte sollte Bus- und Bahnfahren kostenlos sein.

702. Jeder, der ein politisches Wahlrecht hat, sollte es auch ausüben.

703. **Alle gewählten Parteien dürfen mit Sitz in den Bundestag, ohne Ausnahme**.

704. Hunger, Durst und Obdachlosigkeit dürfte es nicht geben.

705. **Wir brauchen unsere guten und schlechten Eigenschaften, weil wir uns auch schützen müssen.**

706. **Wo soll Wissen mehr wert sein als bei der Fähigkeit, zu glauben?**

707. Versuche immer, Mensch zu bleiben, auch wenn es dir manchmal zu gut oder auch nur schlecht geht.

708. **Menschen brauchen Rädelsführer wie bei den Tieren**.

709. Wer die Gedanken träumen lässt, versucht abzuschalten.

710. Wer keine Gefühle mehr zeigen kann, lebt in einer anderen Welt.

711. Eine Beziehung festigen kann man nur durch ein gemeinsames Miteinandererleben.

712. Wenn Neid nicht menschlich wäre, müsste man verzweifeln an den Menschen.

713. **Die Güte, die man empfängt, bestimmt man mit**.

714. Schönheit ist vergänglich.

715. Wer ein schönes Bild malen will, muss sich sein Bild beim Malen öfters angucken, sonst am besten an nichts denken.

716. **Wer gut sein will, muss Neues entdecken wollen.**

717. **Man muss sich auch selber helfen können.**

718. Kranke, die lachen, meinen es gut.

719. **Die Meinung des anderen beeinflusst mich.**

720. Wenn alle die Wahrheit sagen würden, hätten wir ein riesen Theater.

721. **Man muss Gutes weitergeben können.**

722. **Wer nicht weiß, dass er gut ist, glaubt nicht an sich.**

723. **Die Einsamkeit durchdringt jedes Versteck.**

724. **Nur wer zwischen Gut und nicht Gut unterscheiden kann, weiß, wohin er strebt.**

725. Wer immer reicher werden will, versagt im Leben.

726. **Wer auf Dauer gut sein will, braucht Ruhepausen**.

727. **Der Mensch ist von Geburt an gut, mit Fehlern.**

728. **Abschalten und neu denken muss man können.**

729. Bei Furcht erregenden Menschen bin ich nur sehr schwer in der Lage, auf sie zuzugehen.

730. Wenn eine Aussage lustig und interessant klingt, kommt sie meist gut an.

731. Wenn die eigene Beherrschung keinen Spaß mehr macht, haben wir perfektes Chaos.

732. Wer glaubt, andere bevormunden zu müssen, hat Minderwertigkeitskomplexe.

733. Wenn es anderen gut geht, kann es einem auch gut gehen.

734. Sex im Alter sollte man nur vor und nach Erholungspausen genießen.

735. Die Lust am Sex unterbindet auch das Alter nicht.

736. Ob psychischer oder körperlicher Stress, sie beeinflussen einander fast immer.

737. **Integration und Nachhaltigkeit sind ein grenzenloses Ziel.**

738. **Wir brauchen die Erde.**

739. **Wir nutzen die Erde als Paradies.**

740. **Wir sorgen fürs Gute im Paradies.**

741. Wir vermischen uns notwendigerweise.

742. Wer ständig seine Meinung ändert, sorgt für Unbehagen.

743. Wer Hilfe sucht, soll Hilfe erhalten.

744. Gerade in Notsituationen muss man dem anderen beistehen.

745. Sich an Verstorbene zu erinnern, kann sehr schön sein.

746. Wenn du es gut meinst, heißt das noch lange nicht, dass das, was du tust, dem anderen auch gefällt.

747. **Wir gleichen uns in unserer Art und so sollten wir uns auch begegnen**.

748. Der Glaube kennt keine Richtung.

749. Abgeben wollen und muss man immer.

750. Man muss lernen, negative Erlebnisse verarbeiten zu können.

751. Durchsetzen kann man sich nicht immer.

752. Ein Trottel ist der, der alles glaubt und danach handelt.

753. Mit dem Leben anderer spielt man nicht.

754. Nicht jede Religion erlaubt es, Tiere zu essen, sondern sie beten sie sogar an.

755. Wer sich gut findet, darf nicht eingebildet und überheblich werden.

756. Genussmittel dürften nicht zu billig angeboten werden.

757. Süchtig machende Medikamente müssen immer und überall verschreibungspflichtig sein.

758. Gib dem Menschen eine Chance, sich zu verwirklichen.

759. **Ich bin nicht dafür verantwortlich, wie andere Menschen sind, aber trotzdem versuchen ich, sie positiv zu beeinflussen**.

760. Wer nur schwer Gefühle zeigen kann oder nur schwer seine Hilfe anbieten kann, ist nicht gerne gesehen.

761. Offene Menschen erzählen von sich aus.

762. **Menschen, mit Erfahrungen über Einstellungen in der Welt, auch.**

763. Nimm dir Zeit, Geschehnisse zu verarbeiten.

764. Jeder Mensch kann nur ein gewisses Maß an Information direkt verarbeiten.

765. Konkurrenz braucht der Mensch.

766. Es gibt im Körper „Organe", die nicht durch das Gehirn gesteuert werden.

767. Korruption gibt es leider weltweit und in jedem Land.

768. Will man sich von seiner Sucht lösen, muss man nach einer Alternative suchen.

769. Der einzelne Mensch kommt nur auf einen Bruchteil von dem, wozu die Menschheit in der Lage ist.

770. Glauben und lieben zu dürfen, sind Geschenke.

771. Die Länder auf der Welt können politisch, wirtschaftlich und auf sozialer Ebene getrennt sein, aber zusammenfinden, ohne das optimale Ende gefunden zu haben.

772. Verantwortung ist immer gefragt.

773. Sorgt für gleiche Chancen.

774. Die Meinung bildet sich ohne große Schwankungen nach rechts oder links in Richtung Selbstbewusstsein.

775. Hexen und Teufel, die Kindern früher Angst gemacht haben vor dem Bösen, brauchen wir heutzutage nicht mehr Es gibt und gab keinen Teufel oder Hexen auf der Erde und auch sonst nichts in der Art. Wir stärken unsere Kinder über sich selber und uns und machen ihnen keine unnötige Angst.

776. Wer auf den Lebensstil oder die Kultur des anderen eifersüchtig ist, kann gefährlich werden.

777. Den Willen zum Guten hat jeder Mensch und darauf können wir dankbar und auch stolz sein.

778. Bevor man etwas sagt, denkt man manchmal unbewusst den Gedankengang still im Inneren durch.

779. Was ich meine und was ich tue, äußere ich kompromisslos, aber vorsichtig mit Gefühl und Bedacht.

780. Ich glaube, dass die Menschen gut sind.

781. Wenn man denkt, man muss zu jedem gut sein, stimmt etwas nicht.

782. Wem es nicht gut geht, muss man es sich anmerken lassen dürfen.

783. In einer gerechten Demokratie sind die richtige Basis zum Geldverdienen Wissen, Leistungsprinzip, Einstellung, Talent sowie das Verantwortungsgefühl vom Ursprung her für alle gleich.

784. Jedem sein eigenes kleines Paradies und das hier auf der Erde.

785. Zu überlegen, was möchte wohl der andere, ist immer angesagt.

786. Erschöpfung kann man über den Willen hinauszögern.

787. Verbotenes tun kann „Glücksmomente“ erzeugen.

788. Die heile Welt auf der Erde gibt es leider nicht.

789. **Die heile Welt wird es geben.**

790. Ohne üben wird man nicht besser.

791. Man darf dem anderen ruhig drohen, wenn man ihm im Anschluss eine helfende Hand anbietet

792. Je lockerer und ungezwungener man auftritt, umso leichter hat man es.

793. Es ist richtig, Frieden vorzuleben, statt den anderen unter Druck zu setzen.

794. Niemand ist jeweils ganz weg.

795. Alle Lebewesen brauchen Essen, Wasser, Wärme, auch Kälte und Sauerstoff.

796. Lebensmittel, die auf dem Müll landen, müssen registriert sein, um eine gerechte Abrechnung erhalten zu können und um Lebensmittelknappheit zu vermeiden.

797. Etwas teilen zu wollen, ist nicht verkehrt

798. Gib jedem eine Chance und benachteilige niemanden.

799. Sich zu fragen, wie was funktioniert, ist immer richtig und gut.

800. Es muss nicht alles schön sein an einem Menschen, aber etwas Schönes braucht der Mensch.

801. Die Mieten sind viel zu hoch, hauptsächlich in den Ballungsgebieten.

802. **In weiter Zukunft kommt der Tag, da ähneln wir uns nicht nur, dann sind wir wirklich gleich.**

803. Lass dich nicht unterdrücken.

804. Wer alles weitererzählt, muss sich nicht wundern, wenn man ihm nichts mehr sagt.

805. Sich peinlich zu fühlen, hat was Menschliches und kann sympathisch wirken.

806. Ich glaube, Terroristen sind entweder unterdrückte und frustrierte Menschen, die auch mal bestimmen wollen, oder es sind Menschen, die nicht zurechnungsfähig oder krank sind, die mit dem Gedanken hadern, ungestraft den Himmel passieren zu können und Chef zu sein.

807. Kummer verursacht Schmerzen.

808. Wenn es mir besonders gut oder besonders schlecht geht, bete ich.

809. Jeder muss für sich selber entscheiden können.

810. Die Aussage des Gegenübers prüft man nicht direkt.

811. Jede Veränderung braucht seine Zeit.

812. Man kann auch nur glücklich sein, ohne dass man was bemängeln muss.

813. Völkervielfalt in einem Land ermöglicht multikulturellen Austausch.

814. Zu langes Nachdenken blockiert manchmal die Wahrnehmung.

815. Statistisch gesehen ist der Mensch friedfertiger geworden.

816. Wer sich ärgert, braucht Zeit zur Erholung.

817. Verhetzung von Völkern, Gruppen oder Einzelpersonen ist zu verwerfen.

818. Menschen, die weinen, wenn man ihnen sagt oder wenn sie merken, dass sie ein guter Mensch sind, sind sehr gefühlvolle und bescheidene Menschen.

819. Es gibt Situationen, da muss man einfach helfen, kann aber nicht, weil man in dem Moment selbst nicht belastbar ist.

820. **Wer Hilfe ablehnt, ist es nicht wert, über ihn zu urteilen.**

821. Wenn man Gesagtes nicht ernst nimmt, macht man es sich meistens zu leicht.

822. Laut Physik und auch im Leben gilt: Druck erzeugt Gegendruck.

823. Wenn man sich verabschiedet, möglichst nie im Streit, denn man begegnet sich ja oft wieder so.

824. Die Industrie darf nur in Rücksprache mit der Regierung Standorte für neuzugründende Fabriken finden.

825. Ein Land, das vernünftig regiert werden will, muss unabhängige demokratisch gewählte Parlamente in Bund und Ländern haben, mit jeweils, wenn machbar, zwei bis drei Parteien, einer freien und unabhängigen Rechtsprechung sowie einer freien Presse. Um Kontinuität der Regierungsarbeit zu garantieren, sollten Bundesregierung, Landesvertretungen und deren Institute separat und für unterschiedlich lange Zeiträume und zu unterschiedlichen Zeiten gewählt werden.

826. Auch alte Menschen denken und lachen gerne.

827. Wenn man den richtigen Weg kennt, weiß man, was man zu tun hat.

828. Jeder Mensch strebt unterbewusst Ehrlichkeit, Glück und Zufriedenheit an.

829. Ohne sich zu äußern, bleibt man stumm.

830. Gib nicht auf, zu leben, und suche deine Perspektive.

831. Eine Kopie gleicht immer nur dem anderen.

832. Glück kann nicht nur dort sein, wo man auch im Moment ist.

833. Wer zu lange wartet, erreicht das Ziel nicht.

834. Sei auch ruhig mal eigennützig und stehe dazu.

835. Die Nationalität sagt nichts über den Menschen aus.

836. Tyrannen sollten am besten vom eigenen Volk, mit Bewusstsein und gutem Glauben, vertrieben werden.

837. Gemischte Wohn- und Industriegebiete mit Freizeit, Einkaufsmöglichkeiten, Bildungs- sowie Kulturangebote müssen in Zukunft mehr angeboten werden.

838. Das Leben muss bezahlbar bleiben.

839. Grund und Boden und deren Werte sind weltweit nicht immer gleich vorhanden, verteilt und nutzbar.

840. **Bodenschätze gehören der Weltorganisation, es sind gerechterweise Ausgleiche zu zahlen.**

841. Wer nicht gerne hilft, ist arm dran.

842. Bevor du an dich denkst, überlege kurz, ob auch der andere es so für gut empfindet.

843. Monopole schaffen die Unabhängigkeit in ihren Grenzen zur Selbständigkeit ab.

844. Leider ziehen Menschen oft nicht an einem Strang, sie denken mehr für sich.

845. Auch ein Ungläubiger kann glücklich sein.

846. Liebesentzug sorgt für Terror.

847. Richte dich nach den Vorgaben, die dein Körper dir macht.

848. Bohre nicht immer nur nach und beuge dich auch mal der Mehrheit.

849. Investiere nur so viel, wie du glaubst, auch investieren zu können.

850. Man darf niemanden zwingen, irgendetwas zu sagen, was er nicht möchte.

851. Wer grundsätzlich andere mehr liebt als sich selber, hat Probleme.

852. Der Verstand verliert immer gegen die Gefühle.

853. Wer viel weiß, kann auch gut reden.

854. Wer die Suche nach dem Morgen einstellt, weiß nicht, was heute noch passiert.

855. Könnten die besten Freunde nicht auch mal böse miteinander werden, würde etwas fehlen.

856. Wer die erste Reihe verlässt, ist zweite Klasse.

857. Es gibt viele Staatsformen, die letztlich zur Auswahl stehen.

858. Die Menschen, die versuchen, die Welt zu erklären, sind nicht die verkehrtesten.

859. Wer sich selber als Sklave hält, vertreibt sich die Zeit, es bringt aber nichts.

860. Der gedachte Gedanke verändert sich beim Sprechen.

861. Wenn man merkt, der andere gibt nicht gerne, dann nimmt man auch nicht viel.

862. Die Zeit bestimmt das Tempo.

863. Der entscheidende Schritt ist der, der bewirkt, dass wir wieder eine gemeinsame Welt werden.

864. Ändere es schrittweise, alles auf einmal geht nicht.

865. Erfüllt man einem anderen jeden Wunsch, wird er nach mehr verlangen.

866. Glücklich macht, Hilfe geben zu dürfen und sie zu empfangen.

867. Auch im Alter muss man mit seinem Schicksal ins Reine kommen können.

868. Nicht alle Menschen ziehen sich zurück, wenn sie hassen.

869. Abgelaufene Lebensmittel, die noch gut sind, dürfen unter Nachweis günstiger verkauft oder gespendet werden.

870. Suche nach Ungerechtigkeiten und versuche sie zu beseitigen.

871. Wenn du neugierig, ehrlich und offen bist und Gefühle zeigen kannst, lernst du dich und andere besser kennen.

872. Aktive Sterbehilfe von Patient, Arzt und Behörde attestiert ist bei einer vorhersehbaren oder vorhandenen schmerzhaften tödlichen Krankheit eine Erlösung und eine gute Institution.

873. Herausforderungen sind zu meistern.

874. Werden Menschen ständig gereizt, rasten sie aus.

875. **Sture Menschen führen eher Krieg.**

876. Zum Erwachsenwerden darf man sich viel Zeit nehmen.

877. Aussagen, Bitten oder Anmerkungen, die man für logisch und richtig hält, setzt man gerne um.

878. Jeder lernt gerne was Neues dazu.

879. Menschen mit einem guten Gedächtnis wirken intelligent.

880. Wer nur an sich denkt, tut sich mit seinen Mitmenschen schwer.

881. Viele Journalisten setzen gerne Schreckensnachrichten in die Welt, um interessanter zu wirken.

882. Auf der Suche nach dem Bösen macht man Fehler.

883. Sich lieben heißt auch, voneinander abhängig zu sein.

884. Fordern kann nur der, der auch geben will.

885. Rindermasttierhaltung ist Klimakiller Nummer 1.

886. Wenn man etwas nicht mit Bestimmtheit sagt, wird man oft nicht ernst genommen.

887. Wem Angst und Stress das Empfinden blockiert, überwindet man nur dies mit Ruhe und Pausen.

888. Die Moral empfindet jeder anders und sie kann Völker entzweien.

889. Die Erde ist begrenzt in Fläche und Größe.

890. Viele Menschen kommen ohne einen strukturierten Alltag nicht aus und verzweifeln an Neuerungen.

891. **Wer Angst hat, lebt in einer anderen Welt**.

892. Gäbe es mehr soziales Miteinander, gäbe es weniger Terrorismus.

893. In den Genen eines jeden liegt auch soziales Verhalten.

894. **Nur wer liebt, glaubt**.

895. Nur über den Glauben erreicht man die Liebe.

896. Wer sich auf was freuen kann, dem geht es gut.

897. Respekt sollte man vor anderen Menschen immer haben.

898. Man sollte niemanden hinten rum schlecht machen.

899. Wer gewohnt ist, immer Recht zu behalten, verzagt spätestens im Alter.

900. Schlecht über andere zu denken, schadet der eigenen Persönlichkeit.

901. Wer am Überschreiten zum Bösen Gefallen findet, ist ein Terrorrist.

902. Nur wer den anderen respektiert, hat eine Chance im Leben.

903. Wenn man nicht gut drauf ist, redet man nicht viel.

904. Wer sich nicht äußert, vergisst, was er denkt.

905. Die Angst, Fehlentscheidungen zu treffen verursacht Unwohlsein bis hin zu psychischem Stress.

906. Schlafmangel fördert psychische Krankheiten.

907. Übe Eigenständigkeit mit Kontrollen, wo immer es geht, aus.

908. Der richtige Weg fängt bei dir an.

909. Konkurrenzdenken in einer Beziehung muss nicht unbedingt schädlich sein.

910. Glaub an die Zukunft, denn wir werden uns mehrfach beweisen können.

911. Nicht alles, was man darf, ist richtig.

912. Ein Staat muss allen Menschen eine Chance geben. als gleichwertig ansehen zu werden, egal was sie fühlen oder denken.

913. Versuche, Hilfe anzunehmen, denn es tut gut.

914. Man muss, um Erfolg haben zu können, immer wieder investieren.

915. Wir haben die Kraft, uns verändern zu können.

916. Angreifern darf man sich notfalls auch mit Gewalt entgegensetzen.

917. Für sein geschenktes Leben bedankt man sich.

918. Als „schlecht" gilt, wer seine Bedürfnisse bedingungslos über andere stellt, ständig Hemmschwellen überschreitet, mitleidlos handelt oder nur sein Wohlbefinden sieht und den anderen als unwichtig erachtet.

919. Jeden Menschen reizt es, auch mal böse zu sein.

920. Eingefahrene Verhaltensmuster sind keine Regel.

921. Bei manchen Völkern werden, obwohl international geächtet, Kinder aus fehlverstandener Tradition immer noch im Genitalbereich verstümmelt.

922. Tradition, Aberglaube oder missverstandenes Gerechtigkeitsgefühl führen ins Leere und sind nicht Kultur.

923. Wer mitdenkt, hat mehr vom Leben.

924. Das, was man für gut hält, muss man auch unterstützen.

925. An vielem ist man selber schuld, manches hätte man abwenden können.

926. Wenn alle Menschen mich lieben würden, das wäre toll.

927. Wer sich nicht auf Anhieb mit allen versteht, macht nicht unbedingt etwas falsch.

928. Man muss immer beide Seiten anhören, das ist ganz wichtig.

929. Fühlt man sich unwohl, muss man an sich glauben und versuchen, die kleinste Besserung wahrzunehmen.

930. Neue Ideen und deren Herausforderungen halten einen in Schwung.

931. Gefühle und Verstand darf und kann man nicht trennen.

932. Wer Kinder in die Schranken weist muss wissen, wann und warum.

933. Wer etwas gegen Leid und Armut in der Welt tuen möchte, kann spenden oder sich sozial engagieren.

934. Finde das Maß von Selbstbestimmung zur Toleranz anderen gegenüber zur Entstehung eigenen Denkens.

935. Es gibt von überall einen Weg zum Ziel.

936. Wer Fehler nicht auch bei sich sucht, kann spätestens im Alter unzufrieden werden.

937. Nicht alle, die lachen, meinen es gut.

938. Siehe mit Zuversicht der Zukunft entgegen.

939. Kein Frieden zwischen den Ländern ohne gerechte Chancenmöglichkeit.

940. Die Gleichheit einer Meinung ist nicht gegeben, wenn nur wenige Informationen zur Sache zur Verfügung stehen.

941. Glaubt der Mensch, er bräuchte außer Freunden auch Feinde, dann irrt er sich.

942. **Dass die Welt schon zusammenwachsen muss, müsste eigentlich jedem klar sein, aber nicht sofort.**

943. Wer glaubt, jedes Land für sich muss Sitten und Gebräuche strikt einhalten, ist nicht gut auf Ausländer zu sprechen.

944. Angstzustände können Aussagen maßgeblich beeinflussen.

945. Die Starken werden sich immer über die Schwächeren stellen wollen.

946. Versuche dem Streben nach mehr Grenzen zu zeigen.

947. Die Kultur und die Geschichte jedes einzelnen Landes gilt es wahrzunehmen.

948. Wenn der Moment die Zeit bestimmt, haben wir eine Chance, es besser zu machen.

949. Wenn die Presse die Wahl bestimmt, ist die Demokratie, wie auch jede andere Staatsform, am Ende.

950. Mehrfach enttäuscht zu werden, kann das Leben stark prägen, bis hin zur Aufgabe von für einen wichtigen Lebenszielen.

951. Es ist schwer, mit Menschen zurechtzukommen, die immer Recht bekommen wollen und keine Gefühle zeigen.

952. **Die Menschen sind alle anders.**

953. Man nähert sich meistens schrittweise.

954. Medikamente ändert man nicht plötzlich alle auf einen Schlag.

955. Nichts ist mehr wie viel zu viel.

956. **Wenn die Sonne Schatten wirft, hat ein schöner Tag begonnen.**

957. Überlegst du dir immer jeden neuen Schritt, kommst du nicht sehr weit.

958. Manchmal weiß man nicht, wo die Zeit geblieben ist, und dann wartet man stundenlang.

959. Was man selber braucht, muss man nicht unbedingt hergeben.

960. Das Leben ist voller Genuss, jedoch auch voll harter Arbeit.

961. Wer gerecht sein will, sieht den Menschen an sich als Mittelpunkt und nicht nur die Leistung, die er erbringt.

962. Jugend ist eine ganz bestimmte Art von Ausstrahlung.

963. Wer niemals Gefühle zeigt, ist ein „sogenannter“ Held.

964. Teste dich selber, bevor du über andere urteilst.

965. Es ist schön, zu wissen, dass jemand an dich glaubt.

966. Fördere junge Menschen, indem du erkennst, was ihnen Spaß macht und ihnen guttut.

967. Man kann alles positiv oder negativ deuten.

968. Keiner muss die Welt für sich erfinden.

969. Wer keine Gefühle hat, sollte sie auch nicht zeigen.

970. In der Not ist es einem fast egal, wer einem hilft.

971. Man sollte als Eltern seinen Kindern nicht jede Entscheidung abnehmen.

972. Prüfe deine Ziele, kontrollier dein Tun und ändere dich gegebenenfalls.

973. Wer sich immer nach Vorschriften richtet, läuft Gefahr, etwas falsch zu machen.

974. Solange das Gute im Menschen immer weiterkommt, kann nichts schiefgehen.

975. Jeder Mensch braucht Zeit für sich.

976. Wer gerecht sein will, muss abwägen können.

977. Bestimmen darf und kann die Wahl, den Ausdruck, den Sinn der Wahrheit nie.

978. Männer und Frauen sind unterschiedlich.

979. Niemand garantiert mir, dass ich morgen auch noch lebe.

980. Es ist nicht möglich, jedem stets dasselbe zur gleichen Zeit zu geben.

981. Leider hofft im Moment und richtet sich nicht jeder auf soziale Gerechtigkeit für alle.

982. Theoretisch gerecht ist, wenn jeder zur gleichen Zeit dasselbe bekommt.

983. Wer alles sagt, was er weiß, gilt als dumm.

984. Wer sich nicht gerne unterhält, darf dazu auch nicht gezwungen werden.

985. Neugierde kann einen zur Weißglut bringen.

986. Auch Schwäche zeigen kann sympathisch wirken.

987. Es richtig machen zu wollen, macht Spaß.

988. Jeder Mensch hat Anspruch darauf, glücklich zu sein.

989. Jeder Mitarbeiter sollte am Gewinn eines Unternehmens beteiligt sein.

990. Ohne Druck leben kann man noch nicht mal, wenn man alleine ist.

991. Die Menschen hinterlassen, je nach Lust und Laune, nicht immer einen guten Eindruck.

992. Wenn mir jemand direkt seine Meinung sagt, dann finde ich das eigentlich gut.

993. Nicht jeder hält sich für unbeschreiblich wichtig.

994. Fast keine Lösung ist von Dauer.

995. Wer den Zufall mag, spekuliert.

996. **Es ist sicher, dass sich die unteren Gehälter viel mehr in Richtung Mittelschicht bewegen müssen. Die Spitzenverdiener sind gezwungen, Abstriche zu machen. Es wird eine Gesellschaftsstruktur angestrebt mit differenzierten von sich aus gewünschten maßgeschneiderten Arbeitsverträgen.**

997. Wer hungernden Menschen nicht hilft, schadet sich selber.

998. Viele Menschen handeln automatisiert und überlegen gar nicht, was für den anderen gut ist.

999. Zu lieben ist nie abgedroschen.

1000. Gesten, Verhalten und Aussehen sagen nichts über den Charakter einer Person aus.

1001. Wer im hohen Alter nicht nur an sich denkt, ist ein guter Mensch.

1002. Man muss und darf ruhig im jungen Alter glauben, dass alles so, wie es ist, richtig ist.

1003. Ironie ist was für Erwachsene.

1004. Wer den anderen für seinen Freund hält, darf sich auch mal helfen lassen.

1005. Wenn jeder meint, dass das, was er denkt, das einzig wahre Richtige ist, haben wir Stillstand.

1006. Wer lügt, verliert das Vertrauen anderer.

1007. Monopole sind für die Allgemeinheit immer schlecht.

1008. Was ich dir erzähle, muss nicht direkt die ganze Welt erfahren.

1009. Indem ich nicht nur das mache, was ich will, und nicht als Erstes an mich denke, weiß ich erst, was wichtig für mich ist.

1010. Wenn du schneller am Ziel sein kannst, lass ich dich vor.

1011. Ein Mensch, der in einem Wohlstandsland geboren wurde, hat bessere Voraussetzungen für sein Weiterkommen als jemand, der in einem armen Land geboren wurde.

1012. Menschenrechte sollten für alle Menschen weltweit gleich gelten, sind aber nicht Pflicht und werden nicht überall gleich eingehalten.

1013. Wenn die Wirtschaft floriert, heißt das leider noch nicht, dass Arbeit für jeden da ist.

1014. **Die größte Mehrheit ist die Einstimmigkeit.**

1015. Ohne Bildung und Aussicht auf Arbeit ist die Perspektive gleich Null.

1016. Oft hofft man, es gäbe mehr Gleichgesinnte auf der Welt.

1017. Gesellschaftsfähig ist der, der sich auch nach anderen richten kann.

1018. Handelsbeschränkungen können Sinn geben, dürfen aber nur eine gewisse Zeit gelten und dürfen das zwanglose Leben miteinander nicht behindern.

1019. Vorschriften, Gesetze, die richtige Einstellung und das entsprechende Handeln bestimmen die Richtigkeit der Dinge.

1020. Ein Leben ohne Konflikte gibt es nicht.

1021. Ohne Streit keinen Frieden.

1022. Die Seele hat keinen Anfang und kein Ende.

1023. Wer merkt, dass es dem anderen schlecht geht, muss sich gegebenenfalls nach ihm richten.

1024. Richtig ärgern können muss man lernen.

1025. Entwicklungs- und Schwellenländer müssen als Partner gefördert und mit ihnen muss dementsprechend umgegangen werden.

1026. Schwellen- sowie Entwicklungsländer haben die Industriestaaten eingeholt und das Weltgeschehen hat sich verändert.

1027. In den armen Ländern müssen parallel zu den reichen Ländern, auch die Löhne, der Unterhalt, und Dinge des Lebens, wenn auch gestiegen, zahlbar bleiben.

1028. „Gleiche Löhne, egal, welches Land.“

1029. Die meisten Menschen verfolgen am liebsten das Ziel, welches ihnen den größten Vorteil bringt.

1030. Wer zum Krieg führt, weiß oft nicht, warum oder was er da macht.

1031. Wer Wissen eins zu eins übernimmt, lernt nichts dazu.

1032. Respekt verschafft man sich am besten durch soziales Verhalten.

1033. Will man jemanden fördern, muss man ihn fragen, was er kann und was er will.

1034. In der Tierwelt setzt sich der Stärkere durch, bei Menschen ein Team.

1035. Wer Fehler macht, muss sie auch wieder rückgängig machen können, ohne dass er sein Gesicht verliert.

1036. Man muss aus den Fehlern der Vergangenheit lernen können.

1037. Verwaltung darf nicht zu teuer werden.

1038. Wer denkt, dass Armut der Ursprung des Bösen ist, sieht den Menschen nur als Tier.

1039. Wenn die Käuferschicht wegfällt und sich die Basis nichts mehr leisten kann, naht das Ende.

1040. Die neue Käuferschicht sind wir selber, selbst verdient und hergestellt.

1041. Ein Ausbeuten entfällt.

1042. Was einmal so war, kommt vielleicht irgendwann genauso wieder.

1043. Neugierde kann lustig sein.

1044. In der Jugend macht man nur kleine Fehler.

1045. Ab einem bestimmten Grad ist jeder bestechlich.

1046. Jeder darf seine Meinung äußern.

1047. Spiele nicht mit der Liebe des anderen.

1048. Emanzipation und Unterdrückung passen nicht zusammen.

1049. Plötzlich mit etwas aufhören, wie zum Beispiel einer Sucht, geht nicht.

1050. Wer überfordert ist, macht Dinge, die er gar nicht will.

1051. Nach dem Tod verwest der Körper, der Geist lebt weiter.

1052. Die Welt ist ein Karussell, manchmal sieht man das Kranke alles doppelt oder gar nichts.

1053. Wenn man den Menschen wegnimmt, was sie lieben, sterben sie.

1054. Toleranz ist Pflicht.

1055. Angst lähmt das Denken.

1056. Wenn der Klimawandel, Epidemien, Krieg, autoritäre Regierungsverhältnisse oder Armut das Land befallen, beginnen Menschen, an Auswanderung zu denken.

1057. Wer sich anders fühlt, soll dazu stehen und darf keine Angst haben, sich zu öffnen.

1058. Wer im falschen Körper geboren wurde, hat ein Recht auf Anerkennung.

1059. Beim Sex ist alles erlaubt, wenn es den Betreffenden Spaß macht und keinem schadet.

1060. Ungewollter Verzicht auf Sex kann einen Zwiespalt hervorrufen.

1061. Der Glaube ist Privatsache und steht jedem zu.

1062. Religionsunterricht sollte über andere Religionen berichten können und müssen.

1063. Die Form der neu zu bauenden Gotteshäuser unterschiedlicher Konfessionen müsste sich rein äußerlich ein wenig ähneln.

1064. Gut sein ist nicht schwer.

1065. Nur zu glauben, andere denken gut über einen, reicht oft nicht aus.

1066. Wie man etwas ausdrückt, ist fast genauso wichtig wie die Aussage selbst.

1067. Armen Menschen helfen kurzfristige sofortige Hilfen, aber auch Hilfen für langfristige Lösungen.

1068. Nicht jedes Geschäft muss Gewinn abwerfen.

1069. Jeder Mensch wünscht sich eine angst- und schmerzfreie Zeit, besonders vor dem Sterben.

1070. **Wenn man arme Menschen ausbeutet, stimmt etwas nicht**.

1071. Sklaven haben wir im Einvernehmen nicht mehr.

1072. Finde zu dir, denn die Zeit läuft dir davon.

1073. Gehe dem anderen einen Schritt entgegen.

1074. Wer mir hilft, dem helfe ich auch sowieso.

1075. Lebt in Frieden und steht dazu, dass nur Polizei und Militär Waffen haben dürfen.

1076. Anfängliche Fehler sind direkt zu beseitigen.

1077. **Leben ist ohne lernen nicht möglich**.

1078. Sitten und Gebräuche sind sehr unterschiedlich.

1079. Jede Religion ergibt Sinn. (Sie widersprechen sich ja auch nicht.)

1080. Die Menschen haben ein gemeinsames Ziel, in dem auch du vorkommst.

1081. Die UNO ist Berater, will nur Gutes bewirken, gibt Anstöße und handelt nach Vorgaben anderer im Verbund stehender Weltorganisationen, die wir allerding nicht immer brauchen dürften oder gegebenenfalls abschalten könnten.

1082. Wer nicht verhandelt, macht was falsch.

1083. Man muss nicht immer das letzte Wort haben.

1084. Wer sich nicht sicher ist, muss sich informieren oder testen.

1085. Finde möglichst früh heraus, welche Fähigkeiten du hast.

1086. Eine Welt-Heer-Gemeinschaft schafft das Militär ab und lässt es mitverhandeln.

1087. Eifersucht kann zur Qual werden.

1088. Widersprechen darf man immer.

1089. Im Lauf der Jahre ändert sich die Art, wie man miteinander umgeht, und auch, wie man etwas sagt.

1090. Wenn es keine Gerechtigkeit gibt, macht das Leben keinen Sinn.

1091. Für den, der gut ist, scheint die Sonne von allen Seiten.

1092. Gutes produziert auch wieder Gutes.

1093. Einsame Menschen reden viel und gerne über sich selber.

1094. Wer nachdenken muss, kann meistens das nachfolgend Gesagte nicht mehr wahrnehmen.

1095. Wenn sich eine Idee zerschlägt, heißt das nicht, dass sie schlecht war.

1096. Bis ins Detail sollte man von vornherein gar nichts klären.

1097. Wer zu schnell aufgibt, hat den eigenen Schweinehund nicht überwunden.

1098. Die Regel, gut zu sein im Leben gilt immer.

1099. Wenn ich jemanden liebe, muss er nicht immer automatisch auch meiner Meinung sein.

1100. Nur gleiche und gemeinsame Ziele werden sich auf Dauer verwirklichen lassen können.

1101. Sich Extreme vorzustellen, kann helfen, den richtigen Weg zu finden.

1102. Urteile nach Maß der Notwendigkeit.

1103. Erfahrungen beeinflussen die Vernunft.

1104. Nimm dir Zeit für dein Gegenüber.

1105. Angst beeinflusst den Realitätsbezug.

1106. Man muss fragen, aber auch antworten können.

1107. Man muss jede einzelne Person wertschätzen.

1108. Jeder Fall ist ein Einzelfall.

1109. Die Vergangenheit muss Teil der Zukunft bleiben.

1110. Auch Zwischenziele müssen Hoffnung geben.

1111. Die Intelligenz ist nicht Maß aller Dinge.

1112. **Glaube an die Hoffnung**.

1113. Ohne Geduld hält keine Ehe.

1114. Glück muss man sich auch erarbeiten.

1115. Schmerz tötet Gefühle.

1116. Die Infrastruktur sollte immer dem entsprechenden Land gehören.

1117. Ohne Waffenabbau kein Frieden.

1118. Große Ziele erreicht man durch schrittweise Annäherung.

1119. Geänderte klimatische Bedingungen sind für Naturkatastrophen verantwortlich.

1120. Eine **gemeinsame** zweite Sprache als Welteinheitssprache ergibt Sinn.

1121. Psychische Erkrankungen sind zeitlich schwer zu fixieren.

1122. **Eine radikale rechte oder linke Gesinnung kommt auf, wenn im Land soziale Probleme entstehen und die Wege für die Bevölkerung unüberschaubar werden**.

1123. Finanzielle und soziale Ungleichheit ruft immer soziale Probleme hervor.

1124. Kein Staat darf für den anderen Presse, Rechtsprechung oder Religion für sich beanspruchen.

1125. Die ganze Welt muss untereinander Handel treiben können, auch wenn die Handelnden politisch oder religiös unterschiedlicher Auffassungen sind.

1126. Der Mensch ist der Partner, nicht die Industrie.

1127. Wir haben alle unser eigenes Tempo.

1128. Mehr Solidarität bei Gemeinschaftsaktivitäten ist wünschenswert.

1129. Man bekommt ein schlechtes Gewissen, wenn man die Armut in der Welt sieht.

1130. Verhungern darf auch jetzt schon niemand.

1131. Wichtige Entscheidungen sollte man schnell, jedoch bedacht treffen.

1132. Vor allem die Amtszeit eines Regierungschefs ist immer zu begrenzen.

1133. Mit Energie geht man sparsam um.

1134. Gut helfen kann man nur, wenn man selber gut drauf ist.

1135. Wichtige Aussagen sollte man extrem gut prüfen.

1136. Die meisten Menschen versuchen, sich zu profilieren.

1137. Wichtig ist nicht, was schön aussieht.

1138. Beim Nachdenken fließen die Gedanken von einem Punkt zum nächsten.

1139. Beim Umsetzen und zum Anwachsen von Pflanzen ist es manchmal sinnvoll, wenn sie außer der Anpflanzerde auch von ihrer Ursprungserde dazubekommen.

1140. Das Gehirn versorgt zu jeder Zeit Organe mit Informationen.

1141. Wer einem Gespräch nicht folgen kann, denkt wahrscheinlich in dem Moment über andere Dinge nach.

1142. Lieber zweimal nachdenken als überhastet arbeiten.

1143. Menschen, Tiere und Pflanzen haben im Grunde den gleichen Baustein für Intelligenz, sind nur nicht so aktiviert und ausgeprägt.

1144. Bestimme nur so, wie du auch bestimmen möchtest.

1145. Sieh dein Gegenüber in Abständen ruhig auch mal kritisch.

1146. Wissen erhöht das Denkpotenzial.

1147. Auch wenn es keiner merkt, muss man das Richtige tun.

1148. Wenn man glaubt, es ist alles kein Zufall, sondern vorbestimmt, wird man unglücklich.

1149. Die Art der Erdanziehung für alles auf der Erde und auch im Körper des Menschen ist einmalig und von extremer Bedeutung.

1150. Um sich über die Erdanziehung auf der Erde fortbewegen zu können, benötigt man Kraft, was zum notwendigen Muskelaufbau führt.

1151. Jeder muss für sich selber wissen, zu welchem Zeitpunkt oder wie überhaupt er sich öffnen kann.

1152. **Bei fehlender Ozonschicht wird die Erdkruste erwärmt**.

1153. Entfällt die Ozonschicht, geht natürlich auch Wasser aus der Atmosphäre verloren.

1154. Im Alter fällt manchmal das Denken schwer.

1155. Bei routinemäßigem Handeln muss man nicht mehr viel nachdenken.

1156. Die Fähigkeit, zu kombinieren, hat jeder Mensch.

1157. Je länger ein Früchtetee zieht, umso intensiver ist sein Geschmack.

1158. Vorschriften bestimmen das gemeinsame Leben.

1159. Wer lügt, sagt nicht die Wahrheit.

1160. Jede neue Erfahrung erweitert das Bewusstsein.

1161. Tiere sind schlauer, als man vermutet.

1162. Die einfachen Entscheidungen sind manchmal die schwersten.

1163. Jeder muss Zeit für den anderen haben.

1164. **Nach der Behauptung und darauf vertrauen gleiche Chancen haben zu dürfen, kann man aufbauen**.

1165. Vorsicht muss nicht immer geboten sein.

1166. Wenn man selbst über sein Leben bestimmen kann, hat man Glück.

1167. Einen geliebten Partner haben zu dürfen, ist mehr als toll.

1168. Kritik üben ist gut, aber nur in Grenzen.

1169. Obwohl man es in der Jugend nicht glaubt, ist doch jeder Körper eher vergänglich, und zwar schnell.

1170. Über mich bestimmen zu lassen, das habe ich nicht so gerne.

1171. Wenn man bei jeder Entscheidung grundlegende Überlegungen anstellen muss, macht man sich manchmal unnötig das Leben schwer.

1172. Auch ein Talent des anderen verdient Achtung.

1173. Ganz alleine die Welt retten zu wollen, geht nicht.

1174. Manchmal, wenn man lustig sein will, wird man leider ernst genommen.

1175. Jeder bildet sich eine eigene Meinung über den anderen.

1176. Wem Wissen fehlt, der kann nur bedingt mitreden.

1177. Wissen auf einfache Art weiterzugeben, macht wahnsinnig viel Spaß.

1178. Werden Mitmenschen eingeschüchtert, trauen sie sich oft nicht, auf ihr Recht zu beharren.

1179. Man muss immer nach der entsprechenden Verfassung handeln.

1180. Wer wenig Wissen besitzt und an nichts glaubt, bleibt dumm.

1181. Humor kann, falsch verstanden, beleidigend wirken.

1182. Verbesserungsnotstand existiert überall.

1183. Lerne, über die Richtigkeit von Sachverhalten nachzudenken.

1184. Was man unter Druck machen muss, macht man nicht gerne.

1185. Wenn man sich ärgert, glaubt man, ein Zittern oder Flackern in den Augen zu verspüren.

1186. Egal, was jemand getan hat, er ist ein Mensch.

1187. **Wer sich prüft, lebt freier**.

1188. Der Einzelgänger widersetzt sich dem Geist der Zeit.

1189. Wer zum Ausdruck bringt, dass er mich für wichtig und gut hält, mit dem freunde ich mich gerne an.

1190. Trinkt man bei gleichzeitiger Medikamenteneinnahme zu viel, kann es passieren, dass die Wirkung des Medikaments nachlässt.

1191. Die Leistung der Organe lässt im Laufe ihrer Lebenszeit nach.

1192. Wenn Tiere sprechen könnten, könnten sie viel über die Gewohnheiten der Menschen berichten.

1193. Wer andere zum normalen Reden bewegen kann, macht eine gute Sache.

1194. Zu ehrlich darf man grundsätzlich erst recht Fremden gegenüber nie sein.

1195. Nimmt man starkes Rauschgift zu sich, können sich Gehirnströme verändern.

1196. Wer vor Publikum eine Rede halten soll, muss üben und selbstbewusst sein.

1197. Beim Kochen und Backen bewirkt eine zu frühe Zugabe von Salz eine Verlängerung der Garzeit.

1198. Wer kurz vorm Tod stand, lebt anders.

1199. Wenn man im Alter die einfachsten Dinge vergisst, kann man sehr traurig werden.

1200. Alleine gut sein zu wollen, genügt nicht immer.

1201. **Würde ich eine Billion besitzen, ich würde als Erstes dafür sorgen, dass jeder was zu essen und zu trinken hat, der Rest ergibt sich dann von selbst**.

1202. Eine Umsetzung ab einer bestimmten Höhe, bedarf ansonsten Hilfe.

1203. Es gibt Zeiten, da hat der Körper mehr zu sagen als der Geist.

1204. Eifersucht kann zur Qual werden.

1205. Ob Menschen einem sympathisch sind, merkt man relativ schnell.

1206. Blinder Perfektionismus schadet nur.

1207. Es gibt den Moment der völligen Zufriedenheit.

1208. Wer nur zum Ziel hat, Macht auszuüben, kann gefährlich werden.

1209. Manchen Menschen muss man helfen, da sie sonst nicht auf ihre Füße kommen.

1210. Ungerecht kann man auch werden, ohne zu wissen, warum.

1211. Wenn man müde ist, muss man manchmal gähnen und es tun einem die Augen weh.

1212. Wenn man was falsch gemacht hat, fällt einem das Nachdenken schwer.

1213. Ein bisschen Unordnung gehört zum guten Ton.

1214. Ist man abgespannt, ist man auch anfälliger für Krankheiten.

1215. Ist der Mensch ehrlich, kann er leichter Freude empfinden.

1216. Freut sich ein Mensch richtig, vergrößern sich und leuchten warme Augen bei völliger Entspanntheit.

1217. Die Welt ändert sich mit unterschiedlichen Schritten, gemeinsam und mit Bedacht (laut vorwiegend Heimat, Staatsform und Religion).

1218. **Dass man aus dem Weltraum Energie aus der Sonne zur Erde schicken kann, klingt glaubhaft**.

1219. Es ist mehr wie eine Kunst, sich richtig zu verhalten, wenn man glaubt, alle schauen zu einem.

1220. Einsame Menschen stehen nicht gerne im Rampenlicht.

1221. Menschen kommen normalerweise mit wenig Schlaf aus, wenn sie einen tiefen und festen Schlaf haben.

1222. Es gibt nur den einen richtigen Weg, mit vielen Unterteilungen.

1223. **Ich liebe die Menschen**.

1224. Beim Handeln immer überlegen, ob man es richtig und nicht nur für diese Situation macht.

1225. Der Körper verbraucht immer Energie.

1226. Menschen, die nicht alles richtig und verständlich sagen, können ehrlich und gut sein.

1227. Ohne Ehrlichkeit kommt man nicht weit.

1228. Besonders junge Menschen sind wissbegierig.

1229. Ohne Fehler wäre der Mensch nur gut.

1230. Ein Tier muss man anders erziehen als einen Menschen.

1231. Kein Mensch, Tier, Pflanze oder Materie ist so was wie allheilig.

1232. Auf anderen Planeten suchen wissenschaftliche Astronauten Material, das man zu Versuchszwecken auf der Erde nutzen kann.

1233. Man sagt, dass alle prophetischen Religionsführer erleuchtet waren, das heißt, Wunder erleben konnten.

1234. Ein schlechtes Gewissen zu bekommen, kann in den Genen begründet liegen.

1235. Anhand der Gestik kann man versuchen, die Gedanken des anderen zu deuten.

1236. Partner sollten sich nur wohlfühlen, wenn sie wissen, dass es dem anderen auch gut geht.

1237. Bevor man sich bindet, muss man den anderen auch gut kennen.

1238. Oft verliert man den Zusammenhang und fängt von vorne an.

1239. Nur lieben zu dürfen, ist erst mal kein Privileg.

1240. Viele Entscheidungen darf man nicht alleine treffen.

1241. Das Ziel sollte lauten, dass die Welt sich ausruht und man zufrieden ist.

1242. Die Gebärdensprache ist schwer zu erlernen und nicht für jeden gehandicapten Menschen geeignet.

1243. Die absolute Mehrheit, mit Ausnahmen, sollte immer bestimmen, was richtig ist.

1244. Manchmal bedarf es einer einfachen Mehrheit, was die Entscheidung zeitlich zu begrenzen und nochmal mehrfach zu überprüfen ist.

1245. Die Verfassung einer Demokratie kann je nach Größe eines Landes und aus wirtschaftlichen Gründen unterschiedlich aufgebaut sein.

1246. Kleine Splitterparteien, die unter bestimmten Grenzwerten liegen, werden nach der Wahl bei der Verteilung im Bundestag nicht berücksichtigt. Man könnte sie natürlich ins System einbinden.

1247. Eine Splitterpartei sollte möglichst schon bei der Aufstellung zur Wahl zu vermieden werden.

1248. Über das Überhangmandat werden unnötig Kosten durch überhöhte Abgeordnetenzahlen verursacht, was ein Systemfehler ist.

1249. Hat man ein Problem, muss man Freunde fragen können.

1250. Themenwechsel helfen neue Gedanken zu mobilisieren.

1251. Fehler lassen das Gute finden.

1252. Auch wenn keiner den richtigen Weg kennt, ich werde kämpfen, um es allen recht zu machen.

1253. Wenn Realität und das, was man für die Wirklichkeit hält, nicht übereinstimmen, kann es Probleme geben.

1254. Das Resultat des Geschehens verursacht das Sammeln von Gedanken.

1255. Wer sich seinen Herausforderungen stellt, lebt frei.

1256. Die Welt ist ein Karussell, mit Antrieb und Veränderung.

1257. Wer an die Menschheit glaubt, spendet auch gerne nach seinem Tod Organe.

1258. Wer an die Macht kommt, darf keinen Krieg anstiften oder mitstreiten, über den er sich mündlich und schriftlich dagegen ausgesprochen und verpflichtet hat.

1259. Neue Regierungen haben Programme, wonach sie sich richten müssen, zum Teil auch abgesichert über Drittstaaten.

1260. Bei Sucht lernt man, die Realität falsch einzuschätzen.
1261. In der Jugend kann man am meisten Spaß haben.
1262. Nicht zu jeder Minute muss man gut sein.
1263. Urteile nie, ohne sicher zu sein.
1264. Wer nicht weiß, was er will, muss sich öffnen.
1265. Man muss es selbst herausfinden können.
1266. Ärgern ist die Grenze zur Böswilligkeit.
1267. Sei nicht überrascht, wenn es anders kommt, als du glaubst.
1268. Wenn die Basis blockiert, ist die Führung hilflos.
1269. Wer nicht an sich glaubt, kann den anderen nicht richtig einschätzen.
1270. Ein gemeinsames Gut ist niemals fremd.
1271. Prüfe und du bist dir sicher.
1272. Menschen, die nach ihrem Gewissen handeln, handeln vordergründig nicht nach Logik.
1273. Paare, die auf Dauer zusammenbleiben wollen, müssen sich ergänzen.
1274. Mit Liebe ist alles einfacher.
1275. Gewalt ist ein Mittel, das niemals wirkt.
1276. Bei der Erziehung muss man Werte vermitteln können.
1277. In armen Ländern stirbt man früher.
1278. Ich liebe unseren Hund, weil er einen eigenen Willen hat, und früher mal auf Schafe aufgepasst hat.
1279. Wer nur an sich denkt, verkehrt die Welt.
1280. Konkurrenz beflügelt die Geister.
1281. Arme Menschen sowie Menschen, die sich für andere einsetzen, versucht man zu unterstützen.
1282. Gut sein für gut.
1283. Wenn der eine will, was der andere nicht will, haben wir ein Problem.
1284. Kein Mensch begeistert mich so sehr, dass ich mich ihm unterordnen will.
1285. Problembewusste Menschen sehen mehr Probleme, als es gibt.
1286. Wenn alle versagen, muss ich Hoffnung sehen.
1287. Man sollte sich und dem anderen was Gutes gönnen.

1288. Die Werte des anderen muss man achten und nicht bekämpfen wollen.

1289. In den Genen liegt der Grundstock. Was du daraus machen kannst, bist du.

1290. Wenn nur einer das Sagen hat, stimmt was nicht.

1291. Kinder sind nicht besser als Erwachsene.

1292. Ich bin immer auf der Suche nach dem Guten und den Fehlern.

1293. Ein Scherz ist es nicht, wenn man trotzdem alle mag.

1294. Eine der größten Herausforderungen im Leben ist, das Miteinander zu tolerieren

1295. Wenn einem der andere wichtig erscheint, muss man sich auch nach ihm richten.

1296. Wer will, findet an jedem und allem Fehler.

1297. Fremde Kulturen miterleben zu dürfen, ist toll.

1298. Bei bitterer Armut versuche ich sofort zu helfen, wo ich kann.

1299. Unterschiedliche Ziele dürfen Thema sein, aber nicht dominieren.

1300. Jeder hat eigene und gemeinsame Ziele.

1301. Eine Sucht kann über den eigenen Willen zur Normalität zurückgeführt werden.

1302. Lernen muss man können, sonst wird wenig aus einem.

1303. Alte Menschen wissen mehr, als man glaubt.

1304. Jeder weiß, dass Temperaturschwankungen in Materie und Leben Form und Größe beeinflussen.

1305. Oft wird die Welt von Trotteln regiert und deren Kumpanen.

1306. Auf Befehle reagiert man nicht gerne.

1307. Ärgere dich nicht über andere, der Weg, führt zum Ziel.

1308. Durchstarten mit Pausen ist die richtige Devise.

1309. Mach dich nicht verrückt, indem du alles auf einmal schaffen willst.

1310. Wer dafür sorgt, dass es auch anderen gut geht, steht bei mir hoch im Kurs.

1311. Wenn man etwas mit sehr, sehr vielen Gefühlen erlebt, verspürt man ein Kribbeln am Rücken und / oder im Bauch.

1312. Wer nicht glauben kann, prüft Reales mehrfach.

1313. Eigentlich kann und muss man die ganze Welt liebhaben.

1314. Völker mit gleichen oder ähnlichen, sich ergänzenden Kulturen und Religionen werden sich in Zukunft in gemeinsamen Staaten unter Umständen wiederfinden.

1315. Wer sich alles zur Prüfung nimmt, ist zweifelsfrei krank.

1316. Die Devise lautet: Überlegen, Überreden, Überwinden.

1317. Der, der von allen geliebt wird, will ich sein.

1318. Immer erst dann, wenn es einem gut oder ganz schlecht geht, denkt man an die anderen.

1319. Wenn ich was verspreche, dann halte ich es auch, und wenn nicht, bin ich eine Antwort schuldig.

1320. Nur Unrecht, absolutes Unrecht gibt es nicht.

1321. Verstecke dich nicht hinter deinen Fehlern.

1322. Das Wachstum in den ärmsten Ländern nimmt immer mehr zu.

1323. Hunger, Seuchen, Wirbelstürme, Wasserknappheit und Erdbeben sorgen nicht nur für Unzufriedenheit, sondern auch für Panik bis hin zu Krieg.

1324. Die schützende Ozonschicht, welche die schädlichen Sonnenstrahlen abhält und filtert, nimmt, wenn auch nicht merkbar immer, aber ab.

1325. Die Erde kann unbewohnbar werden, auch dadurch, dass sich auf der Erdkruste extreme Temperaturschwankungen entwickeln.

1326. Die Erde ist gefährdet.

1327. Jeder kann und muss helfen, durch Tat, Rat, Handeln, Lenken und auch mit Geld.

1328. Notwendige Druckverhältnisse wandeln sich in der Atmosphäre um und zerstören sie zusätzlich.

1329. Zum Krieg führt ein Weg des Grauens.

1330. Das Ziel, dass es allen gleichzeitig gut geht, ist nur schwer zu verwirklichen.

1331. Wenn sich jemand an mir abreagiert, benötige ich eine Zeit lang Abstand von ihm.

1332. Wer mit seinen Eltern verheiratet ist, wird nur schwer eine neue Beziehung finden können.

1333. Eine Einigung mit einem Kompromiss ist zu Recht nur für wenige ein Ziel.

1334. Behandelt man andere gut, hat man mehr Glück im Leben.

1335. Manche Menschen brauchen zwischendurch Streit, um glücklich zu sein.

1336. Ich liebe auf jeden Fall denjenigen, der dafür sorgt, dass ich zu mir selber finden kann.

1337. Wenn ich etwas mache, überlege ich mir immer, welcher Weg zum gewünschten Ziel der effektivste ist.

1338. Wenn man nicht perfekt die Sprache des anderen spricht, hat das nichts mit der Wichtigkeit und Aussagekraft zu tun.

1339. Ergötze dich nicht an für dich Unerreichbarem und verspüre keinen Neid.

1340. Man kann sich nicht immer punktgenau von einer Abhängigkeit lösen.

1341. Woran erkenne ich und bin mir sicher, dass mein Partner mich liebt und ich ihn auch?

1342. Man erkennt eine Liebesbeziehung erst nach einer Weile an dem dargebrachten Verhalten, Einstellungen, Hobbys Charakter und Familie ...

1343. Man schützt sich vor Betrügern, indem man kritisch und bedeckt ist und nicht alles direkt von sich preisgibt.

1344. Wissen kann man weitergeben, wenn man will.

1345. Vorgeplante Fragen lassen ein Gespräch nur kurz positiv wirken, denn sie treffen den Punkt nicht.

1346. Es kann einem nur so gut gehen, wie die äußeren Zustände es zulassen.

1347. Die eigene Moral wird nicht durch Religion oder von der Einhaltung von Zwang in irgendwelchen Richtwerten dritter bestimmt.

1348. Wenn das eigene Wohlbefinden mehr zählt, als das das reale Leben hergibt, ist von bösartigen Rollenspielen die Rede.

1349. Meine Lebensphilosophie lautet: Obwohl es mir manchmal schwerfällt, gehe ich ruhig auf Menschen zu und spreche mit ihnen.

1350. Nur wenn der andere glaubt, in dir ein Opfer finden zu können und sich dann als Sieger fühlt, verspürt er Lust, dich anzugreifen.

1351. Auch eine Ehe von zwei Einzelgängern kann eine sehr gute sein.

1352. Abwechslung macht Spaß bei Arbeit und Beruf.

1353. Vorhandene Landwirtschaft und eventuell auch vorhandene Industrie in den Entwicklungsländern ist zu schützen und zu fördern und nicht durch missverstandene Hilfeleistungen der Industriestaaten zu blockieren.

1354. Man sollte beim Kauf von landwirtschaftlichen, aber auch bei industriellen Produkten darauf achten, dass weder Mensch noch Tier ausgebeutet werden oder zu Schaden gekommen sind.

1355. Wer seine Qualitäten herausgefunden hat und danach lebt, kann mehr leisten und ist mit sich eher zufrieden.

1356. Von der Vergangenheit trennt man sich nie.

1357. Wer denkt, die Zukunft enthält falsche Versprechen, sollte sein Leben nochmal in Gedanken vorbeigehen lassen

1358. Man kann nicht nur und immer alles zusammen bestimmen und machen.

1359. Wer in einer Scheinwelt aufgewachsen ist, dem wirft die Zukunft Steine in den Weg.

1360. Was kann mehr binden als eine Liebe?

1361. Dummheiten austreiben ist nicht jedermanns Ding.

1362. Glaube, dass sich in Kontakt befindliche Blutsverwandte und Freunde gut in dich reindenken können.

1363. Jeder will recht haben, worüber auch immer es im Leben Recht zu sprechen gibt und was es auch immer kostet.

1364. **Die Hilfsbereitschaft von Industrieländern gegenüber armen Ländern ist ausschlaggebend, um auch mit anderen Ländern erfolgreich in Kontakt treten zu können. Man muss auf sie zukommen, sie tolerieren und sie akzeptieren sowie vorleben, wirtschaftlichen und sozialen Beistand leisten. Glauben offenbaren, gewaltloses Familienleben zeigen, Dinge wertschätzen, Umweltschutz und Klimaverbesserung fördern sowie über Lohn und Einkommensentwicklung sprechen**.

1365. Hat man viele Freunde, hat man viele Ansprechpartner, jedoch auch viele Verpflichtungen.

1366. Wenn ich zu jedem und auf Anhieb lieb sein soll, verstelle ich mich gezwungenermaßen.

1367. Man muss sich nicht ein Leben lang testen, es sei denn, man hat mal das Bedürfnis.

1368. Ein Medikament für bipolar gibt es, das bei beidem helfen kann.

1369. Der Staat sollte mit die Aufgabe haben, dafür zu sorgen, dass die Kosten für ein Produkt von der Industrie nicht ins Endlose steigen.

1370. Kritik muss zu der aktuellen Situation verhältnismäßig sein.

1371. Krieg beginnt dort, wo sich Menschen in bestimmten Positionen langweilen.

1372. Autark sein ist etwas für die ganze Welt.

1373. Der Süchtige verunglimpft das Extreme.

1374. Wer glaubt, ein Volk wäre schlecht oder ist auszugrenzen, ist eine Gefahr für die ganze Welt.

1375. Glück ist, wenn man den nächsten Tag direkt und auch wirklich erleben kann.

1376. Tiere könnten zu Menschen werden und umgekehrt.

1377. Es gab leider schon immer Zeiten, da wollten Staatspräsidenten ihre Macht anhand von Kriegsführung mit Nachbarstaaten vergrößern.

1378. Wenn einem beim anderen alles gefällt, liebt man ihn.

1379. Wer so sein kann, wie er ist, ohne Zwang und Vorurteile, der befindet sich in einer Phase des Glücks.

1380. Ich glaube, man kann unbegrenzt viele Menschen lieben.

1381. Wenn ich mich freue über etwas, womit ich gar nicht gerechnet habe, was ich mache oder mir geschehe, bin ich glücklich.

1382. Man muss tolerieren, dass auch Tiere manchmal ihre Ruhe brauchen, um sich dann wieder positiv integrieren zu können.

1383. Wenn man an seiner Beziehung nicht arbeitet, können Probleme entstehen, die zum Ende führen können.

1384. Müssen sich Länder vergrößern, darf das nur bei Einvernehmen des Nachbarlandes erfolgen, man kann sein Umfeld vergrößern, wenn man niemanden verletzt, tötet oder in seiner Vielfalt einschränkt.

1385. Auf Neues, das verspricht, gut zu sein, freut man sich im Vorfeld.

1386. Verlasse keine intakte Gesellschaft ohne Grund, die du auch akzeptieren könntest.

1387. Wer an das Gute glaubt, überwindet Schicksalsschläge einfacher.

1388. Behandelt man das eigene Kind bevorzugt im Vergleich zum Partner des Kindes, entstehen Spannungen.

1389. Wer was zu jeder Zeit sagen darf, bestimmt die momentane Situation.

1390. Wer freiwillig auf Kinder verzichtet, erlebt Wunderschönes nicht.

1391. Es wird nie eine Welt ohne Probleme geben, da wir sehr verschieden sind.

1392. Ohne Pausen macht man Fehler.

1393. Wer seine Heimat gefunden hat, möchte nicht woanders leben.

1394. Freunde in der ganzen Welt zu haben, ist toll.

1395. Wer glaubt, die richtige Lösung zu kennen, muss sie praktizieren.

1396. Es gibt zum Anfang nur den einen Weg, der darin besteht, dass wir unsere Länder beibehalten und uns für gemeinsame Wege öffnen und lieben und mit anderen leben.

1397. Dass es nur ein großes Erdenland geben wird, irgendwann, glaube ich auch.

1398. Wer anderen nicht auch helfen will, muss sich über seine eigenen Gedanken klar werden.

1399. Stehe zu dem, was du sagst, und stelle dich nicht bei geringem Fehlverhalten in Frage.

1400. Auch wenn du Chef geworden bist, musst du trotzdem brav bleiben.

1401. Liebe kann man nicht erlernen.

1402. Die Heimat kann überall sein, oft da, wo man geboren ist, oder da, wo die Eltern herkommen oder ihre Gene vertreten sind.

1403. Manche, die sich wohlfühlen, haben auch im Ausland ihre Heimat.

1404. Die Welt wächst zusammen, wenn die Länder und Völker der richtigen Orientierung folgen.

1405. Wer Krieg führt, ist immer schuld.

1406. Ich kann nur das für richtig empfinden, was ich auch glaube.

1407. Wir haben zwei Möglichkeiten. 1) Wir reißen alle Grenzen nieder und haben dann einen Staat und eine Einheit oder 2) wir genießen bei bestehenden offenen Grenzen friedlich und mit unterschiedlichen Kulturen jedes einzelne Land, auf das wir auch dann stolz sind, und lassen es zu oder / und von sich aus entwickeln.

1408. Die Länder entwickeln sich zuerst für sich selber, bevor alle Grenzen komplett wegkommen und man sich schon bei entscheidenden Fragen parallel ausgetauscht hat.

1409. Wo reden nicht mehr hilft, muss eventuell das Thema und die Gesprächsrunde ergänzt oder verändert werden.

1410. Wir sind nicht als Mörder geboren.

1411. Die Staatsform der Demokratie ist für alle Staaten der Welt zu empfehlen.

1412. Es gibt kein Gen, das nicht auch zu einem anderen Gen passt.

1413. Jeder, ob gläubig oder nicht, kann mit jedem reden.

1414. Hungernde darf man nicht auf der Straße sitzen lassen.

1415. Wer was zu tun hat, kommt weniger auf krumme Ideen.

1416. Wenn ich alles so toll finde und vor Glück hochspringe, komme ich mir vor, als hätte ich das Paradies erreicht.

1417. Wenn keiner mehr an mich glaubt, glaube ich auch nicht mehr an mich.

1418. Nichts ändert sich so schnell von jetzt auf gleich.

1419. Wer sagt, er rette die Welt mit Krieg, der spinnt.

1420. Wenn der Flüchtlingsstrom geregelt werden soll, muss er begrenzbar zu gestalten sein.

1421. Länder beherbergen Menschen mit unterschiedlichen Genen, ähnlichen Kulturen und mit dem Willen zur Einheit.

1422. Das Land, das behauptet, eine Vergrößerung nur seiner selbst anzustreben, ist mit Vorsicht zu betrachten.

1423. Grenzen dürfen nicht als unüberbrückbar ausgewiesen werden.

1424. Lebewesen müssen Liebe empfangen und Liebe weitergeben können.

1425. Jedes Land für sich ist berechtigt, als gleich angesehen zu werden, und kann durch spezifische unterschiedliche Attraktionen viel bieten.

1426. Ich bin mir sicher, wir können das Ende der Erde abwenden, wenn wir alle unseren Gefühlen freien Lauf lassen.

1427. Menschen haben seit der Geburt bis ins hohe Alter ein und dasselbe Gehirn, welches jeder Mensch in Menge und Qualität zu unterschiedlichen Zeiten unterschiedlich stark belegt.

1428. Die Hautfarbe spielt keine Rolle und ist als völlig gleich anzusehen.

1429. Auch wenn man in einer Beziehung den anderen ersetzen können muss, geht es trotzdem nicht.

1430. Wer Angst hat vor einem Zusammenbruch der Erde, kann trotzdem mithelfen und Überzeugungskraft leisten.

1431. Wer was Richtiges und Besseres weiß und nicht danach handelt, vergreift sich gegebenenfalls auch an der Natur.

1432. **Das Heimatland kann auch das Land sein, in dem man leben möchte, in dem die äußeren Bedingungen stimmen, die Familie und die Kindheit oft einhergehen**.

1433. Verbrecher sind wie solche zu behandeln und dem Opfer bietet man Unterstützung an.

1434. Kämpfen im Krieg hat absolut nichts Gutes, auch nicht, wenn man mit Waffengewalt nur versucht, Angriffe zu kontern.

1435. Es gibt immer Vorbilder, die hätte man lieber nicht zu seinen Idolen gemacht.

1436. Manchmal denke ich, wie können Menschen nur so gut sein?

1437. In einer modernen Beziehung verhält man sich so, dass jeder die Eigenständigkeit des anderen akzeptiert und fördert.

1438. Ein Gutenachtgebet kenne ich nicht, aber ich liebe und bedanke mich noch mal, fast immer, wenn ich am Einschlafen bin.

1439. Bewahre dir deine persönlichen Geheimnisse, sie gehen niemanden etwas an.

1440. Niemand wünscht sich Tote in seinem Umfeld, auch wenn man glaubt, mehrfach leben zu können. Denn die Ungewissheit, dass es ihm gut geht, bleibt, dank Gott.

1441. Frieden, Hoffnung und Besitz darf man und muss man haben können sowie natürlich genug zu essen und zu trinken, eine intakte Gesundheitsversorgung und gerechte, angepasste Beschäftigungsverhältnisse für sich und Kinder.

1442. Der Besitz, das Eigenheim oder die Rente sind für den normalen Menschen auch im schlimmsten Fall nicht zu beschlagnahmen oder nicht zu enteignen.

1443. Es gibt Menschen, die haben von alle dem gar nichts.

1444. Gib jedem Menschen eine Chance, begangenes Missverhalten zu korrigieren, und weise ihn auf den Weg, der gefällt, niemandem schadet und hilft.

1445. **Gott hat jedem Fehler mitgegeben und die Möglichkeit einer Korrektur.**

1446. Wenn es an mehreren Stellen in der Welt gleichzeitig kracht, weiß man nicht, wie ein friedliches Ende erreicht werden kann.

1447. Man sagt, dass meistens der, der den ersten Schritt in die richtige Richtung macht, besonders geschätzt wird.

1448. Der erste Eindruck ist nicht der verkehrteste.

1449. Schickt man Soldaten mit dem Ziel in fremde Länder, Kriegshandlungen zu unterstützen oder auch nur Kriegsmaterial zu liefern, macht man sich mit strafbar.

1450. Es gibt Zeiten, da kann man sehr gut helfen, ohne Angst haben zu müssen, dass irgendeine Katastrophe passiert.

1451. Keiner weiß, wann es losgeht und wie es losgeht.

1452. Ich weiß nicht immer, ob ich Partei ergreifen darf oder ob ich mich neutral verhalten kann.

1453. Im Alter kommen Gebrechen auf und man braucht die Hilfe jüngerer.

1454. Vertrete dein Land so, dass es ihm nicht schadet, wie jedem anderen auch.

1455. Derjenige, der einlenkt, ist hoch angesehen.

1456. Verhandlungen muss man geschickt durchführen.

1457. Manche Menschen hätte man gerne noch mal getroffen, hat aber keinen Kontakt mehr zu ihnen.

1458. Trennung ist immer schwer.

1459. Jedem das passende Argument.

1460. Entmündige deine Kinder nicht, denn sie brauchen nicht immer deinen Rat.

1461. Manche Menschen brauchen Druck, um Leistung bringen zu können.

1462. Muss man im Paradies was essen, oder werde ich schon von der Liebe satt?

1463. Sich entschuldigen, kann nicht jeder glaubhaft vermitteln.

1464. Ältere Menschen – mit Erfahrung – können Leitfigur für die Jugend sein.

1465. Damit nichts verloren geht, sollte man Gegebenheiten vom Ursprung her nachvollziehen, um richtige Schlüsse ziehen zu können.

1466. Wer sich lächerlich macht, verliert an Ansehen.

1467. Freundlich kann man eigentlich immer sein, besonders zum Schluss.

1468. An manchen Tagen vertrage ich nicht viele Kontakte mit Menschen.

1469. Nicht jeder Anfang ist ein Anfang, bei dem man alles wieder neu durchdenken muss.

1470. Vieles lernt man durch probieren.

1471. Mit dem Kriegsgegner muss man immer handeln, ihm Angebote unterbreiten, und ihn nach seiner Bereitschaft zum Frieden erfragen.

1472. Je älter der Mensch wird, umso kritischer sieht er manchmal jede Aussage des anderen, oft ohne Feingefühl und fast immer mit konstantem Schlechtsehen.

1473. Der Gemütszustand beeinflusst das Wesen des Menschen.

1474. Wer gute Gedanken hat, muss sie verfolgen.

1475. Kein einzelnes Land kann unbeschadet Vorreiter im Energiesektor sein.

1476. Wenn Länder zu Kriegszeiten auch im befreundeten Ausland um Soldaten werben, ist das sehr gefährlich, da sich so ein Flächenbrand entwickeln kann.

1477. Wenn die Preise steigen, werden ärmere Menschen vom Staat finanziell unterstützt, dagegen werden und müssen Reiche – im Gegenteil – mit zusätzlichen Steuern belastet werden.

1478. Es werden heutzutage immer noch Minderheiten benachteiligt und gegen ihren Willen ohne eine Straftat begangen zu haben festgehalten, in Gefängnissen gefoltert und misshandelt.

1479. Wer einen Krieg anfängt, ist auch noch Jahre danach für den verursachten Schaden in die Pflicht zu nehmen.

1480. Ein Körper, in dem extrem unterschiedliche Temperaturen herrschen, befindet sich in der Gefahr einer Rissbildung.

1481. Wenn die Löhne gleichbleiben, jedoch die Preise steigen, sagt man, geht die Kaufkraft verloren und es herrscht Inflation. Alles wird teurer.

1482. Der Mensch braucht zum glücklich sein nicht jeder einen anderen Typ von Automobil.

1483. Förderung und Schaffung neuer Arbeitsplätze im Bereich erneuerbarer Energien ist ein Muss.

1484. Mord, Tod, Hunger und Durst sowie Gesundheit und Bildung sind gedanklich immer dabei.

1485. Alle Länder muss man fördern, eine eigene wettbewerbsfähige Wirtschaft aufzubauen.

1486. Lachen ist wie Medizin und hält einen fit und gesund.

1487. Die Inflation zu bekämpfen, ist Priorität, noch vor Wirtschaftswachstum.

1488. Jeder wird in ferner Zukunft die Möglichkeit haben, das Land, in dem er leben will, selbst auszusuchen.

1489. Nachhaltigkeit und energiefreundliche Produktion sind immer Thema.

1490. Jeder muss die Ländergrenzen, die heutzutage gelten, als erst mal fest akzeptieren, sollten sie sich jedoch Generationen später, je nach Bevölkerungszahl, Zulauf und Ideologie, friedlich verschieben, ist es auch im Sinne der jetzigen Allgemeinheit.

1491. Um eine Gemeinsamkeit zu verwirklichen, braucht man viel Zeit.

1492. In Deutschland ist man erst mit 16 bzw. mit 18 für sich selber verantwortlich.

1493. Vermeide Sondermüll, besonders bei Herstellung, Verarbeitung und Entsorgung.

1494. Übe nicht grundlos Kritik, ohne zu wissen, in welcher Phase, zu welcher Zeit, warum und weshalb du dich auf irgendetwas beziehst.

1495. Da durch den Klimawandel die Hitzeperioden intensiver und länger geworden sind, steigt der Wasserbedarf.

1496. Die Grundwasserquellen sinken und wechseln stärker in Lage und Höhe.

1497. Die Menschen, die alles bis ins kleinste Detail besprechen wollen, sind sehr kompliziert.

1498. Humor ist auch Lachen, wenn man gar nicht weiß, warum.

1499. Selbst wenn einer immer recht hat, hat der andere auch recht.

1500. Versteck dich nicht, wenn du glücklich bist.

1501. Verpacke deine Gedanken und nutze beim Auspacken die fragenden Gesichter der anderen.

1502. Der, der schon in der Jugend ständig gelobt wird, hat im Alter Probleme, sein vorgebrachtes Image beizubehalten.

1503. Meine Träume berühren mein Ich und geben mir Zeit zum Relaxen und zum Wiedergeben, was in mir geschieht.

1504. Wenn es einem gut geht und niemand ist da, fragt man sich, wo geht der Weg hin.

1505. Eine Hitparade von den schlimmsten Menschen in der Welt kann man nicht aufstellen.

1506. Das Harmonieempfinden kann Ruhe und Sturm sein, mal Brüllen, mal denken, ohne was zu sagen, ist auch mal anders, ohne was zu sagen, Übereinstimmung und das Morgen steht.

1507. Der, der vorhat, die Herrschaft in einem Land durch Wahlen zu übernehmen, muss vorher klarstellen, dass er für alle, arm und reich, da ist, auch persönlich für die Richtigkeit geradesteht und nicht einer Philosophie nacheifert, die in irgendeiner Form keiner mehr will.

1508. Wenn Unternehmen ihre Arbeit und ihr Wissen ins billige Ausland verlagern, vernichten sie Arbeitsplätze und sorgen für weniger Steuereinnahmen im Inland. Im Ausland schaffen sie zwar Arbeitsplätze, die jedoch durch fehlende Gewerkschaften von miserablen Arbeitsbedingungen und unwürdigen Gegebenheiten nicht zu akzeptieren sind. Durch Steuervorteil und niedrigere

Arbeitslöhne machen die Unternehmer enorme Gewinne, nur zeitlich befristet und mit Schäden in Natur und Bevölkerung, die weder dem Herkunftsland noch dem produzierenden Land zugutekommen.

1509. Auch wenn eine Entwicklung manchmal Umwege machen kann, ist das Abwandern ins Ausland für die Menschheit oft nur kontraproduktiv.

1510. Nicht jeder Aussage muss man glauben schenken.

1511. Sorge für einen sicheren Weg zum Ziel und baue Heimatländer auf.

1512. Jeder geht seinen Instinkten nach.

1513. Mir sind Menschen lieber, die am Anfang was kritisieren als später.

1514. Versuche, dich im Geschehen wieder zu finden, und nicht die Gesinnung anderer einzunehmen.

1515. Gehen Beziehungen auseinander, hätte man viel früher die Reißleine ziehen müssen.

1516. Die Schönheit und die Sexualität tragen einen großen Beitrag zum Gelingen einer Beziehung bei.

1517. Nicht jeder Hund von traditionellen Rassen ist dominant.

1518. Wenn Menschen aus anderen Ländern berichten, ist das immer eine Bereicherung.

1519. Wenn die Mutterliebe nicht in Grenzen gehalten werden kann, leiden die Ehepartner der Kinder ohne Eigenverschuldung.

1520. Den meisten Menschen ist der Sinn von dem, was der andere sagt, gar nicht bewusst.

1521. Nicht alle Menschen lieben sich gleich und sind nicht immer gut zueinander.

1522. Fühlt man sich in seinem Heimatland nicht wohl, muss man entsprechende Konsequenzen ziehen.

1523. Das erste Ziel, die sozusagen virtuellen Grenzen, werden durch Zustrom und Abgang flexibel gestaltet und variieren kontinuierlich und ständig.

1524. Die Menschen werden sich friedlich mit ähnlicher Moral, Kultur, Gerechtigkeitssinn und Zusammengehörigkeit in jedem von ihnen gewünschten Land austauschen und leben können.

1525. Jeder lebt und liebt in einer von ihm angestrebten Staatsform.

1526. Länder mit ähnlicher Staatsform werden sich finden und später so vereinen, dass sich eine gemeinsame Staatsstruktur finden lässt.

1527. Die Religionen sind nicht für die maßgeblich neu zu strukturierenden und zu gründenden Länder primär von Bedeutung, da sie in jedem Land in Zukunft vertretbar sein werden, können und auch müssen.

1528. Die Moral und die Kultur sind täglicher Bestandteil jedes Einzelnen und müssen und können in mehreren Ländern Asyl erhalten.

1529. Nicht nur die Schritte in die richtige Richtung können einen zum Ziel bringen.

1530. Das eigene Blut ist viel wert, aber zählt nicht vor Ehrlichkeit, Gewissen und Anstand.

1531. Denkt man nicht nach und ist schlecht gestimmt, ist man für andere eine Zumutung.

1532. Wer zu viel bei anderen kritisiert, benötigt Zeit sich, zu festigen.

1533. **Es werden immer Völker unter- und miteinanderleben können, wobei ein Denken in Hierarchie Strukturen erhalten bleibt**.

1534. Ein Ruck und die Welt ist wieder in Ordnung das wird es nicht geben.

1535. Das Ziel ist „immer“ ein Wunder.

1536. Die letzte Entscheidung trifft die Natur alleine.

1537. **Durch das schädliche CO2, von der Erde in die Luft geblasen, wird die schützende Ozonschicht um die Erde zerstört und die heißen und schädlichen Sonnenstrahlen kommen ungefiltert auf die Erde schädigen über Gifte und hoher Temperatur alles**.

1538. Dieser Vorgang ist nicht linear, sondern progressiv.

1539. Die Schädigung an der Ozonschicht ist nicht rückgängig zu machen und die Erde wird geschädigt.

1540. Die Temperatur explodiert, und die Temperaturdifferenz schwankt.

1541. Die Kosten gehen ins Unendliche, je länger wir warten.

1542. Die Erde verliert an Stabilität.

1543. Wasser, Luft und Essen wird giftig und rar.

1544. Die Rechtsradikalen führen zum Untergang.

1545. Man freut sich, wenn man merkt, dass das Ziel, das man verfolgt, wider Erwarten gut ist und auch nachfolgende gute folgen.

1546. Wenn immer der Ältere auf der Welt recht hat, wären wir ein ungeordneter durcheinander vertauschter Haufen der Ungewissheit und des Fluchs.

1547. Jeder schlägt seinen eigenen Weg zum Ziel ein, jedoch nicht ohne Beratschlagung durch und über andere.

1548. Die Liebe kann man zu jeder Person aufbauen, nur in ihrer Anzahl und Stärke ist sie zum Teil begrenzt.

1549. Man muss auch an das Gute glauben dürfen, ohne hinter allem eine Art Gott zu vermuten, dem man es recht machen muss.

1550. Wenn einem durch das Alter Entscheidungen und Handlungen, die man perfekt beherrscht, weggenommen werden, fällt es einem schwer, diese und auch sich an andere zu übergeben.

1551. Wenn dein Partner nach einem Gespräch oder Besuch toll dasteht und du nur als eine Art Beilage, trifft es auch eine gut gehende Beziehung manchmal bis hin zum Streit.

1552. Menschen, die sich mögen, leben auch gerne zusammen in gegenseitiger Nähe.

1553. Die Volkswanderung beginnt, wenn wir das alle wollen und jeder davon profitiert.

1554. Wer zu viel und zu häufig Rauschgift zu sich nimmt, verliert über Kontrollverlust den Bezug zur Realität.

1555. Gut zu sein, ist jedermanns Pflicht, um sich später besser beurteilen und einstufen zu können.

1556. Ein Jurist kann versuchen, Fehlleistungen eines Menschen auf der Erde so gerecht wie möglich zu behandeln, wogegen er nicht die Möglichkeit hat, nur schwer in sich befindliche Strukturen und deren Leitungen neu zu justieren.

1557. Wenn auch manche Dinge unsinnig und unnötig erscheinen, muss man sich doch fragen: Gibt die Handlung einem neuen Mut und Spaß oder schadet sie nur?

1558. Verändere die Welt mit Mitsprache von sämtlichen Generationen, mit dem Hintergrund, auch Kosten/Maßnahmen in Grenzen zu halten.

1559. Glaube nicht, dass du ein Einzelgänger bist, spätestens bei der Öffnung deiner selbst zeigen sich wertvolle Parallelen.

1560. Wenn sich alle nach Fingerzeig und Gewissen ein Bild von der momentanen Lage und Zukunft bilden würden, wäre schnell eine Aus- und Umsiedlung der gewünschten Lage für alle auf der Welt gewährleistet.

1561. Wie kann ein Mensch schon alleine falsch klingende Verhältnisse verbreiten, die Tod und Elend zur Folge haben?

1562. Suche nicht immer nach dem 100% Richtigen, indem du Schuldige suchst und sie an den Pranger stellst.

1563. Wenn man alles das, was andere sagen, glaubt, fehlen Informationen zur eigenen neutralen Meinungsbildung.

1564. Wenn Menschen Kritik nicht annehmen können, wird oft versucht die Zurechnungsfähigkeit des anderen anzuzweifeln.

1565. Niemand wird zu seinem Glück oder auch Glauben gezwungen.

1566. Wenn Ehepaare sich missverstehen, sieht man keine Einheit und befindet sich als Zuschauer in einem luftleeren Raum.

1567. Wenn man im Alter alles als schlecht ansieht und versucht, alles schönzureden, tut man sich damit keinen Gefallen, da auch natürlich die eigentliche Meinung leicht zu durchschauen ist.

1568. Ich weiß nicht, ob ein lebender Kirchenvertreter, egal, welchen Glaubens, sich die Richtigkeit des Lebens und des Lebens nach dem Tod besser herleiten kann als ein gewöhnlicher Mensch, der sich nur einfache Gedanken macht.

1569. Wenn kein Mensch dem anderen etwas wegnehmen wollte, hätten wir auch nirgendwo Krieg.

1570. Werden unterschiedliche Meinungen zu irgendwelchen Themen in einer Familie geäußert, sollte ausschlaggebend das Empfinden der Mehrheit der Familienmitglieder sein, und nicht die des Mannes, der Frau oder des Ältesten.

1571. Demjenigen, der sich anderen gegenüber verschließt, helfen auch kein Mitgefühl und auch keine Hilfe im Nachhinein.

1572. Wenn einen die eigenen Eltern nicht verstehen, hat man ein Problem, das außerhalb der Familie zu lösen ist.

1573. **Das Alter, bei dem man nur noch an sich denkt und den anderen zur Last fällt, sollte man nicht erreichen dürfen**.

1574. Glück ist nicht vergänglich, es macht nur, manchmal, eine Pause.

1575. Wenn man weiß, dass es den richtigen Weg gibt und die Richtung erkennt, muss man auch in die Richtung gehen, ansonsten erfolgt ein Umleitungswirrwarr mit vielen Sackgassen.

1576. Jeder hat die Aufgabe, gut zu sein, mit sich sowie mit allen anderen zu existieren und die Gegebenheiten und Situationen untereinander zu vervollständigen.

1577. Wer will der Menschheit schon nicht zeigen wollen, dass er gut ist?

1578. Kostenlose Taxifahrten von Migranten zum Arzt oder Behörden darf es auch nicht zur Anfangszeit im fremden Land geben.

1579. Nicht jeder mag direkt jeden, und das ist normal.

1580. Die Menschen, die viel gelernt haben, bauen ihr Gehirn von Anfang an mehr aus als andere, die nur stupide Arbeiten verrichten, und haben somit auch Anspruch auf höhere Gehälter.

1581. Die Anzahl von Frauen und Männern sollten sich schon im Grunde in großen Firmen in fast jeder Ebene in der Waage befinden, was nicht immer geht.

1582. Die Aussage, dass jeder es auch alleine schaffen muss, stimmt fast immer.

1583. Interessiere dich für den anderen und zeige ihm, dass du eine eigene Meinung hast.

1584. Wenn ich alles hinter mir lasse, erkenne ich den Weg und die Wahrheit.

1585. Wer schlechte Erfahrungen gemacht hat, kann die Welt falsch wahrnehmen.

1586. Ärmere Menschen, die viel gearbeitet haben, um ihren Lebensstandard halten zu können, glauben oft, dass die Kinder reicher Eltern im Gegensatz zu ihren Kindern keinen Bezug zu Geld haben.

1587. Wer den anderen liebt, verzeiht ihm fast alles.

1588. Werden staatliche Aufgaben an private Nutzer übertragen, muss sich das auch für längere Zeit in wirtschaftlicher sowie sozialer Art lohnen.

1589. Menschen, die auf vornehm machen oder so tun, als ob sie was Besonderes seien, find ich entsetzlich.

1590. Versuche den Kontakt auf gleicher Ebene.

1591. Im Alter folgt man dem Bezug zu schrillen Persönlichkeiten nicht so intensiv wie früher.

1592. Hilfe, um Vergebung zu bitten, braucht, aber darf nicht jeder Mensch haben.

1593. Entschuldigungen sowie eine Offenbarung der Gefühle gehen immer mit Eigenkritik und Liebe zum anderen umher.

1594. Im Alter prägen sich Merkpunkte früherer Ereignisse von gewichtiger Bedeutung ein.

1595. Staatlich geführte Unternehmen dürfen nur dann an private Investoren überführt werden, wenn Preis, Qualität, die Steuer, ihre Struktur und auch natürlich das Spektrum die Arbeitskraft und Verdienst an Flexibilität für die Menschen, nicht verloren gehen.

1596. **Um die richtige Liebe zu finden, braucht man natürlich auch Glück**.

1597. An einen Herrscher glauben alle inklusive „Wunder“, Einbußen und Rückerstattung.

1598. Zum Guten kommt man auf jeden Fall nicht, wenn man versucht, über andere zu bestimmen.

1599. Wichtig bist du selbst, und zu zweit bist du einer mehr.

1600. Der Weg geht hoch und runter, schnell und langsam, manchmal nah und manchmal fern, zusammen mit dir. Auf jeden Fall bist du in mir.

1601. Dein Ziel kannst du jetzt erreichen, aber auch in jedem Alter.

1602. Was wir brauchen, sind Liebe und ein Umfeld, das auf uns wartet, uns lenkt und mit uns denkt.

1603. Wir wissen auch jetzt schon, dass das, was für uns zählt, die Lösung ist.

1604. Wer glaubt, sich keine eindeutige Meinung über andere bilden zu können, muss nach Hilfe suchen.

1605. Die Liebe zu den eigenen Kindern bleibt immer.

1606. Lege keinen Wert auf Etikette oder Ausbildung, denn der Schein trügt oft.

1607. Menschen gerecht und zu jeder Zeit konstant, gut oder schlecht zu beurteilen, ist nicht einfach, da man zum Teil seine Meinung revidieren, sie aber auch festigen können muss.

1608. Was immer auch kommt, es kommt zur rechten Zeit.

1609. Zum guten Geschäft gehören immer zwei.

1610. Wer und was nur die Hälfte ist, verschwindet bei nächster Gelegenheit komplett.

1611. Was für alle immer gut war, zählt morgen nur halb.

1612. Bist du der Dumme, vergessen wir den Tausch von eben.

1613. Wer am anderen keine Fehler findet, hat nicht aufgepasst.

1614. Man kann Freunde lieber haben als die liebsten Familienangehörigen.

1615. Kein Mensch ist so, dass du ihn einfach in die Ecke stellen und schlecht über ihn reden darfst.

1616. Bei wem die schlechten Taten überwiegen, mehr als die guten, dem muss eine anstehende Rechenschaft schwer zu denken geben.

1617. Wenn Kinder fragen, ob ein bestimmter Mensch gut ist, sollte man ihnen nie zu sehr eine eindeutige Meinung aufzwingen, um den Kindern ihre spielerischen Kennlernphasen zu ermöglichen.

1618. Der Druck, den man erhält, wirkt sich fast immer als Gegendruck auf einen selbst aus.

1619. Die Welt ist eine Einheit, ein Ding, eine große Liebe, eine Richtung, in der wir ohne Wahl friedlich unsere Ziele verfolgen können müssen.

1620. Täglich ändert sich überall etwas zum Vor- und Nachteil, das wir neu bemessen und auswerten müssen, um uns selbst ins rechte Licht rücken zu können.

1621. Das größte Geschenk geben Kinder einem, wenn sie von Zielen und Wahlmöglichkeiten reden, die sie verfolgen und zur Einheit des ganzen Lebens sehen.

1622. Das gemeinsame Ziel für uns alle ist, Frieden zu schaffen und jedem seine Heimat zu bieten, in der er sich wohlfühlt.

1623. Gute Musik, Literatur und politische Einstellungen überleben Jahrhunderte.

1624. Humor hat schon immer einen sehr wichtigen, frohen und hohen Stellenwert in der Gesellschaft gehabt.

1625. Wenn jemand nicht so leben kann, wie er als normaler Mensch sein möchte, müssen wir für ihn sprechen und ihm die Zukunft nicht verbauen, sondern ihn integrieren, zur Einheit in Frieden mit allen.

1626. In jedem Land findet man Dinge, die man toll findet, und man lernt so, die Länder zu differenzieren.

1627. Länder, die ihrer Bevölkerung Dinge im Privaten, im Glauben und in der Vielfalt ihres Daseins vorschreiben, deuten ihr Staatssystem falsch.

1628. Existieren und bilden nur gleiche, kleine Glaubensanbeter in einem Land die vorgeschriebenen Dogmen, ist es mit der Einheit sehr schwer und sehr fern.

1629. Hier ist der korrigierte Text mit leichten Anpassungen:

1630. Jeder Mensch kann sich abreagieren.

1631. Wenn jemand nur im Notfall helfen will, ist das auch okay.

1632. Bereite dich auf freundliche und weniger freundliche Ereignisse vor und rechne mit Reaktionen.

1633. Wenn ich merke, dass andere mich mögen, bin ich glücklich.

1634. Löst man sich vom Elternhaus, braucht man Ersatz oder Mitgefühl durch Freunde und Partner.

1635. Hat man auf der Welt wenige, die man lieben kann, ist Gott der einzige richtige Ansprechpartner.

1636. Gibt man dem einen, muss man nicht auch dem anderen guttun.

1637. Wer nachgibt, ist nicht der Verlierer.

1638. Man kann in seinem Leben alles machen, man muss nur gut sein und darf keinem anderen schaden.

1639. Erkenne ich beim anderen schlechte Seiten, die ich auch habe, kann es mir helfen, mit ihm darüber zu reden.

1640. Wenn Freunde mich anlügen oder enttäuschen, verfluche ich sie noch nach dem Tod, so sagt man.

1641. Wenn du versuchst, den anderen besser kennenzulernen als dich selbst, urteilst du falsch.

1642. Nicht zu allen Fehlern, die man hat, muss man sich bekennen, oder man hat sie oder glaubt sie nicht zu haben.

1643. Wer übermorgen der Letzte ist, ist morgen der Beste.

1644. Prüfe, dass der andere dich liebhat, und setze Grenzen.

1645. Man hat viele Fehler in sich, teste sie nur nicht gegen andere aus.

1646. Keiner glaubt, das Ross auf seiner Seite stehen zu haben.

1647. Wer den anderen nur kritisiert, hat zum Ausgang keinen Zutritt und kennt nicht den Weg.

1648. Streit schlichten kann nicht jeder, muss aber jeder lernen können.

1649. Glaubt man, jede Hilfe kommt zu spät, darf man nur auf ein gutes Ende hoffen.

1650. Es gibt keine Beziehung, in der der eine den anderen vertreten kann.

1651. Eine Enttäuschung sagt nichts über den Zustand einer Beziehung aus.

1652. Prüfe dich, ob dein Handeln angemessen war.

1653. Wer große Autos fährt, ist schon alleine deswegen kritisch zu betrachten.

1654. Freundliche Emigranten oder Ausländer haben es bei mir besonders leicht.

1655. Alle Menschen nutzen ihre Gene wechselhaft im Leben.

1656. Von der Poleposition startet nicht das schnellste Auto.

1657. Niemand gefällt dir auf Anhieb, aber man passt sich an.

1658. Wer Lebensmittel oder Essen wegschmeißt, macht sich schuldig.

1659. Die Klugheit, das Gefühl für Gerechtigkeit und den Verstand sind ausbaubar für jeden.

1660. Die Planung, um eine gerechte Welt zu schaffen, muss den Anforderungen und Gegebenheiten angepasst werden.

1661. Wird nur für Krieg oder unsinnige Sachen Geld ausgegeben, sollte die Kommission, die das bestimmt, ausgewechselt werden oder sich rechtfertigen und verbessern.

1662. Pauschalen zur Steuererklärung gehören besser und gerechter automatisch vom Amt angepasst.

1663. Der Arbeitgeber muss unterstützend mitwirken.

1664. Wer immer glaubt, für den anderen mit abstimmen zu müssen, macht etwas falsch.

1665. Freundschaften, die nicht auf Gegenseitigkeit beruhen, haben keine Ziele, Vorstellungen und Wurzeln.

1666. Stolz ist der, der an sich glaubt und auch andere für sich gewinnt.

1667. Keiner zeigt mir den Weg, ohne Selbstkritik zu äußern und Diskussionen führen zu müssen.

1668. Manchmal glaubt man mehr an Instinkte der Tiere als an die Vernunft der Menschen.

1669. Es wird in einigen Religionen nicht gerne gesehen, wenn der Mensch sich vor der Ehe zur Schau trägt.

1670. Ein Leben danach ist mit uns und vorbestimmt und weckt in uns Gefühle.

1671. Wir werden auch in Zukunft neue, konträre Verhältnisse vorfinden, die zum Besten aller zu bewältigen sind.

1672. Ein Leben ohne Zuversicht und auch Trotz ist undenkbar und setzt unserem Leben die Grenzen.

1673. Es kommt nicht darauf an, recht zu bekommen, vielmehr auf den Weg dahin.

1674. Bricht einmal, völlig unwahrscheinlich, die Welt zusammen, sind wir alle tot.

1675. Menschen und Tiere werden völlig anders zum Erwachsenwerden erzogen.

1676. Einer, der an allem schuld ist und zur Rechenschaft gezogen werden muss, existiert nur in einer Scheinwelt.

1677. Eltern auf die Waage zu legen und kritisch zu betrachten gehört zum Erwachsenwerden dazu und hilft, Fehler nicht zu wiederholen.

1678. Wer dem Partner Freude wegnimmt und ihn zwingt, darauf zu verzichten, ist psychisch angeschlagen und verursacht schwere Störungen.

1679. Lebewesen sagt man unterschiedliche, ausgeprägte Charakterzüge zu, die ausbaufähig und prägend sind.

1680. In der Übergangszeit wohne ich hier in der neuen Welt mit anderen zusammen und kenne keine Familie oder gute Freunde, die mich unmittelbar halten und lenken können.

1681. Einen zweiten Gott, der mitgeholfen haben soll, die Welt zu erschaffen, gibt es nicht. Das war nur ein Gott, andere Götter gibt es natürlich auch.

1682. Sei nicht traurig, wenn Eltern oder gute Freunde sterben; du siehst sie alle in anderer Form in dir, in anderen oder auch viel später wieder.

1683. Verhaltensmuster und Bestand werden im neuen Leben zusammengefügt.

1684. Nach dem Tod wird sich alles ändern: die Verhältnisse, die Gegebenheiten, ob reich oder arm, gebildet oder ungebildet, lebensfroh oder deprimiert und traurig.

1685. Finden sich Fehler im Elternhaus, finden sich auch Fehler in der eigenen Beziehung.

1686. Der erste Schritt, um Elend zu beseitigen, muss Liebe sein.

1687. Wenn du glaubst, die Zeit hätte ihren Ursprung verloren, musst du in dich gehen und versuchen, dir noch mal auf ein Neues Rechenschaft abzulegen.

1688. Ich kenne zum Beispiel Schwiegermütter, die sich nur um ihre Blutsverwandten kümmern, nicht wissen, was sie tun und aus ihrer Rolle heraus dumm manipulieren wollen.

1689. Zum Glücklichsein können viele Menschen dazugehören.

1690. Man sollte den eigenen Bestand nicht zu gering schätzen, es sei denn, man weiß es nicht besser.

1691. Der richtige Weg leitet einen zum Glück.

1692. Seitdem ich weiß, dass ich auf dem grünen Pfad bin und nicht mehr meine Zeit mit unsinnigen Gedanken vergeude, geht es mir besser.

1693. Das Leben wird mir nicht schwer gemacht, nur weil ich anders denke.

1694. Die Liebe kann vergänglich sein, auch wenn man glaubt, der andere gibt noch nach.

1695. Junge Menschen glauben, man darf nichts gegen den Partner oder gegen die Eltern sagen.

1696. Selbst bei konstantem Bestand der Anlage an der Börse oder abgegebenen Prognosen, die nicht stimmen, kann sich der Wert der Anlage um ein Vielfaches verändern.

1697. Keine Kraft der Erde ist stärker als die Eingebung innerhalb eines Ichs.

1698. Wenn man mich lächerlich machen will, möchte ich wissen, wann und warum.

1699. Wer behauptet, er könnte Frieden schaffen, der sollte und darf andere nicht ignorieren und tun, was er will.

1700. Wenn jemand bewusst lügt, verletzt oder einem etwas Schlechtes antut, muss er in die Schranken gewiesen werden, notfalls von der Polizei mit Gesetzen.

1701. Die Situation, dass sich alle einig sind, ist nie einfach und selten zu erreichen.

1702. Derjenige, der nicht viel zu sagen hat, redet auch nur selten viel.

1703. Die Rechenschaft, auf die du warten kannst, bist du.

1704. Wer sich konstant gegen alles aussprechen muss, ist jemand, der mit viel negativer Erfahrung und Frust gelebt hat.

1705. Die Welt braucht mehr ungewöhnliche Menschen mit Lachen und mehr.

1706. Manchmal schätzt man Dinge, die eigentlich unwichtig sind.

1707. Wer schützend die Arme erhebt, ist meistens der Schatten.

1708. Werden Menschen sehr alt, kann es passieren, dass sie ohne Hintergrundinformationen tun, was sie wollen.

1709. Eltern haben nicht immer recht.

1710. Bei Ärger blockieren bei einem Fünftel Sparflamme vier Fünftel des Gehirns.

1711. Die Generationen müssen Respekt miteinander aufbringen, wollen sie den Generationskonflikt klären und neue Aufgaben lösen.

1712. Wer zu perfekt ist, hat keine anderen Ziele und keine Zeit mehr.

1713. Wer versucht, den anderen die Wünsche von den Lippen abzulesen, gilt nicht als unumstritten.

1714. Es ist immer eine andere Liebe, die man zu Menschen und Tieren verspürt; ich halte jedoch die Beziehung Mensch zu Mensch für gravierend wichtiger.

1715. Nimm dich zusammen, aber bleibe kritisch.

1716. Will jemand testen, wie belastbar du bist, wirft er unberechtigte Vorwürfe in den Raum und haut noch mal einen von oben drauf.

1717. Die Gerechtigkeit zeigt sich nicht sofort.

1718. Wer bei einer Scheidung an das Geld des anderen will, kämpft auch dann noch, wenn die Fronten längst geklärt sind.

1719. Kein Mensch wird alleine Frieden herstellen können, wenn nicht von vornherein Einigkeit herrscht.

1720. Alle Geschlechter können sich untereinander lieben.

1721. Adliges Blut zeugt von Genen, die mal in der Vergangenheit wichtig waren und die durch Vermengung heute nur begrenzt auftauchen.

1722. Wenn Kinder kalkulieren, ist oft das Ergebnis gleich null.

1723. Stellen Kinder nicht altersgemäße, triviale Fragen, zeugt das von Unreife und Unselbstständigkeit.

1724. Keine Erde dieser Welt hat sich selbst so zerstört, ohne zu glauben, irgendjemand anderes hätte Schuld daran.

1725. Nur Frieden sagen hilft nicht.

1726. Wenn du jemanden kennenlernst, der voller Kritik dir gegenüber ist, sei vorsichtig und halte Abstand.

1727. Liebe mich und ich hoffe auf ein Treffen und Zusammensein für immer mit dir.

1728. Ohne Hilfe sind wir der Lage aufs Schlimmste ausgesetzt.

1729. Es gibt kein Alphabet, nach dem der Himmel ruft.

1730. In dem Moment, in dem der Himmel ruft, hat man keine Antwort bereit.

1731. Unzufriedenheit und Aufgaben ohne Grenzen sorgen für Krieg zwischen den Geschlechtern und der Angst, falsch behandelt zu werden.

1732. Werden Kinder zur Konkurrenz erzogen, darf man im Alter auch nichts Neues erwarten, und der Krieg ist in den Generationen vorbereitet und vorprogrammiert im Sinne von Gerechtigkeit.

1733. Warum soll im irdischen Leben alles gerecht zugehen?

1734. Ich glaube nicht fest daran, dass kein Mensch zu Lebzeiten gerecht behandelt werden kann oder soll.

1735. Im Alter gibt es Krankheiten, von denen man nicht geglaubt hat, dass es sie irgendwann gibt oder geben könnte.

1736. Es gibt meistens viel mehr Möglichkeiten der Einstufungen zu jeder Lage.

1737. Ich schätze den Menschen, der andere vorab als selbstverständlich einstuft.

1738. Wer nicht will, der soll auch nicht.

1739. Gäbe es zwischen den Menschen sehr große Unterschiede, ich glaube, niemand würde seinen Partner auf Anhieb finden.

1740. Ohne Gemeinsamkeit keine positive Entwicklung.

1741. Bedingung für eine gut funktionierende Beziehung ist gegenseitiges Vertrauen, Unterstützung und Entgegenkommen sowie maßlose Anteilnahme, wo immer man auch ist und sie braucht.

1742. Wenn Menschen sich lieben, unterstützen sie sich und hetzen sich nicht gegeneinander auf.

1743. Wenn im Alter die Gehirnzellen nicht mehr aufnahmefähig sind wie früher, beginnt ein neuer vertrauensbewusster Lebensabschnitt.

1744. Mit den Menschen, die in unmittelbarer Nähe zu einem wohnen, meidet man komischerweise öfter den Kontakt.

1745. Niemand bekennt sich am Ende des Lebens zur Rechenschaft; vielmehr will man Vergebung von allen Übeln.

1746. Wenn du glaubst, du hast es geschafft, träume nicht, es kann sich dein Glück jederzeit wieder wenden.

1747. Wenn ich im Alter Hilfe brauche und nur schwer Hilfe zurückgeben kann, bekomme ich ein schlechtes Gewissen.

1748. Nur alle Menschen zählen; wir werden eine Welt schaffen, die für alle gemacht ist und uns zum Frieden bringt.

1749. Hab Spaß, auch wenn andere neidisch auf dich gucken, du bist du und das zählt.

1750. Niemand wird für seine Straftaten für immer bestraft werden.

1751. Manche intelligenten Menschen sind so klug und unausstehlich.

1752. Übt man in einem kommunistischen System als Privatperson Proteste aus, muss man Glück haben, um nicht als Saboteur verhaftet zu werden und ohne Haftrichter in Haft zu kommen.

1753. In einer Demokratie gilt die schwer zu definierende Meinungsfreiheit.

1754. Wer immer kritisch bleibt, schließt keine Freundschaften.

1755. Eine Liebe verfliegt nicht in einer Nacht.

1756. Glaube an die Welt, dass Not und Elend sich ins Positive verbessern und wir in Frieden im Licht der Sonne erstrahlen werden.

1757. Großeltern, die im Alter plötzlich Gefühle zeigen, sind traurig dran.

1758. Eine Beziehung und Erinnerung zum Babyalter geht fast nie verloren.

1759. Sei bei deiner Beurteilung deines Gegenübers gerecht und frage dich, ob du auch beim nächsten Mal so handeln könntest.

1760. Menschen in sozialen Berufen müssen akzeptiert werden und ihre Arbeit entsprechend honoriert.

1761. Kann man mehr verlangen als Zuneigung und Hilfe?

1762. Wer sich nur nach Gesetzen richtig verhält, kennt Menschlichkeit und Nähe nicht.

1763. Wer nicht gesund werden will, der wird auch nicht gesund.

1764. Die Menschen, die auf Forderung helfen und tun, was auch für andere gut ist, sind die Besten.

1765. Wenn man die Möglichkeit hat, zu seinen eigenen Eltern eine gute Beziehung aufzubauen, ist das wie eine eigene Freundschaft.

1766. Ist man sich nicht sicher, ob man sich in der Realität befindet, muss man sich prüfen.

1767. Lass dir Zeit und verlange ruhig mal auch etwas für morgen.

1768. Hunde haben einen Spürsinn, bellen aber auch mal ohne erkennbaren Grund.

1769. Findet man die liebsten Menschen auf der Welt, kann man sein Glück kaum fassen.

1770. Alte Menschen, die keinerlei Gefühle zeigen, wirken unscheinbar.

1771. Der Tod verursacht tiefe Wunden, die es mit der Zeit zu überwinden gilt.

1772. Ein Versprechen ist nur so viel wert, wie viel Gerechtigkeit und Sinn in der Aussage verborgen sind.

1773. Ein gesunder Optimismus hilft einem in jeder Krise.

1774. Klingt die Perspektive auch noch so schlecht, bewähren muss sie sich trotzdem, auch zum Gegenteil hin.

1775. Im Sozialbereich muss man Menschen lieben und helfen können.

1776. Kein Sieg ohne Verlierer.

1777. Wer gegen Ausländer schimpft, muss auch die Konsequenzen tragen.

1778. Man kann viel gegen seine Wahlheimat sagen, aber was zu viel ist, zählt nicht mehr.

1779. Sterben kann man leicht, nur der Tod darf nicht auf einen warten.

1780. Nicht alle, die den Tod fürchten, haben im Leben Fehler gemacht.

1781. Niemand weiß auf Anhieb die Lösung, die zum richtigen Ziel führt.

1782. Unterhalten sich Menschen miteinander in einer für mich fremden Sprache, reden sie für mich wie in einer Geheimsprache.

1783. Der Chef sollte derjenige sein, der mit Menschen umgehen kann und Hintergrundwissen hat.

1784. Wenn Nervenstränge im Alter nicht mehr so funktionieren und absterben, gibt es Reaktionen, bei denen der Körper mit Halluzinationen sowie unkontrollierten Muskelkrämpfen reagiert.

1785. Wenn die Sonne scheint, wird es hell und warm.

1786. Eine Narkose kann im Nachhinein Verwirrtheitszustände verursachen.

1787. Hornhaut an den Füßen zum Beispiel ist schwerer zu finden und zu entfernen, nach einem warmen Fußbad, statt sie vorher mit Creme geschmeidig zu machen.

1788. Sieht man irgendwas, was es nicht gibt, ist man verwirrt.

1789. Gönnt man bestimmten Menschen etwas nicht, hat das auch seinen Grund.

1790. Wer so von sich überzeugt ist, alles regeln zu können, muss und sollte erst mal lange pausieren.

1791. Man darf sich nicht nur nach alten Menschen richten.

1792. Wenn reiche Menschen glauben, noch mehr ausbeuten zu können, muss es gerechte und juristisch einwandfreie Wege geben, sie davon abzuhalten.

1793. Wer immer nur das tut, was er für richtig hält, übergeht andere Menschen und handelt rücksichtslos.

1794. Auch der, der schnell gesund werden will, muss Geduld haben.

1795. Vergib dir deine Fehler und werde gut.

1796. Das Leben ist kein Krimi, bei dem man hofft, dass alles gut wird.

1797. Schenke oder spende, was immer du kannst.

1798. Über 50% der Menschen werden nicht entsprechend ihrer Arbeit bezahlt.

1799. Wer weiß, was gut ist, erkennt auch den Menschen in sich.

1800. Wer immer glaubt, ihm geht es gut, hat schwere Zeiten vor sich.

1801. Sozial und gut bleiben ist die Devise.

1802. Das ganze Leben besteht aus Taktik, wobei es eine Endlösung zu finden gilt.

1803. Wenn alle immer jedes Jahr die gleiche Partei wählen, muss man erst gar nicht wählen gehen.

1804. Wer krank ist, braucht manchmal auch Ruhe, um zu sich zu finden.

1805. Die Menschen gleichen sich, nur manche führen ein Leben auf Kosten anderer.

1806. Sollte Gott Gerechtigkeit als Spiel erfunden haben, siegt immer der, der für alle allgemein für Zufriedenheit sorgt.

1807. Wenn es nicht so viele gute Menschen auf der Erde geben würde, was sollten wir mit dem Rest tun?

1808. Der Tod trennt Gedanken nicht nur in ihrer Nähe.

1809. Manche Männer halten Taktgefühl für eine unheilbare Krankheit.

1810. Pfarrer, Mönche oder Priester sind keine besseren, aber gläubige Menschen.

1811. Die Rechte im Erwachsenenalter sind zu wahren.

1812. Der starke Mann und die hilflose Frau bildeten in früheren alten Kulturen die Einheit.

1813. Die Gefühle bilden die Zusammengehörigkeit vom Bild des Menschen.

1814. Wenn man allen Menschen gleich alle Wünsche erfüllt, finden sie nicht zu sich.

1815. Wenn sich die Menschen besser kennenlernen und auch die Möglichkeit dazu haben, sind wir von einem Gemeinsamen nicht mehr fern.

1816. Sehr alte Menschen sind nicht wie Kinder, sie sind eher wie Teufel, die gerade ausgesetzt worden sind.

1817. Lerne, dich richtig einschätzen zu können.

1818. Die Jugend ist das Glück der Zukunft.

1819. Ich würde nie sagen wollen, es ist alles so gut, wie es ist.

1820. Nachdenken ist kein Fehler, sondern ein Muss.

1821. Der Beste von den Besten müsste alles haben.

1822. Jeder muss so gut sein, wie er es für sich vertreten kann.

1823. Habe bitte keinen Respekt vor Alter oder Geld.

1824. Versuche ich, zu anderen gut zu sein, muss ich immer auch zurückstecken können.

1825. Die Menschen, die immer lieb sind, sind bewundern- und beneidenswert.

1826. Eine übertriebene Liebe zu seinen Kindern ist falsch.

1827. Man unterteilt im Leben immer von wichtig zu unwichtig, auch im Alter.

1828. Jeder kann auch traurige Gefühle zeigen.

1829. Warum müssen sich Eltern immer in Entscheidungen ihrer Kinder einmischen?

1830. Menschen mit fehlendem Niveau halten Menschen, die dumm sind, für unnötig.

1831. Du bist die Wahrheit in mir und die Liebe in uns.

1832. Manche verstecken sich hinter dem Guten.

1833. Wird man in autoritären Ländern nach einer Demo verhaftet, untersteht man dem Staat, mit fast keiner Hoffnung auf baldige Klärung.

1834. Vergeht die große Liebe, dann braucht man Zeit für sich.

1835. Nur der, der wirklich Hilfe braucht, darf um sie bitten.

1836. Wenn das Ende gut ist, ist alles gut.

1837. Das Ende erreicht man nur mit viel Geduld.

1838. Wenn irgendetwas passiert, was du im Moment nicht einordnen kannst, behalte es wenigstens noch für eine Zeit lang im Gedächtnis.

1839. Wer viel Geld hat, kann mehr Rechte haben als Arme, die sich nichts kaufen können.

1840. Eine dunkle Hautfarbe kann man schön finden, wie auch die von der Sonne gebräunte helle Haut.

1841. Hinter einer Ironie muss immer auch etwas Wahres stecken.

1842. Das Versprechen, mehrfach im Leben anderen zu helfen, halte ich auch.

1843. Eine Anleitung zum Gutsein muss sich jeder selbst entwickeln.

1844. Das Gute in sich muss man präsentieren können oder auch beweisen.

1845. Wenn jemand behauptet, das Leben wäre ein Kreislauf, dann frage ihn, wo der Kreislauf ist und wo wir uns im Moment befinden.

1846. Das Leben ist die Unendlichkeit.

1847. Wenn nur ein weltlicher Pfarrer vergeben kann, vergebe ich mir selber.

1848. Wenn nur dieser Moment zählt, dann nutze ich ihn und freue mich auf alles, was kommt.

1849. Die Medikamente gegen eine Psychose zerstören auch weltliche Gedanken, um wieder neu starten zu können.

1850. Meinetwegen kann ich auf dem Feld, im Wasser, in der Luft oder gar nicht beerdigt werden.

1851. Kein Pfarrer dieser Welt kann mich heiligsprechen oder zur Wiedergeburt leiten.

1852. Gut zu sein ist eine Pflicht, besonders gut sein eine Kür.

1853. Laut Aussage einfältiger Menschen ist immer der, der schuldig ist, der Bösewicht.

1854. Wer Reichtum attraktiver machen will, enttäuscht viele von der Basis.

1855. Wer glaubt, in Etappen gut werden zu wollen, kennt das Ende nicht.

1856. Wer nach bzw. kurz vor dem Tod Schlüsse zum Guten zieht, kann hoffen.

1857. Erkennt man den Weg nicht ins Lager der Hoffnungen, muss man neue Schritte einleiten.

1858. Kein Mensch befindet sich in zweifelsfreier guter Verfassung, um seine Qualitäten zeitnah einstufen zu können.

1859. Wenn es auf der Erde der Markt nicht regelt, muss der Staat eingreifen und fördern.

1860. Man kann Partei ergreifen, aber helfen muss man allen.

1861. Suche dir deine Freunde, Verwandtschaft oder Eltern am besten selber aus; am Ende sind doch alle an allem schuld.

1862. Wenn ich mir sicher wäre und wüsste, bei wem ich mich geborgen fühle, würde ich Tipps auch mal ohne Prüfung übernehmen wollen.

1863. Alte Menschen müssen oft mit ihren Gedanken kommunizieren und geleitet werden, um wieder Teil eines Ganzen zu werden.

1864. Wer den Faden verloren hat und nicht weiß, an welcher Stelle, sucht überall und braucht Hilfe.

1865. Wer sich versteckt, ist feige oder hat keine Lust zu arbeiten.

1866. Ideen, die man verfolgt und die keine Möglichkeit besitzen, verwirklicht zu werden, müssen abgelegt werden, um neuen Gedanken Platz zu liefern.

1867. Die Gedanken müssen festen Boden haben, ansonsten schwimmt man ohne Ziel.

1868. Bei einem alten Menschen dauert normalerweise die Zeit der Genesung sehr lange, denn sie gehen nicht psychisch und physisch gestärkt hervor.

1869. Manchmal ist man krank und kann im Wahn schlechte Momente haben, die jedoch während der Phase der Gesundheit überhaupt nicht auftreten.

1870. Wer den Schuldigen immer bei sich sucht, hat die Lage nicht im Griff.

1871. Wenn jemand Schuldzuweisungen von sich gibt und keine Stellungnahme zur Klärung offenbart, der klagt an und sollte nur begrenzt geholfen werden.

1872. Wenn Eltern sich streiten, darf man Kinder nicht mit einbeziehen.

1873. Wer sich beim anderen über fehlende Intelligenz lustig macht, kriegt mit jedem Probleme.

1874. Fehlen Freunde, fehlen Ansprechpartner fürs Leben.

1875. Wenn dir jemand sagt, versuche doch, dich in deinem Leben zu bewähren, hat das bestimmt den richtigen Ansatz zur Folge.

1876. Wenn der Mensch will, ist er auch (relativ) belastbar.

1877. Liebe mich oder hasse mich, ich werde sonst krank.

1878. Das Tempo bestimmst du.

1879. Der Mensch ist kein Experiment.

1880. Ich bin keine Maschine, die zu funktionieren hat.

1881. Alles, was man sagt, meint man nicht so.

1882. Traurig stimmt mich Intoleranz und das Nichtbefolgen von Anstandsregeln.

1883. Die Menschen, die nicht der Norm entsprechen, fallen mir negativ auf.

1884. Die, die viel Macht haben, und die, die keine Macht haben, ergänzen sich überhaupt nicht, obwohl sie es müssten.

1885. Man kämpft mehr um gute als um schlechte Dinge.

1886. Finde die Lücke in der Gesellschaft und du gehörst dazu.

1887. Wer versucht, mich zu kaufen, erntet nichts.

1888. Ersatzteile für Gene gibt es nicht.

1889. Die aus Hunger und Durst leidenden armen Menschen verstehen die Einstellung und Moral anderer Länder nicht.

1890. Nicht jeder sieht Gerechtigkeit als Lebenselixier an.

1891. Das Ende darf nach Möglichkeit nicht ins Altenheim führen.

1892. Wenn jemand nicht will, dann kann er auch nicht.

1893. Nach Bundestagswahlen wird **der Bundeskanzler** von der stärksten in der Regierung befindlichen Partei bestimmt und gewählt.

1894. **Die Bundesminister** werden nach Ausgang der Wahlen mit prozentualer Beteiligung vorgeschlagen und zum neuen Kabinett inklusive ihrer Ministerien gewählt und bestimmt.

1895. Ein Bundestagsabgeordneter von **einer Partei von nur ca. 5 %** oder etwas mehr kann in die Regierung kommen, sollte jedoch keinen entscheidenden Bundesministerposten erhalten dürfen.

1896. Arbeitsverträge sollten den gewünschten Anforderungen der Arbeitnehmer entsprechen und nicht umgekehrt.

1897. Maßgeschneiderte Arbeitsverträge entlasten und ermöglichen neue Perspektiven für Arbeitgeber und Arbeitnehmer.

1898. Jungen Familien mit Kindern dürfen ihren Lebensverhältnissen angepasste Verträge mit z. B. 20 Arbeitsstunden und mehr Urlaub oder Halbtagsarbeit oder Homeoffice angeboten werden.

1899. Der mögliche Alleinverdiener mit 60 Stunden, wie gewünscht und wenig Freizeit, kann wechselnde Verträge auch befristet abschließen und kombinieren und entsprechend bezahlt werden.

1900. Unter Zwang kann und darf nichts beschlossen sein.

1901. Bundestagsabgeordnete müssen als Bedingung ihre anwesende Zeit im Bundestag in irgendeiner Form bei Bedarf nachweisen können.

1902. Ein Anzug oder Kostüm ist keine Arbeitskleidung, die die Steuer akzeptieren darf.

1903. Auch ein täglicher Friseurbesuch oder das Chartern von privaten Transporten auf Staatskosten, innerhalb und außerhalb des Landes, sollten nicht erlaubt sein.

1904. Das Kabinett repräsentiert am meisten das Land, kann sich aber wie alle anderen auch ihre Berufskleidung frei wählen und selbst bezahlen.

1905. Heutzutage sieht man die Wirtschaftlichkeit als entscheidende Größe für den Wohlstand und den Handlungsspielraum eines Landes an.

1906. Könnten Parteimitglieder frei, nach aktueller Lage und auch mit persönlichem Empfinden, und nicht nur zum Parteiwohl, ihr Urteil unabhängig und selbstständig bilden, würde die Demokratie aufleben.

1907. Bitte keinen Parteizwang oder Verpflichtungen bei Abstimmungen, möglichst schriftlich.

1908. Mehrfachabstimmungen sollten vermieden werden, ebenso wie für unnötig empfundene oft teure Meinungsumfragen.

1909. Sieht oder erkennt eine Partei nicht die Welt, in der wir zusammen friedlich leben wollen, ist sie untragbar, meist radikal und unberechenbar.

1910. Eine Partei mit Meinungsfreiheit im besten geprüften Fall ist immer eine Demokratie.

1911. Wir müssen nicht an erster Stelle überall sein, vor allem nicht, wenn wir uns noch nicht einmal selber einschätzen lernen können.

1912. Die Welt wird ein Land zur Zufriedenheit aller.

1913. Aus der Einstellung „erst Deutschland, dann die Welt“ spricht Dummheit und der fehlende gute Charakterzug, wie der der Rechtsradikalen.

1914. Wer sein Vermögen, Anlagen oder Kaufkraft nicht breit aufstellt, riskiert als Land ungewollt hohe Schwankungen zwischen arm und reich, mit Vorteilen für die Reichen.

1915. Vorbild kann nur der sein, der es sich leisten kann.

1916. Wird man nicht unter Strafe zum Gutsein gezwungen, leben Großkapitalisten auf.

1917. Ich glaube, Menschen, die mich mal sehr enttäuscht haben, kann ich nicht verzeihen, und ich wende mich von ihnen „für immer“ komplett ab.

1918. Psychoterror der schlimmsten Art ist, wenn man gezielt ins Unterbewusstsein des anderen eindringt und ihn zur Straftat animiert, was nur schwer zu beweisen ist.

1919. Wer anderen Menschen oder dem Staat Geld klaut, ist mit hoher Geldstrafe bis Gefängnis zu verurteilen.

1920. Bei manchen Entscheidungen sollte es kein Zurück geben.

1921. Eine Freundschaft nach einer Scheidung tut immer weh.

1922. Die Einstellung: „Ich gehe nicht in die Kirche, also zahle ich auch nicht“, ist fraglich.

1923. Eine Ehe, die in die Brüche geht, endet immer schlecht.

1924. Wenn die Scheidungsschlacht beginnt, ist alles vorbei.

1925. Zeige dich, wenn möglich, ein Leben lang ehrlich und so, wie du wirklich bist.

1926. Bei Ausländern, wie bei uns, existieren unterschiedliche Familienzugehörigkeitsempfindungen.

1927. Gute Menschen trennen sich in guter Form.

1928. Wer liebt, aber zurückstecken muss, leidet irgendwann.

1929. Macht und Geld sind für manche Menschen Anziehung genug.

1930. Aus Liebe, besonders danach, kann sehr viel Bosheit entstehen.

1931. Ungerechtigkeiten können nicht überhandnehmen, sonst macht man Fehler.

1932. Die Menschen mit den zwei Gesichtern sind gefährlich.

1933. Vielen freundlichen Menschen nehme ich auf Anhieb ihre Zuversicht nicht ab.

1934. Wer recht hat, soll auch recht bekommen, nur das Wie ist die Frage.

1935. Dominante Menschen sind oft auch eitel, bestimmend, unbeugsam, gehen keinem Streit aus dem Weg, benehmen sich unflexibel und terrorisieren andere Menschen.

1936. Menschen, die sich lieben, bereichern die Welt und sorgen für Einheit.

1937. Ich glaube, Frauenbeziehungen gehen eher gegen Männer vor, als Männerbeziehungen gegen Frauen.

1938. Wenn es dir gut geht, sagt man, du hast es geschafft.

1939. Das Elternhaus und die Herkunft spielen leider immer noch eine viel zu große Rolle.

1940. Erkläre deinem Kind nicht den Weg, zeige ihn nur.

1941. Den Bezug und die Ähnlichkeit zu seinen Eltern muss man selber darstellen können, ohne Gefangener seiner selbst zu sein.

1942. Bei Menschen, die sich für ältere Menschen einsetzen, spielt leider Geld auch eine Rolle, da diese Menschen als Grundgehalt sehr niedrig eingestuft sind.

1943. Man glaubt gar nicht, was man alles mit dem äußeren Erscheinungsbild vortäuschen kann, und auch bei wem.

1944. Nicht alle Menschen machen das, was sie auch für richtig halten, nur um ihren qualitativen Standard zu erreichen.

1945. Belohnungen und Versprechen bewirken einiges.

1946. Wer die meisten Freunde hat, hat es nicht unbedingt besser.

1947. Die Fehler stecken nicht auf Dauer und nicht nur unmittelbar in den Genen, sondern auch in nicht richtig verarbeiteter Erfahrung oder Verhalten.

1948. Es gibt Menschen, wenn es denen schlecht geht, machen die in kürzester Zeit alles kaputt.

1949. Wenn in deinem Körper etwas schiefläuft, merkst du es über Gefühle, die nur schwer zu orten sind.

1950. Ehrlich ist nicht derjenige, der, wenn er etwas weiß, es bis ins Detail anderen weitererzählt.

1951. Menschen, die immer wieder neu wissen wollen, wie wichtig sie sind, sind unangenehme Menschen.

1952. Die Gerechtigkeit und der richtige Weg sind und waren immer gleich und es wird entsprechend neu für jede Zeit dieser Weg fixiert.

1953. Hätte Gott einen Lebenspartner, warum sollte er schlechter sein als Gott selbst?

1954. Liebe alleine ist keine Erziehungsmethode.

1955. Keine Macht der Welt wird auch nur näherungsweise das Sagen über alle ohne Aufstand haben können.

1956. Wer aus Fehlern anderer nicht lernt, kann das Schlauwerden vergessen.

1957. Auch Kindern, die sich gegen einen aussprechen, muss man ein zufriedenes Leben bieten können.

1958. Lieblingskinder haben es im Alter besonders schwer.

1959. Auch wenn es schlechte Phasen gibt, in denen man nicht weiß, was man machen soll und wie man sich zu verhalten hat, darf man sich trotzdem nicht immer und stark abreagieren, nicht einmal im engsten Familienkreis.

1960. Einem eigensinnigen, unbeeinflussbaren Tyrannen ist Hilfe ein Mittel zum Verständnis.

1961. Ich glaube, durch Beten können Wünsche, von sich aus fixiert, und in Erfüllung gebracht werden.

1962. Wäre ich morgen tot, hätte ich gerne so viel und noch mehr erlebt.

1963. Grenzen engen Wünsche und Hoffnungen ein.

1964. Wer Angst hat, schlecht behandelt zu werden, glaubt das auch immer noch, selbst wenn der Gemütszustand konstant geblieben ist.

1965. Das Leben lässt dich gerne merken, wie hoch die Anforderungen für dich sind und ob du sie bewältigen kannst.

1966. Ich warte und sehe meinen Traum ganz woanders und hoffe trotzdem irgendwie auf das, was uns zusammenführt, und auf ein Leben mit dir.

1967. Traurig ist, wenn jemand, ohne den Zusammenhang zu kennen, urteilt und womöglich tausend andere Anhänger mit sich zieht.

1968. Wer keine Arbeit hat und sich langweilt, befindet sich, egal ob reich oder arm, in einer schlechten Gemütslage.

1969. Wer Geschichte, Betriebswirtschaft, Religion, Landwirtschaft, Politik oder auch Physik studiert hat, könnte in einem Gremium arbeiten, zur Förderung eines weltweiten finanziellen Ausgleichs mit dem Ziel, Lösungen zu finden für eine zusammenwachsende gerechte Welt.

1970. Die Menschen, die Ärger befürchten oder die der neuen Situation nicht gewachsen sind, nennt man, um ein Kompliment machen zu wollen, Schaulustige.

1971. Wer die Liebe nicht kennt, kämpft nur für sich.

1972. Man glaubt manchmal immer noch, dass niemand einen mag, dabei hat man doch so viel Hilfe bekommen.

1973. Eine Schnecke läuft wesentlich langsamer als eine Schildkröte, auch wenn man ihr einen Vorsprung gibt.

1974. Wissen zurückhalten, um im Fall der Fälle besser dazustehen, halte ich für gemein und falsch.

1975. Nimm es als Ziel, glauben zu müssen, dass man nur manchmal und nicht in der ganzen Welt, sich in seiner Meinung falsch angesiedelt hat.

1976. Verzichten muss man können, um die Welt in Einklang haben zu wollen.

1977. Wer den Sinn seines Lebens nicht mehr begreift, bedarf Hilfe, unter Umständen auch durch einen Besuch einer psychiatrischen Einrichtung.

1978. Zur sinnvollen Genesung genügt aus der Familie oder dem Freundeskreis als Ansprechpartner für den Kranken eine Person.

1979. Da man bei alten Menschen nicht genau weiß, wie und ob sie krank sind, ist die Pflege richtig durchzuführen besonders schwer.

1980. Werden wir später begutachtet und wird über uns beschlossen?

1981. Jeder Mensch hat Gefühle, die mehr oder weniger stark verletzbar sind.

1982. Wer alles versucht zu loben, ist zu alt.

1983. Was man sich erarbeitet hat und für richtig hält, ändert sich nur sehr selten schnell, wenn überhaupt.

1984. Wer nicht gleiches Gutes tut, wie zum Beispiel Soziales, verkehrt die Welt und ihre Pole.

1985. Manche Menschen brauchen einen Schubs ins Gute, bei anderen ergibt es sich von ganz alleine.

1986. Es gibt so viele gute Menschen auf der Welt, aber warum reicht ihre Überzeugungskraft nicht?

1987. Schmerzmittel lindern nicht nur Schmerzen, sondern machen als Nebeneffekt auch müde.

1988. Wer gerne lügt, und das mit Erfolg, fängt an, immer ein bisschen mehr zu lügen, was zur Folge hat, dass man diesem Menschen nicht mehr trauen kann.

1989. Denkt man ganz anders, als der andere sagt, entstehen Probleme, die zu lösen sind.

1990. In dem Moment, wo du weißt, alles richtig zu machen, fühlst du Zufriedenheit, Frieden und Harmonie.

1991. Man kann die Vergangenheit auch in der Zukunft, ohne Verlust der Gegenständlichkeit, bewahren.

1992. Es wird nur eine Meinung geben, was man unter Gerechtigkeit versteht.

1993. Alle Lebewesen sterben mal aus oder sind schon ausgestorben.

1994. Wer beim Reden die Aussage, die er tätigen will, nicht direkt von Anfang an im Detail schildert oder in den Vordergrund stellt, kann die anderen mit Sicherheit über ein fließendes Gespräch mit Gegenfragen viel besser überzeugen.

1995. In manchen Ländern gibt es Schuluniformen für alle gleich.

1996. Sehr arme Menschen werden fürs Überleben zum Stehlen geboren.

1997. Wer seine Kinder nicht ernähren kann, muss sich seiner Aufgabe bewusst sein.

1998. Kinder sind ein Segen, aber nicht zum Verhungern geboren.

1999. Neid ist, wenn man dem anderen die Gleichheit zu einem selbst nicht ansieht, auch wenn die finanzielle Lage eine völlig andere ist.

2000. Gut sein kann man lernen, den Sinn für Gerechtigkeit dagegen kennt man.

2001. Sollten die vorhandenen Gesetze zur eindeutigen Bestrafung nicht ausreichen, um festzustellen, wer schuldig ist und wie hoch er zu bestrafen ist, kommt es zu einem Gerichtsverfahren. Ebenso vor Gericht landen Klagen und Widerspruchsverfahren.

2002. Man könnte ein Gesetz erlassen, dass ein Auto auf der Autobahn zum Beispiel mindestens mit zwei Personen besetzt sein muss, welches dem Fahrer zum Hauptteil zugutekommen soll, ähnlich wie ein Maut-System.

2003. Beten macht glücklich und vergibt.

2004. Siegt die Jugend, siegt die Vernunft und auch die neue Zukunft.

2005. Politische Gefangene sind Aktivisten in Haft, die einem totalitären Staat zur Vernunft in die Demokratie leiten wollen, jedoch zu Unrecht und ohne rechtlichen Grund und ohne Verurteilung bis auf Weiteres festgesetzt werden.

2006. Wer die Liebe verletzt, verletzt das Leben aller.

2007. Ein Auto als Prestigeobjekt kann sein, kostet allerdings Luxussteuer.

2008. Wer Kindern immer recht gibt, zieht Tyrannen groß.

2009. Wer das Glück anderer gerne hätte, darf nicht fragen, sondern muss machen, was gut ist.

2010. Eltern, die ihre Kinder für undankbar halten, sind es selbst.

2011. Keine Macht der Welt alleine wird eine Einheit für alle finden und glücklich sein.

2012. Je ähnlicher wir uns werden, umso mehr brauchen wir Abstand, um glücklich zu sein.

2013. In der Sache kennen wir die Lösung schon lange: Einbußen der Reichen und profitierende Arme, ohne gravierende Verluste für alle, sorgen- und hungerfrei.

2014. Was wir jetzt erleben, ist nicht so wichtig, das Morgen macht den Tag, den wir wollen und zu dem wir fortfahren werden.

2015. Ein Kampf ist erst dann beendet, wenn einer von beiden aufgibt oder zur Aufgabe gezwungen wird.

2016. Ein Pfarrer kann viele zur Gläubigkeit überzeugen und Trost spenden.

2017. Wenn sich zwei Menschen mögen, heiraten sie und bleiben zusammen und helfen sich bis zum Tod.

2018. Lieb sein bis zum Schluss ist verdammt schwer.

2019. Wer vorsätzlich handelt, hat keinen Anspruch auf Kulanz.

2020. Es gibt Menschen, die sich nach außen hin freundlich und opferbereit zeigen, besonders wenn sie glauben, Vorteile dadurch zugesprochen zu bekommen.

2021. Jeder und alle retten die Welt.

2022. Wenn alle auf Gerechtigkeit plädieren, ist man schon sehr viel weiter.

2023. „Wer ich war, kann nicht du werden."

2024. Tote kommen in anderer Form zurück auf die Welt.

2025. Gründet Fahrgemeinschaften.

2026. Abstand braucht man nicht nur beim Autofahren.

2027. Ich liebe alle, mit Ausnahme von denen, die ich nicht mag.

2028. Wer auch immer etwas Gutes bewirken will, man braucht Stärkung und Hilfe jederzeit.

2029. Jemand, der kurz vor seinem Tod noch allen erzählen muss, was er in seinem Leben so alles getan hat, kann sich das auch sparen, wenn er selbst nicht glaubt, davon profitieren zu können.

2030. Eine Liebe wird keine Partnerschaft auf Dauer.

2031. Manche Dinge erreicht man in so kurzer Zeit, was man sich nicht wirklich hätte vorstellen können.

2032. Bleibt verschieden und eurer Linie treu.

2033. Seht Ähnlichkeiten und baut sie aus.

2034. Ohne darüber zu sprechen, kann uns niemand hören und Stellung nehmen.

2035. Nur das, was wir alle wollen, zählt.

2036. Werden meine Erwartungen nicht erfüllt, fordere ich wichtige Dinge nach.

2037. Um gleiche Menschenrechte für alle zu haben und sie auch anwenden und egalisieren zu können, vergehen hoffentlich keine Jahrhunderte.

2038. Ein kleines Land ist flexibler und schneller als ein großes.

2039. Werden grundlegende Standpunkte in der Welt verändert, sind auch sämtliche damit verbundenen Nebenleistungen zu prüfen.

2040. Hilfe in Krisengebieten muss sofort und mit System und Regelmäßigkeit kommen.

2041. Der Tag der Entscheidung kommt und wir verlassen ihn, wie er auch zu verlassen ist, in Anmut und Bestimmtheit zur Vernunft.

2042. Wehrst du dich gegen Ungerechtigkeiten, musst du darauf bedacht sein, Gegenmaßnahmen treffen zu können.

2043. Die Ehrlichkeit zwischen zwei Menschen kann man auch Liebe nennen.

2044. Das Motto, auch ruhig mal bewusst dem Verkehrten etwas mehr zu geben, kann sich auszahlen.

2045. Das Gute überwiegt im Normalfall und bestimmt das Leben.

2046. Wer trotzdem dem Guten widerspricht, macht sich schuldig, indem er das Gute in sich abweist.

2047. Nur gut zu sein ist natürlich für alle erstrebenswert und toll.

2048. Wenn du mich rufst, komme ich oder du kommst zu mir und wir sehen uns in Frieden und Gerechtigkeit.

2049. Bei dem, der in Freiheit mit allen Dingen leben kann, die er braucht, ist noch nicht von Wohlstand die Rede, sondern von einem Standard, der jedem zusteht.

2050. Wäre ich alleine auf der Welt, ich würde mich heiligsprechen und danach handeln.

2051. Wenn immer mehr Reiche arme Menschen ausbeuten, ist das so schlecht, dass man am liebsten mit Zorn und Hass vorgehen würde.

2052. Wer Gerechtigkeit will, stellt keine Liste auf, wem was gehört.

2053. Jede Religion hält sich für die Beste, was zu gravierenden Missverständnissen führen kann, dass zum Beispiel andere abgestuft und für minderwertig gehalten werden.

2054. Jede Staatsform toleriert die freie Religionswahl.

2055. Eine konsequente Abneigung endet im Nichts oder es geschieht ein Wunder.

2056. Wenn mich jemand enttäuscht, sage ich immer „Ich will dich nie wieder sehen“, aber irgendwie bereue ich es doch, und mein Gewissen sagt mir, triff dich mit ihm.

2057. Wie können Menschen nur so gemein sein und zum großen Teil alles das bewusst tun, was den anderen schadet.

2058. Ich kann einen dieser Momente nicht verlieren, den ich so sehr liebe und bei dem ich immer wieder an dich denke.

2059. Mein Weg ist vorne und geradeaus, ich gehe ihn mit Sicherheit und hoffe, ihn auch immer wiederzufinden. Überall treffen wir uns und überall hoffen wir, dass unsere Herzen wieder da sind, um zueinander zu finden.

2060. Ein gemeinsamer Abenteuerurlaub ist eine Möglichkeit, um eine Beziehung kennenzulernen.

2061. Wer seine Fehler nicht in den Griff kriegt, verliert das Gute, die Hoffnung.

2062. Mit vielen Menschen hat man Streit und man beginnt die absurde Suche nach dem Hauptschuldigen, welche man nicht mitmachen sollte, sondern sich eher an der Suche von Lösungen und Ursachen beteiligen.

2063. Nicht bei jedem Streit gibt es klar zu definierende Schuldige, die es zu finden gilt.

2064. Verliert man den Respekt zur anderen Person, dann fehlt nicht mehr viel, ihn verbal oder körperlich anzugreifen.

2065. Wenn man merkt, man wird vom Partner tyrannisiert, muss man sich etwas überlegen.

2066. Wenn man armen Menschen nicht helfen möchte, frage ich mich, wem denn sonst?

2067. Es gibt Menschen, da kann ich schon nach kurzer Zeit ausschließen, eine Freundschaft einzugehen.

2068. Manche Menschen können nur existieren, indem sie dem anderen Angst machen und/oder Streit suchen.

2069. Freunde und Verwandte sollte man neutral bis gut in die Beziehung einfließen lassen.

2070. Oft werden meine gestellten Fragen als Angriff gedeutet und am rechtmäßigen Verhalten gezweifelt.

2071. Wenn es einem im Moment nicht gut geht und man bekommt dann sofort noch einen drauf, tut das besonders weh.

2072. Nach jedem Streit muss man sich fragen: Was habe ich falsch gemacht?

2073. Im hohen Alter erzählen Menschen oft alles doppelt und verkehrt.

2074. Frauen, die durch Kindererziehung schon im beruflichen Alltag benachteiligt sind, werden zum Ausgleich durch Maßnahmen vom Staat gefördert.

2075. Die Zukunft bestimmt den Weg und ein Teil vom Rest die Vergangenheit.

2076. Für wen das Wichtigste sein Geld ist, der kann im Alter nichts damit anfangen.

2077. Dein Leben ist nicht das deiner Eltern, du kannst es jedoch mit berücksichtigen.

2078. Setze deine Maßstäbe nur so hoch, dass man sie auch erfüllen kann.

2079. Wie kann eine Mutter das eigene Kind in die Hände anderer übergeben?

2080. Die eigene Erfahrung zählt mehr als das Gebet Dritter.

2081. Werden Kinder zu Erwachsenen, ist ihnen erst mal alles andere fremd.

2082. Anstatt im Alter noch irgendetwas zu genießen, schimpft das Alter nur.

2083. Sind Geschwister fast gleichaltrig, kämpfen sie um die Führungsrolle in der Familie.

2084. Menschen in den besten Jahren wollen spätestens jetzt ihr Leben genießen.

2085. Junge Menschen sind unordentlich und können nicht organisieren, sagt man fälschlicherweise.

2086. Wer sich vor seinen Gefühlen versteckt, hat zu wenig Liebe im Leben erhalten.

2087. Wer Notlügen mag, glaubt, sich richtig zu verhalten.

2088. Sind Mann und Frau nicht gleichgestellt, wird es auch zu 80% bei ihren Kindern so sein.

2089. Keine Eltern sind so gut, dass man sie anbeten oder immer blind in irgendeiner Form vertreten müsste.

2090. Mache nicht alles schlecht und verkompliziere die Welt.

2091. Ich versuche, jedem seinen Weg zu zeigen.

2092. Wenn die Menschheit erkennt, dass die Welt untergeht, wird jeder versuchen, sich zu retten.

2093. Wenn Kinder im Müll nach Plastiktüten suchen, fehlt einem das Verständnis für alles.

2094. Wer stark links oder stark rechts wählt, will die Welt nicht verändern, der will sie vernichten.

2095. Wer versucht, sich mit allen gut zu verstehen, verliert die besten Freunde.

2096. Es wird wahrscheinlich irgendwann, (undenkbar lange voraus), unter Umständen das gleiche Durchschnittsgehalt für Manager und/oder Handwerker geben.

2097. Die Welt ist so aufgebaut, dass man innerlich mit guten und schlechten Seiten lebt. Die guten Seiten versuchen und haben die Aufgabe, die schlechten Seiten zu vernichten.

2098. Die guten Seiten leben immer, vermehren sich, und sterben nie.

2099. Übrig gebliebene Reste von Fehlern werden im nächsten Leben weiter behandelt.

2100. Das Ziel, der Mensch und die Menschheit streben an, gut zu sein und auch zu werden, und das stimmt.

2101. Will ein Elternteil die Nummer Eins sein, haben es die Kinder nicht leicht, eine gesunde Wertestruktur zu erlernen.

2102. Die verflossene Liebe meines Lebens halte ich in Gedanken fest, wobei ich nach einem veränderten Bild in der Zukunft suche.

2103. Schwiegereltern müssen unterstützen und helfen.

2104. Es gibt Menschen, an denen reagiert man sich ab, nur weil man glaubt, sie mögen einen nicht.

2105. Das Leben auf dieser Welt ist nicht ungerecht und zahlt sich aus.

2106. Es ist unvorstellbar, hier auf die Welt zu kommen mit Hunger und Durst.

2107. Der Mensch denkt oft zu Recht immer auch, meist als Erstes, an sich.

2108. Die Menschen lieben sich, auch wenn einige noch etwas Zeit brauchen, um das zu verstehen.

2109. Eine Enttäuschung in einer Beziehung kann verhindern, dass man bereit ist, neue Bindungen einzugehen.

2110. Wenn man sagt: „Ich will die Welt ändern“, dann ist das okay.

2111. Ich glaube nicht, wenn ich jemandem helfe, dass er sich in der Pflicht fühlen müsste, mir bei Gelegenheit auch zu helfen.

2112. Streit kann aufkommen, wenn der eine ständig auf den anderen draufhaut und der sich auch noch genötigt fühlt, sich zu rechtfertigen.

2113. So wie es war, wird es nie wieder.

2114. Wer immer den anderen als schuldig dastehen lassen will, kann nicht auf Frieden hoffen.

2115. Wenn mich jemand angreifen will, ist das schlecht, denn keiner weiß, was als nächster Schritt folgt.

2116. Kommt das Handeln von einem verwirrten Glauben im Hintergrund, kann die Situation gefährliche Ausmaße annehmen.

2117. Es tut gut, Menschen im Hintergrund zu haben, die einen mögen.

2118. Sieht man vom Mond auf die Erde, sieht man Bewegung, Schatten und Täler und erahnt eine Vielfalt.

2119. Den besseren Menschen gibt es nicht.

2120. So einen reinen guten Glauben, dass man nur mit ihm Streitigkeiten wieder ins Lot bringen kann, gibt es nicht.

2121. Wer nur schlecht über den anderen denkt, kann zu einer Gefahr für alle werden.

2122. Etwas zusammen zu machen, heißt, sich für den anderen zu interessieren und seine Machenschaften auch mit Kritik, wenn möglich, für gut zu erachten.

2123. Wer Dinge oder Meinungen des anderen immer schlecht macht, schlägt die Möglichkeit aus, in Frieden und Harmonie zusammenzuleben.

2124. Es reagiert sich ab, wer Probleme hat und sie nicht bewältigen kann.

2125. Wenn Kinder von ihren Eltern verworfen werden, finde ich das, ich möchte sagen, ungeheuer unfair und selbstsüchtig, eigentlich ohne Worte und auch mehr.

2126. Zu sagen: „Im Alter werden sie alle schlecht“, trifft bei manchen zu, mehr als man glaubt.

2127. Eine Wohngemeinschaft für Menschen unterschiedlichen Alters funktioniert, lustigerweise, fast immer.

2128. Zum Schluss vorm Ende geht es noch mal ums Geld.

2129. Allen Menschen, denen es nicht vergönnt ist, im Schlaf zu sterben, haben mein Mitgefühl, und zwar sehr.

2130. Am Himmel staut sich nichts, aber man muss manchmal trotzdem warten, bis man dran ist.

2131. Wenn Kinder ihre Eltern überholen, wird es peinlich.

2132. Viele Monde umkreisen mehrfach.

2133. Ein Mensch, der Gott verschrien hat, klagt nicht.

2134. Wer den Teufel sucht, wird ihn nie finden.

2135. Man hätte im Leben einiges anders machen können, aber vielleicht ist ja auch dieser Weg der richtige.

2136. Wenn man bei wichtigen Entscheidungen nicht die Wahrheit sagt, endet alles im Müll.

2137. Meine Geschichte endet, wenn die ganze Welt sich liebt.

2138. Wenn nicht alles so unsinnig wäre, könnte es uns viel besser gehen.

2139. Ist mein Leben zu Ende, endet aber meine Geschichte nicht.

2140. Die wichtigsten Gesetze trägt man in sich.

2141. Nicht alles, was man weiß, muss ein Dritter erfahren.

2142. Glaube nicht, dass du zu den „besseren“ Menschen gehörst.

2143. Immer wenn ich aus der Reihe tanze, fühle ich mich einmalig, zufrieden und als etwas Besonderes.

2144. Es vergeht immer viel Zeit, sich zu besinnen und dazuzugehören.

2145. Ist man berühmt, spielt das Aussehen und wie man sich anzieht keine große Rolle mehr, nur noch das Image, das Gehabe und das, wie man sich gibt.

2146. Der Zufall ist nicht gerecht, es ist wie eine Lotterie, könnte man glauben.

2147. Das Schicksal ist nicht einzuordnen und kämpft für jeden Einzelnen von uns.

2148. Der Zufall ist ein Schicksal ohne Worte.

2149. Der Zufall ist nicht berechenbar und immer möglich.

2150. Wer Gott nicht als Wunder und als beliebigen Zufall sieht, zweifelt womöglich an der Realität.

2151. Die Welt regiert sich nur bedingt selbst.

2152. Was man im Leben bekommt, muss man auch wieder zurückgeben können.

2153. Wenn im Fernsehen, Radio oder in der Zeitung verstärkt brutale Szenen aufgezeigt werden, ist die Versuchung, bei ähnlichen Situationen im Alltag groß, auch so zu handeln, was grundverkehrt ist.

2154. Ich bin da, wohin ich komme, und das mit langem Warten und Kraft von dir.

2155. Die Lebewesen sind unterschiedlich zu bewerten und auf keinen Fall aus einem Topf voller Vergleichbare zu ziehen.

2156. Ich würde nicht meine Tochter gegen einen Ochsen oder Stier eintauschen.

2157. Der Standard der Eltern und nicht Vermögensverhältnisse sind von Bedeutung.

2158. Ab 18 gilt man in Deutschland als erwachsen und kann ohne die Zustimmung der Eltern alles tun.

2159. Sollten Kinder Eltern mal etwas Taschengeld zusätzlich klauen, ist das nicht so schlimm und auf keinen Fall eine Todsünde.

2160. Kinder sind natürlich auch schon im jungen Alter auf ein soziales Beisammensein vorzubereiten.

2161. Frauen sind für die Kindererziehung, so sagt man, besser geeignet als Männer.

2162. Die Männer- und Frauenrollen entwickeln sich pro Generation mehr zur Gleichheit hin.

2163. „Frauen sind raffinierter, dagegen haben Männer mehr Kraft."

2164. Wer sich logisches Denken beigebracht und erlernt hat, ist in der Lage, sich in unterschiedlichste Probleme reinzudenken.

2165. Siehe deine Zukunft und sage, es wird wieder gut und das Ende endet nicht einfach nur so.

2166. Wer nicht aufgibt, sieht alles anders und wir gehören wie einst zusammen und nehmen die Welt dazu als Einheit für uns.

2167. Wir werden uns in baldiger Erinnerung wiedersehen, wenn die Zeit dazu da ist und uns das Warten gegeben ist.

2168. Streit schlichten kann man nur über Neutralität.

2169. Wer viel weiß, ist klug, wer wenig weiß, ist dumm, wer sich aus allem raushält, ist mittelschlau.

2170. Frieden ist jederzeit möglich, wenn es alle wollen und direkt und kurzfristig Erfolg und Gleichheit spüren.

2171. Unheimlich ist das Aufeinandertreffen von Schwäche und Unsicherheit.

2172. Die Liebe kann ein Geschenk von überall her sein.

2173. Wenn Menschen sich nicht prüfen, dann prüft uns Gott.

2174. Eine Beziehung, die auf rein logischer Basis aufgebaut ist, geht nicht gut.

2175. Reichen einem die guten Zeiten einer Beziehung nicht, muss man sehr wohl überlegen, ob etwas und was für alle Betroffenen einen Fortschritt bedeuten könnte.

2176. Die Erfahrung und das Leben dürfen nicht fehlen.

2177. Die gesunde Logik muss bei der Entscheidung mit dazu beitragen.

2178. Gib nie auf und zeige deine Kraft, die dich nach vorne bringt und sich allen widersetzen kann.

2179. Außerhalb dieser irdischen Welt gibt es Kräfte, die einen zum Denken und auch ohne logische Konsequenz zum Handeln zwingen.

2180. Sind Vorkommnisse so einfach nicht zu erklären, bedarf es Hilfe von außen.

2181. Das dominierende Wollen spielt eine große Rolle beim reibungslosen Zusammenleben.

2182. Ausländer, die ihre Heimat vermissen und sich momentan nicht wohlfühlen, können unabhängig der Nationalität ungewollt leichter zum Terrorismus rekrutiert werden.

2183. Fühlen sich Einheimische mit der neu dazugekommenen Gesellschaft aus dem Ausland hier und umgekehrt wohl, ist das gemeinsame Leben ein positiver Schritt für alle.

2184. Nimm mich, wie ich bin, und ändere mich nicht, wie ich deiner Meinung nach sein sollte.

2185. Wenn Eltern ihren Kindern alles erlauben, was sie wollen, verblassen die Einschränkungen und ihre Ziele.

2186. Eine sehr intensive Kontaktaufnahme oder Begeisterung zu Stars kann bei sehr jungen Menschen Schäden hervorrufen, muss aber nicht.

2187. Freunde zu verlieren, kann im Leben zu größten Misserfolgen führen.

2188. Liebe besteht nur aus einem Bruchteil aller Selbstverständlichkeiten.

2189. Das Ende bestimmst nicht du, sondern die Ewigkeit.

2190. Die Liebe und ihre Wahrheit prägen uns wahrscheinlich als einen von mehreren Planeten.

2191. Während sich der Himmel öffnet, ergeben sich meine Träume, den Wunsch zur Wachsam- und Einigkeit.

2192. Menschen, die sich über Geschenke freuen können, sind dankbar und erfreuen somit auch den anderen.

2193. Jede Art von Beziehung muss, damit sie konstant gut bleibt, gepflegt werden.

2194. Eine Person mit zwei gleichwertigen Staatsangehörigkeiten gibt es nicht, das heißt, eine Staatsbürgerschaft pro Person genügt.

2195. Versuche, Menschen egal welchen Alters als gleichwertig anzusehen, gehe notfalls einen Schritt zurück.

2196. Die Gehälter von Super-Sportlern, Musikern, Schauspielern und Industriebossen sind viel zu hoch und anderen gegenüber ungerecht, sowie auch die Einnahmen aus Energiemonopolen.

2197. Wenn alle in der Welt ihr Geld nur sparen würden, hätten wir die Katastrophe perfekt.

2198. Wenn Eltern ihren Humor verlieren, geht ein Stück positiven Denkens verloren.

2199. In manchen Ländern gibt es immer noch Geschworene, die nach Abschluss der Gerichtstage und Verhandlungen über die Schuld oder Unschuld des Angeklagten abstimmen, darf ohne ein Richterurteil.

2200. Wird mehr in Rüstung investiert, gehen Gelder für andere wichtige Dinge verloren.

2201. Schön, wenn man von anderen gesagt bekommt, wie gut man ist.

2202. Ehrenamt tut gut und macht gut.

2203. Als gut geht hervor, der alles sagt und es für sich als gut verwandelt.

2204. Die Dunkelheit geht zum hellen Schein und wer weiß, was sonst noch kommt.

2205. Immer neu zu bedenken und zu glauben, bringt einen dem Wahnsinn nah.

2206. Ein eigener fest verankerter Fundus, auf dem man aufbaut, muss sich erarbeitet sein.

2207. Was unterscheidet, ist nicht das Wissen und die Intelligenz, sondern der Glaube und die Einstellung.

2208. Die Liebe zeigt jeder Mensch anders.

2209. Kinderträume verwirklichen sich im Weg zum Alter nur begrenzt und wechselhaft.

2210. Eine Bestrafung sorgt nie für Gerechtigkeit und Ausgleich, sondern muss zur Vernunft führen, die verloren gegangen ist.

2211. Eltern sind ein Beispiel, wie man leben kann, sind aber nicht Hauptvorbilder, nach denen man sich richten muss.

2212. Die Politiker müssten sich überlegen, was es heißt, Geld im Überfluss zu haben, und welche Maßnahmen sich daraus als die gerechtesten ergeben.

2213. Macht es Sinn, Grenzen zwischen Ländern kostspielig meterhoch zu bauen, anstatt sich Lösungen zu überlegen, die mehr Sinn machen, was Kosten und Menschenfreundlichkeit angeht?

2214. Die Möglichkeit, etwas zusammen zu machen, ist die Lösung, dazu wenigstens eine die Ziellinie zu sehen.

2215. Ein Leben ohne Gewürze kann nicht gut sein und schmeckt auch nicht.

2216. Schütze dich vor Fehlleistungen und Präparaten, die nicht wirken und vielleicht sogar schaden.

2217. Religiöse Feiertage sind zu achten und im Innenleben eines jeden, wenn gewünscht, zu schützen.

2218. An dem Tag, als ich wusste, was für mich der richtige Weg ist, gab ich ihn frei und lebe seither in Liebe mit dir.

2219. Wir siegen voller Zuversicht, weil alles so gut ist und auch bleibt.

2220. Wenn man Kindern sagt, es gibt Engel, die über einen wachen, verlieren sie ihre Angst schnell und sind zufrieden.

2221. Es gibt für uns alle und über jeden Einzelnen den Weg zum Glücklichsein.

2222. Es werden sich immer Menschengruppen bilden, die Lösungen finden und sich vom Rest absondern.

2223. Wenn Eltern ihre Kinder kritisieren, hat das nicht immer einen fassbaren Grund.

2224. Ich kenne kein Lebewesen, das nicht Luft, Licht, Wasser und Nahrungsmittel zum Leben braucht.

2225. Wichtig im Leben ist, dass man den Glauben an den anderen nicht verliert und die Liebe zu Gott zeigt.

2226. Der Weg zum Himmel wird nicht jedem gezeigt, zumindest nicht sofort und nicht beim ersten Mal.

2227. Für falsche und ungerechte Reaktionen wird man, wenn man Pech hat, direkt, unmittelbar oder nach Ablauf einer bestimmten Zeit bestraft.

2228. Der Einfluss des Partners hilft, Lösungen für Probleme zu finden.

2229. Die Welt weiß nicht immer genau, was gerecht und gut ist; sie kann verkehrt sein und manchmal täuschen.

2230. Wenn der Partner alles besser kann, ist das auch nicht des Rätsels Lösung.

2231. Es gibt Paare, die vorwiegend an das Gute glauben, ebenso Paare, die alles pessimistisch sehen, und nur ein Bruchteil sieht alles positiv, wobei ein Wandel oft gefragt und anzustreben ist.

2232. Habt Verständnis für alte Menschen, die im Alter ihren Status als Mittelpunkt der Gesellschaft verlieren.

2233. Kein Mensch ist konstant, verständnisvoll und gut, besonders, wenn im Alter die Qualitäten des Einzelnen nachlassen.

2234. Ab einem bestimmten Alter ist die Wahrscheinlichkeit hoch, dass man unzufrieden und frech wird.

2235. Man muss Prioritäten setzen und das Handeln auf Richtigkeit überprüfen und gegebenenfalls variieren oder verändern.

2236. Problembelasteten Menschen kann man nur selten schnell und direkt helfen.

2237. Lücken im System mit guten Voraussetzungen und Talenten für sich selbst muss man finden, um schnell und sicher viel Geld auch schon in der Jugend verdienen zu können, um sich auch sozial zu verhalten.

2238. Werden weltweit Länder und ihre Standards und Lebensqualität verglichen und öffentlich gemacht, darf man sich nicht über unnötige Zuströme bzw. Abwanderungen wundern.

2239. Das soziale Empfinden nimmt im Alter nicht ab, es sorgt leider manchmal nur für einen persönlichen Ausgleich.

2240. Werden Ungerechtigkeiten zum Alltag, fehlt jeglicher Bezug zum Ausgleich für alle.

2241. Es ist traurig, wenn man für andere Menschen kein Verständnis aufbringen kann.

2242. Gruppenbildung ohne gemeinsamen Inhalt ist gefährlich bis hin zur Unbrauchbarkeit.

2243. Wenn jeder für sich sprechen könnte, wüssten wir mehr und kämen einer Lösung nah.

2244. Menschen in Not verlieren leicht, nicht immer, den Glauben an das Gute in der Welt.

2245. Wer Angstträume hat, den bestraft das Leben.

2246. Wenn man glaubt, das Ei des Kolumbus gefunden zu haben, stellt man oft fest, dass die Krümmung der Erdoberfläche unregelmäßig schwankt und aus dem Gleichgewicht gerät.

2247. Die Religion darf nicht prägen, sondern muss das Gute weiterentwickeln.

2248. Wenn es nur zwei Parteien geben würde und man mit keiner von beiden fest verankert wäre, dann sollte man seine Meinung vortragen und nach eigenem Gewissen handeln und sich einordnen wollen und dürfen.

2249. Derjenige, der den Menschen als Ware ansieht, darf nie in höhere Positionen aufsteigen.

2250. Ohne Reiche, die mitfinanzieren, und Mittelschicht existiert keine Gesellschaft.

2251. Die größte Last im Steuersystem trifft und reguliert noch die arme Bevölkerung.

2252. Versuche, bis du dir eine sachkundige Meinung gebildet hast, neutral zu bleiben.

2253. Ich brauche meine tiefsten Empfindungen keinem Fremden anvertrauen.

2254. Das Wort „nie wieder“ gibt es nicht, und warum auch nicht nur manchmal?

2255. Menschen mit Fehlern integrieren sich nicht.

2256. Wie schlecht muss es einem gehen, wenn man nur Fehler um sich hat?

2257. Wenn Jugendliche glauben, sich zwischen Mutter und Vater entscheiden zu müssen, darf das nicht sein, denn es zerbricht die Hälfte des Daseins.

2258. Kritisiert man das soziale Verhalten des anderen, dann macht man sich lustig und führt Krieg.

2259. Man muss immer die Wirkung seines Handelns betrachten, bevor man die Art und Weise der Durchführung kritisiert.

2260. Die Geburt eines jeden wird weltweit dokumentiert und gefeiert. In abgelegenen armen Dörfern wird die Geburt erst spät beim Amt in Dokumenten festgehalten und dann das willkürliche Datum vom 01.01. oft festgesetzt.

2261. Die heutige Jugend bestimmt auch über das Alter.

2262. Die Güte eines Lebens bedeutet uns am Ende womöglich noch alles, an das wir denken wollen.

2263. Menschen, die sich für wichtig halten und bestimmen wollen, sollte man behutsam zur Seite schieben.

2264. Bis zum 18. Lebensjahr muss bzw. sollte der Staat die Ausbildung für die bedürftige Bevölkerung ohne Wenn und Aber bezahlen.

2265. Menschen mischen sich, und das ist gut.

2266. Jedes Land sollte seine Menschenrechte, die es für richtig hält, mal notieren und letztlich vereinheitlichen.

2267. Bei Einheitsgesetzen muss im Grunde die ganze Welt gefragt sein und mitspielen wollen.

2268. Lasst uns alle „nur langsam“ Soziales und Eigenes zur Einheit entwickeln, ohne Ausbeutung irgendeiner Art.

2269. Einheimische und Migranten müssen sozial eingestellt sein, Frieden wollen, Gerechtigkeit und Gleichheit prägen und bereit sein, sich gegenseitig zu tolerieren, unterstützen, lieben und verstehen zu wollen.

2270. Wer recht hat, muss teilen können, und man hat ja auch nicht immer recht.

2271. Wer sich für Außenstehende als nette und freundliche Person profiliert, kann natürlich auch sehr nett sein.

2272. Aussprachen, welcher Art auch immer, helfen beim Nachdenken für die Zukunft.

2273. Für gute Menschen bin ich immer da, wenn sie mich brauchen, egal was die Situation gerade hergibt, ich bin und sehne mich nach dir.

2274. Ohne an den Frieden in der Welt glauben zu können, spielt keiner eine bestimmte Rolle.

2275. Alle, die etwas machen, machen es anders und ergänzen, so gut es geht, das Ganze.

2276. Die meisten neuen Dinge, die man findet, sind im Ausland verborgen und warten auf dich.

2277. Ein Traum muss nicht unbedingt wahr werden, alleine schon der Gedanke reicht, wenn auch zeitlich begrenzt, zum glücklich sein.

2278. Keiner darf machen, was er nur will.

2279. Wer nur an sich denkt, weiß nicht, was und wie der andere denkt.

2280. Ohne Menschenkenntnis hält keine Ehe.

2281. Wer Glück hat, muss auch Glück weitergeben können.

2282. Die Zeit, sagen zu können: „Ja, ich will", kommt oft zu früh, aber auch manchmal viel zu spät.

2283. Wer glaubt, nicht sozial arbeiten oder leben zu können, wird von einem Fluch verfolgt.

2284. Die Welt tickt, hofft und denkt an den nächsten Tag für sich.

2285. Die Probleme, die man angeblich mit Unehrlichkeit lösen kann, verschwinden nicht auf Dauer.

2286. Manche Auseinandersetzungen löst man nicht in fünf Minuten.

2287. Ich wünsche unbegrenztes Glück und das von allen Seiten, mit Witz und Trubel auf dem Weg.

2288. Alles und immer richtig ist nicht möglich.

2289. Neider gibt es überall.

2290. Die Neutralität des Gegenübers kann einem manchmal schaden.

2291. In einer Beziehung versucht man, sich so zu verhalten, dass alle glücklich sind und sich auch brauchen.

2292. Wenden sich alle von einem ab, hilft nur Aussprache durch Spezialisten.

2293. Wer Probleme mit der Gesundheit hat, ist gut beraten, sich durch viele Meinungen hindurch zu fragen.

2294. Mit Geld kann man nur bezahlen, für Ausgleich sorgen jedoch nicht.

2295. Geld hat kein Gefühl, trotzdem verursachen Geldgeschenke oft viel.

2296. Lügen sollte man nicht, Notlügen eingeschlossen.

2297. Zeige deinen Kindern, wie groß die Welt ist und wie toll.

2298. Werden Übersetzungen der Grund für Verurteilungen, oder heilige Schriften falsch oder missverständlich wiedergegeben, kann es unter Umständen zu Hass, Krieg oder unüberbrückbaren Differenzen kommen.

2299. Auch wenn wir in Angst den nächsten Tag erwarten, ich bekenne mich zu dem, was ich will und was ich mache.

2300. Wenn du nicht merkst, welche positiven Seiten du hast, wird aus deinem Leben nur Durchschnitt.

2301. Aus Lernen besteht nicht das halbe Leben, sondern im Weiterkommen, im positiven Sinne.

2302. Manchmal ist die Liebe so groß, dass man nicht mehr weiß, wie man was zu sagen hat.

2303. Wer sich nur noch ungesund ernährt, darf sich nicht wundern, wenn der Körper Mangelerscheinungen zeigt.

2304. Die Liebe, die ich kenne, hält weit mehr als nur bis morgen, sie sitzt so tief, dass man ohne sie nicht mehr leben kann.

2305. Das Blut wird vom Herzen im Körper nach Maßgabe des Gehirns gepumpt.

2306. Vor dem Tod beschäftigt man sich besonders um das Gute in seinem langen Leben und mit dessen Resultaten.

2307. Wenn man alle glücklich machen will, funktioniert das schon, nur wahrscheinlich zeitversetzt.

2308. Wenn man gut zu anderen ist, finden das auch andere gut.

2309. Wenn ich glaube, alles richtig zu machen, tanze ich und freue mich über alles, was über mich gesagt wird.

2310. In der Not findet man auch Anklang am Ausüben seiner Fehler.

2311. Wer viel testet, dem vergibt die Welt, nur in Anfängen, aber nicht beim Rest.

2312. Wer sich vom Partner trennt oder sich von einer Beziehung löst, muss sich vorsichtshalber und Fairness halber für eine neue Partnerschaft viel Zeit nehmen.

2313. Da die ankommenden Asylsuchenden in ihrer Anzahl sehr schwanken, ergeben sich Probleme bei der Unterbringung und Versorgung, wenn man nicht legal nach Liste gezielt einreisen kann.

2314. Gibt es zu viel oder zu wenig Wasser, zu viel Sonne oder Kälte, Temperaturschwankungen oder Winde und Meeresströme oder wird die bewohnbare Fläche auf der Erde geringer oder wird die Erdkruste von Erdbeben sogar zerstört, dann ist es auch fast schon zu spät.

2315. Tötet man Eltern, dann tötet man auch ihre Kinder.

2316. Niemand löst sich von der Qual, Verbrechen geduldet oder sogar begangen zu haben.

2317. Man muss seine schlechte Laune ausleben dürfen, sonst reagiert der Körper negativ.

2318. Im Grunde kommt es dann doch immer auf das Ende an.

2319. Stacheldraht und hohe Mauern sind für kluge Köpfe nichts und verbinden in kleinster Weise.

2320. Liebe ist, wenn sich beide gleichzeitig freuen und zufrieden sind.

2321. Wer aus der Kirche austritt, glaubt trotzdem immer noch an das Gute in der Welt.

2322. **Wenn sich jeder Mühe gibt und sich entsprechend austauscht, wird eine glückliche Zukunft uns den Weg zeigen**.

2323. Selbst hoch dotierte Manager brauchen zur Ausübung ihres Jobs nicht unbedingt ein abgeschlossenes Hochschulstudium, aber Allgemeinbildung, was die Geschichte zeigt.

2324. Ankommende Hilfesuchende in fremden Ländern sollten ein extra Begrüßungsgeld oder eine Begrüßungsleistung erhalten.

2325. Herrscht in der Welt Krieg, wird alles teurer, auch noch lange nach Kriegsende.

2326. Aufgeben sorgt für Unzufriedenheit und Verlust des eigenen Ichs für die Zukunft und auf Dauer.

2327. Respekt muss man, ob man will oder nicht, für jeden und alle haben.

2328. Man verliert sich in Gedanken zu dir und denkt sich das Ende anders aus als ursprünglich gewünscht.

2329. Eine Liebe ist für immer.

2330. Der gesunde Menschenverstand, der mich überzeugt, sagt mir mehr als irgendwelche Titel von einer Uni.

2331. Hat man Verpflichtungen seinen Eltern gegenüber, muss man sie auch erfüllen.

2332. Den Fragen der Gläubigen muss sich die Kirche annehmen und für Lösungen sorgen.

2333. Auch Ehrenämter helfen, Menschen zusammenzuführen.

2334. Wer mein Leben zerstört, hat nun kein Anrecht auf meine Hilfsbereitschaft.

2335. Um Gerechtigkeit beurteilen zu können, muss man Verhältnisse durchlaufen, die oft nicht schön sind.

2336. Anonym bleiben und spenden ist nicht jedem gegeben.

2337. Die Welt verhält sich nicht immer fair und setzt zum Teil Maßstäbe von Ultimo voraus.

2338. Gehen Beziehungen nach Jahren ins Aus, „verträgt" man den guten Willen des anderen nicht mehr.

2339. Versuche zu helfen, wo immer du kannst.

2340. Zu Gedenktagen der Kirchen sollte es ruhig und besinnlich zugehen, anstatt voller Stress und Hektik.

2341. Wenn ich wüsste, wohin dich dein Weg führt, wüsste auch ich auf Anhieb, was ich zu tun hätte, um zu dir zu kommen.

2342. Die Ausübung von allen Religionen in jedem Stadtkreis ist sehr kostenintensiv.

2343. Wer nur glaubt, denkt oft falsch.

2344. Die Kirche reformiert sich und versucht, mit der Zeit zu gehen.

2345. Eltern sind stolz und profilieren sich mit ihren Kindern.

2346. Wenn wir nichts mehr vom Krieg wissen wollen, warum machen wir nicht einfach Schluss mit dem Wahnsinn?

2347. Das Ziel, kein Krieg, ist da.

2348. Stelle nie deine Liebe zu deiner Beziehung infrage, denn den angeblichen Verlust deiner Gefühle kriegst du nie so geradegebogen, wie er mal war und sein muss.

2349. Wenn sich jeder für wichtig hält und andere als unbedacht bezeichnet, werden wir nie gemeinsame Ziele als gleich verfolgen können.

2350. Weiß ich, ob ich nicht in irgendeiner Weise auch schon mal Vorfahren in der Familie hatte, und denen ich für ihre eigene lebensbejahende Gleichheit und Lebensphilosophie, dankbar dafür sein kann?

2351. Liebe zwischen den Menschen kann unsagbar groß sein, dass selbst Krisen im hohen Alter nichts Gegenteiliges verursachen können.

2352. Alte Menschen dürfen nicht glauben, dass sie nur aus dem Grund so alt und gesund geblieben sind, weil sie im Leben immer gut waren, sondern eher, weil zum Beispiel der Bedarf und die Notwendigkeit und die Zuwendung aus Glaubensgründen sich wahrscheinlich als sinnvoll erwiesen haben.

2353. Wer glaubt, immer die Wahrheit sagen zu müssen, ist unreif und dumm.

2354. Ohne Hilfe Dritter erreicht man gar nichts.

2355. Optimal ist, wenn Landwirtschaft und Natur sowie Absatz und Verbrauch in Einklang zu bringen sind zur Unterstützung weltwirtschaftlichen Handelns.

2356. Wer nur aufgrund seines Alters auf Mitgefühl plädiert, darf nichts erwarten.

2357. Weißt du, wann deine Zeit kommen könnte, oder ist sie schon da? Sei gespannt und genieße den Moment, ohne die Sicht nach vorne zu verlieren.

2358. Die besten Optimisten sind oft Kinder.

2359. Ein Engel, der zu dir passt, und eine Sonne, die nicht untergeht, sind manchmal so wie wir im Himmel und überall.

2360. Die Erinnerung kann mehr als nur eine vergangene Episode sein, wenn Liebe und Zuneigung unbeschreiblich waren und uns emotional auch heute noch berühren wie gestern.

2361. Es gibt kein Lebewesen, das schon alleine durch seine äußere Erscheinung dumm wirkt.

2362. Der Trost, es wird so einen Menschen noch mal geben, vergeht schon nach kurzer Zeit mit dem Gedanken der Einmaligkeit zur Besonnenheit und mit dem Ziel, für immer da gewesen zu sein, zu leben.

2363. Nicht jeder Mensch ist dankbar dafür, wie es ihm heute geht.

2364. Jeder Mensch setzt sich Grenzen, um glücklich zu sein.

2365. Wer nur so viel Geld hat, dass er nichts spenden kann, dem fehlt was.

2366. Wir wissen zwar nicht genau, was wir wollen, aber das Ziel, das wir unterbewusst anstreben, ist gut und hält uns zusammen, egal wie groß die Gegenwehr auch ist.

2367. Bei Paaren sollten beide mal in erster Reihe stehen und das Sagen haben, egal um welches Thema es sich handelt.

2368. Die Ausrichtung und Orientierung der Staaten in der Welt müssen zu finden sein.

2369. Die Länder öffnen sich mit Gemeinsamkeiten zu einem Ganzen.

2370. Ein zu hoher Konsum verursacht Umweltschäden ohne Grenzen.

2371. Die reichsten Menschen sind durch ihre berufliche Tätigkeit, den Handel und deren oft reinen Weiterverkäufe, ohne das Produkt selber weiterverarbeitet zu haben, zu höchstmöglichem Wohlstand gekommen.

2372. Perfekt sein ist die Fähigkeit, Dinge auch mal auf sich zukommen zu lassen.

2373. Das Glück mit Tiefen und Höhen mit uns und mir, und überall, gilt der Zufall als Geschenk.

2374. Sport kann Kulturen und Völker verbinden.

2375. Zehn Jahre, sagt man, muss man an der Börse, bei ungefähr konstantem Bestand, Ausdauer zeigen, bevor man Gewinn macht.

2376. Über Lügen verliert man das Vertrauen, das nur schwer wieder aufzubauen ist.

2377. Ein Weg zur gemeinsamen Zukunft ist immer gegeben.

2378. Wenn man glaubt, dass die Zukunft durch Einflussnahme von Dritten mehr Probleme macht, als es sonst gibt, sollte man die Dinge auf sich zukommen lassen.

2379. Wer zu viel arbeitet, wird krank.

2380. Die Welt formiert sich neu.

2381. Wenn ich alle nicht mag, dann mag ich mich auch nicht.

2382. Der Beginn einer Volkswanderung hat erst mal nichts zu sagen.

2383. Man kann, wenn nötig, alles revidieren und richtigstellen.

2384. Ein normaler Mensch darf nicht zu viel und auch nicht viel zu viel verdienen.

2385. Bin ich ganz alleine und trotze der Zeit, die mich zu dir führt?

2386. Wenn die Welt sich ergänzt und die Zukunft zu mir sagt: Liebt euch und werdet eins, sind wir schon angekommen und zufrieden, so wie es ist.

2387. Wo Tote sich sammeln und wieder gewonnen werden können, sagt dir niemand.

2388. Beim Tod des besten Freundes oder Familienangehörigen hat man außer einem Warum, nur noch Stille und Schweigen übrig.

2389. Ergänzen oder vereinen sich Länder, sind sie eines von vielen der Welt, die den Frieden zeigen und Stück für Stück jedem sein gewaltfreies Leben führen lässt.

2390. Das Kriterium für die Wahl des Heimatlandes ist die Staatsform, in der man leben will.

2391. Überlege dir genau jeden Schritt, der Weg zurück ist länger und nicht immer gut.

2392. Kriege kosten davor, während und danach viel unsinniges Geld.

2393. Benötigt ein Staat grundlegende Renovierungsmaßnahmen im Land, ist Krieg der falsche Weg, auch wenn umfangreiche Hilfen von außerhalb nach Beendigung des Krieges angeboten und in Aussicht gestellt werden.

2394. Oft weiß man gar nicht, was man da tut, und macht kräftig mit und weiß erst zum Schluss, wo der Fehler war.

2395. Lügner holt man immer ein.

2396. Wer sich nicht prüft, verliert.

2397. Ein Mann darf auch ruhig weibliche Züge haben, um attraktiv zu wirken.

2398. Hass und Intoleranz zwischen den Religionen können die Gesellschaft prägen.

2399. In einem totalitären, reinen muslimischen Staat wollen nicht viele sich ihre Heimat nennen.

2400. Was ich sage, denke und mache, das sind meine Ziele, für das, was man mich tun lässt, für immer.

2401. Wenn ich träume und aufwache, sehe ich alle gleich und die Möglichkeit, sich noch mehr zu verbessern, um zu erleben, ohne und mit dir.

2402. Manche kritisieren auch die Staatsform in ihrer Heimat.

2403. Es gibt keinen Himmel auf der Erde.

2404. Unsere Erde ist zum Teil schon unser Paradies.

2405. Die Welt wird immer ohne Ecken sein, mit hell und dunkel und kalt und warm.

2406. Gerecht ist, wenn alle ihre Lebensunterhaltskosten zahlen können, mit einem zusätzlichen Luxusgeld.

2407. Was mit Monopolen zu tun hat, ist kein Ziel irgendwelcher als gerecht empfundener Gruppierungen.

2408. Der christliche Glaube an sich, sowie alle anderen Glauben, sorgen für eine Einstellung zum Guten.

2409. Die Wahl für ein florierendes Gesundheitswesen, das im Ernstfall auch hilft, wird von Arm und Reich gleichermaßen gerne in Anspruch genommen.

2410. Ein Staat, der nicht in der Lage ist, für eine Versorgung mit Grundnahrungsmitteln zu sorgen, wird nie von jemandem als Alternative ernst genommen, es sei denn, man macht sich Gedanken über dessen Missstände.

2411. Länder, die sich für ihre arme Bevölkerung als sozial erweisen und kein Steuerparadies für Reiche sind, bekommen viel Zuspruch.

2412. Die Wahl der gewünschten Regierungsform wird nach Vergleichen und Diskussionen der einzelnen Länder und Regionen mit bedacht.

2413. Man kann weltweit mit internationalen Schulen ab einem bestimmten Alter für alle zufrieden sein.

2414. Die Rente eines Bundestagsabgeordneten ist unverhältnismäßig hoch.

2415. Eine Benutzungsgebühr für Autobahnen, weltweit, gibt Sinn.

2416. Lkws gehören von der Autobahn weg, auf die Schiene.

2417. Ein Haushalt und ein Auto können unter Umständen passen oder auch nicht.

2418. Die Frage nach dem Sinn von Börsen und für das Wohl der Allgemeinheit ist berechtigt.

2419. Die Welt, mit allen Ländern, wird in Sektionen aufgeteilt, bei der manche Länder viele Aufgabenbereiche zu bewältigen haben und andere nur wenige.

2420. Gibt es Arbeitslose, gibt es keine Schichtarbeit.

2421. Es gibt neuzugründende Länder, bei denen soziale Berufszweige höher honoriert werden, wie z.B. Tätigkeiten in den Verwaltungsarbeiten, was gut und gerecht zu bewerten ist.

2422. Eine Rente wird, egal zu welchem Heimatland man sich entschieden hat, von allen getragen und sollte gleich bzw. am unteren Limit der Gehaltsstufe angesiedelt sein.

2423. Vorteile für Rentner oder Erwerbslose gibt es immer.

2424. Wir erhalten unser Geld für unterschiedliche Tätigkeiten für einen Job, den wir, so soll es sein, auch wechseln dürfen.

2425. Es muss ein Durchschnittsgehalt pro Kopf als Maß gelten, damit für eine gerechte Verteilung und Ausrichtung der Löhne gesorgt werden kann.

2426. Ein Staat, der sich erst jetzt selbst gegründet hat, mit auch vielen Chancen für die Zukunft.

2427. Ein Industriestaat verträgt sich nicht auf Anhieb mit der Bevölkerung eines landwirtschaftlich betriebenen Staates durch ihre unterschiedlichen Lebensformen.

2428. Ein Staat, der sowohl rechts als auch links durch seine mitregierenden Parteien orientiert ist, bringt Unruhe und wird sich nicht lange halten können.

2429. Eine Gleichberechtigung für Mann und Frau wird am besten im Moment in europäischen Ländern verwirklicht, muss und wird aber dringendst weltweit durchzusetzen sein.

2430. Jeder neu gegründete Staat muss als Erstes für die Tilgung von Hunger und Durst, Gesundheit und natürlich auch zur gegebenen Zeit für die Infrastruktur sorgen, und zwar aus einem gemeinschaftlich gegründeten Etat der Welt.

2431. Eine Weltorganisation ist keine Verwaltung und auch kein Wirtschaftsbetrieb.

2432. Das, was andere denken, kann dich beeinflussen, muss aber nicht.

2433. Für jeden Menschen gibt es einen Punkt, ab dem man Unsinniges tut und andere ärgert.

2434. Wie kann ein Mensch selber asozial sein und es anderen zum Vorwurf machen?

2435. Menschen in Gettos können und sind oft unzufrieden.

2436. Im Alter nimmt man nicht alles so ernst und geht ruhiger und gelassen auf Menschen zu.

2437. Wer seine Geburtstage nur mit seiner Familie feiert, verliert Freunde.

2438. Ist man mal nicht ganz so clever, darf man trotzdem nicht ausgelacht werden.

2439. Bei Freunden, die man gut kennt, braucht man sich nicht, bis gar nicht rechtfertigen.

2440. Keiner ist gezwungen, sein Land nach dem Land seiner Geburt oder nach dem Herkunftsland der Eltern oder dem momentanen Wohnsitzland als sein Wunsch- und Heimatland zu fixieren.

2441. Eine reibungslose Migration bedarf keiner Ausweiskontrolle oder Ausweispflicht.

2442. Die Grenzen befürworten laut Zeitplan eine entsprechende Anzahl von Migranten zur Einreise.

2443. Genieße das Leben von dir und von deiner Umwelt und lerne dadurch, ein ausgeglichenes Leben führen zu dürfen.

2444. Nichts ist wirklich nur für mich, und das weißt du auch, und sagst mir: „Warte nicht, sondern nutze die Gelegenheit, solange du da bist als ein Geschenk von allen und dem Rest der Welt."

2445. Wer immer glaubt, das Beste und Neuste haben zu müssen, ist neidisch und eifersüchtig auf alles und jeden und braucht es immer wieder.

2446. Ich glaube und weiß natürlich auch nicht, ob irgendjemand zu mir vom Himmel herunterblickt, was sagt und an mich denkt.

2447. Nur der, der es besser weiß und besser ist, darf Kritik üben.

2448. Gemeinen Menschen merkt man ihre Dummheit nicht direkt an.

2449. Wer viel zu früh stirbt, ist ein Opfer seiner selbst.

2450. In einem Land, in dem Frauen verschleiert rumlaufen, muss auch die Quote der Vergewaltiger gleichermaßen steigen.

2451. Partner müssen, egal ob mit oder ohne kirchlich geschlossene Ehe, füreinander in einer Krise da sein.

2452. Die Verhaltensweisen mit entsprechendem Umgang sorgen für verhältnismäßigen Dialog miteinander.

2453. Prüfen, Besserwissen, Korrigieren und dreimal schlau sein, sind keine Verhaltensweisen, die von der Mehrzahl der Bevölkerung gewünscht werden.

2454. Auch der gute Mensch muss zuerst an sich denken.

2455. Wer alles weiß, hat Probleme, sich den anderen anpassen zu können.

2456. Das Happy End kommt, wir müssen nur aufpassen und sehen, dass es auch so kommt, wie wir es gerne hätten.

2457. Suche einen Freund in mir, und du siehst die Einigkeit für sich.

2458. Man darf nie einen Sachverhalt unberücksichtigt lassen und mit allem und der Welt unzufrieden sein.

2459. Man könnte glauben, die Welt geht unter, aber sie verändert sich nur.

2460. Wer zum Falschen tendiert, kann alle Herausforderungen nicht klären.

2461. Die Wahrheit muss der Leitfaden sein, an dem du dich festhältst und nach dem du dich richtest.

2462. Lasst bitte nicht zu, dass es in der Welt und auch im Land bettelarme und stinkreiche Menschen gibt.

2463. Keine Macht der Erde kann Liebende trennen.

2464. Die Realität sieht so aus, dass jeder einzig und alleine selbst für sich, für kurz- oder langfristige Entscheidungen, verantwortlich ist.

2465. Eltern dürfen nie maßgeblich dafür verantwortlich gemacht werden, wie ihre Kinder denken oder sich in schwierigen Situationen entscheiden.

2466. Niemand kann Hilfeleistungen fordern oder erzwingen.

2467. Wer auf Druck und Strenge verzichtet, kann auf Ruhe und gegenseitiges Verständnis setzen.

2468. Fürs Lachen muss man nichts bezahlen, es kann aber extrem gut zum Gesundsein führen.

2469. In der Gemeinschaft kann man viel erreichen, als Einzelner jedoch auch.

2470. Genieße den Tag, so wie er kommt, und denke nicht immer über die Wurzeln des Lebens nach.

2471. Königshäuser können für ihren persönlichen Bedarf ein Vielfaches, ohne jegliche Verhältnismäßigkeit und ohne Rechenschaft, ausgeben.

2472. Menschen, die ihren Beruf mit einem teuren Kleid oder Anzug ausüben, werden vom Staat unnötigerweise steuerlich unterstützt und bevorteilt.

2473. Ich liebe Menschen, aber auch Menschen, die ganz bewusst auf unnahbar Krisen geschüttelt machen.

2474. Dass Energie und der Schutz der Atmosphäre mal so teuer werden würden, hat niemand gedacht.

2475. Menschen, die auf desinteressiert machen, sind oft arrogant und eigensinnig.

2476. Wer sich bedankt, hat mehr Chancen auf Glück.

2477. Wer sich seiner Liebe bewahrt, ist immer besser dran als jemand, der sich nach wechselnder Himmelsrichtung bewegt.

2478. Gibt es Chefsessel und gilt das immer so?

2479. Jemand, der nicht stark belastbar ist, darf nicht auf dem Nebengleis warten und auf Mitnahme hoffen.

2480. Auch wenn die nationale Rechtsprechung unterschiedlich zu anderen gedeutet werden kann, ist sicherlich auch das persönliche Empfinden maßgeblich für Tun und Handeln.

2481. Da Mensch zu Mensch und die Gleichheit zu allen eine Möglichkeit zum Handeln erlaubt, gelten untereinander auch geschlossene Abmachungen, schriftlich oder mündlich, als fest vereinbart.

2482. Psychisch belastete Menschen behaupten viel, können aber auch nichts in Phasen der Krankheit bewirken.

2483. Unterschiedliche Meinungen können auf Dauer fest eingefahrenen Stress verursachen.

2484. Wenn sich zwei Egoisten treffen, kommt ein Dritter nicht zu Wort und korrigiert ins Leere.

2485. Verkehrt man die Meinung des anderen, kommt das Resultat, wenn überhaupt, nur schleppend an.

2486. Wer glaubt, untreu sein zu müssen, geht einen Schritt in die verkehrte Richtung und glaubt auch an den Osterhasen.

2487. Das Recht ist erst mal bei allen.

2488. Ein guter Freund gibt auch mal zu, Fehler gemacht zu haben.

2489. Beim Bezug einer Rente beginnen noch mal schwierige Einschränkungen und kritische Phasen.

2490. Treffen sich Freunde, so sollten sie mit einem positiven Gefühl wieder auseinandergehen, ohne Einschränkungen und Maßregelungen irgendwelcher Art.

2491. Wenn Freunde ehrlich sind und ihre Meinung sagen, ist alles in Ordnung.

2492. Sind Menschen gut zu mir, freue ich mich auf ein und das nächste Wiedersehen.

2493. Jedes positive Verhalten mir gegenüber sorgt für Einvernehmen und Einheit.

2494. Meine Liebe zu dir ist wie ein Bruch oder Schlag, der nie vergeht und mich für immer prägt, mit meinen Zielen für die Zukunft und meiner Zufriedenheit.

2495. Wenn die Menschheit den Kontakt untereinander verliert, verliert sie nicht auch das gemeinsame Gute.

2496. Unsere Eltern waren stolz auf uns und haben nicht vergessen, ihre eigenen Werte für uns herauszustellen.

2497. Ein Paar zwischen Himmel und Erde existiert, solange die Bindung und die Liebe bleiben und man sich für die Zukunft gut gewappnet sieht.

2498. Zum Sex ist keine Bindung notwendig. Es kann nur verwerflich sein, wenn sich so etwas wie Einheit oder Sucht zwischen reinen Sexpartnern entwickelt.

2499. Eine gleichwertige Freundin neben der Ehefrau wird nicht akzeptiert.

2500. Man kann als Mann nicht zwei Frauen haben und als Frau zwei Männer, dank automatisch vielfältiger entstehender Konflikte, beide gleichzeitig stark lieben zu wollen.

2501. Die Menschheit vertritt ihr Handicap durch verursachtes Gleichgewicht in jedem Zustand und jeder Lage.

2502. Wenn man jedem recht geben will, muss man einen künstlichen Gegenstrom erzeugen.

2503. Beziehungen entstehen, wenn man sich für den anderen interessiert und dabei glücklich ist.

2504. Die Moral empfindet jeder anders und wechselt auch noch im Alter.

2505. Müssen Kinder sich um ihre alten vergreisten Eltern kümmern, wenn sie zuvor nur an sich gedacht haben?

2506. Alte Menschen wollen sich die Gunst der Kinder einverleiben und erzählen zum Teil Schauergeschichten mit sich selber als Hauptperson.

2507. Können oder dürfen Energieversorger mit ihren kontinuierlich steigenden Preisen überhaupt privatisiert werden?

2508. Wird weniger produziert, wird auch der CO2-Gehalt in der Luft weniger.

2509. Bei Kälte braucht das Herz besonders viel Wärme durch Bekleidung und Nahrung, welche das Herz dann leichter schlagen lässt.

2510. Sorgen sich arme Menschen um ihre Existenz, ist es den anderen Menschen egal oder sie machen sich keine Gedanken darum, da und obwohl sie genug haben, für andere einstehen und andere ertragen können müssten.

2511. Fehler gehören zur Menschheit und ahnden sich selbst, und nicht durch dich.

2512. Promovierte Menschen und Professoren sind nicht besser als andere Menschen aufgrund der Ausbildung, wenn sie nicht auch Verantwortung zum Gelingen weltweit tragen.

2513. Wenn man heiratet, hat man das Gefühl, im siebten Himmel zu schweben.

2514. Der Himmel sprach zu uns, drehte ab und ging, um wiederzukommen.

2515. Hätten wir ein ausgeglichenes Verhältnis von Mann zu Frau auf der Welt, hätten wir auch nicht unbedingt eine zufriedenere Bevölkerung.

2516. Menschen, bei denen sich der Haushalt automatisch abspielt, sind wilde Tiere.

2517. Wechselbäder erhöhen die gesunde Widerstandsfähigkeit und sind gesund.

2518. Wenn man glaubt, etwas Gutes getan zu haben, darf man sich ruhig etwas Außergewöhnliches gönnen.

2519. Haben Eltern immer Angst um ihre Kinder, schweben beide in der Gefahr einer entstehenden unnötigen Psychose.

2520. Eine Grenze dient erst mal als Orientierung und nicht als Fixpunkt für Jahre oder Jahrhunderte.

2521. Wer sich doppelt prüft, kann sich sicher sein, sich richtig entschieden zu haben.

2522. Unruhen oder Terror können theoretisch in jeder Staatsform oder jedem System aufkommen.

2523. Die Presse bauscht auf, erhebt falsche Behauptungen und spekuliert, indem sie im Anschluss über den von ihr in die Welt gesetzten Werdegang als Spekulant auftritt.

2524. Zu einem Krieg darf es nie kommen.

2525. Ein Frieden ist wichtiger für alle.

2526. Angriff ist das letzte Mittel, das auf Bosheit beruht und keine Lösung und keinen Vorteil verspricht.

2527. Trennt man nicht Beruf und Privatleben, gibt es oft Ärger, denn es sind zweierlei Dinge.

2528. Wer als Rassist bezeichnet wird, hat seine Gesinnung zu klären.

2529. Mein Hund steht da, irgendwo, und kann für sich sorgen, mehr als Worte von mir, und ich liebe ihn deswegen und bin froh, bei ihm zu sein.

2530. Ein Mensch mit viel Menschenkenntnis ist zwischen 30 und 70 Jahre alt.

2531. Wenn man in der Welt viel Hilfe leistet, sorgt das für Frieden in der ganzen Welt.

2532. Freunde, von denen einige ganz viele haben, sind oft nur Seelentröster dritter Klasse.

2533. Wenn ich heirate, nable ich mich natürlich auch von meinen Eltern ab.

2534. Wenn man Wut und Frust in sich beherbergen kann, ist ein Angriff vom Gegner ausgeschlossen.

2535. Nicht das Irren kommt vor dem Fall.

2536. Wenn meine Stimmung auf Distanz bzw. Abschalten steht, kann und möchte ich überhaupt nicht über irgendwelche Angebote nachdenken.

2537. Eine Bienenkönigin hat mehrere Völker unter sich.

2538. Wer außer uns kann die Welt schon sein?

2539. Vorsätze, die im Moment nicht zu erfüllen sind, gelingen die folgenden Male dafür umso mehr.

2540. Jeder möchte mal zwischendurch die Nummer Eins sein.

2541. Die Begeisterungsfähigkeit vieler Sportler ist zur Nachahmung empfohlen, ebenso kann man sich beim Ansehen auch freuen.

2542. Alte Menschen verstellen sich und wollen uns oft etwas vorleben, was sie nie verkörpert haben.

2543. Zu allem, was man sagt oder vertritt, muss man irgendwann Rechenschaft übernehmen können.

2544. Im Alter denkt man oft diplomatisch und direkt, ohne Schuldgefühle, ohne den anderen so zu akzeptieren und zu sehen, wie sie sind.

2545. Liebe ist Freude pur.

2546. Schmerzmittel dürfen nichts kosten, müssen aber und können auch vom Arzt direkt an den Patienten weitergegeben werden.

2547. Kein Arzt kennt alle Krankheiten, Medikamente oder Therapien, so sind Weiterleitungen zum Spezialisten notwendig.

2548. Verzicht üben zugunsten des Partners oder anderer macht Freude.

2549. Wer sich nicht abnabelt, wird unglücklich und unzufrieden.

2550. Kinder, die zu sehr in die Beziehung der Eltern eingebunden sind, haben später Schwierigkeiten, selbst ein Paar mit Gleichwertigkeit und Akzeptanz zu bilden.

2551. Das Alter bindet die Menschen mehr, als sie auseinandergehen.

2552. Es gibt Menschen, die existieren nicht, wenn sie nicht geprüft werden.

2553. Wenn einen ein wichtiger Mensch enttäuscht, muss man den Kontakt auf null zurückschrauben, um einen neuen Weg und Anfang zu finden.

2554. Wer sein Land vergrößern will, darf es nicht in Form von Krieg probieren.

2555. Bei nachtragenden Menschen muss man sich häufig und oft vergewissern, dass man einen gemachten Fehler bereut und es einem Leid tut, bevor eingelenkt werden kann.

2556. Der Himmel umfasst keinerlei Grenzen, die ihn umrahmen oder sehen lassen.

2557. Wenn die Nachrichten in Medien, Funk und Presse der Wahrheit entsprechen würden und sie möglichst neutral informierten, wählten wir die richtige Partei.

2558. Leider ist nicht jedes Problem ohne Kompromiss lösbar, oder Gott sei Dank doch.

2559. Von Prominenten hört man öfter mal was von einem Rosenkrieg als von den Normalbürgern.

2560. Jeder zehnte Mensch hungert, könnte jedoch bei geringen entsprechenden Zulagen gerettet werden.

2561. Man muss sich seinen Herausforderungen täglich stellen, bzw. immer dann, wenn gefordert.

2562. Der reichste Mensch der Welt beeinflusst durch zum Teil provozierendes Verhalten ganze Nationen, die Börsen, die Wirtschaft und Konkurrenten.

2563. Gerecht wäre eine Steuer für bestimmte Medikamente, nach Liste und Bedarfsträger, unterschiedlich teuer für Reich und Arm.

2564. Der Weg geht nicht dahin, dass der, der am meisten weiß, auch das höchste Ansehen erhält.

2565. Bildungslücken schaden nicht, sie tragen zur allgemeinen Belustigung bei.

2566. Es gibt Menschen, die leiten das Gespräch immer in die Richtung, bei der sie sich am besten auskennen.

2567. Wer hätte was dagegen, wenn nach Leistung und Nachhaltigkeit bezahlt wird und nicht nach einer Ausbildung, die eventuell schon Jahre her ist und ohne Fortbildung?

2568. Ein unterschiedlicher Geschmack kann Paare trennen.

2569. Der Job endet dort, wo man völlig unfähig ist und scheitert.

2570. Wenn Arztpraxen im Verbund stehen, wollen sie wirtschaftlich arbeiten und sehen nicht primär die Gesundung ihrer Patienten, oder doch?

2571. Wer sich freut, möchte auch gerne, dass sich andere freuen.

2572. Beauftragungen müssen in ihren Angeboten 1.) Stundensatz, 2.) Schwierigkeitsgrad und 3.) Gewerk sichtbar machen, rechtfertigen und darlegen.

2573. Eine Verhandlung ohne Kompromisse leistet Großes und ist erstrebenswert für alle.

2574. In der Jahressteuer können die angefallenen Stunden der Handwerksrechnungen für Arbeiten am Bau über Steuernachlässe unterstützt und gegengerechnet werden.

2575. Das Paradies führt ohne Macht und Zuspruch.

2576. Kinder im Himmel ohne Eltern gibt es nicht.

2577. Du bist und bleibst ohne Widerspruch bei mir und widerstehst dem, bis wir es anders können und wollen.

2578. Wer mir nicht glaubt, dass ich ein guter Mensch bin, dem helfe ich trotzdem.

2579. Lande nie in einem Gefängnis.

2580. Um gut dem Untergang der Erde entgegenwirken zu können, würde ich aufs Schärfste widersprechen und notfalls mit Gewalt drohen und sie auch anwenden, mit Unterstützung aller.

2581. Zu wissen, mein neuster Stand ist soweit gut, und ich kann auf ihn bauen, hilft mir, positiv weiterzumachen.

2582. Tauscht zum Teil euer Geld, wenn es nur einem nicht wehtut, den anderen aber sehr hilft.

2583. Jede sinnvolle Änderung muss direkt, wenn möglich und einstimmig, umgesetzt werden.

2584. Wenn jemand sich als Held herausstellt, indem er nichts mehr für Krieg und Unsinniges ausgeben will, ist er rekordverdächtig.

2585. Die Absetzung von Psychopharmaka kann, wenn zu stark und zu schnell, starke Nebenwirkungen haben.

2586. Tiere leiden auch nicht unter Depressionen.

2587. Von Nächstenliebe kann nur jemand mit Gewissheit sprechen, der nicht erst gestern davon gehört hat.

2588. Das Problem von Rauschgift ist, dass bei Einnahme alles wunderschön ist, es nicht schöner werden kann, und dadurch das normale Alltagsleben unwichtig erscheint, man dann dringend wieder mehr und neues Geld braucht, das man nicht hat, und durch die Einnahme der Gesundheit sowieso schadet.

2589. Liebende trennen sich nie, denn sie können es auch nicht.

2590. Gib nie auf, wir helfen uns allen gegenseitig zu einer gerechten und glücklichen Zukunft.

2591. Vorhandene Grenzen entscheiden nicht über die Vielfalt und Träume der Bevölkerung, sondern müssen sich deren anpassen.

2592. Man muss pro Region und Land unterschiedliche Arbeitsstätten und Plätze anbieten, um den Durchschnittsverdienst für einfache Arbeiten oder Halbtagsarbeiten attraktiv zu machen und mindestens gewähren lassen zu können. Der Durchschnittsverdienst pro Region und Land ist nicht starr, aber relativ gleich, um sich dem anderen angleichen und werben zu können.

2593. Ein Lohngefälle, das begründet Neid verursacht, gibt es nicht.

2594. Einem Hund zur Belohnung und zur Erziehung Leckerli zu geben, **ist wichtiger, als ihm sein tägliches Fressen zu geben.**

2595. Niemand existiert ohne Lebewesen.

2596. Bei Menschen gibt es mehr spezialisierte Fachärzte als bei Tieren.

2597. Das Oberhaupt jeder einzelnen Kirche hat fromme Menschen unter sich, die seine Thesen und die der Religion vertreten.

2598. Wer es gut meint, versucht oft, was er erreichen will, mehrfach.

2599. Eine Gesprächsrunde psychisch Kranker gibt manchmal wesentlich mehr her, als das, was man sich vorgestellt hat.

2600. Wer anderen eine Freude machen will, der lässt sich auch auf eigentlich unnötige Diskussionen mit ihnen ein.

2601. Wer mir etwas verbieten will, dem gehorche ich bestimmt nicht.

2602. Es ist egal, wer angefangen hat, denn beide können aufhören.

2603. Wer nachts nicht schlafen kann, muss versuchen, tagsüber zu schlafen.

2604. Wer das Optimale sucht, ist bei mir verkehrt.

2605. Die Stimmen anderer höre ich nur, wenn sie nah bei mir sind.

2606. Pauschal gesehen mag ich fast alles.

2607. Ersetzen kann niemand niemanden.

2608. Ohne dass man den Kopf mitarbeiten lässt, finden wir keine Lösung, nicht ohne Konzept und Ziel.

2609. Jeder Mensch, ohne Hilfe von anderen, kann sich aus eigener Kraft zum Guten entscheiden.

2610. Jedes Land verfolgt Prioritäten, um zu einer Einheit finden zu **können.**

2611. Mischen sich Völker, was gut ist, gibt es ein Wirrwarr, das ein Land wie das andere erst mal zu betreuen gilt.

2612. Wer weiß schon, was der andere glaubt zu wissen, und was bleibt dann mir zum finalen Schluss?

2613. Man kann die Arbeit, die man ausübt, mit anderen Arbeiten vergleichen und als LV aufstellen.

2614. Krisen verursachen Mangel an Fachpersonal.

2615. Die Börse erholt sich, so heißt es, durch Abschwächung der Inflation, mit teuren Hilfen, immer wieder.

2616. Die Börse macht, auch in Zukunft für jedermann, keinen Sinn.

2617. Das Wohl auch der anderen spielt für mich und sowieso auch für alle eine zentrale Rolle.

2618. Alleine sein und alleine arbeiten kann man nicht immer und auch nur schwer.

2619. Gib dein Geld, wovon du glaubst zu viel zu haben, dem, der es gebrauchen kann und sonst nicht viel hat.

2620. Werbung profiliert sich für guten Preis, Qualität und Menge, ohne dass man selber merkt oder überhaupt wahrnimmt, manipuliert worden zu sein.

2621. Der CO2-Gehalt in der Luft muss **reduziert** werden, indem erstens weniger CO2 produziert wird (z.B. schädliche Abgase der Industrie und Verbrennungsmotoren) und zweitens der vorhandene CO2-Gehalt **abgebaut wird** (neue Technik, bepflanzte Flächen, Wälder etc.).

2622. Man sagt so schön: Meine Liebe ist gezählt, ohne Wechselgeld und Scheine.

2623. Wer sich immer ein Leben lang nur das Billigste hat leisten können, dem fehlt nicht ein Nachbar mit den besten Wünschen.

2624. **„An der Macht“ müssen Menschen sein, die ein ausgewogenes Verhältnis zur Gegenseite innehaben und reden können.**

2625. Wenn es einem nicht so gut geht, muss man nicht übertreiben und alles schlecht reden, man sollte die Perspektive korrekt bewerten und nicht meckern.

2626. Will jemand einem anderen Land, einem Partnerland, Kriegsmaterial liefern, dem glaubt man nicht, dass alle in Freiheit leben und nichts Böses im Visier haben.

2627. Gibt es nur zwei Parteien, hat man keine Probleme, sich für die eine oder andere auszusprechen und zu sagen, ich nehme das kleinere Übel.

2628. Ein Land mit drei oder vier oder mehr Parteien kann man sich auch, aber nur schwer vorstellen.

2629. Der vollkommene Wechsel, auch politisch, setzt sich aus so vielen Dingen zusammen, dass man nie Anfang und Ende kannte, kennt und nennen kann.

2630. Bin ich reich und mächtig, muss ich mich trotzdem bewähren.

2631. Manche Krankheiten, Untersuchungen oder Operationen sind leider noch mit unvermeidbaren Schmerzen verbunden.

2632. Haben alte Menschen nichts mehr zu erzählen, dann reden sie so, was ihnen gerade einfällt.

2633. Ohne Frieden in der Welt kein Zusammenschluss der Völker.

2634. Wenn man die eigenen Eltern für schlechte Menschen hält, stimmt etwas nicht, und das muss geklärt werden.

2635. Wer alles verzeihen kann, den gibt es nicht.

2636. Energie = Kraft mal Strecke.

2637. Mutter = Liebe mal bestimmend.

2638. Vater = Immer recht trotz Krise.

2639. Streiten sich zwei, hat der, der zuerst den anderen angegriffen hat, nicht immer die Hauptschuld.

2640. Die Eltern beurteilen nicht ein Leben lang, was Recht und was Unrecht ist, für ihre Kinder, das muss jeder auch selber ab einem bestimmten Alter wissen.

2641. Früher wurden Kinder, um ihr Selbstbewusstsein entwickeln zu können, ständig gelobt.

2642. Wenn wir alle einen Meter zurückgehen, kommen wir auch nicht viel früher an.

2643. Wer Schmerzen nicht gut verdrängt, darf nicht glauben, dass die Alternative ihn zum Helden macht.

2644. Der landwirtschaftlich genutzte Boden ist die Lebensgrundlage für uns alle.

2645. Ländliche Gebiete werden zur Plage vieler zur Bebauung für Wohnen, Verkehr, Gewerbe und Industrie immer mehr genutzt und gegen die Umwelt verbraucht.

2646. Wir haben Gesetze, nach denen wir uns richten müssen, weil wir sie als beschlossene Rechtsgrundlage festgesetzt haben.

2647. Lügen muss man nicht.

2648. Wenn man dem anderen immer recht gibt, verliert man an Glaubwürdigkeit.

2649. Kann es zwischen einem Entwicklungsland und einem Industriestaat einen fairen Handel geben, und haben wir Profit für alle?

2650. Wenn die Sonne scheint, ist das Leben in Ordnung, doch nur für dich und mich, und sage ja zur Hoffnung und zum Leben.

2651. Tiere merken ganz früh und ehrlich, ob man es gut mit ihnen meint.

2652. Wer ohne Angst durch die Wälder zieht, hat nichts zu befürchten.

2653. Wenn man neue Menschen kennenlernt, kann man glauben, der allerersten Herausforderung seines Lebens zu stehen.

2654. Sollte man sein Tier mit Markenprodukte vollstopfen, wenn Armut die Menschheit plagt, und sie womöglich auch noch zusieht?

2655. Die Gerechtigkeit sitzt fest und kann nicht weitergehen, denn es ist die Dankbarkeit, an die du jetzt zu denken hast.

2656. Ist das Leben gerecht, wenn alle nur auf Verlängerung hoffen?

2657. Wir Lebewesen ernähren uns nicht von toter Materie.

2658. Wenn alles gut ist, gehen wir gemeinsam zum Ziel und warten.

2659. Oft sehen Kriegsparteien die Möglichkeit zum Frieden als nicht vorhanden an und sehen die Lösung nicht.

2660. Findet man in jedem Gedankengut Fehler, muss man das Wir-Gefühl erst mal beiseitelassen und neu kooperieren.

2661. Ändert sich der Freundeskreis extrem, muss man die Entwicklung beobachten und sie infrage stellen.

2662. Man glaubt ja nie, dem Tod so nahe zu sein, wie man eigentlich ist.

2663. Der äußere Eindruck täuscht oft, aber auch so, dass man nicht immer nach ihm gehen kann, sondern umgekehrt.

2664. Bring mich meinem Herzen näher und finde zu mir.

2665. Von den Spendern gesehen, spenden die Reichen nicht mehr wie die Armen insgesamt.

2666. Man verlässt sich zu häufig auf die Meinung anderer, anstatt sich eine begründete eigene Meinung zu bilden.

2667. Wenn sich jemand am Ende seines Lebens mehr Gedanken darüber macht, was ihm Spaß gemacht hat, als was er Sinnvolles getan hat, ist er nicht weit gekommen.

2668. Ich erkenne häufig nicht, wenn sich jemand an mir abreagiert und ich mich dann auch an ihm abreagiere, anstatt ruhig und freundlich auf ihn einzugehen.

2669. Wenn immer nur der Klügste gewinnt, kommen wir nicht weit.

2670. Wenn auf uns Bomben geschmissen werden, sterbe ich alleine schon aus Angst.

2671. Ich vertrage es nicht, wenn man mir etwas vorhält, was ich meiner Meinung nach nicht getan habe.

2672. Menschen mit schlechter Laune muss man immer reden lassen.

2673. Mit Gewalt darf keine Grenze durchbrochen werden, die sich bis auf Weiteres geschichtlich gebildet hat.

2674. Letztendlich muss man selber abrechnen und zu seinen Fehlern stehen.

2675. Keiner darf sich ins Kriegsgeschehen einmischen, unterstützen und auch nicht durch geliefertes Kriegsmaterial.

2676. Ich bin manchmal lieber alleine als in einer Gruppe voll von Übel.

2677. Wird man zu Krisenzeiten von der Familie enttäuscht, muss man, und das ist leider so, vergeben und versuchen sich zusammenzufügen.

2678. Auch die Eifersucht handelt ohne Zwang nicht einfach nur so.

2679. In Zukunft verlieren Kriege an Bedeutung dank neu zu treffender, frei zu wählender Gebietsaufteilungen.

2680. Man glaubt es nicht, aber in den USA können Kinder Waffen in Gebrauch nehmen, die extra für sie kleiner und leichter gebaut worden sind, kaufen und nutzen.

2681. Wenn es nicht immer eine noch wichtigere Person geben würde, hätten wir Grenzen, überall.

2682. Im Kriegsfall dürfen erst mal Bodentruppen, Panzer und Jets den Angriff leiten, bevor weitere Angriffsstrategien folgen.

2683. Wenn Feldherren meinen, nur Waffen normalisieren Terroristen, ist das ziemlich dumm und hilft keinem.

2684. Einigungsgespräche statt Angriffsgehabe.

2685. Aus Bösem lernen, indem man die Zukunft aufs Gute gestaltet.

2686. Auch Minderheiten gehören geschützt und müssen berücksichtigt werden, auch wenn keine direkte Notwendigkeit zu erkennen ist.

2687. Viele Tiere sind dem Aussterben ausgesetzt.

2688. Immer dann, wenn man sich in Abständen fragt, was will ich oder was soll ich machen, ändert sich das Leben.

2689. Ich bin wichtiger, nicht mein Helfer-Syndrom, welches mich von mir und dir wegbringt.

2690. Sich was Gutes tun, ist ein Muss, ohne dass man nicht zu sich findet.

2691. Liebeskummer ist was Schlimmes, aber nicht ganz so schlimm, wenn der andere Fehler zugibt und auf dich zukommt.

2692. Milchprodukte verursachen bei der Herstellung einen hohen CO2-Gehalt, sind fettreich und für den Magen schwer verdaulich.

Glauben wollen

1. Wenn man zu lange wartet, um einen Trumpf aus der Tasche zu ziehen, verfällt er.
2. Das Leben ist zum Teil vorbestimmt und auch mit Zufall, Wunder und Glück behaftet.
3. Seinen selbst aufgetanen Teller hat man auch aufzuessen.
4. Die Musik, das Essen, die Arbeit, die Kunst und Soziales geben eine Zufriedenheit.
5. Man kann auch wunschlos glücklich sein.
6. Rechtfertigen müssen, vor den Eltern, wäre der falsche Weg.
7. Länder prüfen die Richtigkeit auch mit und bei anderen Ländern und setzen die Regel auf.
8. **Einen freien Meinungsaustausch braucht jeder.**
9. Wo liegen die Kosten zwischen dem Sicherheitskonzept für die Welt und Spaß haben?
10. Israel überlegt, rechtsradikal, Häuser von überführten Terroristen und deren Angehörigen zur Strafe sprengen zu lassen und sie aus der Kranken- und Sozialunterstützung vom Staat auszugliedern. (Kann nicht wahr sein.)
11. Eine bessere Welt für alle zu erreichen, auch schon zu eigenen Lebzeiten, muss und will jeder unterstützen.
12. Einsamkeit ist, ohne dich, die Zeit und das Glück von gestern.
13. Menschen können so gut sein.
14. Zusammen sein ist die Grundlage für das, was Menschen miteinander tun können.
15. Ich vergleiche nicht immer, wenn ich etwas schöner finde.
16. Wenn jemand alles macht, was sich der andere wünscht, kann das ein Teil von Liebe sein.
17. Eine einfache Lösung, die schnell durchzusetzen ist, ist oft auch gut.
18. In dem Moment, in dem die Sonne scheint, ist alles in Ordnung, und man lässt sich nicht täuschen und lebt in den Tag hinein.
19. Komplizierte Dinge sind nicht die Besten.
20. Ein Arzt einer Fachrichtung kennt die Antibiotika, die zu seinem Bereich zählen.

21. **Ausgebeutete Entwicklungsländer hungern, obwohl reich an Bodenschätzen und ausbaufähigen Küstenregionen, verlieren aufgrund von Gewalt oder Korruption durch andere Länder ihren Reichtum.**
22. Als Bitte vorgetragen, fragt man sich nicht als Erstes dafür, ob es einem nutzt.
23. **Wer heiratet, kann und muss dankbar und glücklich sein.**
24. Fließbandarbeit kann nur für kurze Zeit und mit längeren Pausen funktionieren.
25. Eine peinliche Stille entsteht, wenn Menschen nicht wissen, worüber und was sie sich zu sagen haben.
26. Nach monatelangem Krieg ohne Erfolg mit vielen Toten und Neuverschuldungen sollte man darüber nachdenken, die Hauptverantwortlichen beider Kriegsparteien anzuraten, sich zu ersetzen für einen Neuanfang, eventuell durch entsprechende Gremien.
27. Die Welt braucht Arbeitsgänge und Wirtschaftswege mit Zusammenschlüssen von Herkunft bis Fertigung und Auslieferung ohne Benachteiligung einzelner Länder oder Gruppen.
28. Die Natur ist die Lösung.
29. Land- und Stadtmenschen sind sehr unterschiedlich.
30. Wer nicht nachgeben kann, macht sich das Leben schwer und hat nicht das letzte Wort.
31. **In der Zukunft kann unser Wohlstand liegen.**
32. Verordnungen laut Gesetz sind keine Empfehlungen.
33. Ich bin der Meinung, nicht jeder weiß, was gerecht oder ungerecht ist, weil unterschiedliche Maßstäbe vorliegen.
34. **Ohne Dankbarkeit kein nächster Schritt ins Positive.**
35. Auseinandersetzungen härten ab und bereichern die Erfahrung.
36. Die Welt, auf der wir wohnen, verkleinert sich, und wir müssen uns anpassen.
37. **Mit Erinnerungen kann man sehr glücklich sein.**
38. Das Leben ist lang genug, um es auch mal genießen zu können.
39. **Nachhaltigkeit ist ein Muss.**
40. Experimente helfen und nutzen oft.
41. Der schönste Tag in meinem Leben wird sein, wenn wir alle uns gefunden haben und gemeinsam miteinander leben.
42. Gib nicht auf, ein Ende gibt es nicht.

43. Alles Gute, bleib gesund und deiner Liebe treu.

44. Mal alleine ist auch mal ganz schön.

45. Alles auf sich zu beziehen, ist wie nachts spazieren zu gehen im Dunkeln und nicht zu wissen, wohin.

46. Ein Kuss, eine Lösung und noch viel mehr.

47. Wer keine Prioritäten setzt, den vergisst das Leben.

48. Fressen Hunde zu viel Nassfutter und unbehandelte Kalbsknochen, entsteht im Magen eine Übersäuerung mit Krämpfen.

49. Die Menschen im Kern ähneln sich und geben ihr Bestes.

50. Die auszuarbeitenden Gesetze sind neutral und sollten für alle gleich sein.

51. Die Umwandlung der Welt ist „Chef"-Sache mit Gremium.

52. Gäbe es keine Grenzen, würde die Bevölkerung wahrscheinlich als erstes sich wohlhabende Industriestaaten zum Leben auswählen, bis ihre Heimat so aufgebaut wäre wie andere Länder auch.

53. Langeweile fördert die Unzufriedenheit.

54. Es gibt viele Lösungen, die jeder für sich einhält und unsere Entwicklung fördert.

55. Unordnung für kurze Zeit ist immer gut.

56. Warum verstehen die Kriegsparteien nicht, dass bewusst verursachte Schäden und Kosten, sowie natürlich Kriegsverbrechen, nach dem Krieg geahndet und eingefordert werden müssen?

57. Ich kann von niemandem erwarten, dass er mir ohne Aufforderung hilft oder nur bei mir ist.

58. Für zukünftige Planungen von Städten müssen Wohn- und Arbeitszentren mit Erholungsgebieten und Einkaufsmöglichkeiten, Krankenhäuser, Schulen, Unis, Kindergärten, Kultur und auch die Infrastruktur sich den Bevölkerungszahlen und dem Bedarf und der Zukunft anpassen.

59. Kein Mensch der Welt weiß alles oder manchmal auch mehr, als ich glaube.

60. Die Industrie muss flexibel bleiben und nicht nur Dinge herstellen, von denen sie glaubt, Gewinne zu erzielen.

61. Die Aussage „Ich liebe dich nicht" ist nicht zu beweisen und schwer nachzuvollziehen.

62. Über das moralische Empfinden erklärt sich die empfundene Sünde.

63. Ureinwohner haben Anspruch auf Natur und Wohnung.

64. Wer sich bei Streitigkeiten immer heraushält, ist nicht immer der Beste.

65. Länder, die schon aufgebaut sind und denen es gut geht, können andere Menschen vorübergehend beherbergen, bis ihr Land oder ihre Region ebenso lebenswert ist.

66. Ich sehe Gott überall, versuche aber auf ihn zu verzichten oder aktiv bei ihm zu sein.

67. Die Rolle der Frau ist in den einzelnen Religionen entscheidend.

68. Irgendwo gibt es Grenzen, die jeder braucht.

69. Verletzt du, versucht auch dein Gegenüber, dich zu verletzen.

70. Man muss auch gegenüber Toten Respekt bewahren können.

71. Man weiß leider nie genau, was zu tun ist, aber ein Ja zum Leben stimmt.

72. Wir sind hier manchmal in einer Welt voller Streicheleinheiten, wahrer Liebe und weltfremder unsinniger Gesetze, die uns bis hin zum Wahnsinn treiben.

73. Deine Liebe erwärmt mich tief, du bist da, wenn ich mich irre, und zeigst mir den Weg.

74. Wenn Hunde mit eigenem Charakter sich den Lebensformen der Menschen anpassen, kann das ein supertolles Erlebnis sein, und es entsteht eine Liebesbeziehung.

75. Gute Arbeit, gut gemacht, wird gut bezahlt.

76. Reines Wissen und Gewissen funktioniert nicht.

77. Unsere Liebe verbietet uns, uns zu trennen.

78. Ist ein Erdbeben und seine Folgen Gottes Wille, die Natur oder auch ein Umweltproblem?

79. Wenn es mir gut geht, muss ich mich dafür bedanken können.

80. Ich will nicht unbedingt mich mit jedem messen oder besser sein; nur mit mir zufrieden sein reicht auch.

81. Menschen, die immer besser sein wollen, unterdrücken dabei unbewusst.

82. Versuche immer wieder gut zu sein, und du schaffst es.

83. Manchmal glaube ich, ich bin gut, aber dann weiß ich es wieder nicht.

84. Was ich liebe, liebst du auch, und das für immer.

85. Wenn er meint, er hat genug getan, wenn er nur an sich denkt, der irrt.

86. Meine Liebe erhält man nicht so, sie verdient man sich.

87. Es ist schade, gute Freunde zu verlieren, nur weil man strenger oder eigensinniger war.

88. Wem die Welt gehört, ist Gott.

89. Was ich schon immer wusste: Ich bin nicht der Schlauste.

90. Keiner auf der ganzen Welt kann dir sagen, wann und wo wer sein Leben lässt.

91. Der Tod kommt, ohne zu wissen, warum.

92. Es gibt auch ohne Geld eine Freundschaft.

93. Jeder muss an sich arbeiten.

94. Jemanden töten ist nicht die Lösung, man muss ihn umstimmen.

95. Ich arbeite, um gut zu sein.

96. Wenn ein Pfarrer kein Privatleben haben darf, weiß ich nicht, warum.

97. Wenn wir alle das machen können, was wir wollen, sind wir glücklich.

98. Jeder kann und muss Fehler ernst nehmen.

99. Egal, an was du glaubst, du bist gut.

100. Nach einer gewissen Zeit sind viele nur gut.

101. Wenn du kommst, laufe ich bestimmt nicht weg.

102. Es tut mir leid, aber ich muss auch die ganze Welt lieb haben.

103. Auch wenn ich nicht weiß, was richtig und was falsch ist, schlage ich den guten Weg ein.

104. Niemand kann sich freisprechen von seinem Ego.

105. Das äußere Bild täuscht eigentlich immer.

106. Kind sein und Kind zu bleiben ist wichtig.

107. Jedes Land freut sich auf gut ausgebildete Ausländer oder Einwohner, die auf jeden Fall auch ihre Familie herzlich mitbringen dürfen.

108. Sind Kinder eher mit sich zurückgezogen, darf man sie auch nicht zwingen, Paraderollen zu übernehmen.

109. Wer sich selber schlecht redet, ist nicht stabil.

110. Ich benötige keine Erhängten wie in Saudi-Arabien auf dem Marktplatz zur Abschreckung.

111. Meint dein eigenes Kind, über dich bestimmen zu müssen, sollte man unter Umständen nicht darauf eingehen.

112. Wenn der erste Eindruck positiv ist, traue ich mir weitere Schritte zu.

113. Ich will Liebe, und sonst nichts, nur Verständnis und Zusammenhalt.

114. Der Bau von Kirchenhäusern zahlt der jeweilige Staat, den Unterhalt die Kirche.

115. Wenn ich mir nicht sicher bin, ob das richtig war, was ich gemacht habe, geht es mir schlecht.

116. Ungewissheit und das ständige Warten sind nicht gut für die Seele.

117. Wenn jemand die Welt retten kann, dann du, als jeder von uns.

118. Das politische System steht nicht mehr zur Diskussion, zumindest nach einer bestimmten Zeit.

119. Eine Auszeit, keinen Kontakt zu niemandem, braucht der Mensch, und es hilft in Abständen.

120. Ich liebe ehrliche Menschen, wenn sie nicht zu sehr gegen mich sind.

121. Man darf keinen Menschen töten.

122. Ich glaube, gut nach Hause zu kommen.

123. Mein Herz schlägt nach dir.

124. Schwule bewegen sich eigen und reden nach Gefühl.

125. Irgendwas kommt, ich werde frei und sonnig im Herzen sein.

126. Zerschneide uns nicht, die Sonne muss da sein und scheinen auf alles von unserem Leben.

127. Ich sehe mich als Teil eines Universums von dir und lebe.

128. Himmel, komm, ich warte, und nur du kannst mich retten, lebendig mit anderen zu kommunizieren und zu lieben.

129. Müdigkeit steht woanders; hier ist nichts zu spät, um nach vorne zu gucken, denn es gibt dich, welche Religion oder welcher Glaube auch immer da ist.

130. Der Weg, den du siehst, ist es, der auch vor und hinter deinem Herzen fließt.

131. Befreie mich ohne Verlust von dir.

132. Es gibt kein zu weit oder zu nah, bleibe und hoffe, mit uns wieder da zu sein.

133. Liebe alle Menschen und Tiere, und auch mich, das ist toll und macht mich glücklich.

134. Ich sehe Dinge, die ich noch nie vorher gesehen habe, durch dich, dein Glück und Zuversicht.

135. Überzeug das „Unbewusste in dir“ und biete etwas Vergessliches und Vergängliches und schüttelt ihm die Hand zum Frieden.

136. Ihr alle Götter, die es gibt, bleibt so, und wir glauben an euch und eure Güte, die Bodenständigkeit für jeden.

137. Wer Grenzen mit Gewalt verschieben will, ist nicht bei „uns“.

138. Glaube nicht, du könntest mir meine Meinung vorschreiben oder bestimmen.

139. Liebe ist das Zauberwort, das ich zeigen, anfordern und bilden kann und muss.

140. Enteignen geht im Grunde nicht, aber spenden, verschenken, stiften oder versteuern.

141. Pflege darf kein Fremdwort sein.

142. Das System arbeitet für sich.

143. Man muss da, wo man ist, sich wohlfühlen können.

144. Positiv denken, und man muss für Frieden sorgen in der Welt.

145. Unüberbrückbare Differenzen gibt es nicht.

146. Übersteige nicht deine Kompetenzen.

147. Scheinwelten helfen nur begrenzt.

148. Ich glaube, Familie darf nicht unbedingt vor allem gehen.

149. Versuche nicht immer und überall der Beste zu sein.

150. Die besten Entscheidungen trifft man selber ohne Zwang und ohne Druck.

151. Liebende teilen sich zwei Körper, in einem und in dem anderen, zusammen, und das ist toll.

152. In mir ist etwas, was ich nie erwidern kann, dank dir und deinem Leben und deiner Liebe zu mir.

153. Die Armen haben den Wohlstand der Reichen ermöglicht und sind dabei arm geblieben.

154. Der Himmel ist der vorübergehende Warteraum für alle.

155. Wenn wir uns im Himmel wieder begegnen, ist die Erinnerung bald wieder da, obwohl einige Änderungen vorgenommen wurden und es wie nach einem Tausch aussieht.

156. Ein Blick, und man ahnte es schon, wir sind füreinander gemacht und stützen uns im Dunklen und drehen uns vor Glück.

157. Was vergleiche ich, wenn ich dich sehe, fühle, erlebe und alles wieder mitmachen kann?

158. Liebe gibt mehr als nur Beistand und Trost.

159. Wer sich mag und ehrlich mit sich und anderen ist, kann auf einfache Art Freunde finden.

160. Wer nichts spendet, hat auch keinen Sinn für Hilfe für andere und muss in Zukunft entsprechende Steuern mindestens in der gleichen Höhe zahlen.

161. Pfarrer mit dunkler Lebensführung sind vom weltlichen Gericht zu bestrafen, zu verurteilen und zu entlassen.

162. Die Einstellung zum anderen Glauben muss man üben, tolerieren, nach Prüfung und letztendlich ebenso für richtig ansehen.

163. Liebe in der Welt, verbrüdert euch.

164. Ich werde ein Leben lang neben dir sein und hoffen und retten und unterstützen, denn das ist Liebe.

165. Die Gründe, warum meine Liebe immer zu dir entfacht sein wird, sind deine Versprechen auf meine Seele.

166. Träume sind nicht für immer da, die Gefühle schon.

167. Im weichen Kern, umhüllt vom Äußeren hart, ist der Schutz zum Verletzlichsein und zum Überleben nötig und wichtig.

168. Das Land auf dieser Welt, auf dem wir leben, gehört uns allen und ist für alle gemacht.

169. Jeder lebende Mensch gehört geschützt, vor sich und vor anderen.

170. Ich kann nicht für jeden nach Sympathie gleich empfinden, aber viel Differenz darf es nicht geben und gibt es nicht.

171. Warum nicht Frieden stiften, wenn wir das alle wollen?

172. Wenn der andere meint, es besser zu wissen, dann soll er es tun, solange die Auseinandersetzung mir nicht schadet.

173. Hunde können fast immer das Gleiche essen und sind zufrieden, auch wenn mal eine Mahlzeit ausfällt.

174. Ich habe keine Feinde und möchte sie mir auch nicht leisten.

175. Wenn wir alle in einer gerechten Weltorganisation sind, ist die Kriegstreiberei vorbei.

176. Nicht nur mit viel Geld, wenn überhaupt, kann man anderen imponieren.

177. Wer sich nicht liebt, hasst sich aber auch nicht automatisch.

178. Man darf sich nicht alles, auch nicht von seinem Partner, gefallen lassen.

179. Ich brauche keine Gegenleistung, um Freude empfinden zu können.

180. Wenn mir meine Eltern wehtun, verletzt mich das stark.

181. Gefühle besitzen keine Zeit und brauchen sie auch nicht erwidern; sie sind da mit und ohne uns, gehen verloren, und dann verschweigen wir alles wieder zum Anfangspunkt.

182. Wer Freunde sucht, sollte sich bei der Gelegenheit keine Feinde machen.

183. Die Umgebung bestimmt die Wärme und das Wohlfühlen der Einheimischen stark.

184. Lasst uns alles wieder zusammenbauen, vom Geld der Schuldigen für die Opfer dieser Welt.

185. In der „UNO und NATO“ müssten alle Länder der Welt vertreten sein, sonst erreicht man bis dahin das Gegenteil.

186. Nicht für jede Entscheidung braucht man Einstimmigkeit, oder bei der Abstimmung die Anwesenheit aller.

187. Nicht nur aus westlicher Sicht benötigen wir mehrere, weltweit agierende und sesshafte Organisationen, die jeweils sowohl im Friedens- als auch im Kriegsfall helfen können und immer dafür da sind, wie auch für Wirtschaft, Entwicklung, Handel und Industrie.

188. Die Wirtschaft ist an der Rezession und Inflation immer nur bedingt beteiligt und schuld, solange es Krieg, Seuchen, Fehlplanungen und Korruption auf der Welt gibt.

189. Die Wirtschaft richtet sich zuerst nach dem Konsumverhalten der Bevölkerung, wenn sie es nicht sogar bewusst bestimmt.

190. Ich gebe und suche das Gute im Menschen, überall und immer.

191. Man sagt, Denken verbraucht genauso viele Kalorien und macht ebenso müde wie sportliche Betätigung.

192. Neider gibt es überall.

193. Wer liebt schon so sehr jemanden, wie ich dich liebe?

194. Förderst du deine Kinder, förderst du das Leben.

195. Jede Art von Kultur muss im Gedächtnis der Bevölkerung einen Platz finden.

196. Gleiche Religionen könnten genauso gegeneinander kämpfen wie ganz fremde.

197. Man kann nicht jedem hinterherlaufen, und es ergibt keinen Sinn, Menschen zu vergöttern.

198. Jeder kann jeden lieben.

199. Träume entlasten die Vergangenheit.

200. Meine Seele brennt sich bei dir ein, und du als meine Liebe verbindest dich mit mir.

201. Ein Pfarrer, der sich um die Armen kümmert, darf sich nicht in Vermögen wälzen, sondern muss spenden.

202. Wenn Träume mich wachrütteln, habe ich mit offenem Mund geschlafen und habe Durst.

203. Der Mensch im Privat- und Berufsleben darf nicht trennbar sein.

204. Der Terror muss sich im eigenen Land selber bekämpfen können.

205. Die Neutralität der anderen Länder sollte den Krieg für immer stoppen können.

206. Einmischungen von außerhalb haben immer einen schlechten Beigeschmack und werden im Nachhinein verübelt.

207. Werden Empfindungen und Wahrnehmungen unterschiedlich gedeutet, führen sie zur Eskalation.

208. Laut der Geschichte können Weltkriege so beendet werden, aber nicht für immer und nicht auf Dauer.

209. Keine bewaffnete Einmischung, auch nicht in Terrorregime in anderen Ländern.

210. Der Feind muss durch die eigene Bevölkerung zu Fall gebracht werden.

211. Es gibt gefährliche Länder auf der Welt, die sich die Hand geben und einander ablösen.

212. Warum sollte ein Land nicht verhandeln können oder wollen?

213. Solange der eine mehr hat als der andere, wird es Missstände geben.

214. Durch Kriege versucht man, die Regierung des anderen zu stürzen, um das eigene System der Weltmacht näherzubringen.

215. Kein Militär darf ohne genehmigten Grund die Grenzen eines anderen Landes überschreiten, da diese Handlung strafbar ist.

216. Werden Abkommen mit anderen Ländern rechtswidrig gebrochen, muss in einem neutralen Rahmen die künftige Vorgehensweise diskutiert und besprochen werden.

217. Nach der Corona-Pandemie und aufgrund des weiterhin andauernden Ukraine-Russland-Krieges explodieren die Anzahl von Straftaten wie Einbrüche und Überfälle sowie die allgemeinen Preise.

218. Putin ist mit dem sozialen Standard und dem Wohlstand seines Landes nicht zufrieden. Er macht keine direkten Friedensangebote und befürchtet, aber glaubt nicht wirklich, vom Westen und der Ukraine vernichtet werden zu können. Putin verspricht Kämpfern, Offizieren und Befürwortern aus „sozialer Sicht" Sonderrechte wie Urlaub, Wohnungen, soziale Leistungen sowie psychologische Betreuung.

219. Ich glaube, bei so viel Armut und Kriminalität sieht sich Präsident Putin nur noch durch den Krieg gegen das Nachbarland imstande zu helfen.

220. Andere Länder führen gerne Krieg und zerstören bewusst, um anschließend wiederaufzubauen.

221. Es werden immer mehr Sanktionen oder menschenunwürdige Maßnahmen gegen ein Land verhängt.

222. Auch unbeteiligte Länder leiden darunter und sind betroffen durch Energiestopps, Getreidelieferungsblockaden, den Abwurf von Tretminen und die Zerstörung der Infrastruktur im gesamten Land.

223. Diese Kriegsmethoden verursachen Tod, Elend, Armut und Kosten, und niemand scheint zu wissen, wie es weitergehen soll.

224. Wenn jemand immer zu allem Nein sagt, ist er nicht tragbar.

225. Anstatt über Frieden zu verhandeln, erörtern Russland und die USA ihre Bereitschaft, weiter aufzurüsten, vielleicht mit Pausen.

226. Frieden kann erst dann erreicht werden, wenn ein Land seine Waffen niederlegt, bestehende Grenzen respektiert, besetzte Gebiete freigibt und bereit zur Verhandlung ist.

227. Niemand darf rund um ein anderes Land Militärstationen errichten.

228. Fühlt sich ein Land von gegnerischen Bündnissen bedroht oder umzingelt, kann das zu Fehlreaktionen führen.

229. Es braucht Zeit, um eine funktionierende Demokratie aufzubauen.

230. Vorbilder demokratischer Staaten, denen man nacheifert, aber ganz andere Voraussetzungen haben, wirken nicht bis ins Detail hilfreich.

231. Manchmal glaubt man, bestraft zu werden, wenn man kurz vorher Unsinn gemacht hat.

232. Skrupellose Menschen sind oft versnobte Schwachköpfe, die keinen Grund sehen, sich dem anderen gegenüber bescheiden und taktvoll zu verhalten.

233. Solange soziale Gleichstellung und Schuldbekenntnis nicht gegeben sind, bleibt ein Kriegsausbruch wahrscheinlich.

234. Geben sich Kriegsparteien gegenseitig eine Perspektive, kann Frieden folgen, über den man ohnehin immer im Gespräch bleiben muss.

235. Man kann mit jedem Regime, unabhängig von der Staatsform, erfolgreich Friedensverhandlungen führen.

236. Man muss manchmal frech zu Leuten sein, sonst sprechen sie nicht mehr mit einem.

237. Kein aktuelles System ist perfekt.

238. Eine Demokratie, in der alle mitreden, zustimmen, auswählen und bestimmen können, schafft Vertrauen und eine Rechtsgrundlage für den Austausch zwischen den Menschen und Freunden.

239. Du lebst für die nächsten Generationen, die nach dir kommen und es genauso oder noch besser haben sollen.

240. Wer glaubt, dass in der Welt alles gerecht zugeht, kennt die Welt nicht.

241. Kein Land ist fehlerfrei und muss neu überdacht werden, ob im Kriegsfall oder nicht.

242. Ihr, als meine Eltern, habt nicht nur euch selbst zu schützen, sondern auch eure Kinder.

243. Friedensverhandlungen sehen immer anders aus und sind mit Verpflichtungen auf beiden Seiten verbunden.

244. Hunger und extremer Reichtum sind oft Folgen eines Krieges.

245. Eine Abstimmung kann helfen, sich erste Gedanken über die Notwendigkeit von Frieden zu machen.

246. Wenn sich Kriegsgegner nicht an einen gemeinsamen Tisch setzen wollen, ist das eine Aussage, die es zu besprechen und zu klären gilt.

247. Die Anfänge des Krieges müssen geklärt werden, um Verantwortlichkeiten zuzuordnen.

248. Wer hat zuerst angegriffen und gegnerisches Territorium betreten, und wer hat sich verteidigt?

249. Im Laufe des Krieges griffen Verbündete durch Waffenlieferungen und andere Unterstützungen in das Kriegsgeschehen ein.

250. Ein Staat muss für den Erfolg seiner Wirtschaft die richtigen Rahmenbedingungen schaffen, Partnerschaften fördern und seine Unabhängigkeit ausbauen.

251. Ich leide darunter, dass Blutsverwandte, egal wo, oft unberechtigterweise Vorrang, Recht und Unterstützung genießen.

252. Bei einer Patchworkfamilie gibt es zu viele Bezugspersonen, die es schwer zuzuordnen gilt.

253. Der Körper braucht Zeit, um sich an aktuelle Gegebenheiten anzupassen.

254. Ich gehe davon aus, dass die USA eine Mitschuld an der Ukraine-Russland-Krise tragen, da sie von Anfang an involviert waren und Verhandlungen abgelehnt und ausgeschlossen haben.

255. Es gibt Menschen, die keine Kritik vertragen oder schon Kleinigkeiten übelnehmen und dann mit Streit reagieren.

256. Das zu schnelle Tempo einer Handlung darf nicht die Verständlichkeit und Übersichtlichkeit der Aussage beeinträchtigen und zur Unverständlichkeit führen.

257. Wenn mir jemand bei einer Unterhaltung freundlich zustimmt und mir recht gibt, sich dann aber im nächsten Moment abrupt abwendet und ohne Verabschiedung geht, bekomme ich ein komisches Gefühl, weil ich nicht weiß, wie ich dieses Verhalten deuten soll.

258. Wer die Fehler des anderen nicht kennt, kennt auch nicht dessen Einstellung.

259. Macht man sich bewusst, wie schrecklich Kriege für alle Generationen sind, beendet man sie so schnell wie möglich.

260. Wenn man die Preise steigen lässt, profitiert nicht der kleine Mann davon.

261. Fragt man sich, ob es einem selbst auch nützt, ist das wahrscheinlich die entscheidende Frage im Leben eines jeden.

262. Jeder möchte gerne arbeiten, ohne ständige Anweisungen zu bekommen, denn Entscheidungen zu treffen macht Spaß.

263. Der Anfang aller Dinge ist der Ursprung eines jeden.

264. Glaube an dich und an die Hoffnung, dass es Wunder gibt, die dich schützen und befreien.

265. Selbst ein kleines positives Erlebnis kann die Stimmung komplett heben.

266. Liebe muss mein Leben bestimmen.

267. Ich glaube, ich kenne den Weg, was immer du willst, macht mich glücklich.

268. Die Kriegsparteien müssen in kleinen Kreisen, oft mit geschichtlichem Hintergrund und Unterstützung, am besten direkt, verhandeln können.

269. Es kann sein, dass alles, was man macht, falsch ist, aber der gute Glaube genügt und ist von grundlegender Bedeutung.

270. Ehrlichkeit entwickelt Selbstvertrauen, das sich bis zum gestärkten Selbstbewusstsein und zum Aufbau der eigenen Persönlichkeit steigert.

271. Alles, was du liebst, musst du auch schützen und fördern.

272. Wer reich geworden ist, hütet leider oft sein Geld und bringt es zum Eigennutz und zum Schaden anderer an der Gesellschaft vorbei.

273. Geschmack bildet sich heraus, aber nicht, indem man teure Schokolade kauft.

274. Wer nie oder zu viel gelobt wird, kann ausrasten und muss sich unterordnen.

275. Wer immer recht hat und tun und sagen kann, was er will, ist ein Tyrann.

276. Der Rahmen unserer Liebe hat keine Ecken.

277. Die Bevölkerung in asiatischen Ländern bildet eine klare Einheit und ist ehrlicher miteinander, anders als der Individualismus in der westlichen Welt.

278. Wer immer unfreundlich und abweisend zu mir ist, darf auf kein Entgegenkommen meinerseits hoffen.

279. Jeder Mensch sieht anders aus.

280. Man bekommt nie zwei Mal dieselbe Seele.

281. Die Seelen rotieren ungleichmäßig bei der Zuweisung zum Menschen.

282. Jedes neue Wesen ist ein Unikat.

283. Die Seelen sterben nicht.

284. Es gibt auch Zeiten, da ist man nur gut, obwohl man Fehler in sich trägt.

285. Wenn dein Gegenüber Hemmungen hat oder einfach nur still ist und nichts sagt oder fragt, musst du die Situation meistern, sonst kann dies im Gehirn später oder direkt zu Unzufriedenheitsgefühlen führen und du machst dir Vorwürfe, berechtigt oder unberechtigt.

286. Ausruhen zur falschen Zeit führt zu Fehlreaktionen.

287. Wenn 100-Jährige versuchen, die Welt zu regieren, geht die Welt unter.

288. Wenn alte Menschen pflegebedürftig werden, glauben sie oft, in einem Wunschkonzert mitspielen zu dürfen und die Hauptrolle übernommen zu haben.

289. Schon nach ein paar Sekunden stand das Konzept, für die Ausführung vergingen Jahre.

290. Man weiß nie genau, was der andere denkt, wenn man sich mit ihm unterhält.

291. Ich habe den Eindruck, wer einen guten und gesunden Gesichtsausdruck hat, ist schön.

292. Wenn die Völker in ihre neue, nach westlichem Standard aufgebaute Heimat zurückgekehrt sind und sich uns gleich fühlen, sind wir wirklich gleich.

293. „Völkerwanderungen“ werden teilweise notwendig sein, um die Welt baulich standardmäßig zu ergänzen und auszubauen.

294. Guter Wille und der Glaube an Gott, an sich selbst und an andere Menschen sind Voraussetzungen.

295. Wandel baut auf Spenden, Arbeitskraft, Hilfen und natürlich auf die richtige Einstellung zur Entstehung und Wahrnehmung der Erde auf.

296. Lokale Gemeinden oder Stiftungen bestimmen die Art des Ausbaus mit und den Zweck, der genutzt und finanziert werden soll.

297. Häuser und Brücken sind den örtlichen Gegebenheiten anzupassen.

298. Helfen hilft.

299. Besteht in einem Land ein Mehrbedarf beim Wiederaufbau, muss ein anderes, reicheres Land mit seinem Überschuss aushelfen.

300. Wenn es jemandem gut geht, fällt es ihm nicht schwer, auch etwas abzugeben.

301. Eigentlich müssten alle mit einem weltweiten Frieden einverstanden sein.

302. Wenn wir hungern müssen, damit mehr Waffen exportiert werden können, versteht das niemand.

303. Junge Familien wegen Streitigkeiten anderer zu trennen und sogar in den Krieg zu schicken, ist verantwortungslos, böse und gehört bestraft.

304. Wer bei Bedarf daran denkt, jemanden anzugreifen, muss im Gedächtnis gespeichert haben: Das darf ich nicht.

305. Ausnahmen sollten es nicht geben, und sie helfen auch nicht, den Sachverhalt besser zu verstehen.

306. Keine Helden oder Richter können entscheiden, was auf Dauer gültig und für die Welt richtig und gut ist.

307. Gerechtigkeit wird von jedem Menschen gleich empfunden und sollte sich dementsprechend äußern und handeln.

308. Die Grundlage, Wissen zu speichern und zu ergänzen, um es abrufen zu können, ist bei jedem gesunden Menschen vorhanden. Der Grundstock dafür muss von jedem für sich selbst aufgebaut und entsprechend optimal angepasst werden.

309. Wenn man sich an die Fehler der anderen „gewöhnt hat“, ist alles halb so schlimm.

310. Der Anfang und das Ende dieser Welt sind und bleiben für uns momentan und in Zukunft nicht sichtbar.

311. Wer schweigt, der übt wahrscheinlich noch und sorgt sich nicht um das Gewissen und den Drang, es richtig machen zu wollen.

312. Nach Inventur und Aufgabenverteilung werden arme Entwicklungsländer und Schwellenländer nach geregelter Öffnung der Grenzen auf das gleiche Niveau gebracht wie reiche, ausgebaute Industriestaaten.

313. Der ausgebaute Zustand für jedes Land ist dann etwa gleich, ebenso wie das Empfinden der Menschheit weltweit untereinander.

314. Nach Fertigstellung der weltweiten Ausbaumaßnahmen, auch schon durch einzelne Länder, wird es je nach Fertigstellung der Staaten eine erneute geregelte Wanderung zurück in die Welt geben, sodass der Mensch, wenn er will, in sein ehemaliges und dann aktuelles Heimatland zurückkehren kann.

315. Diese Maßnahmen erfordern erstens die Einsicht und die richtige Einstellung der Menschen zueinander, Talent zum Organisieren

und eine Menge Geld. Dieses Handeln ist unumgänglich, um in Frieden ohne Krieg in Zukunft miteinander leben zu können.

316. Hass auf die Vergangenheit mit ihrem irrsinnigen falschen Stolz findet so ein Ende, und das wollen auch alle so.

317. Die Umstrukturierungsmaßnahme beginnt nicht unbedingt da, wo man sich im Moment aufhält, sondern dort, wo die Not am größten ist und wo man sie am schnellsten beseitigen kann.

318. Man kann nicht alles, was man im Normalfall will, direkt tun.

319. **Die leitenden Arbeitgeber** bekommen ihre Verträge verhandelt und individuell je nach Lage und Bedarf immer befristet und übertariflich bezahlt, tragen eine Mitverantwortung, für die sie mithaften, auch mit Gewinnbeteiligung. Bei Fehlverhalten droht sofortige Kündigung.

320. Zukünftig wird es nur noch zwei Tarifverträge für Angestellte zur Auswahl geben, mit jeweils festgelegten Gruppen und Entgelten und Gewinnbeteiligung für alle.

Tarifvertrag 1: Gedacht für Alleinstehende, ohne zu hohe Beanspruchung, gute Bezahlung, hohe Anforderungen, wenig Freizeit, immer einsatzbereit, stressig, verantwortungsvoll, ohne geregelte Arbeitszeiten möglich, leistungsorientiert, festes Gehalt mit zusätzlicher Umsatzbeteiligung.

Tarifvertrag 2: Gedacht für Familien oder Alleinerziehende, auf Sicherheit bedacht, geringere Bezahlung, Berufsanfänger, ehemalige Beschäftigte aus Tarifvertrag 1, Arbeit kann auch mal liegen bleiben, flexible und geringe Arbeitsstunden, festes Gehalt mit Stundenlohnvergütung. Eine zusätzliche Vergütung kann auch für außergewöhnliche Leistungen erhalten werden, wer sich gegenüber Kollegen freundlich verhält und durch gute Arbeit hervortut.

321. Eine Einstellung oder Weiterbeschäftigung nach Rentenbeginn ist nicht möglich.

322. Arbeitnehmer können nach einem Einstellungsgespräch den Tarifvertrag auswählen, jeder kann wechseln oder zeitweilig pausieren.

323. Der Vertrag wird jährlich überprüft, und die Leistung wird gegebenenfalls korrigiert.

324. Zum Pausieren oder bei einer Umstrukturierung gibt es Arbeitsverträge inklusive Kündigungsfristen mit Freistellungen.

325. Kündigungen und Wiedereingliederungen müssen kurzfristig möglich sein, zum Beispiel bei Todesfällen, Urlaub, Mutterschutz, und im Normalfall auch lang- und mittelfristig.

326. Vielleicht gibt es **auch ein Rotationsmodell**, das gerecht ist und allen hilft, ihre alte Heimat teilweise persönlich mit aufzubauen (Arbeiten, Mitspenden, Mithelfen).

327. Die Gehälter sind verhandelbar, nicht immer gleich, und steigen auch nicht immer automatisch, sondern sind unterschiedlich hoch und unterliegen grundsätzlich nach unten und oben Grenzen der Gruppe.

328. Es gilt: gleiche Arbeit, gleiches Geld.

329. Zuschläge werden verrechnet und gehen nie an jemanden mit hohem Gehalt.

330. Die Reihenfolge, Strukturierung und Finanzierung unterliegt vor Ort ansässigen Gremien, die weltweit kommunizieren und den Wiederaufbau leiten.

331. Gewalt und Terror haben ein Ende, da wir uns respektieren wollen und als gleich ansehen.

332. Das typische gleiche Dorf- oder Stadtbild ist nicht erstrebenswert; man sollte vorhandene Strukturen wieder aufnehmen und, wenn möglich, ergänzen.

333. Wenn unterschiedliche Völker sich kennenlernen, mögen sie sich schon alleine aufgrund ähnlicher oder nachvollziehbarer Strukturen und Mentalitäten.

334. Die Völker werden sich auch zum Sieg der Freiheit vermischen und Vorbildfunktionen übernehmen können.

335. Wenn eine Familie eine schöne Wohnung mit Garten und nette Nachbarn hat, ist schon viel gewonnen.

336. Eine Welt ohne Geld ist nur schwer denkbar.

337. Verlässlichkeit und Respekt vor der Leistung anderer haben Vorrang.

338. Machtbestreben und Arroganz sind schlecht für das Miteinander.

339. Wie ein Mensch ist, ist entscheidend, mehr noch als sein Geschick, seine Ausbildung oder Herkunft.

340. Teile ein Auto mit deinem Nachbarn oder gründe Fahrgemeinschaften für besseren Umweltschutz.

341. Wer immer Recht bekommt, freut sich natürlich, wird aber mit der Zeit unkritisch und abgestumpft.

342. Glaube ist wie ein Geschenk von einem Menschen an den anderen.

343. Wer glaubt, nach dem Tod sei es egal, wie man zu Lebzeiten war, irrt sich.

344. Wer keine Nahrung zu sich nehmen kann, stirbt.

345. Bei einem offenen Ende ist die Gemeinsamkeit grenzenlos.

346. Jeder nur so gut er kann.

347. Wenn möglich, alles auf Freiwilligkeit, auf Lust und Laune.

348. Wer liebt, ist dabei und kann glauben bis zum Ende und noch einmal zurück und vorwärts.

349. Wer Hilfe sucht, findet berechtigten Schutz.

350. Wohltätige Großveranstaltungen tragen sich in der Regel besser als kleine.

351. Wer immer Ja sagt, muss auch mal Nein sagen können, was oft viel schwerer ist.

352. Wer auf mich zeigt, kennt mich nicht.

353. Der Weg ist für uns alle der gleiche.

354. Wer gewinnen will, trägt keine Schuld und Verluste.

355. Kriegsgegner und Verweigerer sind Gott sei Dank immer die Sieger.

356. Gesunde Strukturen müssen erhalten bleiben.

357. Böses zu sein ist kein Dauerzustand.

358. Nicht jede Krankheit führt zum Tod.

359. Dumme Menschen können hochbegabt sein.

360. Lass dich beraten und höre auf andere.

361. Auf dem Weg zur Heimat darf man die Richtung nicht verlieren.

362. Man kann jedem Glück, Frieden und ein frohes Wiedersehen wünschen.

363. Ein Mix aus unterschiedlichen Kulturen hat etwas Tolles an sich.

364. Gehe deinen Weg, lass dich leiten, du kommst schon an.

365. Bedenke, dass in deiner Heimat wahrscheinlich hauptsächlich ähnliche Menschen zu finden sind.

366. Wir alle werden ein Volk auf der Erde, das es wert ist, ähnlich zu sein.

367. Mit Gott, Seele und Mensch und unter Anweisungen ist es das Gute, das unsere Zukunft führt.

368. Durch unterschiedliche Staatsformen mit Religionen und Geboten ergänzen sich die Länder teilweise.

369. Eine Aussage, die zur Deutung freigegeben ist, ist immer gut.

370. Wenn von allen die Frage gestellt wird, was machen wir denn jetzt, kennt keiner den Weg zum Optimum; dann ergibt es sich.

371. Der Mensch glaubt, denkt und handelt nach der Meinung von Gott und den Seelen.

372. Der Anfang kann überall beginnen.

373. Ich vertrage nur gemäßigte Neuigkeiten, wenn sie mir vorher völlig fremd waren.

374. Das größte Geschenk ist, jemanden außer sich selbst lieben zu dürfen.

375. Die Stärke des Immunsystems nimmt, so sagt man, immer mehr ab, je älter man wird, ebenso wie der gesamte Körper der Alterung unterliegt.

376. Wer nicht an den Sieg des Guten glaubt, wird Außenseiter bleiben.

377. Ich werde dem Licht aus der Ferne folgen, um auch meine Gedanken bündeln zu können.

378. Perfekt ist, wenn trotz gegenteiliger Vorhersage alles läuft und es gut ist.

379. Im Kindergarten lernt man spielen.

380. Wer fälschlicherweise nur seinem eigenen Fleisch und Blut glaubt, traut Fremden erst in zweiter Linie.

381. Auch in der Familie ist jeder anders, und doch sind alle gleich.

382. Die Liebe zu den eigenen Kindern hält im Normalfall ein Leben lang.

383. Kommt man mit vielen Fehlern auf die Welt, hat man mehr zu tun als jemand mit reiner Weste.

384. Die Erde muss grün bleiben.

385. Es wäre toll, wenn die Menschheit ohne Zwang und Druck durch selbst ausgesuchte Spenden oder Aktionen sich finanziell angleicht und somit für ähnliche Bedingungen überall auf der Erde sorgt.

386. Bei elementaren Abstimmungen sind alle Länder vertreten, und jeder hat ein Vetorecht, das zu begründen ist.

387. Wenn ein Veto genügt, finden sich lange keine Lösungen.

388. Wer Gewalt oder ungesundes Leben verherrlicht, muss bestraft werden.

389. Werbung muss auf Risiken hinweisen, nicht ins Unterbewusstsein gelangen, sie kann lustig sein und darf nicht schaden.

390. Bei einer Verurteilung müssen Alter, Kultur, Wissensstand, Einvernehmen und Bildung berücksichtigt und entsprechend hoch bestraft werden.

391. Sportliche Aktivitäten, Gymnastik, reichhaltige gesunde Ernährung, frische Luft sowie Hoffnung auf die Zukunft und vielseitige Aktionen sorgen für eine Reduzierung der vorzeitigen Alterung durch den Aufbau von Immunität.

392. Wer beim Nachdenken nicht abschalten kann, läuft ins Leere oder verirrt sich ins Unterbewusstsein.

393. Reiche, die plötzlich völlig arm geworden sind, haben mit ihrem Schicksal hart zu kämpfen.

394. Egal wo ich auch bin, ich vermisse dich.

395. Wenn ich trauere, ist für mich Schweigen oder laute Musik hören die Antwort.

396. Ich will niemanden hervorheben; wir waren und werden alle, bis auf kleine Zwischenfälle, toll.

397. Schön ist, wenn die eigene Erfahrung durch andere bestätigt wird.

398. Feiere und freu dich, solange du es noch kannst und dich dabei wohlfühlst.

399. Eine Übung zur Entspannung ist auch eine Übung im Yoga.

400. Abgesehen davon, dass das Herz immer im Kreis pumpt und es in diesem Kreislauf die Schwerkraft im Körper gegen oder mit dem Blutstrom beeinflusst, kann man dies ausnutzen, indem man zum Beispiel einen Kopfstand macht, und sich dann das Blut vermehrt und länger im Kopf aufhält. Die Schwerkraft verringert oder beschleunigt je nach Situation die Blutgeschwindigkeit und den Fluss. Das Resultat ist, dass nicht nur der Kopf freigespült wird, sondern auch noch andere Organe. Die Ansammlungen von Blut im Kopf wirken erfrischend. Das Herz ist maßgeblich für den Blutkreislauf verantwortlich und profitiert davon ebenfalls.

401. Manie ist, wenn man den Faden zum Glück nicht locker hält.

402. Ich bin ein Einzelgänger und habe keine Freunde.

403. Keine Entwicklung funktioniert ohne Fehler.

404. Ehrlichkeit ist das Traumschiff der Meere.

405. Nur über die Liebe kann es eine Brücke über den Fluss geben.

406. Bessere Menschen sollten mit offenen Karten spielen.

407. Verletzt man andere und glaubt dabei, toll gewesen zu sein, muss man unter Umständen lange warten, bis der Kontakt wiederhergestellt ist.

408. Der Tod wartet, und du bleibst gut.

409. Bei der Wiedergeburt wird es einen neuen Körper geben.

410. Nehmt den Kindern nicht die Eltern weg.

411. Morgen ist der schönste Tag meines Lebens.

412. Ich meine, jeder sollte Organe und Blut spenden.

413. Wichtiges von Unwichtigem zu trennen, ist jedermanns Aufgabe.

414. Neues, ergänzendes Wissen löst Wahrheitsgefühle aus.

415. Geistiger Diebstahl ist ein Delikt.

416. Die Welt ist nicht auf Irrtümer gebaut.

417. Alles auf dieser Erde hat Bestand; vieles ist jedoch unmöglich.

418. Krieg ist das Geheimwort für Böses.

419. Helfen, Frieden und Wiederaufbau stehen für das Gute.

420. Nicht jeder kann zur gleichen Zeit so gut sein wie der andere.

421. Wer das Gute kennt, kennt auch Fehler, ohne Angst zu haben.

422. Ich glaube, zu wissen, was ich mache, und tue es richtig; auch andere sind meiner Meinung und wollen, dass alles, was richtig ist, so gemacht wird.

423. Mache keinen Menschen traurig.

424. Verständnis und Zuversicht tragen jedes gute System.

425. Unterstütze deinen Partner oder lass ihn einfach machen, was er will, das wird schon.

426. Auch spontane Menschen lieben einen geregelten Arbeits- und Freizeittag.

427. Jedes Land ist in jeder Beziehung anders, und doch gleich.

428. Hat man die Gedanken frei, fühlt man sich wieder topfit.

429. Was Spaß macht, zählt, denn das ist für alle richtig.

430. Die Gefahr reizt zum Übertreten.

431. Engel gibt es bei Gott ganz viele, und sie helfen beim Glauben.

432. Wenn einem der kleinste Fehler zum Verhängnis werden kann, obwohl sonst alles perfekt ist, sollte man die Fronten wechseln.

433. Ist man jung und frisch ausgebildet, spricht vieles dafür, einen kompetenten Menschen vor sich zu haben.

434. Die Erfahrung, die man mit dem Alter gewinnt, spielt ebenfalls eine große Rolle.

435. Man sollte im Notfall immer besser nachgeben.

436. Wer viel liest, aber nicht kombinieren kann, ist nicht schlauer als andere.

437. Kann nicht sein, dass die Bevölkerung einer Monarchie keinen Widerspruch äußern, die Monarchie ablehnen oder Widerstand leisten kann, wenn alles vorgeschrieben wird und Gehorsam verlangt wird.

438. Wer immer und ewig ohne Ausnahme gezwungen wird, rächt sich.

439. Jeder kann bei Entscheidungen mitreden; es dürfen jedoch auch nicht zu viele schon im Vorfeld Mitstreiter sein.

440. Die einzige Lösung ist, wenn man etwas weiß und es weitersagt.

441. Eine Wirtschaft, die die Demokratie kaputtmacht, brauchen wir nicht.

442. Die Industrie darf keine Monopole besitzen.

443. Auch eine Demokratie kann Armut nicht bekämpfen, wenn sie nur an Stinkreiche denkt.

444. Solange die Gehälter und der Wert der Ware nicht zu stark auseinander gehen, geht es noch, aber der Preis muss auch steigen.

445. Spart die Bevölkerung, dann wird nichts verkauft.

446. Um auf Gewinn zu kommen, wenn nichts verkauft wird, wird nun versucht, die Produkte teurer zu machen.

447. Die Bevölkerung kann sich die gestiegenen Preise nicht leisten und muss daher leider noch mehr sparen.

448. Alles wird teurer, und keiner kann sich etwas leisten, wenn nicht auch die Löhne steigen. (Steigen die Löhne, droht die Unwirtschaftlichkeit im Vergleich zu Nachbarländern.)

449. Unsinnige Ratenzahlungen bringen einen in eine unübersichtliche Zwangslage.

450. Wer viel gegen die Umwelt tut, muss auch mehr dafür bezahlen.

451. Die von der Zentralbank festgelegten Zinsen beeinflussen die Kosteninflation und Kaufkraft der Bevölkerung und umgekehrt auch die Bankgeschäfte sowie die Wirtschaft und Industrie.

452. Bald muss man vielleicht sagen, dass nur ein Wunder Gottes die Erde retten kann und Dinge rückgängig gemacht werden können,

die uns durch Unachtsamkeit und Gier aus dem Gleichgewicht bringen und schwer belasten.

453. Gott spielt nicht auf sozialer Ebene mit uns.

454. Man ist nicht böse, kann es aber werden.

455. Man betrachtet oft etwas aus unterschiedlichen Perspektiven.

456. Ich wechsle und wähle die Partei, die meinen Vorstellungen und der Allgemeinheit entspricht.

457. Hau auf mich drauf, und ich werde wach.

458. Jeder darf sich seine Gesprächspartner selbst aussuchen.

459. Fehlender Sex macht unruhig.

460. Eine weltweite Wirtschaftskrise muss je nach Dauer und Intensität bezahlbar bleiben. Rabatte und Aufschläge helfen zu Gerechtigkeit.

461. Man glaubt gar nicht, dass ein Mensch so ehrlich sein kann und auch Vertrauen schenkt.

462. Man kann eine Hitparade machen, wer am besten helfen kann.

463. So viele Wohltätigkeitsveranstaltungen wie möglich veranstalten, die überregional ausschütten.

464. Ich glaube, wie die Welt funktioniert, hat noch niemand aufgeschrieben.

465. Von der Weltbank eröffnete Spendenkonten mit Angabe von Land und Partnerland und Ziel.

466. Große Wohltätigkeitsveranstaltungen bringen normalerweise mehr Geld als Spendenaufrufe.

467. Aufgaben weitergeben an die, die keine haben und die man nicht so gut kann.

468. Normalerweise sollte die Steuererklärung auf einem Blatt auszufüllen machbar sein.

469. Werbung muss wesentlich teurer werden und der Staat sollte davon profitieren, nicht die Wirtschaft.

470. Gewerkschaften in der Größe von Betriebsräten wären gut.

471. Menschen, die arbeiten, müssen auch dafür bezahlt werden.

472. Scheinangestellte verdienen hohe Strafen.

473. Klüngelfreundschaften oder die Frau als Sekretärin geht nicht.

474. Gewerkschaften wollen im Allgemeinen für ihre Mitglieder die Arbeitsbedingungen regeln, verbessern und bestimmen.

475. Kleine Gewerkschaften können manchmal, wie verteilt, mehr brachlegen als große.

476. Viele Gewerkschaftsmitglieder, Arbeitgeber und Arbeitnehmer stellen ihre Befugnisse und Macht selbst in Frage.

477. Wenige bestimmen über viele im Protest, und das in einer Demokratie, die von Gerechtigkeit mit fast gleichen gerechten Löhnen und geringer Inflation leben soll und möchte.

478. Arbeitnehmer verdienen als Grundgehalt im Laufe der Jahre immer etwas mehr, plus Zusatzvergütung für erbrachten Gewinn.

479. Arbeitgeber müssen sich so ihr Einkommen konstant halten und die hohen Gehälter, allerdings ohne und mit Bonus und Zusatzleistungen, auch rechtfertigen.

480. Gegen eine Zweiklassengesellschaft, bei der es beiden gut geht und sie toleriert wird, ist nichts einzuwenden.

481. In den Chefetagen müsste es eine Altersbeschränkung nach oben geben. Die Ausbildung zählt auch, ist aber nicht ausschlaggebend für die Bezahlung. Um Geld zu verdienen, ist ein Studium meist kein Fehler.

482. Luxus darf sein, wenn er keinen Neid erzeugt und dem Staat Steuereinnahmen bringt.

483. Wenn man bedenkt, dass Russen und Ukrainer im Krieg wissen, dass beide Kriegsparteien gut sein können und auch jeder glauben kann, dass der andere gut ist, ist Krieg Vergangenheit.

484. Der Verlust an Macht treibt die Menschen in den Wahnsinn.

485. Neuwagen mit Verbrennungsmotor kann man in den nächsten Jahren noch kaufen, zulassen und auch noch lange fahren.

486. Der deutsche Staat lebt nicht mehr lange vom Verkauf von Autos mit Verbrennungsmotoren.

487. Man ist sich noch nicht einig, dass ab wahrscheinlich erst 2035 keine Neuwagen mit reinem Benzin- oder Dieselmotor zugelassen werden dürfen. Viel zu spät, aber die E-Autos sind momentan auch nicht besser.

488. Die Welt forscht im Weltraum um die Wette und will soziale Internetportale oder Plattformen ihr Eigen nennen.

489. Eine Partei, die noch nicht mal bei der Aufstellung ihrer Kandidaten eine eindeutige Liste vorlegt, wie die AfD, schließt man am besten komplett von der Wahl aus.

490. Bei den Verhandlungen zwischen Gewerkschaften und Arbeitgebern ist die Politik laut Gesetz seltsamerweise ein unbeteiligter Zuschauer.

491. Die Mentalität eines Landes zeichnet es grundlegend aus.

492. Die Temperatur nimmt zu und das Wasser ab.

493. An Erhöhungen oder Bergen regnet es häufiger.

494. Am Meeresrand wechselt das Wetter schneller mit eventuell erhöhter oder gleicher Niederschlagsmenge.

495. In Afrika, in Gegenden mit viel Lehmboden und mit importierten spitzen Steinen und Salzen, kann man tolle, billige, umweltfreundliche, klimaresistente Häuser mit wenig Wasser und Wohlfühlcharakter bauen, die ein Betonhaus bei Weitem übertreffen. Das sogenannte Stampflehmhaus.

496. Holz ist, je nachdem wo man sich befindet und welche Hölzer man nehmen kann, ebenfalls ein tragbarer umweltfreundlicher Baustoff für Häuser.

497. Wenn du etwas forderst, musst du es auch wirklich so wollen, wie du es sagst.

498. Stoßen kalte, wassergefüllte Winde am Land auf Berge, regnet es.

499. Im Flachland und am Meer können schnelle Windbewegungen Stürme verursachen.

500. Bei freien Wahlen ist die Presse ein wichtiger Stimmengeber für die Politik.

501. Von der gesamten Bevölkerungsmenge bilden die Großverdiener eine Minderheit.

502. Die breite Schicht wählt eigenartigerweise im Sinne der Großverdiener selbst, beeinflusst durch Medien und vorgeschobene Verbesserungen, gegen sich.

503. Solange der kleine Mann dumm gehalten wird, verliert er.

504. Ist man Mitglied in einer Gewerkschaft und zahlt hierfür monatlich, kann man sich auf deren Kosten einen Anwalt nehmen, der einem etwa bei Kündigung hilft.

505. Betriebsräte in den Firmen setzen sich auch für die Belegschaft ein, wenn es in den Betrieben soziale Missstände gibt. Sie setzen sich in sozialen Fragen für einen ein, sind gewählt und arbeiten allerdings auch noch selbst in der Firma mit.

506. Nicht alles, was man sagt, meint man auch so, und man muss es nicht immer ernst meinen oder einhalten wollen.

507. Nur wir als Mannschaft können überleben.

508. Freue dich, mach Blödsinn, denn du bist noch jung und hast ein junges Alter.

509. Wer Angst hat, etwas falsch zu machen, wirkt, obwohl man es genau weiß, unsicher.

510. Wer eine Ausbildung beginnen will, muss sich auf jeden Fall sehr gut beraten lassen, eventuell ein Jahr ins Ausland und/oder ein Jahr soziale Tätigkeiten übernehmen.

511. Wer gut ist, kommt immer durch.

512. Strebe nicht nur nach Geld, es macht wirklich nicht glücklich.

513. Private Kindergärten, Schulen oder Unis sind separat zu bezahlen, im In- und Ausland, und sind gut für diejenigen, die es sich leisten können.

514. Man testet auch oft durch eingestreute Fehler.

515. Fehlerfreies Arbeiten motiviert.

516. Die Eltern wählen für ihre Kinder die entsprechende Konfession aus.

517. Erst im Alter, wenn man seinen Glauben geprüft und gefunden hat, wechselt man oder bleibt bei seinem Glauben.

518. Bei zwei Menschen mit unterschiedlichen Konfessionen wählen die Paare bei der Geburt eines Kindes auch gemeinsam einen Glauben aus.

519. Bei Hochzeiten bestimmt gegebenenfalls das Paar die Kirche und die Predigten von unterschiedlichen Pfarrern oder Mitmenschen.

520. Manche Dinge, positiv und einfach, kann man nur alleine entscheiden.

521. Ich lasse mich am Anfang immer von meinem Gefühl leiten, prüfe allerdings mein Handeln noch mehr, fachlich und parallel.

522. Wer klagt, macht Fehler, die er bereut.

523. Wer nicht genug hat, dem könnte es passieren, dass er auch nie genug bekommt.

524. Fragen tut gut, Antworten auch, das ist ebenso.

525. Bei schlechter Leistung und Wechsel des Arbeitnehmers dürfen keine Leistungen oder Abfindungen gezahlt werden.

526. Bei guter Leistung kann es eine Prämie geben, schließt aber in nächster Zeit dann einen Wechsel mit Kündigung aus.

527. Im Grunde ist niemand anders, wer denkt und handelt.

528. Die vorhandene Infrastruktur darf gar nicht oder nur für eine begrenzte Zeit an andere vergeben werden.

529. **Bei der Neuplanung eines Landes sollte die Infrastruktur frühzeitig beachtet und die vorhandene Bebauung integriert werden.**

530. **Niemand kann ohne Glauben denken; der Glaube ist immer dabei.**

531. **Schon mit dem Wissen im Hintergrund, dass Völker gleich sind und es eine Tendenz zum Guten gibt und alle Menschen glauben, kann man Menschen gut prüfen und einschätzen, was ohnehin geschieht.**

532. Mangel verursacht Krankheiten.

533. Wer die Freiheit des anderen zu Unrecht einschränkt, macht etwas falsch.

534. Von den Einnahmen aus verkauften Produkten profitieren der Staat, die Industrie und Einzelpersonen, zum Teil in ungerechtfertigten Verhältnissen, auch die Hersteller natürlich.

535. Wenn die Top 10 der Welt im Tennis anreisen und mitspielen, erhalten sie hohe Summen für die Anreise sowie für das Erreichen der letzten 8 bis zum Endspiel, plus Zuwendungen und Werbeeinnahmen.

536. **Mit Werbung kann man viel erreichen und auch viel verdienen.**

537. **Werbung suggeriert Glücklichsein.**

538. **Werbung ist teuer und man kann viel mit ihr bewirken.**

539. **Werbeeinnahmen müssen versteuert werden.**

540. **Werbung ist keine freie Meinungsäußerung, sondern manipuliertes Weitergeben von Informationen und Sachverhalten.**

541. Mit bestimmten staatlichen Monopolen kann der Staat ungerechte Verhältnisse ausgleichen, viel Geld verdienen und sozial arbeiten.

542. **Einführung einer Spendenpflicht.**

543. Versuche, dich bei ungerechtfertigter Kritik oder Gleichgültigkeit nicht zu ärgern.

544. Versuche, dir zu sagen, dass das, was du machst und wie du es machst und überhaupt du, so richtig ist.

545. Höre eher auf Menschen, bei denen du glaubst, dass sie redliche, ehrliche Menschen sind, und prüfe trotzdem später noch einmal.

546. Es gibt etwas um uns herum, das uns leitet, für uns sorgt oder einfach nur gut zu uns ist, mit Ausnahme von anstehenden Fehlern von uns selbst, die wir ahnen und vermeiden könnten.

547. Angst habe ich im Moment nicht, denn ich versuche, den richtigen guten Weg weiterzugehen.

548. Das allerletzte Ende: Gut und das grundsätzlich nicht vorhandene Böse betrachten sich gemeinsam für das Gute für alle.

549. Das Verursacherprinzip: „Wer etwas kaputt macht, muss es auch wieder in Ordnung bringen." Gilt leider nicht immer.

550. Eltern, die ihre Kinder bevormunden, schlagen, misshandeln, missbrauchen, zwangsverheiraten, verkaufen, als Sklaven halten oder nicht mit ihnen spielen, gehören nicht in diese Welt.

551. Beim Krieg wird fast immer gängiges Recht gebrochen, wie z. B. gemordet, gefoltert, misshandelt oder verkauft, oft leider ohne Möglichkeit der Ahndung.

552. Wer gut sein will, muss sich hinterfragen.

553. Man merkt, wenn alte Menschen ihre Ruhe haben wollen.

554. Wenn die Oberschicht nicht mitspielen will, beginnen wir auch.

555. Geld richtig zu investieren ist schwierig und darf nicht einseitig bevor- oder benachteiligen, nie ganz verloren gehen.

556. Einsparungen über Arbeitskraft und Umstrukturierungen sind ein Muss sowie die gerechte Abgabe und deren Verteilung.

557. Arbeitslose erhalten breit gestreut aus einem großen Topf Geld.

558. Die Welt muss auch Rücklagen für die Beseitigung des Umweltproblems schaffen, und zwar so schnell wie möglich. Das Migrantenproblem ist ebenfalls sehr wichtig, sowie Hunger und Not.

559. Wir müssen viel schneller und früher an die Umwelt denken, da sonst immer mehr und immer schneller die Ozonschicht zerstört wird und damit das Leben auf der Erde unmöglich macht.

560. Das Umweltproblem und das Verkommenlassen des Menschen prägen unsere jetzige Zeit.

561. Der reflektierende Strahl der Sonne von der Erde ist Gift.

562. Geld und Hilfe werden überall gebraucht.

563. Auch Wassermangel und Qualität können zeitweilig zu Umweltbelastungen führen.

564. Wenn man sich klar macht und veröffentlicht, wie ernst die Lage der Erde ist, ist bestimmt jeder bereit zu helfen. Wir wollen alle leben, gut leben und alt werden.

565. Redet und glaubt einander mehr, bitte mehr als vorher.

566. Nur relativ gesehen schädigen wir die Ozonschicht weniger als früher, aber absolut gesehen natürlich mehr.

567. Nutzbares Wasser mit entsprechendem Klima und Bedingungen für die Menschen gibt es nirgendwo außer auf der Erde.

568. Leben soll auch außerhalb der Erde nachweisbar sein, in einer anderen Lebensform.

569. Wasser geht mit Luft und auch Mikroorganismen durch die Ozonschicht in die Atmosphäre verloren.

570. Der reinigende, mit Mikroorganismen behaftete um die Erde wehende Wind mit Wasserdampf ist an Kraft und Mikroorganismen geschwächt und kann, auch wegen Umweltgiften auf der Erdoberfläche, nur schwer reinigen.

571. Der Luftdruck und die Mikroorganismen sorgen für die Kraft der Verwüstung.

572. Sind im Wind genügend Wassertropfen und Mikroorganismen, können sie aber auch die Erde reinigen.

573. Du kannst nicht behaupten, dass du auf jeden Fall besser bist als ich, denn du weißt nicht, welche Hindernisse und Erlebnisse ich überwinden musste.

574. Es muss viel mehr Verbote und Grenzwerte für Produkte und Haushalte in Bezug auf den CO2-Ausstoß geben.

575. Wer Menschen liebt, wird sie wiedersehen.

576. Ich mache Dinge, die gut sind, bin die Hoffnung und an deiner Seite.

577. Heirate niemals jemanden, der Spaß am Kontrollieren hat.

578. Mach es gut, nur nicht zu gut.

579. Der Beste kann auch jemand anderes sein.

580. Eine ukrainische Familie erhält gerechte Zuschüsse vom deutschen Staat, wird aber leider auch oft falsch belastet.

581. Wir helfen, genießen und freuen uns auf den Tag.

582. Traurig kann nur der sein, der keine Freunde und kein Geld hat.

583. Die einmalige Einheit kennt kein Abbild.

584. Wir werden satt, während andere hungern.

585. Gut bleibt gut, und das Schlechte rächt sich.

586. Meine Würde ist im Grunde die Bescheidenheit, die ich ohne Probleme für mich einhalte.

587. Man muss immer sagen, dass das Gute siegt, um das richtige Ziel zu erreichen.

588. Spendet ein Land für soziale Zwecke und setzt das Geld gut ein, sollten wir uns alle freuen können.

589. Ich trete gerne zurück, wenn es wirklich einen Zweck erfüllt.

590. Die Liebe ist wie ein Berg voller Wolken, umringt von Sonne, Wasser und Luft.

591. Wird alles teurer, auch wenn die Löhne steigen, steuern wir auf eine Katastrophe zu, ohne allein oder mit anderen leben zu können. Dank der verbliebenen Menschheit und Wirtschaft.

592. Produkte werden hergestellt, um sie verkaufen zu können.

593. Geld zu sparen und die Preise nicht oder nur gemäßigt zu erhöhen, sollte theoretisch der richtige Weg sein.

594. Jeder Wirtschaftszweig muss autark wirtschaften und nur im äußersten Notfall den Staat oder Mitstreiter um Hilfe bitten, was bis zu Lohnverzicht gehen kann.

595. Die Schufa als vertrauliche Auskunftsstelle für die Wirtschaft darf nicht in privaten Händen und auch keine Aktiengesellschaft sein, was sie im Moment ist.

596. Ein Fehler zieht den nächsten nach sich.

597. Wer die Zeit hat, sollte sich ausruhen.

598. Beim Abbau von Leid helfen die Familie, Freunde, Nachbarn, das ganze Umfeld, Psychiater, Psychologen, Sozialarbeiter, die Kirche und man selbst.

599. Grundsätzlich darf man nicht sagen, dass der Staat sich nicht in das wirtschaftliche Handeln der Industrie einmischen darf. Er kann Anreize schaffen, darf aber auf keinen Fall den Falschen bevorteilen oder bewusst gegen Demokraten lenken.

600. Ich versuche, auf jeden einzugehen, ohne mich dabei zu verlieren.

601. Ich weiß nicht, in welcher Welt ich lebe, in der sich Zeiten und Dauer verschieben und zusammenhanglos ergänzen, wie in einem Irrgarten, in dem der Weg auf einen wartet.

602. Wer im Kleingedruckten minimale Fehler sucht, ist unakzeptabel.

603. Ich springe zwischen Gegenwart, Zukunft und Vergangenheit.

604. Manchmal hilft es, schnell zu arbeiten; im Regelfall jedoch langsam und gewissenhaft.

605. Ich liebe dich und glaube an dich, bin glücklich, alles ist toll und zufrieden, wenn du da bist.

606. Ein schlechtes Gewissen verursacht Angstgefühle und blockiert das Denken.

607. Ich grüße Menschen, die ich kenne, und diejenigen, die ich grüßen will.

608. Glücklich sein steckt an, befreit und ermöglicht das optimale Leben.

609. Kritisiere dich selbst.

610. Der Moment erlebt das Weiterleben, ohne Abzüge und Abschluss.

611. Ich kann Bilder vor Augen haben, die sich in Vergangenheit, Gegenwart oder Zukunft abspielen und sich dennoch ins normale Leben integrieren lassen.

612. Der verschobene Tag-Nacht-Rhythmus unterliegt Schwankungen, und eine Einordnung klingt fast unmöglich.

613. Der entsprechende Fachmann entscheidet über sein Gebiet.

614. Ein Kind lernt spätestens, wenn es in die Grundschule kommt, dass es niemanden verletzen darf und ist dafür ab zwölf Jahren haftbar zu machen.

615. Zu viel Gutes bedrückt die anderen, wenn jemand das glaubt.

616. Die Wirtschaft funktioniert gut, wenn sich die Industrie und der Staat nach vereinbarten Regeln und notwendigen Fristen richten.

617. Es gibt zwei Arten von Krankenhäusern: in der Stadt und auf dem Land, im Dorf.

618. Es regnet auch, wenn starke Winde auf stehende Luftmassen treffen.

619. Die staatliche Gesellschaft BaFin prüft und regelt private Unternehmen auf eventuell unerlaubte Geschäfte sowie die Nachhaltigkeit und die Einhaltung des CO2-Ausstoßes.

620. Die Inflation und die Zinsen sind voneinander abhängig.

621. Belasten wir die Umwelt, belasten wir uns selbst und sterben früher.

622. Das Anwachsen der Erdbevölkerung nimmt drastisch zu und die vorhandene Anbaufläche auf der Erde wird falsch und unzureichend bewirtschaftet oder die gewonnenen Produkte werden als „zu viel“ weggeworfen oder falsch verteilt.

623. Das unbefristete Verlangen nach mehr führt zu Hass gegenüber anderen.

624. Rentner haben den Vorteil, dass sie sich immer hinlegen können, wenn sie müde sind.

625. Jede Staatsform, die man neu gründen oder verbessern will, ist zugelassen, egal welche, wenn sie der Demokratie, dem

Kommunismus oder der Diktatur mit den sieben aufgeführten Blöcken entspricht, sie beinhaltet und befürwortet.

626. Glauben dürfen alle, egal wer oder was.
627. Menschenrechte müssen eingehalten werden.
628. Hunger, Durst und Kälte beseitigen bzw. dafür sorgen, dass sie nicht entstehen.
629. Die Industrie und Wirtschaft weltweit agieren lassen.
630. Die Gesetzgebung ist als Gewaltenteilung so aufgestellt, dass keine der drei staatlichen Institutionen allein Gesetze einbringen, beschließen und ausführen kann.
631. Die Gesundheitsversorgung muss gewährleistet sein.
632. Der Staat haftet bzw. prüft und geht im Einzelfall in Vorlage bei fehlender oder ausgebliebener Auszahlung in der privaten Wirtschaft oder im Sozialfall.
633. Die Erde besteht aus Lebewesen, auch Menschen, von unterschiedlichem Geschlecht und Hautfarbe.
634. Es gibt vier Hauptreligionsarten, die der Mensch unterschiedlich anbietet.
635. Die Menschen arbeiten in unterschiedlichen Unternehmen oder selbstständig.
636. Die Menschen trinken Wasser und essen Pflanzen, Tiere und ihre Produkte.
637. Manche Menschen essen aus ethischen Gründen nicht alles.
638. Die Menschen lernen die unterschiedlichsten Berufe, um arbeiten zu können.
639. Die Menschen erhalten für ihre Arbeit sehr unterschiedlich viel Geld.
640. Der Rhythmus in der Musik ist das Wesentliche und macht Spaß.
641. Die Banken vergeben nur Kredite, wenn man nicht in Schwierigkeiten ist.
642. Integration kostet viel Geld.
643. Gewinne müssen immer irgendwo versteuert werden.
644. Bei Verlusten hilft der Staat.
645. Ein Vertrag oder ein gemeinsames Bündnis sollte nicht ständig erneuerungswürdig sein.
646. In der Zukunft müssen die landwirtschaftlichen Flächen optimaler genutzt und mehr Wohnraum geschaffen werden.

647. Überschwemmungsgebiete müssen ausgewiesen werden.

648. Ohne Aufklärung kein reines Gewissen.

649. Wenn du denkst, du hast einen Fehler gemacht, denke kurz darüber nach und korrigiere ihn.

650. Suche nicht den Schuldigen, tauscht euch aus und klärt den Sachverhalt.

651. Wer glaubt, in Unschuld gebadet zu haben, hat vergessen, sich abzutrocknen.

652. Alles, was zu teuer ist, kauft niemand aus der Mittelschicht.

653. Wer nicht immer gut ist, ist nicht zwangsläufig schlecht.

654. Intelligente Menschen kämpfen auch, wenn auch nicht öfter, für das Gute.

655. Sieht man den Sinn seines Handelns nicht, kann man, muss man aber nicht, Fehler machen.

656. Erstens weiß man nicht, was richtig ist, und zweitens kann man nicht immer so handeln.

657. Der Kreislauf des Menschen:

Die Erde, dank Gott, schickt gelebte Menschen zur Sonne, die wiederum zu den Sternen und letztlich wieder zur Erde.

658. Der Kreislauf des Lebens, als Fantasie formuliert, funktioniert so:

Der Mensch, auf der Erde geboren, kommt nach dem Tod zur Sonne, dann zu einem der vielen Sterne und beginnt wieder von vorne auf der Erde, mit reduzierten und neu verordneten Fehlern, bis alle Fehler durch das Gute beseitigt sind und dann nur noch gute Menschen auf unserer Erde, beziehungsweise im Paradies, leben und dort bleiben dürfen.

659. Der Kreislauf beginnt auf der Erde und endet im Paradies.

660. Der Mensch ist immer auf dem Weg, gut zu sein.

661. Gott wartet entspannt auf dich; lass dir Zeit, bleib gut.

662. Du brauchst Gott nicht zu suchen, einer ist immer bei uns.

663. Jeder hat seinen Gott, und Gott ist überall.

664. Tue, was du für richtig und gerecht hältst, und nicht, was andere dir sagen.

665. Die Welt denkt an alle.

666. Im Paradies ist alles vertreten, entfaltet sich und lebt.

667. Im Paradies leben alle Lebewesen, ob Mensch, Tier oder Pflanze.

668. Der Kreislauf endet im Paradies, dem Ziel, wo man immer lebt.

669. Im Paradies ist alles gut.

670. Der Weg von der Erde ins Paradies ist nicht angeboren, aber bestimmt.

671. Da ich gut bin, sind Anteilnahme und Mitgefühl bereits gegeben.

672. Wer Geschichte mischt, denkt auch, man könnte alles mischen.

673. Nicht jede Kultur und Lebensform entspricht auf Anhieb den Vorstellungen aller.

674. Zu Lebzeiten waren nicht alle gleich gut.

675. Wir müssen alle nur gut werden.

676. Im Paradies ist das Aussehen nicht so wichtig, und jeder ist schön.

677. Die alte Hülle des Menschen, das Aussehen, die Erscheinung, wird nicht mehr gebraucht, verbrannt und entsorgt.

678. Der „neue Mensch" im Paradies sieht anders aus, ist verändert, mit nur guten Eigenschaften.

679. Er strebt trotzdem ständig nach Fehlerfreiheit, um über die Seele nur zum Guten umzuwandeln.

680. Ist man zu Lebzeiten als erste Station nicht auf Anhieb gleich gut, regeln die in unterschiedlichen Entfernungen zur Erde über die Sonne befindlichen Sterne den Versuch zur Probe.

681. Die Umwandlung vom alten zum neuen Menschen im Kreislauf bilden im Zusammenspiel alle und sind immer und überall und kennen den Weg.

682. Auf jedem Stern sitzt ein Engel und leitet den Weg ins Paradies.

683. Sie bestimmen das Vorgehen aller Dinge, die Richtung, die Zeit und die Korrektur.

684. Die Sterne leuchten, haben geleuchtet, reflektieren aber nicht.

685. Manche Sterne leben oder leben nicht mehr, leuchten aber noch.

686. Es gibt drei Arten von Göttern in der Welt.

Jede Religion hat ihren eigenen Gott.

Die Welt hat einen einzigen gemeinsamen Gott.

Jeder Mensch hat auch einen Gott in sich.

687. Die Entfernung vom Stern zur Erde bestimmt die Dauer, bis das Paradies erreicht wird.

688. Der Kreislauf wiederholt sich so oft, bis der Mensch fehlerfrei ist und für immer im Paradies bleibt.

689. Der normale Weg ist eine Prüfung und Einteilung des Menschen über die Sonne, die Sterne, zur Erde.

690. Der Mensch lebt auf der Erde und kommt, bei fehlerfreiem Dasein, ins Paradies.

691. Die Seele ist verankert und beeinflusst die Zukunft und ihren Werdegang.

692. Der Mensch arbeitet an sich.

693. Die Seele, Gott, die Götter und die Engel bestimmen und orientieren sich am Paradies.

694. Die Fantasie sagt, wir werden auch nach dem Tod noch tolle Dinge erleben können und bis zum endlosen Schluss zufrieden sein.

695. Die Fantasie erlaubt es, Gedanken mit dem Irrealen zu verbinden und zu genießen.

696. Die Wandlung des Lebens, hin zu einer Welt der Gleichheit.

697. Eine Volkswanderung auf der gesamten Erde und in der ganzen Welt zum Austausch und zur Gleichstellung der Menschen beginnt.

698. Eine Erde ohne Wärme, Kälte, Licht und Dunkelheit, Boden, Luft, Wasser, Lebewesen, Anziehungskraft und Atmosphäre ist undenkbar.

699. Zum Renovieren der Erde braucht man Fantasie und Toleranz.

700. Die Bausubstanz kann nachhaltig zum großen Teil wieder vor Ort verwendet werden.

701. Das Ende lässt hoffen.

702. Blutstau und Engstellen im Gehirn verursachen Kopfschmerzen.

703. Die Menschen streben noch mehr auf der Erde.

704. Es gibt nur eine Erde, unseren Planeten, unser Paradies.

705. Die Seelen mit ihren menschlichen Göttern bestimmen den Weg für Religion und alle.

706. Die Engel transportieren hauptsächlich.

707. Das Alte kann nicht so richtig sein wie vorher, und das Vorherige nicht so wie jetzt.

708. Ich bin nicht besser als du; wir sehen uns im Paradies wieder.

709. Im Paradies bist du das Stück, das fehlt, und du bist glücklich.

710. Den Platz auf den Sternen als Engel würde ich auch gerne einnehmen und zu dir ins Paradies kommen.

711. Das Gefühl, zu Hause zu sein, ist wie etwas haben zu wollen.

712. Nationalismus ist sehr schlecht.

713. Ich brauche dich in mir, und auch ohne dich lebe ich, für immer, ein Traum voller Zuspruch und Vollständigkeit.

714. Der Körper lässt nach, der Wunsch zum Handeln nie.

715. Alte Menschen lügen gerne und meinen, sie hätten Recht, oder sie verstellen sich.

716. Nichts ist wirklich falsch, außer den Tod eines Menschen, ein Leben zu beenden, das noch nicht einmal begonnen hat, und andere zu Unrecht in Wohlstand und Überfluss leben zu lassen.

717. Wir sind zusammen, lieben uns, blockieren nie, denn das sind Freundschaften, von uns, für immer.

718. Es geht immer weiter, am Ende der Anfang unserer Gemeinsamkeit, mit Dunkel und Hell, wo wir auch sind.

719. Freiheit für jeden ist ein Grundbestand und zählt immer.

720. Ewigkeit und Einigkeit sind ohne Grenzen und Beschränkung.

721. Unsere Erde ist aufnahmebereit und startklar.

722. Die Volkswanderung weltweit ist bedacht und hat begonnen.

723. Die Erde, die Sterne, die Sonne und der Mond beeinflussen die Seelen.

724. Die Menschheit verteilt sich, um Probleme zu lösen.

725. Jeder entscheidet für sich selbst, bis Einstimmigkeit herrscht.

726. Die schönen Seiten der Erde bleiben bestehen.

727. Ein Ersatzteillager für die Erde im Sinne eines Tauschs gibt es nicht.

728. Die Erde wird zwangsweise umgebaut und verschönert.

729. Jeder beteiligt sich in irgendeiner Form am Umbau.

730. Die auf der Erde vorkommende Anziehungskraft finden wir im Universum kaum noch so stark, wenn überhaupt, und sie hilft beim Wiederaufbau.

731. Die Seelen und Götter wechseln von der Erde zu den entsprechenden Sternen und der Sonne und umgekehrt, gemäß Anweisung, Verhalten und Bedarf, von Engeln geschickt.

732. Die alte Erde erstrahlt durch die Form und Bebauung schon vor ihrer Fertigstellung.

733. Die Anzahl der Menschen auf der Erde variiert, kann ergänzt oder verringert werden.

734. Auf der neuen Erde wird nichts elektrisch angetrieben.

735. Das Paradies im Traum ist Wunsch und Denken in einem.

736. Die Energiegewinnung für die Nutzung von Wärme ist zu begrenzen.

737. Auf der neuen Erde wird ein Leben bis zur Genussreizbarkeit ermöglicht.

738. Alle Dinge haben ihren Wert.

739. Sieh jeden Menschen als Mensch.

740. Wenn ich gehe, sage ich kein Wort, auch wenn ich denke, und bin im Stillen verloren.

741. Entscheide dich nicht für eine Chance, du hast Besseres verdient.

742. Liebe ist die Antwort, als Blume für dich.

743. So zu sein, wie du bist, ist die Frage, die du dir selbst beantwortest und die alles übertrifft.

744. Wenn Hunde menschlich werden und man Zuneigung spürt, kann man sie lieben wie einen Menschen.

745. Die Erde ist momentan nicht gut gebaut, und es droht der völlige Zusammenbruch.

746. Die Menschen bessern sich und arbeiten am Wiederaufbau nach Plan.

747. Der Neuaufbau der Welt wird vorangetrieben und erfolgt durch alle und Gott.

748. Massen von Menschen arbeiten, spenden oder beraten, müssen umgesiedelt werden, sterben, verlassen die Erde und predigen das Gute mit Verbesserungsthemen, denen sie folgen und verbreiten.

749. Der Mensch besteht aus Körper, Seele und Glauben.

750. Die Seele ist das „Herz“ des Menschen.

751. Die Ozonschicht um die Erde droht ganz zu zerfallen.

752. Die Seele und ihr Gott landen im Paradies.

753. Gott und Engel bestimmen die Welt und ihre Entwicklung.

754. Die Sonne sammelt das tote Universum.

755. Das Gute von einem, auch das hinzugewonnene, geht nie verloren.

756. Übrig gebliebene Fehler bleiben zur erneuten Bearbeitung im Körper eines Menschen über die Sterne. Vergeben.

757. Die Sonne ist Sammelstation, kommend von der Erde.

758. Auch und nur über die Sonne kann neues Leben geschenkt werden.

759. Jeder Mensch hätte gerne eine Art Namen für sich, der ihn ausmacht.

760. Der Glaube ist nicht die einzige Kraft, jedoch die stärkste.

761. Wenn du den Glauben eines anderen respektierst, bist du gut und hilfst auch dir selbst damit.

762. Der Glaube regelt viel und alles in die richtige Richtung.

763. Die Engel bauen auch den neuen Menschen nach Anweisung und Mithilfe.

764. Es wird ein Plan zum Wiederaufbau der gesamten Welt erstellt, nach Vorstellung der Menschheit, im Ganzen und Guten.

765. Die Entwicklung und Erhaltung des Lebensraumes Mensch ist Priorität.

766. Der gute Mensch existiert weltweit, mit Menschen im Wachstum zum Weltparadies.

767. Die Seele besteht, versorgt und führt durch und zum Guten im Menschen.

768. Die Erde wird gemäß Vorlagen und im Hinblick auf Nachhaltigkeit wieder aufgebaut.

769. Die Erde ist Baustelle, entsorgt, entgiftet und wird als Lager genutzt.

770. Sie ist auch Schlafplatz und wird zum Energiepol ausgebaut.

771. Der Mond als Einzelplanet steht nur für das Verbesserungswesen, mit Zugriff für alle.

772. Wer seine Meinung ändert, geht doppelte Wege.

773. Alles, was man automatisch und schnell macht, geht auch schnell aus dem Gedächtnis verloren.

774. Wer eine Beziehung abrupt beendet, stößt auf Widerspruch.

775. Wer nicht einmal im Kleinen Gleichheit schaffen kann, schafft es im Größeren erst recht nicht.

776. Man kann sich den Weg und das Dasein zum Guten selbst bestimmen.

777. Wer Geld hat, muss auch nachweisen können, woher es stammt.

778. Wir sind dieselben, nur anders angezogen.

779. Wenn man glaubt, bei einer anderen Religion andere Maßstäbe anlegen zu müssen, kann sich ein Gewaltpotenzial entwickeln.

780. Die Nutztierhaltung ist drastisch zu reduzieren, zum Wohl der Tiere.

781. Alleine am Ende der Strecke zu stehen, verursacht Zweifel; trotzdem sage ich mir, es ist okay.

782. Wenn Menschen auf ihrem Geld sitzen, sitzen sie zu hoch.

783. Wer sagt, das Beste sei nicht gut genug für ihn, sollte sich einmal mit anderen vergleichen.

784. Die Erde wird ihre Anziehungskraft und Atmosphäre behalten.

785. Es wird keine einzelne und separate Energieaufladestation als Subjekt neben der Erde geben können, auch nicht über die Sonne.

786. Die Sonne existiert nicht als direkte und unmittelbare Energiequelle.

787. Energiegewinnung durch Ströme von kalter und warmer Luft, Sonne, Wasser, Wind, Kompost und Abgasnutzung aus hauseigenen Schornsteinen ist zu fördern.

788. Gefühle kriegt man nicht so schnell wieder in Ordnung gebracht.

789. Das Interesse am anderen bleibt bestehen, da wir uns ergänzen und miteinander sprechen.

790. Jeder braucht und verlangt nach einem Engel, für Transport und Unterhaltung.

791. Eine Enttäuschung kann eine zu viel sein.

792. Die Atmosphäre lässt Gase durch.

793. Förderung muss immer in beide Richtungen gehen.

794. Die Welt retten, will jeder.

795. Wer den richtigen Schritt kennt, muss ihn auch gehen.

796. Man muss alles erklären können, dann ist es auf jeden Fall richtig.

797. Die Sätze hören nie auf, hoffe ich, denn nur dann sind sie richtig und helfen auch.

798. Den Sinn der Aussage zu wechseln und dennoch Recht behalten zu wollen, ist ein Gedanke, der zum Nachdenken anregt.

799. Im Moment bin ich fehlerfrei, das kann sich allerdings auch ändern.

800. Wer weiß, dass der andere Fehler hat, zeigt mit dem Finger darauf.

801. Wer in der Jugend unter Liebesentzug leidet, tut sich schwer und wird zum Bestimmertyp.

802. Jeder Zwang, immer etwas tun zu müssen, irritiert und stört.

803. Was ganz genau durchgeplant ist, ist kein Zufall oder Urlaub.

804. Wer immer aufpassen muss, ob der Entgegenkommende plötzlich abbremst oder geradeaus läuft, wirkt provokant.

805. **Es geht nur, wenn wir uns alle zusammentun, uns einverstanden erklären und glücklich den Weg zur Liebe finden.**

806. Versuche, dein Handeln nach Wichtigkeit oder deinen Bedürfnissen auszurichten.

807. Ich bin zwar für mich die wichtigste Person, darf mich aber nicht zum Herrscher entwickeln.

808. Hat jeder etwas, was er gerne macht, kann er das notfalls immer tun.

809. Mit der richtigen Einstellung muss man auch an Wunder glauben.

810. Wer nach dem Lesen meiner Sätze nicht mehr ans Glauben denken kann, den gibt es nicht.

811. Wer an etwas glaubt, wirkt beruhigend und selbstsicher.

812. Im Alter und in der Jugend gibt es fromme Menschen.

813. Im Sterben denkt man verständlicherweise an sich und an sein Leben.

814. Wer an Wunder glaubt oder ein Wunder erlebt hat, will gut sein und kontrolliert sein Handeln danach.

815. Kein Mensch und kein Gläubiger gibt Fehler gerne zu.

816. Man kann jedem sagen, dass man Wunder erlebt hat, muss es aber nicht.

817. Sich zu offenbaren, hilft der Familie und Freunden, obwohl sie ja auch gesegnet sind.

818. Ein starker Glaube kann bewirken, Wunder zu empfangen.

819. Es gibt Wunder, Zufälle, Vorbestimmtes, auch Glück oder Fehldeutungen und unerwartete Ereignisse, die deinem Handeln entsprechen können.

820. Gläubige nehmen die Umwelt extrem stark wahr.

821. Nur ein Team mit Glauben, Wissen und Hoffnung kennt die Welt und kann sie positiv verbessern.

822. Manchmal schwanke ich, ob alle Menschen meine Gedanken oder Worte so übermittelt bekommen, dass es alle wahrnehmen, oder nur manche, oder alle nur zum Teil, das weiß ich nicht.

823. Versuche, wenn du etwas Schlechtes findest, es zu lösen oder es zumindest in irgendeiner Form weiterzusagen.

824. Ich hoffe und bete dafür, dass die ganze Welt an Wunder glaubt und bald ein gemeinsames Ziel findet, so wie es sein soll.

825. Wenn wir hier in Frieden leben und alles haben, reden wahrscheinlich auch die Tiere mit dir.

826. Wunder muss man erleben, dann glaubt man an sie.

827. Glauben kann man nicht ausleihen, stehlen oder hinrichten.

828. Einmal Wunder, immer Glauben.

829. Wer sein ganzes Gerede darauf ausrichtet, als Sieger hervorzugehen, tut mir leid.

830. Spätestens im Alter darf man auch mal an die anderen denken und sich zurücknehmen.

831. Das Gute bringt uns ins Paradies und dir näher.

832. Ich bin nicht der Richter meiner Eltern und gehorche auch nicht, wenn ich es nicht auch wirklich will.

833. Lügen und die damit verbundene Unsicherheit vertragen sich nicht.

834. Auch meine Eltern haben mich zum Teil ausgenutzt und mit Gefühlen gespielt.

835. Pauschale Aussagen helfen, den richtigen Weg zu finden.

836. Gute Menschen lieben besser.

837. Nur gute Menschen leben länger, ist ein Gerücht.

838. Wunder zu erleben, heißt, sich trauen, etwas zu sagen.

839. Junge Menschen mit Hintergrundwissen und gefestigtem Glauben sind zukunftsrelevant.

840. Wenn wir unseren Glauben lassen und ihn nicht infrage stellen oder ändern würden, weil er angeblich falsch ist, wären wir dem Paradies näher.

841. Das Herzstück jeder Religion sind Wunder.

842. Manche Menschen versuchen nach dem Tod, sich von ihrer Seele und ihrem Gott zu trennen, was nicht gut ist.

843. Alle, die im Paradies leben dürfen, haben in irgendeiner Form geholfen, auf jeden Fall so gut sie konnten.

844. Ich empfinde ein völlig anderes Leben, wenn ich daran glaube, gut zu sein.

845. Die ganze Welt braucht Energie, auch die Atmosphäre, und auch wir leben von Energie.

846. Man kann Menschen bewundern, aber nur ihren Gott oder bedingt den Engel anbeten.

847. Mit Liebe hält man die Erde in ihrer Umlaufbahn und in Sicherheit.

848. Liebe bewirkt alles.

849. Der Gott im Menschen glaubt, denkt nach und hilft.

850. Am Totenbett hinterfragt man sich in Ruhe, entspannt sich und wartet, was kommt.

851. In einer schlimmen Diktatur muss man der Bevölkerung klarmachen, dass sie einen falschen weltlichen Diktator anbetet und keinen Gott.

852. Waffen gehören nicht in private Hände und sollten grundsätzlich verboten und abgeschafft werden.

853. Gleichheit der Menschen sollte kein Thema sein.

854. Gruppenzwang ist oft auch für Jugendliche ein Muss.

855. Wechselnde Erlebnisse helfen, Trauergedanken zu neutralisieren.

856. Bei der Verarbeitung von Trauer durchläuft man mehrere Phasen.

857. Wunder geschehen, wenn zwei Liebende zur gleichen Zeit das Gleiche denken.

858. Ich glaube, wir wissen jetzt schon teilweise, dass wir theoretisch im Paradies leben, einige jedoch nicht.

859. Wenn man krank wird oder falsch denkt, trägt oft auch die Religion mit ihren falschen Schlussfolgerungen eine Mitschuld.

860. Wird das Licht jetzt länger und verschwinden die Schatten?

861. Ohne Glauben ist man leer und einsam.

862. Wer heute traurig ist, vergisst den Moment der Freude.

863. Sei nicht traurig, die Welt bessert sich, wie du und deine Freunde hoffen.

864. Wer keine Probleme lösen kann, hat sie immer wieder.

865. Wenn es dich bis zur Fußsohle verletzt, brich ab und tue, was du willst: Gutes.

866. Wer die Ordnung des Anderen zerstört, handelt nur nach dem eigenen Gewissen.

867. Wer gewohnt ist, immer das Gegenteil zu machen, ändert sich erst, wenn gar nichts mehr geht.

868. Manchmal ist der Himmel blau vor Wolken und die Sonne schaut mir ins Gesicht und freut sich mit mir.

869. Wer genug hat und nach mehr fragt, ist undankbar und für viele nicht tragbar.

870. Wenn jemand immer nur das tut, wozu er Lust hat, enttäuscht er unter Umständen andere.

871. Wer schnell Gefühle wechseln kann, wirkt unglaubwürdig, ist aber nicht zwingend schlecht.

872. Man darf nicht jeden Wunsch sofort erfüllen.

873. Menschen sterben auch auf der Erde einfach so, wenn sie es wollen.

874. Wer undankbar ist, verkennt die Welt.

875. Wenn Erlebnisse täuschen und in unrealistische Gegebenheiten verstricken, ist Vorsicht geboten.

876. Die Liebe siegt, nicht ohne zu wissen, dass es dich gibt, und wir streben ein Wiedersehen von ganzem Herzen an, mit aller Liebe zu dir.

877. Wer bin ich und was mache ich?

878. Mein Zuhause ist zurzeit nicht hier – wo bin ich?

879. Mir ist alles fremd und unwirklich.

880. Mein Hund bellt und sagt mir: „Überleg noch mal" und ich schlafe wieder ein.

881. Ich sehe junge Menschen, die ganz alt aussehen, und frisch Rasierte, die kurz danach einen Bart haben.

882. Träume haben ein Eigenleben.

883. Seelen können sich irgendwann wiederfinden.

884. Tote von der Erde erreichen ohne die entsorgte Hülle die Sonne.

885. Die Sonne verschickt dann je nach Bedarf weiter auf die Sterne.

886. Diese wiederum zur Erde oder, im Falle der Endgültigkeit ohne Fehler, ins Paradies.

887. Die Welt mit dir ist wunderschön, auch das Ende.

888. Du, als Gott, Seele, Mensch und Engel, bist ein tolles Gespann.

889. Die Engel leben mit und auf den Sternen und entscheiden gemeinsam mit Seelen und Göttern.

890. Keiner ist alleine, denn wir warten auf dich.

891. Wer keinen Freund braucht, ist alleine und es fehlt ihm etwas.

892. Einen Ersatz für unseren Engel gibt es natürlich nicht.

893. Zu wissen, dass es gute Menschen da draußen gibt, hilft enorm.

894. Ich verspreche jedem, für ihn zu beten, was immer er will.

895. Ich überlege die Zusammenhänge von allem und komme zu Schlüssen, die mich zufrieden machen.

896. Es gibt keine leere Atmosphäre, denn du bist irgendwo.

897. Beurteilt die Aussagen und ihre Konsequenzen, die zum Ziel führen.

898. Die Sonne wartet, gibt frei und nimmt weg, wenn nötig.

899. Um Menschen zum Guten zu führen, darf man nicht, wie man meint, böse Menschen töten.

900. Meine Schuld, dank Einsicht und Taten von mir, muss der Engel akzeptieren können, um mit mir die Welt immer richtig sehen und erleben zu können.

901. Das immer mehr steigende, vermehrende und erarbeitete Gute kommt von der Sonne.

902. Die bösen Eigenschaften, die zum Spiel gehören, überlegt sich der Engel, mit Anregungen von der Sonne, sagt man.

903. Die Sonne lagert Gutes und vernichtet Schlechtes.

904. Das Ziel ist, das Erreichen des Paradieses, in dem alle leben und nur gut sind.

905. Ist man beim Ableben noch nicht vollständig gut, muss man den Umweg machen und nochmal auf die Erde zurückkehren, um sich zu bewähren.

906. Je nachdem, auf welchem Stern du vom Engel geschickt wirst, kannst du früher oder später nach Bewährung wieder auf die Erde oder ins Paradies kommen.

907. Die Menschen sehen nach dem Wandel anders aus, doch der Glaube und die Gefühle, der Geist und das Bewusstsein, die in ihnen wohnen, können sich anpassen oder ändern.

908. Der Engel schafft zur Wiedergeburt ganz neue Menschen, die in ihrer Hülle einen Gott wohnen haben, an den man glaubt und über den man auch an andere glauben kann, sowie eine Seele mit dem Gefühlsleben, dem Geist und dem Bewusstsein.

909. Der Engel kann dich auch ungesehen von seiner Position ins Weltall katapultieren, wenn er das für richtig hält oder der Mensch das so will.

910. Die Engel prüfen Verbesserungen und die aktuelle Zeitgemäßheit.
911. Die Seele kann für Einstimmigkeit mit Gott als Leitfaden dienen.
912. Keine Leistung ist umsonst.
913. Jeder Lösungsweg ist anders.
914. Wer sagt, dass er Essen, das ihm nicht schmeckt, nicht herunterkriegt, tut mir leid.
915. Enttäusche das Gute nicht durch falsche Entscheidungen.
916. Das Gute, auch im anderen, erlischt nicht.
917. Ärgern sich zwei, ist der Weg ins All zu prüfen.
918. Wenn es nach Frieden aussieht und einer nur das Sagen hat, ist die Stimmung nicht gut.
919. Sag deinen Kindern nie: „Du wirst später genauso wie wir."
920. Tue so, als wäre ich gut.
921. Belanglose kleine Fehler werden häufig viel zu lange gesehen und verflucht.
922. Sich unterordnen und Entschuldigung sagen zu müssen, fällt teilweise sehr schwer.
923. Erkenne, dass es wichtige und unwichtige Menschen gibt.
924. Freunde sind auch für die guten Zeiten da, in denen man miteinander Spaß hat.
925. Kompromisse begradigen den Weg.
926. Wer sich immer mehr auf eine einsame Insel gesetzt fühlt, muss mit sich im Reinen sein.
927. Regelmäßiges Gutes darf nicht ausbleiben, um sich in der Gesellschaft bestätigt zu fühlen.
928. Hat jemand seine Meinung noch nicht gefunden, ist er ein Zeitgeist mit vielen Hürden.
929. Gedanken und Emotionen lösen festgefahrene Verhaltensweisen schnell und gründlich.
930. Nur durch Zusehen kann man einiges richtigstellen.
931. Sterben ist wie Reden, ohne Reue und Vernunft, einfach nur so, wohin auch immer, ohne nachzudenken, und später den Sternen in Richtung Erde folgen.
932. Wer noch nicht erwachsen ist, macht sich zu viele Gedanken.
933. Das Leben, so wie es heute ist, lohnt sich, wiederaufzubauen und die Zeit zu genießen.

934. Komm in unsere Welt, tu, was du fühlst, und sage Ja zum Wechsel, der alles zur Freiheit bringt, wovon wir alle geträumt haben.

935. Mein Gesicht und meine Mimik verraten und spiegeln die Welt, so wie sie ist, geradeaus und direkt, zu dem, was in uns ist und uns allen gehört.

936. Die Sonne wartet und gibt mir die Chance auf ein

937. Leben auf den Sternen und die Hoffnung, die Vergangenheit so zu verarbeiten, dass sie ohne Reue und Trauer ist.

938. Man sagt zwar, wer sich nicht bei mir meldet, will mich nicht stören, aber warum sagt man so etwas?

939. Beschuldige ich jemanden zu Unrecht, muss ich mich auch bei ihm entschuldigen, wenn nötig.

940. Die Freiheit, die jeder braucht, ist so gut, dass sie nicht entkommen darf, und wir halten sie deswegen fest, um das Wunderbare begreifen zu können.

941. Was wir brauchen, ist Liebe, ständig und unbegrenzt.

942. Ist einer von uns zu dominant, gibt es Opfer.

943. Jeder Mensch empfindet für sich selbst, im Moment und auch für die Zukunft, mit Hintergrund.

944. Die Wahrnehmung kann durch falsche Eindrücke und Erlebnisse im Vorfeld gestört werden.

945. Sich alle selbst umzubringen, ist keine Lösung.

946. Du bist der Grund, warum und wofür ich lebe, dich zu sehen, atmen und das Fühlen höre.

947. Das Leben ist das Wunder, für das wir immer dankbar sein müssen und das es zu bewahren gilt.

948. Lasst uns den Tag mit einer guten Tat oder einem freundlichen Lächeln begehen.

949. Gebt endlich Gutes von euch und bleibt dabei.

950. Mein Empfinden ist neutral, jedoch mit Angst, etwas falsch zu machen.

951. Ich frage mich, ob ich Schmerzen haben werde und was mich erwartet.

952. Nutze den Moment, um glücklich zu sein.

953. Im Hier und Jetzt finden sich Momente der Entspannung und der Zuneigung.

954. Die Gerechtigkeit kommt nicht von allein.

955. Es geht nur zusammen und auch nur mit dir.
956. Die ständige Suche nach etwas Besserem führt nicht zum Ziel.
957. Die Reihenfolge jeder Überlegung ist für das Ergebnis oft von großer Bedeutung.
958. Wer sein Gegenüber ständig bewerten muss, kann keine normale Unterhaltung führen.
959. Ich irre mich nicht, denn ich weiß Bescheid.
960. Ich bin ich und habe mit dir meinen Weg zum Glück gefunden.
961. Wann gehst du? Bist du zufrieden, wenn ich zu dir sage: Jetzt.
962. Schreibt eure eigenen Sätze auf und lebt danach.
963. Die Wahrheit ist für alle gleich.
964. Nicht jeder Zufall ist ein Wunder.
965. Das System fließt anfänglich mit Fehlern zum absolut Guten.
966. Ich darf mich nicht schlechtreden und auch nicht für zu gut halten.
967. Ich danke für alles, was wahr ist und mich berührt hat.
968. Ich möchte einschlafen können, ohne ständig nachdenken zu müssen.
969. Gefühle zu zeigen, ist oft schwer; man blockt eher ab und macht sich dabei auch noch selbst schlecht.
970. Nicht jeder Mensch kann Verantwortung übernehmen und Entscheidungen treffen.
971. Ich gehe viel zu oft auf Eigenverschulden ein und mache mich dann selbst schlecht.
972. Eine gut gemeinte Geste, falsch verstanden, sorgt für Unruhe in mir.
973. Halte dir deine Fehler vor Augen und lass Kritik zu.
974. Gönne dem anderen auch mal, etwas falsch machen zu dürfen.
975. Weicht man vom Guten ab, dann reagiere.
976. Wer zu sehr die Hauptperson darstellen möchte, muss sich im Klaren darüber sein, dass er andere unter Umständen vor den Kopf stößt, wenn sie beim Thema nicht teilhaben konnten.
977. Kirchenvertreter vertreten ihre Glaubensrichtung mit Hintergrundwissen und Vergangenheit.
978. Heilige zu Lebzeiten gibt es nicht.
979. Sterben ohne nachzudenken ist nicht möglich.
980. Alten Menschen sollte das Sterben nicht ganz fremd sein.

981. Keiner ist gerne tot, weil auch keiner sagen kann, was dann ist.

982. Wer gut oder schlecht ins Jenseits kommt, bestimmen wir nicht selbst.

983. Beim Sterben nachzudenken, genügt eine Millisekunde.

984. Ein Satz oder ein Laut und wir sind eingestuft.

985. Fühle meine Gefühle auch in dir, um mir sagen zu können, was uns und nur uns zusammenhält.

986. Alles, was nicht stimmt, ist Unsinn.

987. Vorbeugen ist die beste Prognose.

988. Wenn Gott dich berührt, vergehen Träume im Nichts, inklusive ihrer irdischen Wirklichkeit.

989. Gott und sein Mensch verlieren sich nicht.

990. Bist du nicht gut, weise ich dich in deine Schranken und lasse dich aufleben wie für mich selbst.

991. **Die Liebe ist, ohne Fragen zu müssen, die Einzige, die alles Unmögliche wahr werden lassen kann**.

992. Gott setzte gleiche Menschen auf die Welt: Die Hülle ist immer anders, das Innere kann hingegen dasselbe sein.

993. Selbst Genverwandte waren sich schon früher uneinig.

994. Versuche, eine gesunde Distanz aufzubauen, bei der keiner zu Schaden kommt.

995. Die Existenz von kleinen Firmen ist eher gefährdet als die von großen.

996. Kleine Firmen gehören bezuschusst und in Krisenzeiten vom Staat finanziell bessergestellt.

997. Man sagt, bei guter Führung seien große Firmen krisensicher.

998. Massenproduktion schadet der Menschheit.

999. Nur wer gleich ist, kann dasselbe sein.

1000. Zwinge dem anderen nicht deine Meinung auf.

1001. Man kann Gefühle nicht planen und am nächsten Tag auch so ausführen.

1002. Wer gut malen will, muss auch aufhören können, wenn es ihm Spaß macht.

1003. Freude überall, nur nicht bei mir, lässt mich denken...

1004. Deine Liebe liegt in mir und sagt mir: Gehe deinen Weg, es ist alles gut und in Ordnung.

1005. Zwei Menschen trennen sich nicht, ohne Verbundenheit für die Zukunft.

1006. Wenn die Himmelstür geöffnet wird, ist Eintritt gegeben.

1007. Wer durch Enttäuschung über andere schlecht gedacht hat, kann möglicherweise nie wieder gut oder sehr gut über diese Person denken und wahrgenommen werden.

1008. Freue dich auf jeden Tag, den du noch bekommst.

1009. Die Zukunft gehört dir, das Jetzt mir.

1010. Wo du bist, will ich hin.

1011. Das Leben dauert nicht sehr lange.

1012. Man muss seinem Entwicklungsstand die Treue halten.

1013. Man muss natürlich, auch als Verheirateter, alles für den Partner tun.

1014. Ist der Umgang mit anderen schiefgegangen, möchte man eine Pause machen.

1015. Nicht jeder glaubt leider, dass unsere Erde auch unser Paradies sein kann.

1016. Lächeln, wenn man traurig ist, und Stärke zeigen, weil es dich gibt.

1017. Bleib so, wenn du meinst, nichts ändern zu müssen.

1018. Krieg oder Streit ist nicht gut, auch wenn man es in Gedanken nur spielt.

1019. Das Böse ist nichts für uns und niemanden.

1020. Wir sind gegen den Trend, der gegen uns den Weg sucht und uns kaputtmacht.

1021. So wie ich sein will, bist nur du.

1022. Ich frage mich, ist bei mir alles okay?

1023. Der Mensch ist etwas für Süchtige.

1024. Man muss auch andere mit unterschiedlichen Auffassungen unterstützen können.

1025. Helfen heißt nicht, unnötige Arbeit zu verschaffen.

1026. Wer nicht zufrieden ist, sucht noch, wenn alle schon gegangen sind.

1027. Das Bild, das nur einem gefällt, gibt es nicht.

1028. Ich will so sein, wie ich mich fühle und wie ich bin.

1029. Träume weisen mir selten den Weg ins verwünschte Dasein.

1030. Jeder hat Teile vom anderen in sich.

1031. Wer dich ernst nimmt und dich positiv beeinflusst, ist der richtige Mensch für dich.

1032. Ist jemand tot, müssen Erinnerungen den Schmerz überdecken.

1033. Bekommt man immer Recht, versteht man plötzlich Abstand und Distanz nur schwer.

1034. Wer glaubt, Fehler gefunden zu haben, darf sich nicht wie ein König aufspielen.

1035. Wer ohne ein Feindbild auskommt, macht es sich leichter.

1036. Hat man schlechte Laune, darf man nicht das Gesamte bewusst zum Scheitern bringen.

1037. Mach dir den Ursprung bewusst und handle entsprechend.

1038. Sich an Persönlichkeiten zu erinnern und sich an ihnen zu orientieren, tut gut.

1039. Die Entwicklung zeigt mir, dass es doch anders wird als geplant.

1040. Wenn immer nur eine Person bestimmt, geht das nicht.

1041. Manche Menschen lieben es, Probleme zu lösen, und schaffen sich immer neue an.

1042. Wem es in einer Beziehung immer nur darum geht, immer Recht zu haben, sollte diese Beziehung beenden.

1043. Prüfe nur eine Zeit lang und verlasse dich den Rest der Zeit auf dein Gespür.

1044. Man kann nicht jeden Menschen mit lieben Worten zur Vernunft bringen.

1045. Wer die Unterhaltung zwischen Menschen unterbindet, führt sie nicht in die richtige Richtung.

1046. Immer für andere da zu sein, danken dir nur wenige.

1047. Ich glaube, dass das Positive mich immer einholt und mich leiten kann.

1048. Wer überhaupt nichts vorhat, was einem Spaß macht, vergeudet den Tag mit Antriebslosigkeit.

1049. Wenn man alles machen kann, was man will, lebt man auf.

1050. Die Fantasie ist das eigentliche Paradies.

1051. Wer sich nicht gerne bedankt, aber auch nicht gerne in der Schuld anderer bleibt, tut sich schwer.

1052. Nur Schwachköpfe führen Krieg über und mit den Verwandten in den Armen.

1053. Jeder verdient das, was ihm zusteht.

1054. Unsere Liebe sorgt auch auf Dauer in die Vergangenheit hinein für Zufriedenheit.

1055. Man kann sich im Leben auch zu spät engagieren.

1056. Wenn ich mein Leben gelebt habe, fehlen mir Worte, aber ich fühle mit dir.

1057. Ich werde meinen Weg finden und das Leben hilft mir dabei, es zu genießen.

1058. Wenn die Vernunft sich für die Zukunft entscheidet, gehen alle mit.

1059. Der gemeinsame Teil in uns ermöglicht erst Zuneigung und Liebe.

1060. Alles, was zählt und man sich vorstellen kann, ist zu akzeptieren.

1061. Deine äußere Wirkung kommt von innen heraus.

1062. Psychisch kranke Menschen können auch sehr gute und liebe Menschen sein, selbst wenn ihre Krankheit ausbricht und Fehlentscheidungen getroffen werden.

1063. Manche Hunderassen mögen es und bilden ihren Charakter aus, wenn sie gehorchen müssen.

1064. Ich erinnere mich an alles, denn die Liebe gibt mir alles doppelt zurück.

1065. Sieh mich an und sage mir, etwas ist anders als all die Jahre davor.

1066. Gemalte Bilder müssen mehrere Anziehungspunkte haben, die das Bild ausmachen.

1067. Enttäuschungen und Missverständnisse ergeben falsche Ergebnisse.

1068. Versuche, jedes Wort zu verstehen.

1069. Indem man den anderen schlecht macht, wird man selbst nicht besser.

1070. Man kann niemandem verbieten, auch mal schlecht über andere zu reden.

1071. Wer zu viel will, darf nichts mehr kriegen.

1072. Was wir im Unterbewusstsein haben, geht uns im Bewusstsein oft verloren.

1073. Hat man den magischen Punkt im Bild gefunden, wandert das Auge wie von selbst.

1074. Selbstgespräche zu führen ist auch etwas für unser Wohlsein.

1075. Wenn man über die Realität trauen kann, ist man ein Stück weit glücklich.

1076. Finde dein Spiegelbild und zeige es deinem Herzen, das so wie du darauf wartet.

1077. Wer sich seiner Aussage bewusst ist, kann sie auch noch mal so richtig wiederholen.

1078. Der Weg hört nie auf, dir zur Seite zu stehen und auf dich zu warten.

1079. Wir finden zueinander, egal, wo auch immer die Richtung und die Schranken sind.

1080. Mach dir deine Erfahrung erst bewusst und teile sie dann mit anderen.

1081. Glaube, dass du irgendwann das Endziel erreichst.

1082. Den richtigen Weg muss man ein Leben lang im Auge haben.

1083. Deine Liebe hofft mit Glauben und Zuversicht auf alle.

1084. Bei großen Entfernungen vom Hersteller zum Verbrauchsort spielen Kosten und CO2-Ausstoß eine entscheidende Rolle.

1085. Eigene Aussagen muss man immer vertreten können.

1086. Enttäuschungen führen zu Krieg und Feindschaft.

1087. Frage und antworte immer: „Wie habe ich mich richtig zu verhalten, und was bewirke ich damit?“

1088. Genieße die Zeit, in der es dir gut geht.

1089. Die Kinder sorgen später für die Eltern und alle Menschen, die Probleme haben und Trost suchen.

1090. Lebe immer nach Gefühl und nicht so sehr nach Plan.

1091. Keiner wird uns sagen können, was die Liebe für uns bedeutet und ob sie bleibt, so wie sie jetzt ist.

1092. Du kannst mich jetzt nicht bis zu meinem Tod so kennen, wie ich wirklich bin.

1093. Genauso, wie ich dich sehe, bleibst du bei mir.

1094. Ich bin so froh und bedanke mich, dass ich auch an mich selbst glauben darf und dabei an die ganze Welt denke.

1095. Ohne euch wäre ich nichts und ich kann mich nur ununterbrochen dafür bedanken, dass ihr mir einen Teil von euch und eurer Liebe geschenkt habt.

1096. Es gibt Situationen, da blendet mich dein Blick und ich muss meine Blicke verstecken.

1097. Man kann nicht jeden Tag etwas Gutes tun, aber man sollte es sich vornehmen.

1098. Wenn der kleine Mann von unten für Frieden sorgt, kann das bis hinauf zum Staatspräsidenten Folgen haben und sehr gut sein.

1099. Wenn der kleine Mann Ja sagt, ist alles in Ordnung.

1100. Das Volk bestimmt, lasst euch nicht falsch beraten.

1101. Jeder hat einen wichtigen Job.

1102. Die Sache rollt sich von unten auf.

1103. Keine Staatsform ist für alle die richtige.

1104. Am Ende glaubt es jeder.

1105. Ich schreibe das auf, weil ich glaube, dass diese Theorie die beste ist.

1106. Man liebt im anderen sich selbst.

1107. Viele Asiaten glauben, reiche und gebildete Europäer seien bessere Menschen und sind sehr freundlich zu ihnen. Im Gegensatz dazu werden Asiaten, die nach Europa kommen, oft sehr schlecht behandelt, was eine Frechheit ist.

1108. Alte Menschen hören manchmal gerne Dinge mehrfach.

1109. Die Zeit regelt sich oft von selbst.

1110. Faule Menschen suchen oft.

1111. Träume sind Spielzeuge von Gott.

1112. Wenn Eltern Lieblingskinder haben, kommt mindestens eines zu kurz.

1113. Die Liebe trägt dein Gesicht und bleibt für immer so.

1114. Die Wahrheit ist immer greifbar.

1115. Wie ich mich fühle, der Moment und das Gefühl zwischen uns ermöglichen das Zusammenleben.

1116. Versuche ein Ende zu finden, denn du gibst nie auf.

1117. Auch wenn du nur glaubst, alleine zu sein, bin ich schon da.

1118. Die Richtung stimmt und das Leben für uns ist nah.

1119. Wir wissen es und kennen unsere Möglichkeiten, zu uns zu finden.

1120. Lachen erfüllt uns mit Zufriedenheit.

1121. Die Liebe ist das Einzige, das alles kann und das jeder gerne hätte.

1122. Trauer möglichst in kurzer Zeit verarbeiten.

1123. Ich warte nicht; irgendwann funktioniert es auch schnell.

1124. Mein Traum vergeht beim Aufwachen in die Unendlichkeit, bis man die oft unfaire Situation versteht.

1125. Wer sich neutral verhalten will, muss sich bei seiner Meinungsbildung zurücknehmen.

1126. Es geht mir gut; ich bin allein und habe dich im Sinn.

1127. Wenn ich mich hier umsehe, glaube ich manchmal, hier nicht hinzugehören.

1128. Wer braucht einen Helden, hinter dem er sich verstecken kann?

1129. Die Erinnerung an etwas kann und darf nur Gutes bewirken.

1130. Ich bin hier richtig, einverstanden und richte mich nach all dem, was zu dir gehört.

1131. Warum gibt es ein Ende und einen Anfang, die neue Perspektiven bieten und mit denen ich zufrieden bin?

1132. Die Wiederkehr erscheint für einige so, wie es andere sich wünschen würden, aber es ist oft zu einfach und zu plötzlich.

1133. Die neue Generation lebt so, wie sie es für richtig hält, und findet täglich neue Inspirationen.

1134. Durch die Gefühle entstehen Gemeinsamkeiten.

1135. Das Jetzt könnte auch das Morgen sein.

1136. Meine Liebe ist mein Weg zu dir, auf den ich stolz bin und den ich nie verliere.

1137. Ich predige nicht nur für mich, sondern auch für alle.

1138. Wenn Gefühle zwischen dir und mir die Führung übernehmen, ist ein Austausch garantiert.

1139. Entscheidungen zu treffen, ergibt Sinn und verleiht einer Aussage Kraft.

1140. Mein Leben wird durch die Liebe bestimmt, die alles hervorzubringen vermag und glücklich macht.

1141. Du bist es, wie ich glaube, und ich hoffe auf dich.

1142. Oft sagt man Dinge oder verhält sich anders, als man es wirklich meint, nur um seine Ruhe zu haben.

1143. Im Alter wandern die Venen nach innen und die Haut wird dünner.

1144. Mach dir deine Stärken bewusst, sie gehören zu dir und sollten immer positiv betrachtet werden.

1145. Im Alter findet man Freunde nicht immer wieder, und die Auswahl wird begrenzter.

1146. Zeige dein Selbstbewusstsein und setze es durch.

1147. Keine Zeit zur Vergebung zu ermöglichen oder kein Recht auf Verbesserung zu gewähren, schafft Unrecht im Herzen.

1148. Der Glaube hat mehr Wert als das bloße Aussprechen von Gerechtigkeit.

1149. Erinnerungen verbinden uns, idealerweise ein Leben lang oder für immer.

1150. Wenn sich jeder nur strikt nach dem Gesetz richtet, endet der Weg oft im Krankenhaus.

1151. Wenn du nie sagst: „Ich liebe dich“, werden die Zukunft und der Weg nur langsam zu dir führen.

1152. Jeder Einzelne sieht die Welt in seinen besten Vorstellungen ähnlich, so wie sie allen gefallen würde.

1153. Wir leben jetzt, überall und immer, und der Tod ist nur eine Zwischenstation.

1154. Sehr rational denkende Menschen glauben kaum, dass das Unterbewusstsein bei der Meinungsbildung eine Rolle spielt.

1155. Menschen verändern sich oft im Laufe der Zeit.

1156. Auch beim Verfolgen eigener Ziele muss man sich anderen anpassen.

1157. Egal wie viele ihr seid, ihr müsst wissen, was ihr wollt.

1158. Die Politiker berauben die Menschen und verteilen dann ungerecht aus Unwissenheit.

1159. Man darf alles kritisieren, solange man niemanden persönlich angreift.

1160. Der Energiebedarf ist bei der Kostenrechnung oft der größte Posten.

1161. Ohne Kontrolle, grundsätzlich aber mit Genehmigung.

1162. Manche Menschen wehren sich bei einem Angriff, andere versuchen freundlich zu bleiben.

1163. Wenn man sich unverstanden fühlt, darf Gefühlskälte nicht die Lösung sein.

1164. Wenn jemand ständig glaubt, der bessere Mensch zu sein, wird ein gesundes Miteinander unmöglich.

1165. Der Gedanke an eine Endlosigkeit im Leben und in der Welt lässt Hoffnung und Trost aufblühen.

1166. Zweifelsohne handeln mit Absprache und Ehrlichkeit ist der beste Weg.

1167. Ich weiß, dass ich liebe, frage mich aber, wen oder was.

1168. Die Liebe kennt keine Mauern, keine Gesetze und keine Träume, die man nicht leben möchte.

1169. Wo die Liebe anfängt, endet das Denken in Kontrolle und Vergleich.

1170. Wer auf die Liebe des anderen wartet, verliert möglicherweise Zeit.

1171. Der Zufall macht das Leben spannend.

1172. Oft erledigt sich etwas von alleine, ohne dass man helfen musste.

1173. Gestalte dein Leben zu deinem Hobby.

1174. Alles wird gut, genieße den Tag.

1175. Gefühle in Beziehungen, Familien und Freundschaften sind gleichwertig und sollten von allen respektiert werden.

1176. Wer aufgibt, verliert einen Teil seiner Einstellung zum Guten.

1177. Selbst kleine Korrekturen könnten die notwendige Wende einleiten.

1178. Alles macht Sinn, solange die Richtung stimmt, wie in einem Traum.

1179. Der innere Frieden kann sich im Traum widerspiegeln.

1180. Es ist ein Segen, wenn man bis zum Tod mit denselben Menschen zusammenbleiben kann.

1181. Ein Land braucht benachbarte Staaten mit ähnlichen oder sich ergänzenden Lebensauffassungen und Standards.

1182. Befehlen ist nicht dasselbe wie höflich bitten.

1183. Man kann sich ein Leben ohne Gott und Himmel vorstellen, es ist aber schwer und nicht wünschenswert, glaube ich.

1184. Eine gerade Linie existiert nur in unserem Gehirn.

1185. Ohne Pressefreiheit verfehlen Friedensbewegungen und Bemühungen ihr Ziel.

1186. Wer mir in der Not hilft, den habe ich gefunden.

1187. Wenn es nicht mehr weitergeht, könnte das Ziel erreicht sein.

1188. Im jungen Alter muss man viel lernen und Erfahrungen sammeln.

1189. Ob unsere Kinder uns später retten müssen, ist keine Frage; die Antwort lautet: Alle.

1190. Oft sieht man bei Tieren, dass sie erst herausfinden, wer der Stärkere ist, und dann miteinander spielen.

1191. Freunde können sich oft als hilfreich erweisen.

1192. Im Grunde ist eine Liebe für immer und lässt sich nicht so einfach ersetzen.

1193. Wenn jemand sich bewusst das Leben schwer macht, sind Ratschläge der falsche Weg.

1194. Wenn ich sterbe, möchte ich Frieden in der Welt geschaffen haben.

1195. Bei einer Operation können Betäubungsmittel in den Zellen und Gefäßen des Körpers vorübergehend Schmerzen verursachen, die dann aber verschwinden.

1196. Irgendetwas bedankt sich bei mir, wenn ich tot bin, und nimmt mich in eine Welt voller Liebe auf, die wir alle gesammelt haben.

1197. Gott hilft auch Menschen, ohne sie im Herzen wiedergefunden zu haben.

1198. Wer nicht für andere eintritt, trägt indirekt zu Ungerechtigkeiten bei, die ihm vorgehalten werden müssen.

1199. Wer seinen Glauben verliert, verliert die Zukunft, ohne Bezug zur Gegenwart und Vergangenheit.

1200. Der Glaube treibt uns an und führt uns auf den richtigen Weg, den wir alle wollen.

1201. Der Glaube kennt uns und lässt sich von niemandem täuschen.

1202. Was gut ist, muss nicht nur gefallen, sondern auch tatkräftig unterstützt werden.

1203. Lange Pausen helfen oft nicht, sondern verzögern und verunsichern.

1204. Wer Trauer in Freude verwandelt, ist gerne gesehen und wird grenzenlos unterstützt.

1205. Es gibt viele Arten, zu loben, und jede ist gut.

1206. Wind beeinflusst das Klima.

1207. Wenn unerwartet Hilfeleistungen ausbleiben, mag das so sein, darf aber auf keinen Fall zur Regel werden.

1208. Psychisch Kranke empfinden ihre Gefühle als gut oder böse, obwohl sie es besser wissen sollten.

1209. Wenn man sich so sehr über die erwiesene Liebe des anderen freut, kommen Menschen mit starken Emotionen oft die Tränen.

1210. Versuche, den anderen so zu nehmen, wie er ist.

1211. Das Herz eines jeden kann die Lösung herbeiführen.

1212. Wir handeln oft, ohne lange nachzudenken, denn das Ziel ist jedem klar.

1213. Das Gehirn verarbeitet Geschehnisse mit zeitlicher Verzögerung.

1214. Ohne Konzept gibt es keine Einigung, besonders bei Großveranstaltungen.

1215. Fehlende Kommunikation führt zu Missverständnissen und Krieg.

1216. Je zufriedener ich mit mir bin, desto besser schlafe ich ein.

1217. Mein Wunschtraum ist, nur von Gemeinsamkeiten zu träumen.

1218. Gegensätze können auch helfen, Gemeinsamkeiten zu erkennen.

1219. Ich habe keine Angst, etwas falsch zu machen, was ich nicht korrigieren könnte.

1220. Wenn ich arme Menschen sehe, unterhalte ich mich manchmal mit ihnen und gebe, wenn sie sympathisch sind, einen Geldschein als Dank, fast immer, wenn ich mich traue, mit dem Hinweis, dass alle Menschen etwas Gutes haben.

1221. Hinterlässt man einen guten Eindruck, sind die Menschen dankbar und helfen, wo sie können.

1222. Bedenke: Alles wird wärmer, das Meerwasser steigt, es gibt Stürme, Schwankungen in der Erdkruste, die Luft wird dünner, das Wasser knapper, es gibt weniger zu essen, und das Leben wird immer eingeschränkter.

1223. Der Schuldige für das Klima ist CO2, das sofort abgeschafft werden muss.

1224. Jeder Mensch, jedes Tier und jede Pflanze zeigt unterschiedliche Gefühle.

1225. Ist man im Stress oder hat Zeitdruck, sollte man dennoch versuchen, den anderen gefühlsmäßig zufriedenzustellen.

1226. Dem anderen zu zeigen, dass man ihn mag, schadet nicht, solange es unverbindlich bleibt.

1227. Glaube nicht, ich sei ein schlechter Mensch, nur weil ich nicht sofort jedem helfen kann.

1228. Wer seine Liebe lebt, lebt glücklich.

1229. Erinnerungen sind wichtiger denn je und beinhalten die Notwendigkeit zum Leben.

1230. Die Energie im Menschen ist der Motor, der ständig aufgefüllt werden muss und nicht stillsteht.

1231. Man kann einem fremden Menschen ohne Probleme sagen: „Du bist gut."

1232. So bin ich verwurzelt in dem Sinn, der mir zeigt, den Weg zu gehen und bei ihm zu bleiben.

1233. Das Leben leitet uns zum Glücklichsein.

1234. Dass nicht alle mit allen leben wollen, trifft denjenigen besonders hart, der das Gute im anderen sieht.

1235. Es muss für Gleichheit mit angemessener Gerechtigkeit gesorgt und beschlossen werden.

1236. Man könnte überlegen, ob nach erfolgreichem Abschluss der Ausbildung ein einheitliches Anfangsgehalt gezahlt wird, das sich danach natürlich unterscheiden kann.

1237. Die Größe bzw. die Anzahl der Teilnehmer bei Teamsitzungen sollte begrenzt sein, da eine Kommunikation unter mehreren Hundert Menschen zu Fehlentscheidungen führen kann.

1238. Kein Mensch ist ein Nationalist, sondern Teil der Weltbevölkerung.

1239. Keine gesonderte Kasse für bestimmte Berufszweige und kein unterschiedliches Renteneintrittsalter.

1240. Auch der beste Freund hat Vorurteile gegen mich.

1241. Wer gerne hilft, verdient mehr Geld.

1242. Ausbildung, Engagement und Hilfe müssen entlohnt werden.

1243. Ist man immer allein, fällt einem nichts Gutes ein.

1244. Wenn Computer die Oberhand gewinnen, wird das Leben zur Qual.

1245. Eigentlich sollte alles schon beim ersten Mal perfekt sein.

1246. Was jemand als falsch betrachtet, kann für mich richtig sein.

1247. Nachbarn sind Menschen, mit denen man zusammenlebt.

1248. Ich bin mir sicher, dass alle gerne bei der Aktion mitmachen.

1249. Man kann nicht alles ändern, aber des Friedens willen sollte man wenigstens Stellung beziehen.

1250. Man darf und sollte immer seine Meinung sagen dürfen, wenn auch vorsichtig.

1251. Wer ständig über andere herzieht, weiß oft nicht, was er da macht.

1252. Zu viel Arbeit wirkt sich auf das richtige Handeln aus.

1253. Wenn man sich schmutzig gemacht hat, wird man dadurch kein schlechter Mensch.

1254. Wenn es einem gut geht, sollte man das nutzen.

1255. Es fördert niemanden, wenn jemand mit einer Ausbildung zum Schauspieler ein hoher Politiker wird.

1256. Wer gelernt hat, falsche Aussagen bewusst zu vertreten, täuscht wahrscheinlich.

1257. Tiere haben uns Menschen in manchen Dingen etwas voraus.

1258. Setze immer die Priorität, dass das, was du machst, richtig ist, und es muss natürlich auch stimmen.

1259. Ich sehe mich als einen von vielen Menschen, die alles gut und richtig machen wollen.

1260. Die Menschen wählen falsch, weil sie durch Funk, Fernsehen oder Tagespresse beeinflusst werden, auch von dubiosen Geldgebern, die Macht lieben und sie eigennützig ausüben wollen.

1261. Wenn ich mir meine Zeit selbst einteilen kann, bin ich glücklich, so glaube ich.

1262. Wenn man sagt, die Revolution muss von unten kommen, meint man, dass die Basis ihren Präsidenten selbst wählt und nicht durch Empfehlungen des Parlaments.

1263. Die Bundestagswahl bestimmt das gesamte Parlament und wählt im Anschluss den Kanzler und sein Kabinett nach Quote. Auch Vorgänger, unter Umständen Parteilose, können berücksichtigt werden. Eine Frauen- oder Ausländerquote ist zu überlegen.

1264. Das Beste ist nicht immer das Richtigste.

1265. Manche Menschen arbeiten ohne Konzept und stören dadurch andere.

1266. Alte Menschen, die Grausamkeiten erlebt haben, sind oft noch heute davon geprägt, die Erlebnisse nicht verarbeitet, und tragen eine Last auf ihren Gefühlen.

1267. Es gibt immer mindestens zwei Möglichkeiten, an die man denken muss, um dann entsprechend zu handeln.

1268. Wer keine Pausen macht, muss lernen, sich zu beruhigen, weil er zu aufgedreht ist.

1269. In einem geschlossenen Raum sollte immer ein Fenster zum Öffnen vorgesehen sein.

1270. Ein Krieg ist immer so früh wie möglich durch Verhandlungen anzugehen, um schon den Beginn zu stoppen.

1271. Wenn Verhandlungen festgefahren sind, müssen entsprechende Teilnehmer Platz machen, auch mit Hilfe des Auslandes, durch neutrale, gebildete Verhandler mit Kenntnissen in Politik, Sprache, Religion und Geschichte.

1272. Priorität ist Frieden, nicht absolute Grenzsicherung.

1273. Alle, die es gut meinen, werden von Gott geleitet.

1274. Man sollte alles so machen, dass es jeder verstehen kann.

1275. Ich mache jetzt Dinge, die ich mir sonst nicht zugetraut hätte.

1276. Menschen, die glauben, alles so machen zu können, wie sie es meinen, irren sich, und man verzeiht ihnen dann auch nicht alles.

1277. Wenn ein kommunistisch geprägtes Land zur Demokratie tendiert, ergeben sich auch ohne Gewaltanwendung Lösungen zur Problembeseitigung, die von der vorhandenen Staatsführung als richtig empfohlen werden.

1278. Wer anderen Ländern sein Staatssystem vorschreiben will, darf nicht vergessen, alte und neue Schranken zeitlich zu nutzen, um sie neu zu verbinden.

1279. Manche Menschen warten ab, und plötzlich sind sie wieder dabei.

1280. Wenn Länder sich für Frieden einsetzen, verknüpfen sie sich auch wirtschaftlich und politisch.

1281. Mit durchschnittlicher Intelligenz hat man es oft leichter im Leben.

1282. Kriegsgegner waren nicht immer Feinde.

1283. Menschen mit Behinderungen tragen auch ihren Teil zum Wohl der Gesellschaft bei.

1284. Kommunen planen teilweise mit Anwohnern die Vernetzung von Energie in Wohn- und Industriegebieten, was zukunftsweisend und gut ist.

1285. Eine Zentrale zur Verteilung von Energie muss Anwohnern im Umkreis speziell einen Vorteil bringen.

1286. Die Nachhaltigkeit bei Planungen für die Zukunft muss immer gewährleistet sein.

1287. Alle Menschen müssen sich ihrem Instinkt entsprechend verhalten können.

1288. Was man sagt, sollte leicht verständlich und mit einer Portion Humor rüberkommen.

1289. Wer Geld hat und es richtig einsetzt, kann höhere Leistungen vollbringen als jemand ohne.

1290. Wer möglicherweise schon in der Jugend Tote am Straßenrand hat liegen sehen, hat ein anderes Verhältnis zum Tod.

1291. Psychisch Kranke brauchen Hilfe, wenn ihr Handeln zu stark schwankt und sie die Menschheit falsch einordnen.

1292. Ohne Lob und Mitgefühl fallen schon die kleinsten Entscheidungen schwer, und man irrt sich leicht.

1293. Wenn dich dein Partner falsch berät, kann er auch nichts dafür.

1294. Im Todesfall trägt man schwarz, unser Nachbar im Kriegsfall seinen olivfarbenen Overall.

1295. Söldner ohne Skrupel und Gewissen sind schon im Vorfeld zu verurteilen.

1296. Vor Reichen habe ich immer Respekt und frage mich, ob derjenige mit Recht zu seinem Reichtum gekommen ist.

1297. Wasser mit Salz verhält sich beim Gefrier- und Siedepunkt im Vergleich zu Wasser ohne Salz zeitversetzt.

1298. Auch wenn Parallelen vorhanden sind, ist Nachmachen gemein.

1299. Lockere Menschen mit Humor sind mir eigentlich die liebsten.

1300. Eifersucht hat man, wenn man sie hat, auch noch im Alter.

1301. Es kann sich eine Welt zusammenfinden, obwohl wir so unterschiedliche Menschen sind und aus unterschiedlichen Interessen bestehen.

1302. Tyrannen provozieren bewusst.

1303. Jeder hat einen anderen Weg, zum Ziel zu kommen.

1304. Meine Frau glaubt, wir wären eine Person, und behandelt mich auch ebenso.

1305. Jeder soll mein Buch lesen oder kennen können.

1306. Zeige durch dein Äußeres nicht direkt deine innere Einstellung, die man automatisch abliest.

1307. Ein böses, gefährliches, falsches und juristisch nicht vertretbares Mittel, um sich politisch und wirtschaftlich Vorteile zu verschaffen, ist die Spionage.

1308. Die Industrie treibt die Politik, die mitredet, mitorganisiert, festsetzt und besonders auf soziale

1309. Aspekte in Verbindung mit Wirtschaftlichkeit achtet.

1310. Radikale sollte man nicht differenzieren und auch nicht verstehen müssen; ich vermute daher, dass sie krank sind.

1311. Sie halten andere Meinungen für verwerflich und achten nur schwer Menschenrechte, hinter denen sie nicht stehen.

1312. Der Sinn für Gut und Böse ist oft vertauscht, und Gewaltfreiheit wird als kein Menschenrechtsempfinden angenommen.

1313. Radikale dürfen nie Zugriff auf Macht haben.

1314. Es gibt **Söldner**, die handeln und leben im Grunde ohne psychische Beeinträchtigung, lassen sich anwerben, wissen nicht, was gut ist, und töten blind gegen Geld aufgrund ihrer falsch verstandenen Lebensphilosophie. Sie wollen nichts Besonderes bewirken. Sie sehen nur sich und nicht den Menschen.

1315. Die anderen, die auch erstmal als Verbrecher anzusehen sind, sind **Terroristen, fehlgeleitete Radikale oder auch falsch politisch Überzeugte**. Sie sehen nur ihresgleichen, sind oft in Parteien oder Gremien und streben eine Weltherrschaft unter ihrer Führung an. Diese verblendeten Menschen haben kein Gesicht und keinen gemeinsamen Geist. Sie handeln oft politisch motiviert, ohne Widerspruch zu dulden, und müssen befolgt werden. Sie sind falsch und unterliegen keinem Fortschritt oder in irgendeiner Form einem positiven Wandel.

1316. Man muss wissen und danach leben, dass es keine Armut geben darf.

1317. Während manche Menschen Wunder für völligen Blödsinn halten, glauben andere fest daran.

1318. Außer Wundern und Vorbestimmung gibt es auch noch Zufälle.

1319. Die politische Welt einer Staatsform ist im Fall einer Anpassung an die anderen frei wählbar.

1320. Die wirtschaftliche Lage muss der Topographie und den Menschen so angepasst sein, dass sie sich gegen Ausgleich entfalten kann, ohne ausgebeutet zu werden oder im Reichtum zu schwimmen.

1321. Die Bekämpfung der Armut ist nicht allein die Aufgabe einer Staatsform, sondern die notwendige Verantwortung von Reich und Arm und der Gesellschaft.

1322. Wir helfen uns gegenseitig.

1323. Bei einer bettelarmen Bevölkerung darf die Führung nie sehr, sehr reich sein.

1324. Die Staatsform ermöglicht es, unterschiedliche Ziele zu verfolgen und bestimmt im Normalfall die daraus resultierende Lohnstruktur.

1325. Wer richtig für sich, in Grenzen, frei wählen kann, ist ein Demokrat und kann arm oder reich sein und hat viele Möglichkeiten, sich zu entfalten.

1326. Ein Kommunist ist in seiner Ausrichtung eingeschränkt, da der Gleichheitsgedanke vorbestimmt ist.

1327. Ein Monarchist ist derjenige, der am wenigsten frei wählen kann.

1328. Wir brauchen unsere unterschiedlichen Lebensweisen, Wirtschaftlichkeit und letztlich auch Staatsformen und Freiheit.

1329. Demokraten, Kommunisten und Diktaturen müssen voneinander und umgekehrt profitieren und lernen können.

1330. Abschlüsse, die nicht nach Plan vertretbar sind oder bleiben, darf es nicht geben.

1331. Ein Demokrat braucht und darf keine Billiglohnländer haben, wenn sie dadurch ausgebeutet werden.

1332. Es existiert eine enorme Abhängigkeit zwischen den Ländern, in jeder Form und Art und Weise.

1333. Ohne andere Länder funktioniert keine Wirtschaft und kein notwendiger Austausch auf jeder Lebensebene.

1334. Die Demokraten behaupten von sich, die glücklichsten Menschen zu sein.

1335. Hunde an der Leine fühlen sich sicher beschützt und machen mehr Unsinn.

1336. Im Alter vertrauen sich Tiere noch mehr dem Menschen an.

1337. Arbeitsverhältnisse und Löhne zu jeweils gefertigtem Produkt und Wert im Handel sind anzupassen.

1338. Man bespricht sich wirtschaftlich und politisch mit immer geringer werdenden Einbußen aller, der Toleranz und Akzeptanz wegen.

1339. Patente in Europa oder weltweit helfen und versorgen einen unter Umständen für die Zukunft. Spionage ist strafbar, egal wofür und weswegen.

1340. Der in Wohlstand erblühende Industriestaat droht gegenüber einem aufstrebenden Entwicklungs- oder Schwellenland, beim Gleichheitsgedanken für alle, bankrott zu gehen.

1341. Eine Einbeziehung, Hilfe bis hin zur völligen Akzeptanz des Anderen bei Gesprächen und Verhandlungen, sorgt für Einvernehmen.

1342. Im Industriestaat fast konstant fordern berechtigt Arbeitnehmer 2-3 % mehr alle vier Jahre, aber nicht mehr.

1343. Eine Aufholjagd armer Sparten im In- und Ausland ist zu unterstützen, aber nicht das Argument einer Korrektur wegen einer angeblichen Fehlplanung im Staatsorgan, die die Verteuerung nicht für sich beanspruchen, sondern die Industrie mit ihrem Handeln und Vermarkten.

1344. Warum sollte man ausgerechnet dieser Sparte Geld geben?

1345. Dem Ziel, dem Gleichheitssinn, näher zu kommen, sind Einbußen auf der einen Seite notwendig, sowie Verbesserungen auf der anderen Seite.

1346. Die Prozentzahlen zum Verdienst und dem Wohl der Gesellschaft nähern sich an.

1347. Der Gewinn und nicht der Verlust gehört honoriert.

1348. Die Gehälter der Arbeiter aus Schwellen- und Entwicklungsländern müssen auch prozentual zu ihren Ausgaben angepasst sein.

1349. Der Tod der Wirtschaft: Keiner kauft und die Preise werden immer teurer.

1350. Es werden nur noch solche Produkte hergestellt, die gebraucht und verkauft werden können.

1351. Produkte müssen sich dem Markt anpassen.

1352. Abwanderung ins „im Moment" noch billige Ausland wird nicht zum Argument werden, dank der richtigen Wirtschaftspolitik.

1353. Quatsch ist, Fehler in Produkte einzubauen, um mehr verkaufen zu können.

1354. Vererben sollte steuerfrei bleiben, für nachweislich längere Zeit inländisch tätigen Unternehmer ihrer Produktion, Verkauf, Sitz sowie Dienstleistung.

1355. Kann ein Unternehmen eine Erhöhung der Beschäftigungszahlen pro Jahr nachweisen, bei durchschnittlichem Einkommen, errechnet vom mittleren Bestand, zahlt die Politik Unterstützungsgelder.

1356. Werden nachweislich auch hohe Summen beim Vererben sozial ins Ausland gespendet, entfallen die Steuern, wenn nachgewiesen und geprüft.

1357. Über die Mehrwertsteuer werden die Wirtschaftszweige im In- und Ausland zur Arbeitssicherung und der privaten Gegebenheiten mit unterstützt.

1358. Es gibt Steuererleichterungen für kleinere Betriebe.

1359. Der einzelne private Mensch zahlt beim Kauf inländischer Produkte Mehrwertsteuer, die an den Staat weitergeleitet wird.

1360. Die Gelder von der Mehrwertsteuer und der Gewerbesteuer sind zu verwalten und dienen über das Finanzministerium dem Bürger, ohne immer nur zweckgebunden anzulegen.

1361. Gelder für unsinnige Ausgaben eventuell spekulativ, die nur kurz und wenig Profit versprechen, darf der Staat nicht anlegen.

1362. Außer der MWST, die der Staat von allen Bürgern prozentual gleich hoch beim Kauf verlangt, kassiert der Staat indirekt durch aufgeschlagene Gewerbesteuer für die Industrie den Preis der Ware.

1363. Der Staat ist vermögend und hat unterschiedliche Art und Anzahl von ständigen und ruhenden Einnahmen.

1364. Der Staat muss versuchen, seine Bilanz, seine Ein- und Ausgaben, nicht gebündelt, sondern gerecht nach dem Wurfprinzip zu verteilen.

1365. Da der Staat im Zahlungsverkehr nur zwei unterschiedlich hohe Steuersätze kennt, variiert er damit je nach Lage oder Situation.

1366. Die Weltbank regelt den Geldfluss vom Kapital.

1367. Nur Gott kann Glück schenken, und man erreicht ihn über Glück.

1368. Wenn du mit meinen Gefühlen spielst, mache ich nicht mit.

1369. Jährlich steigende Kosten eines Produkts sind:

Lohnkosten

Materialkosten

Rohstoffpreise

Lohnstrukturen

Instandhaltung der Firma

Zölle

Steuern

Spenden

Werbung

Angebote unter Preis

Transport

Unterstützung beim CO2-Abbau

Menschen in Not und Kriegsopfer

Aufbau und Integration von Migranten

Gesundheitswesen

Wettbewerbsverhalten

Zusammenschlüsse von Unternehmen

Die Börse und das Verhalten der Weltbank

Die Konjunktur

Abwanderungen

Der Bedarf

Krieg

Forschung und Patente

Verhandlungen

Erhöhte Rentenbeiträge durch veränderte Altersstruktur

Verhalten der Nachbarländer und Zulieferer

Bevölkerungsdichte

Energie und Umwelt

Steuern

1370. Die Politik lässt sich zu sehr von der Wirtschaft lenken

1371. Die Presse zensiert

1372. Beschlüsse und Vereinbarungen, egal welcher Art, sollten nicht nur nützlich sein, sondern auch rentabel, wenn möglich

1373. Ein Gedanke: Die westliche Wirtschaft geht in die Knie, während arme Länder aufblühen.

1374. Wenn hier ansässige Firmen ins Ausland abwandern, sollten sie als Ausgleich Steuern zahlen.

1375. Die Wirtschaft kann nur über die Kaufkraft reguliert werden.

1376. Die wahre Inflation macht alles teurer und ist momentan nicht berechenbar.

1377. Der Fleischkonsum sollte von jedem Einzelnen eingeschränkt werden.

1378. Luxusprodukte sollten beim Kauf und Betrieb teurer werden.

1379. Singen, Musik und Tanzen können in jeder Sprache Spaß machen.

1380. Lebe so, dass es dir gefällt, und versuche, dich in Richtung Frieden zu orientieren und zu bewegen.

1381. Jemanden auf den Arm zu nehmen erhöht den Blutdruck und die Lust am Leben.

1382. Der Leitzins ist das Fundament einer Gesellschaft, auf dem sich das Handeln und die Ausrichtung aufbauen und anpassen müssen.

1383. Der Leitzins beeinflusst den Preis eines Produkts stärker als die Herstellung.

1384. Die Weltbank quittiert und übernimmt Gelder in kritischen Zeiten, beispielsweise die, die durch den Inflationsausgleich gezahlt werden müssen.

1385. Die Weltbank ist Handelspartner Nummer eins.

1386. Wahrnehmung ist Liebe, das Eintauschen eine Zuwendung.

1387. Mittel gegen Schmerzen gibt es "immer".

1388. Jedes Medikament hat Nebenwirkungen.

1389. Was ist die eigentliche Bestimmung?

1390. Die Menschen interessieren sich für das Regionale, wo sie wohnen.

1391. Wenn die Zinsen steigen und gleichzeitig die Produkte billiger werden, sinkt nach einer Weile die Inflation, und die Kaufkraft steigt.

1392. Wer sich lieb hat, ist zu Höchstleistungen in der Lage, muss sich aber auch anstrengen.

1393. Man zahlt grundsätzlich Steuern auf Einnahmen, aber zum Teil, wenn auch selten, auch auf Ausgaben, die nur dem persönlichen Nutzen dienen, was per Beleg dem Finanzamt nach- und vorzulegen ist.

1394. Die deutsche Rechtsprechung ist, so glaube ich, eine der besten, aber auch kompliziertesten und zu konkret.

1395. Manche Dinge kann man alleine mit sich selbst ausmachen, aber nicht alle.

1396. Was man denkt, ist letztlich uninteressant; was man sagt, tut und wie man handelt, ist entscheidend.

1397. Wer seinen Partner isoliert, verhindert die gemeinsame Teilnahme und Funktion in der Gesellschaft.

1398. Undankbarkeit und Kriege sind leider Zeitzeugen jeder Epoche.

1399. Geistig Behinderte und Kinder haben ein Gottvertrauen, das sie attraktiv macht. Sie haben kein Zeitgefühl und glauben, dass das, was im Moment ist, auch richtig ist.

1400. Wertvoll sind im Grunde die Liebe und der Glaube an Gott.

1401. Der Glaube allein macht nicht glücklich; er kann einen sogar einengen und den Genuss der Liebe verhindern, die man auch nur mit einem Menschen oder Lebewesen erleben kann.

1402. Besonders erfolgreich ist man, wenn man in der Lage ist, das Richtige zu tun, und mit allen Menschen auf der Welt in Kontakt zu bleiben.

1403. Da alle Menschen etwas Gutes in sich tragen und sich danach richten sollten, ist Töten der falsche Weg.

1404. Wir Menschen sind stolz auf uns und würden uns freuen, jeden Einzelnen kennenzulernen.

1405. Wir sind glücklich mit dem Leben und natürlich darüber, lebendig vereint zu sein.

1406. Im angeborenen Unterbewusstsein ist immer ein Gefühl von Neid vorhanden.

1407. Die vollständige Ergänzung durch den anderen findet man nur in einer guten Beziehung.

1408. Jeder handelt nach eigenem Ermessen, solange er niemandem schadet.

1409. Wer sich für das Gute engagiert, muss auch Gespräche mit nicht ganz so guten Menschen führen.

1410. Je mehr ich denke, desto mehr atme ich.

1411. Ich sollte im Dunkeln tanzen und hungern, damit klar wird, wie wir uns auf ähnliche Weise gleich sind und uns brauchen.

1412. Jeder Mensch verhält sich, unabhängig von seinen Genen, nach den Regeln, die ihm beigebracht wurden.

1413. Ich lege als Mensch Wert auf Ordnung, erst danach auf Sauberkeit.

1414. Auch wenn ich nichts denke, ist das Zusammensein mit dir alleine, und unsere gemeinsamen Gedanken werden gut und glücklich sein.

1415. Ich liebe es, dich glücklich zu sehen.

1416. Wer Vorwürfe nicht verarbeiten kann und die Schuld bei sich sucht, wird aggressiv.

1417. Auf Angst reagiert man manchmal unberechenbar.

1418. Wer glaubt, durch seine Aussagen und Betonung andere zum Nachdenken anzuregen, und sich dabei verstellt, stiehlt Zeit und Aufmerksamkeit, die ihm nicht zustehen.

1419. Bei großen Differenzen hilft oft eine Pause und ein Kompromiss.

1420. Manche Frauen verhalten sich noch so, als wären sie noch im Kindergarten, unter männlicher Führung von früher.

1421. Gewehre muss man kaufen, Liebe nicht; Liebe erschießt man nicht.

1422. Eine positive Reaktion ist im Moment das, was mir und uns am meisten bringt.

1423. Im Paradies vergeht die Liebe nie.

1424. Ohne Grund ist der Weg zum Leben möglich und nachhaltig.

1425. Keiner tanzt mir vor und bestimmt, was ich zu tun habe.

1426. Lasst uns gleich denken, und wir werden eine tolle Zeit haben.

1427. Wir mögen uns, und es gibt nichts Schöneres, als es ständig zu spüren.

1428. Du kannst Waffen kaufen, weitergeben und gebrauchen, egal ob du eine Beziehung zu dem hast, den du gleich töten wirst, und dich freuen mit dem Gewissen zum Tag des Endes.

1429. Ich würde, wenn du mir einen Blick gönnst, auch schriftlich das Gute zu dir bringen.

1430. Rede und sage mir, was du heute denkst und was dich morgen bewegen wird.

1431. Aggressivität ist nicht nötig und führt zu Streit.

1432. Nicht jeder ist von freiwilligen Leistungen überzeugt.

1433. Der Mensch ist ein Individuum, das von innen seine Gestalt nach außen zeigt, voller Inbrunst, Wille und Stolz.

1434. Der Weg in die Liebe und dahin ist bei jedem anders, du siehst es.

1435. Einen Plan für das Leben kann uns nur unser Glaube geben.

1436. Nimm mich, zeige Gefühle und stimme begründet zu.

1437. Mein Stolz ist auf mich, glaube ich, der Sache wegen.

1438. Das Gute, der ausschlaggebende und unsere Rettung ist da.

1439. Gehe, ohne zu kämpfen, und du gewinnst ein neues Leben voller Vertrauen.

1440. Wir sind hier, um für immer da zu sein, und sind ein Teil des Ganzen. **Die Gesamtheit verliert sich nie.**

1441. Wer auch nur einmal eine wahre Begegnung hatte, vergisst sie nie und liebt.

1442. Glück ist die Weisung Gottes.

1443. Hunde sollte man nicht im Zwinger halten.

1444. Das Leben ist oft von Höhen und Tiefen geprägt.

1445. Kinder müssen erwachsen werden, um mehr aus sich machen zu können und richtig zu leben.

1446. Jeder traut dem anderen anders.

1447. Jede Religion hat ihre eigenen Begräbnisrituale.

1448. Bei Entzündungen hilft oft eines von vielen Antibiotika.

1449. Wir fordern das Gute und beugen uns nicht den Fehlern, um die Gleichheit von allem im und zum Guten anzustreben.

1450. Der Eindruck, dass du es bist, kann ich kaum sagen, ist bewegend, vor allem für mich und meine Einstellung zur ganzen Welt.

1451. Jeder braucht Liebe und Zeit, um mit sich darüber im Klaren zu werden.

1452. Erkennst du dich in mir, dann sind wir die Bestimmung für uns, die glücklich macht.

1453. Wenn die Vergangenheit die Zukunft treffen könnte, lebten wir in Saus und Braus.

1454. Man könnte sagen, Liebe sowie Glück sind Wunder der besonderen Art.

1455. Nur zu gewinnen und gut zu sein, ist das Ziel, anstatt ständig neu Rechenschaft ablegen zu müssen, um sich zu beweisen.

1456. Durch Bewegung empfindet der Mensch die meisten Schmerzen.

1457. Als neuer Minister sollte er sich erst einmal informieren, statt da weiterzumachen, wo sein Vorgänger oft zu Recht aufgehört hat.

1458. Der Mindestlohn steht jedem Deutschen und Ausländer zu, nach Nachweis und mit Wohnsitz in Deutschland.

1459. Jedes Land verteidigt den Mindestlohn als Prinzip der Gleichheit.

1460. Der Ausstoß schädlicher Abgase bei Dieselautos wurde bewusst im kalten Zustand des Motors geprüft, was das Ergebnis verfälschte und nicht zulässig ist.

1461. Im Moment glaube ich, alles falsch zu machen, und denke, nicht weiterzukommen, allen Menschen zu schaden, durch meine fordernde, selbstsichere, kühle, arrogante Art, und ich fordere mehr, als ich helfe.

1462. Wer Gewaltanwendung fordert, um seine Ziele durchzusetzen, muss abgeblockt und daran gehindert werden.

1463. Niemand nimmt seinen kleinen Hund bei einem anstehenden Notfall auf den Arm, weil er sonst glaubt, sein Herrchen beschützen zu müssen.

1464. Nähert man sich auf dem Fahrrad einem Spaziergänger, der einen Hund an der Leine führt, sollte man früh genug klingeln, um auf eine mögliche Gefahr aufmerksam zu machen.

1465. Begegnen sich zwei Menschen mit Hunden an der Leine, sollten die Hundeführer den Hund außen am Rand führen, damit die Hunde keinen direkten Kontakt miteinander haben können.

1466. An einem Laut oder einer Geste des Hundes kann der Mensch erkennen, dass eine vorherige Handlung positiv abgeschlossen wurde und der Hund wieder neutral auf Befehle hört.

1467. Hunde in ihrem Wohnumfeld sind besonders anfällig für Auseinandersetzungen.

1468. Wenn ein Hund nicht frisst, sollte man ihm vorübergehend das Futter wegnehmen; das schadet nicht.

1469. Mithilfe einer Schleppleine kann man die Wirkungsweise des Hundes kontrollieren und einschränken und ihm dennoch großen Freiraum bieten.

1470. Man sollte sich vorsichtig einem Rudel von Hunden nähern.

1471. Lobe deinen Hund mit Leckerli und Streicheleinheiten.

1472. Kinder werden schneller gesund als Erwachsene.

1473. Schiebe es nicht immer auf die anderen; du kannst es selbst vergessen haben, ohne es falsch oder richtig gemacht zu haben.

1474. Wunder vollbringen ihr Übriges dazu.

1475. Medikamente sollte man niemals vergessen oder im Nachhinein einnehmen, da dies zu einer Überdosierung führen kann.

1476. Menschen, die dringend Hilfe brauchen, zu vertrösten, ist unverantwortlich, skrupellos und falsch.

1477. Wenn Staatsgelder in der Wirtschaft spekulativ angelegt werden, ist auch das Tagesgeschäft fraglich.

1478. Sich derzeit einen Sportwagen zu kaufen, halte ich für falsch.

1479. Viele Taxis sind im Allgemeinen viel zu groß und im Verbrauch zu teuer.

1480. Einige wollen mich verbieten, andere wollen, dass ich ihnen helfe.

1481. Wer Unrecht erkennt, muss handeln, damit auch ihm selbst keine Strafe droht.

1482. Die Apotheke rechnet mit der Krankenkasse das ab, was sie dem Kunden herausgibt, und nicht 100% das vom Arzt verordnete Rezept.

1483. Krankenkassen und Pflegekassen versorgen die Kranken.

1484. Das Gedächtnis ist im Umfang begrenzt und kann manchmal nur schwer mehrere Gedanken bündeln und in der richtigen Reihenfolge wiedergeben.

1485. Man glaubt kaum, dass in Zeiten wie diesen so viel Geld für Tiere ausgegeben wird.

1486. Für kranke Tiere zahlt man privat und eine Jahressteuer.

1487. Eine gute Staatsform, die einen Weg gegen Ausländer anstrebt, gibt es nicht.

1488. Freie Wahlen, die auch nachweisbar korrekt durchgeführt werden, gibt es leider in vielen Staaten der Welt nicht.

1489. Zu viele zugelassene Parteien gibt es nicht.

1490. Die Bevölkerung wird manipuliert und bringt korrupte Unterstützer an die Macht.

1491. Bei manchen Wahlen sind Frauen nicht zugelassen und dürfen als Bewerberinnen auch kein Amt bekleiden.

1492. Einer Straffreiheit zuzustimmen, hilft, noch mehr Tote zu vermeiden, garantiert aber nichts.

1493. Steuerhinterziehung blüht.

1494. Gesetzeslücken werden im Großen Stil ausgenutzt.

1495. Der Verkauf von Masken während der Pandemie und Krise hat auch Millionäre hervorgebracht.

1496. Förderungen wurden in dieser Zeit oft blind, teils gezwungenermaßen, vergeben und landeten in falschen Händen.

1497. Journalisten treiben die Ungerechtigkeiten in die falsche Richtung, ebenso wie die Machthaber von Radikalen.

1498. Die Bevölkerung ist weltweit nicht so gut informiert, wie sie sein sollte und müsste.

1499. Welcher Machthaber auch immer aufgibt, er sollte Frieden wollen und keinen Schuldigen suchen.

1500. Die Einwohnerzahl in Deutschland ist im Vergleich zum Vorjahr leicht gestiegen.

1501. Sanktionen und Zölle sind betriebswirtschaftlich nicht nachvollziehbar und widersprechen jeder fundierten Marktwirtschaft, die dem Wohl des Menschen dient.

1502. Geistliche dürfen ihre Bedürfnisse nach Sex und Gefühlen in der Öffentlichkeit nicht offenbaren.

1503. Leitungswasser wird in Zukunft nicht mehr trinkbar sein.

1504. Diskriminierung ist ein landesweites Problem und kann und muss über befristete Orientierungssitzungen gelöst werden.

1505. Mit Einfluss und Macht kann man leider mehr erreichen als andere.

1506. Die Kirchen haben eine eigene Grundlage, was Recht und Leben angeht, und nutzen und verurteilen nicht nach gängigem Recht, was sehr fraglich ist.

1507. Wenn jemand sagt, was er denkt, ohne Rücksicht auf die Gefühle anderer zu nehmen, die dabei entstehen, muss man ihn so akzeptieren, wie er ist, und auch wollen und können.

1508. Die wahre Geschichte hat das Leben geschrieben; es ist meine Aufgabe, sie zu korrigieren.

1509. Auch oder gerade in einem sozialen Beruf kann man seine Erfüllung finden.

1510. Ob im Kindergarten, bei Geburtstagen oder Festen – es sollte beim Feiern keine Differenzierung nach Geschlecht geben.

1511. Zuerst wollte ich nur mich selbst retten, und jetzt die ganze Welt mit jedem Einzelnen.

1512. Ich habe keinen Überblick darüber, wie viele bisher schon überzeugt wurden, sind und bleiben.

1513. Eine Sonderbehandlung kann, muss aber nicht, Frieden zerstören oder fördern.

1514. Kein Mensch kann immer und ständig die Hauptperson sein.

1515. Man merkt nicht immer sofort, dass es dem anderen nicht gut geht.

1516. Das Leben hier ist schön, aber leider nicht für alle und nicht immer – nicht für jene, die nicht profitieren. Doch die Zeit wird kommen, in der wir alle an Götter glauben, geborgen und gesund, mit Zufriedenheit und Glück in die Zukunft blicken und leben können.

1517. Prüfe die Wichtigkeit – vielleicht können wir uns lenken?

1518. Im Alter kann das Leben zur Qual werden.

1519. Das Leben endet, ohne etwas zurückzulassen, das man noch hätte brauchen können.

1520. Junge Tote schmerzen.

1521. Nicht alle Menschen verlieren im Alter ihre Attraktivität.

1522. Wer auf Schnelligkeit setzt, riskiert die Qualität.

1523. Ich, wie wir alle, brauche etwas, das mich stärkt und immer bei mir ist.

1524. Wer keine Zeit für andere hat, muss wahrscheinlich erklären, warum.

1525. Wer versucht, das Unterbewusstsein des anderen zu beeinflussen, ist fragwürdig und verursacht mit geringem Aufwand großen Schaden.

1526. Wer aus Zeitgründen und/oder wegen anderer Interessen nicht kann, verweigert sich zu Recht.

1527. Sympathie hat nicht immer einen Vorteil gegenüber dem Gewissen.

1528. Emanzipation verläuft nicht geschlechterweise, sondern gemeinsam.

1529. Grundstücke kosten überall unterschiedlich, was hauptsächlich von der Lage abhängt.

1530. Angst entwickelt sich.

1531. Es gibt verschiedene Menschentypen:

Den Typ, der immer lacht und freundlich ist.

Den freundschaftlichen Menschen, den Kumpel-Typ.

Den schwachen Typ.

Den Hausfrau-Typ.

Den Typ, der Kinder großzieht.

Den Typ fürs Herz.

Die Typen, die cool und gut sind.

Die Typen, die cool sind und sich nichts anmerken lassen.

Die Typen, die cool sind und sich nicht verstecken.

Die Typen, die keinen Kontakt wünschen.

Die Typen, die immer die Wahrheit sagen, mit oder ohne äußeren Einfluss und Gefühle.

Der rationale Typ.

Der Typ, der nur gelegentlich seine Gefühle zeigt.

Der dominante Allesbestimmer.

Der Typ, der auch nach Kompromissen sucht.

Der Typ, der sagt: „Ich verstehe die Welt; der Mensch ist gleich.“

Der Typ, der alle gleich behandeln will.

Der Jurist.

Der Geschäftstyp.

Der Typ, der alle lieb hat und gut findet.

Der immer nachfragende Typ.

Der vorsichtige Typ.

Der Typ voller Angst, der menschliche und psychische Ausbeuter.

Der Geschichtstyp und Historiker.

Der Ausnutzer und frauenfeindliche Typ.

Der Religionstyp.

Der Typ, der Bodenschätze sein Eigen nennt.

Der entgegenkommende Typ.

Der Typ, der sich auch ohne Schuldeingeständnis des Friedens wegen entschuldigen kann.

Der machtbesessene Mörder-Typ.

Der Typ mit Macht und sonst nichts.

Der Typ mit Macht, Geld und Anhang, die ihn vertreten.

Der Typ, der es gut oder schlecht meint.

Der Verbrecher-Typ.

Der soziale, hilfsbereite Typ.

Der Typ, der durch sein Handeln Wohlstand ermöglicht.

Der Typ, der durch Missstände, Umweltschäden oder Ernährungsknappheit leidet und stirbt.

Der Mensch, der seine Amtszeit immer verlängert.

Der Mensch, der glaubt, wichtig zu sein, und seinem Volk dient.

Der Mensch, der nur an sich denkt und ausbeutet.

Der Mensch, der ungewollt zur Welt kommt, getötet oder ausgesetzt wird.

Der Mensch, der eigene oder anvertraute Kinder tötet, misshandelt oder verkauft.

Der Mensch, der für andere gebiert.

Der Mensch, der die Kinder richtig erzieht.

Der Mensch, der als Clown versucht, das Schicksal von Kindern zu lindern.

Der Mensch, der sich ehrenamtlich zur Verfügung stellt.

Der gute Mensch.

Der Typ, der begangene Verbrechen kennt, sie ausnutzt oder verschweigt.

Der Mensch, der Kinder arbeiten lässt, um Geld zu verdienen.

Der Mensch, der nicht verhütet und fast jedes Jahr Zuwachs hat.

Der Mensch, der durch Trockenheit, Wassermangel, Erdbeben, Überhitzung, schwankende Temperaturen, Qualitätsmangel, Gifte in Wasser, Luft und Erde sowie das Schmelzen des Polareises und die Verkleinerung der Erdoberfläche leidet.

Der Mensch, der nicht spendet.

Der Mensch, der Einfluss hat.

Der Mensch, der die Falschen unterstützt.

Der Mensch, der das Geld und die Einnahmen verwaltet.

Der Mensch, der an allem spekuliert.

Der Mensch, der dafür sorgen kann, dass meine Rente bezahlt wird.

Der Mensch, der Häuser und Wohnungen günstig für Arme baut und vermittelt.

Der Mensch, der sich global für Unterdrückte oder Minderbemittelte einsetzt.

Der Mensch mit Beruf und mit oder ohne Arbeit.

Der Mensch, der Anerkennung braucht.

Der Mensch, der zu alt ist.

Der kranke Mensch.

Der faule Mensch.

Der behinderte Mensch.

Der Mensch, der alles weiß.

Der Mensch, der auch mit Tieren und Pflanzen spricht.

Der Mensch voller Fehler.

Der Mensch mit Klasse und Vorbildfunktion.

Der Mensch, der Zoo- und Nutztieren ein gutes Leben ermöglicht.

Der Mensch, der vor und nach Katastrophen da ist.

Der Mensch, der alles finanziert und organisiert.

Der Mensch, der verhandelt.

Der Mensch, der an das Gute glaubt und ohne datierte Prüfung stiftet und spendet.

Der Mensch, der nicht eigensinnig hilft.

Der Mensch, der durch schöne bildende Kunst Menschen erfreut.

Auch wenn jemand das Ende seiner Arbeit nicht überblickt, kann es dennoch beruhigend sein.

Hat ein Geistlicher Probleme, etwa durch Angst vor Menschen, sind seine Andachten davon geprägt und wenig überzeugend.

Oft entdecken junge Menschen erst ab 20 ihre Neigung zum anderen Geschlecht – für ihr Leben.

Manchmal glaube ich, die Welt spielt ein Schauspiel mit mir.

Dieses Leben entspricht überhaupt nicht der von mir vorstellbaren Wirklichkeit.

Wer sich als falsch behandelt fühlt, macht oft den Fehler, auf Mitleid aus zu sein.

Wenn die beste Freundin vor einem heiratet, fühlt man sich zuerst allein gelassen; das ist schon komisch.

Jemandem, der sich noch in der Entwicklung befindet, sollte man keine verbindlichen Ratschläge geben, es sei denn, es wird gewünscht.

Werden Waren nicht verkauft, werden sie als Verlust verbucht, auch wenn sie gar nicht existiert haben, und als angeblicher Verlust bei der Steuer angegeben und als Ausgleich vergütet.

Wer Waren unter Preis anbietet, verlangt die Differenz als Steuer-Rückzahlung.

Waren, die entsorgt oder gespendet werden, unterliegen leider keiner Meldepflicht.

Über die Steuer wird von dubiosen Händlern Geld für angeblich entgangenen Gewinn angefordert, den es gar nicht gibt.

Wer ausgenutzt wird, weil er zugibt, den anderen zu lieben, ist geschädigt.

Wenn du gehen möchtest, dann geh, aber Teile von dir werden immer bei mir sein und bleiben.

Es gibt keine Grenzen für Liebe; nur die Zuneigung wechselt.

1532. Ich brauche Menschen und bin.

Zum Liebhaben.

Zum Bei-mir-Sein.

Zum Bewundern.

Zum Glauben.

Zum Bewerten.

Zum Helfen-Lassen.

Zum Hiersein.

Zum Erzählen.

Zum Austausch.

Zum Bezahlen.

Zum Vertrauen-Aufbauen.

Zum Vergleich.

Zum Beschimpft-Werden.

Zum Sagen, man kennt sie.

Zum Helfen und Geholfen-Bekommen.

Zum Bei-sich-Haben.

Zum Beschützen und Beraten.

Jeder braucht alle.

Jeder braucht sich.

Jeder braucht Menschen.

Um sich glücklich zu fühlen.

Um richtig handeln zu können.

Um zufrieden zu sein.

1533. Die Temperatur im menschlichen Körper ist konstant.

1534. Ohne konstante Körpertemperatur werden wir krank und sterben.

Ist die Außentemperatur hoch, wird die Haut durch Schweiß von innen gekühlt.

Ist die Außentemperatur niedrig, wird die Haut von innen erhitzt.

Somit ist eine konstante Temperatur gewährleistet.

1535. Ein Arzt hat keine festen Arbeitszeiten. Er arbeitet weiter, auch wenn das quartalsmäßige Kontingent des jeweiligen Patienten nichts mehr hergibt.

1536. Er arbeitet auch, wenn von jetzt auf gleich viele Patienten kurz vor Praxisende noch kommen.

1537. Jede Forderung muss nachvollziehbar und überprüfbar sein.

1538. Bei Verlust hilft der Staat.

1539. Überprüfe deinen Schlafrhythmus, passe ihn an und halte ihn nach Möglichkeit konstant.

1540. Stress, oft verbunden mit Schlaflosigkeit, kann der Körper nicht verarbeiten.

1541. Suche nicht immer nur das Gute in Menschen, bei denen du dich ohnehin wohlfühlst, sondern auch das Schlechte, das du verwandeln musst, kannst und willst.

1542. Die Langeweile muss bekämpft werden zugunsten der Hoffnung des Alltagsgeschehens, die uns prägt und uns unterstützt.

1543. Die Industrie muss im Inland agieren, bevor die Billigländer verpflichtet und unterstützt werden können.

1544. Der Lohnspiegel gleicht sich grundsätzlich an.

1545. Ohne angepassten Lohnspiegel kann kein Produkt mit einem anderen verglichen werden.

1546. Inländische Wirtschaftszweige, inklusive Dienstleistungen, müssen sich ergänzen und gewinnbringend zusammenarbeiten.

1547. Um Unkosten zu senken, dürfen wir nicht erwarten, dass durch das gemeinsame Sparen eine florierende Wirtschaft mit Gewinn entstehen kann.

1548. Setzt man statt Sparen jedoch Spenden ein, sieht die Steuererklärung anders aus.

1549. Durch Sparen wird nichts ausgegeben oder investiert, und auch Arbeitsplätze gehen verloren.

1550. Wird dagegen von entsprechenden Menschen gespendet, floriert die Wirtschaft wieder auf gutem Niveau. Spenden sind kostenfrei, und ihr Einsatz ist meistens richtig.

1551. Die Wirtschaft braucht, um zu funktionieren, Wettbewerb. Das heißt, mehrere Firmen bieten an, entsprechend den Vorgaben des Auftraggebers hinsichtlich Qualität, Preisvorstellung, Energiebedarf bei Herstellung und Instandhaltung, Verbrauch, CO_2-Ausstoß usw.

1552. Der Mindestlohn inklusive der Einhaltung von Sozialleistungen ist Voraussetzung für die Annahme einer Ausschreibung.

1553. Rabatte und Zeitfenster mit hohen Strafen für verspätete Fertigstellung und Umweltbelastung sind einzuhalten.

1554. Zusatzvergütungen bei Einhaltung und Verwendung von Inlandsprodukten sowie Subfirmen mit Nachweis.

1555. Der Posten des Aufsichtsratsvorsitzenden sollte nicht vom scheidenden Vorstandsvorsitzenden besetzt werden, da frischer Wind immer gut und richtig ist, und der Aufsichtsrat den Vorstand kontrollieren und prüfen soll.

1556. Ich wohne auf der Erde und werde auch nie woanders zu finden sein.

1557. Die momentane Staatsbürgerschaft, bestimmt durch Geburt und Abstammung der Eltern, wird sich ändern.

1558. Kein Gesetz, keine Anordnung, kein Befehl, keine Maßnahme oder Wunsch lässt einen Wechsel zu, bei dem die Liebe nicht Bestandteil ist und bleibt.

1559. Man vermutet, dass dem Staat über die Steuer das meiste Geld verloren geht, daher sollte man insbesondere Steuervergünstigungen und Monopole ernsthaft prüfen.

1560. Bei der Zerschlagung von Unternehmen zahlt der Staat drauf, was geprüft werden sollte.

1561. Briefkastenfirmen müssen auch dort verkaufen und produzieren, wo sie ansässig sind, und dort ihre Steuern zahlen.

1562. Kein Land der Erde besitzt rechtens Steuermonopole und rechnet über Drittstaaten ab.

1563. Du bist mein Herz, meine Wahrheit und das Fühlen für mich.

1564. Nicht jeder hat einen persönlichen Helden, der angehimmelt wird.

1565. Freundschaft ist die Grundlage und der Anfang einer Liebe.

1566. Ein Glaube vermittelt Gefühle, gibt aber keine Anweisungen, wie man richtig handelt.

1567. Es ist doch egal, was andere tun und denken; unser Weg ist für uns und alles, was zählt.

1568. Der Staat überlegt, durch die Reduzierung des CO2-Ausstoßes anhand bestimmter Maßnahmen die Umwelt zu fördern.

1569. Der Glaube eines jeden erfüllt das Gute.

1570. Der Ausstoß und der Abbau von CO2 interessieren die ganze Welt und setzen Grenzen.

1571. Werden vom Staat Israel Beschlüsse oder Gesetze verabschiedet, darf und kann der Gerichtshof in Israel laut dem Ministerpräsidenten Herrn Netanjahu diese Beschlüsse prüfen und gegebenenfalls als falsch ablehnen, was nicht richtig ist.

1572. Nicht seine Autorität ist infrage gestellt, sondern seine Befugnisse; und die Welt weiß es, aber tut nichts.

1573. Wenn jemand auf der Welt so negativ aufgefallen ist wie die Deutschen im Zweiten Weltkrieg, haben sie auch heute noch Rede- und Handelsverbot, egal was andere Länder sich heute leisten.

1574. Die Gene und das Verhalten bleiben noch lange Bestandteil der Deutschen.

1575. Als Deutscher die Welt zu korrigieren und mit Israel anzufangen, macht keinen Sinn.

1576. Meinungen und Stimmungen der anderen, die nur Recht haben wollen, können behindern oder stören.

1577. Ich werde Dinge sehen, die du in dir nie erwartet hättest, und sie lösen und befreien.

1578. Auch wer keine Liebe kennt und zeigen kann, kann sie trotzdem empfangen.

1579. Es ist eine Zeitfrage: Zu welcher Zeit und was?

1580. Ein Grundstück fast komplett zu bebauen, ist verboten.

1581. Jeder möchte richtig handeln.

1582. Die richtige Entscheidung muss oft erarbeitet werden und trifft man nicht einfach so.

1583. Wer sich immer alles selbst erarbeiten muss, kommt zu spät.

1584. Meistens können Kinder die richtigen, für sie wichtigen und guten Fragen stellen.

1585. Ein wichtiges, zum Schweigen verurteiltes Kirchenmitglied muss reden dürfen, spätestens wenn Gefahr in Verzug ist.

1586. Ärzte unterliegen einer Schweigepflicht, von der man sie befreien kann.

1587. Ein gläubiges Kind hat einen Vorsprung.

1588. Ideen machen schlau und sind immer hilfreich.

1589. Ein Pfarrer sollte eine vertrauenswürdige Person sein, die Mitgefühl, Trauer und natürlich auch den Bezug zum Leben haben und schaffen muss.

1590. **Ich bin bipolar.** Das heißt, dass ich auf der einen Seite manisch, selbstbewusst und von mir so überzeugt bin, dass es mich zum Wahnsinn treibt. Ich bin dann über jeden Kontakt froh, weiß alles besser, halte mich für wichtig und kann Wahnideen entwickeln. Bin ich depressiv, dann bin ich in mich gekehrt und werde von Angst und Selbstmordgedanken gequält.

1591. Oft habe ich zuerst eine manische Phase, die ich danach wegen meines unbewusst falschen Verhaltens bereue, was mich in die Depression treibt.

1592. Bipolarität ist sehr schwer heilbar und erfordert das Fingerspitzengefühl eines Psychiaters, der alle vier Wochen Blut zur Probe abnimmt und versucht zu klären, in welcher Phase ich bin, um daraufhin Art und Dosierung von Medikamenten und Schlafmitteln zu verordnen.

1593. Ich liebe den Kontakt und brauche ihn auch.

1594. Wenn irgendetwas falsch ist oder ihr glaubt, etwas sei sonderbar, besteht eine Gefahr für mich, und es ist ein Notfall, der Hilfe erfordert.

1595. Eine Art von Arbeitsvertrag, bei dem man nicht nach Stunden oder festem Gehalt bezahlt wird, kann sich bewähren.

1596. Eine Bezahlung hauptsächlich nach erbrachter Leistung spornt an.

1597. Viele Einwanderer benötigen auch in der momentanen Lage Regenerationsmaßnahmen.

1598. Die Energieversorgung muss erst landesweit, dann kommunal und schließlich in einzelnen Haushalten in Absprache mit den Nachbarn und einer weltweiten Organisation geplant sein.

1599. Klimaschutz mit der Brechstange wird bald ziemlich sicher möglich sein.

1600. Wer Angst als Mittel zum Zweck nutzt, ist psychisch krank.

1601. Selbst wenn ein Fehlverhalten der Regierung durch Proteste der Bevölkerung aufgezeigt wird, darf es die Verbraucher nichts kosten; es ist und kann sehr oft den Verursachern berechnet werden.

1602. Ein Land muss seine Bürger integrieren.

1603. Illegale Einwanderung darf es nicht geben.

1604. Jedes Land sollte im Vorfeld wissen, womit und wie es Geld verdienen kann.

1605. Eine Wirtschaft mit Fachkräftemangel floriert nicht.

1606. Ein Land ohne Geldleistungen ebenfalls nicht.

1607. Die Schlepper, die Menschenhändler, müssen abgeschafft werden.

1608. Wir brauchen legale Einwanderung und Abschiebung in irgendeiner Art grundsätzlich.

1609. Das Erbgut, die Chromosomen mit angehängten Genen, treten paarweise in der Struktur im Blut auf und weisen eine ähnliche Beschaffenheit von Blutsverwandten auf, die auch für einen selbst eine Rolle spielen können, was man prüfen kann.

1610. Ich bin heute so belastbar wie nie zuvor.

1611. Mein Arzt, der Psychiater, vermittelt mir die Richtigkeit des Lebens, wofür ich dankbar bin.

1612. Mein Leben, mit allem Drum und Dran, macht den Menschen aus.

1613. Reine Oberflächlichkeit wird nicht überleben.

1614. Die Jahre eines Lebens sind zu positionieren.

1615. Meine Genverteilung ist verschoben, löst aber nichts Gefährliches aus, da alle Gene vorhanden sind.

1616. Ein Austausch von Bedürfnissen und Notwendigkeiten sowie die Pflicht, zu anderen gut zu sein, ist für jeden richtig.

1617. Tote Materie besteht aus Mensch, Tier und Pflanzen, deren Hülle und Körper.

1618. Man muss äußerlich nicht so sein und werden, wie man gehört hat, sondern sich auch nach innen zeigen.

1619. In Wirklichkeit haben wir schon immer geglaubt, wurden aber nicht als Gläubige anerkannt und gefördert.

1620. Eine Ungepflegtheit und allgemeine Unlust in Bezug auf Reinlichkeit findet man sehr oft bei psychisch Kranken, die es nicht wollen und damit überfordert sind.

1621. Starke Menschen können auch stur sein.

1622. Die Einstellung, alle Menschen brauchen dich und du brauchst alle, ist natürlich anmaßend, aber richtig.

1623. Liebende, die sich nur der Liebe wegen lieben, die sie geben und bekommen, bewegen sich auf dünnem Eis.

1624. Sieh und du wirst gesehen, zum Abschied als Freude auf ein Wiedersehen.

1625. Ich brauche nicht ständig das berauschende Gefühl in der Masse, kann es aber auch genießen.

1626. Paare, die sich unter ihresgleichen lieben, gibt es in jeder Nationalität.

1627. Die Menschen sind wirklich gut, sogar besser als ich dachte und als ich selbst bin.

1628. Warum gibt es Rauschmittel, und warum kosten sie so wenig oder sind legal?

1629. Nur Gott sieht im Dunkeln seine Schafe und hütet sie.

1630. Liebe zieht Liebe, Glück, Glauben sowie Freude und Menschen nach und nach an.

1631. Wenn alle Herzen zusammenarbeiten, reparieren wir die Flügel und das Beisammensein der Welt im Nu, und das Paradies wartet schon.

1632. Jedem wird geholfen, was die Garantie und Sicherheit für uns auf der Welt ist.

1633. Die Macht in Aktion sorgt und lässt sich nicht täuschen, um in der ganzen Welt zu helfen.

1634. Ein Witzbold verspricht einen Blick, wirft die Welt nach oben, fängt sie wieder auf, und keiner geht verloren.

1635. Manche sagen schlecht informiert, zu Unrecht, dass wir alle die Welt nicht retten können ohne Verluste, Kriege oder Unterdrückung, und glauben das auch.

1636. Nur zusammen mit jedem regeln wir, was wir wirklich wollen.

1637. **Wir Menschen, mit unseren guten Seiten, lieben:**

   1. Pazifismus.

2. Vermittlung.
3. Großzügigkeit.
4. Soziales Verhalten.
5. Hilfsbereitschaft.
6. Spendenbereitschaft.
7. Wir können lustig sein.
8. Sportlich sein.
9. Tierliebe.
10. Sparsamkeit.
11. Schlaue Gedanken formulieren und danach handeln.
12. Mitgefühl und Empathie für Menschen.
13. Interesse an Kulturen.
14. Familie.
15. Die Liebe zu Gott und der Glaube an Wunder.
16. Den Versuch, meine Seele positiv zu entwickeln.
17. Den Glauben, dass das Gute im Menschen Bestimmung zat und sich vermehrt, ohne verloren zu gehen.
18. Das Schlechte ablegen oder zum Guten wandeln.
19. Den Versuch, bei mir und anderen den CO_2-Ausstoß zu begrenzen.
20. Die Überzeugung, dass Kriege ihre Rechtmäßigkeit verlieren.
21. Den Glauben an Gott und seinen Weg.
22. Den Glauben, dass die Weltbank von Gott ist.
23. Das Streben nach Gleichheit und Gerechtigkeit in der Welt.
24. Den Glauben an ein Paradies auf Erden.

1638. Gewaltexzesse gehören nicht zu unserer Berufung.

1639. Wenn nach dem Krieg immer noch versteckte Bomben explodieren, stimmt etwas nicht.

1640. **Ich glaube, Söldner gibt es überall.**

1641. Versuche, neutral zu bleiben und deine Dankbarkeit zum Ausdruck zu bringen.

1642. Wer nicht fragt, dem ist jede Antwort zu viel.

1643. **Nichts muss zweckgebunden sein.**

1644. Die Parkplätze im Stadtzentrum sollten nicht nach dem Einkommen gestaffelt sein. Menschen mit weniger Geld sollten kostenlos parken.

1645. Der soziale Unterschied verringert sich zugunsten der Bedürftigen, auf Kosten der Überreichen.

1646. Jede Leistung sollte in irgendeiner Form vergütet werden, möglichst zum Vorteil der Armen.

1647. Lobe nicht nur aus dem Gefühl heraus, dass du mal wieder loben musst.

1648. Man sieht den Menschen an, ob sie begeistert, beeindruckt oder liebevoll sind.

1649. Wenn du jemanden auf humorvolle Weise zurechtweisen oder deine Sympathie ausdrücken willst, lass deinen Humor spielen und sage vielleicht das Gegenteil.

1650. Man entwickelt Gefühle, ohne zu wissen, warum – und das ist schön.

1651. Zukunftsängste, verursacht durch Politik und Missverständnisse, führen oft zu Unruhen.

1652. Ich habe festgestellt, dass bei extremer Freude oder Liebe die Augen vieler Menschen leuchten, wenn sie völlig entspannt sind.

1653. Das Ziel und der Weg dahin ergeben sich oft durch das, was wir gerne tun und was uns begegnet.

1654. Ist man eifersüchtig, macht man oft die Freunde schlecht, anstatt sich selbst zu stärken.

1655. Die Zeit wird uns den Platz zeigen, der für uns bestimmt ist.

1656. Das Ende kommt nicht als Vorlage mit der Möglichkeit, es einfach zu akzeptieren.

1657. Einsam ist nur derjenige, der sich einsam fühlt, keinen Bezug zum Guten hat und ins Leere hofft.

1658. Die Welt ist unser Platz zum Wohnen, Spielen, Vertragen und Gestalten.

1659. Ein „Weltclown“ spielt, und wir passen auf und reagieren gespannt auf das, was als Nächstes geschieht.

1660. Machst du nur, was du willst, kann es passieren, dass du den Fokus verlierst und vergisst, wo du bist und was du vorhattest.

1661. Ich richte mich auf und wandere zu einem Platz, der mir noch fremd ist und mich trägt.

1662. Jeder glaubt an etwas.

1663. Der Glaube verändert das Wesen.

1664. Die Kindergrundsicherung ist eine staatliche Unterstützung für arme Kinder, die unsere Zukunft aufbauen und die wir dringend brauchen.

1665. Krieg führen heißt, Verantwortung zu übernehmen, sagt zumindest unser Bundesverteidigungsminister, nachdem er ohne Bedenkzeit die Meinung seines Vorgängers übernommen hat.

1666. Vermutet man Terroristen in einem Flüchtlingslager, ist man nicht berechtigt, übertriebene Militäraktionen zu starten, die allen schaden.

1667. Eltern sollten ihren Glauben, wie vieles andere auch, vorleben.

1668. Es gibt keinen Entschluss zur Resignation.

1669. Wer seinen Glauben richtig einsetzt und nicht für Krieg nutzt, erhält Unterstützung.

1670. Der Einsatz von Bomben, Panzern oder Kriegsmaterial ist abzulehnen, da dadurch Menschenleben als Waffen eingesetzt werden, Wirtschaftszweige brachliegen und ein Neubeginn in Friedenszeiten mit Arbeitslosigkeit belastet ist.

1671. Der glückliche Mensch bleibt Mensch, solange man ihm nichts antut.

1672. Für glückliche Menschen empfinde ich Mitgefühl.

1673. Ich als Mensch möchte respektiert und, je nach Situation, auch geachtet werden.

1674. Jeder Mensch ist anders, und wir alle brauchen etwas, das uns weiterbringt.

1675. Ein Puzzle ist erst dann fertig, wenn alle Teile zusammengefügt sind und kein Teil fehlt.

1676. Ruhe dich aus und mache erst dann weiter, wenn du glaubst, dass du es kannst.

1677. Stress und Schlaflosigkeit sind Ursachen und Auslöser von psychischen Belastungen, die im Innersten Krankheiten beeinflussen.

1678. Fragen helfen immer, auch wenn die Antwort nicht sofort greifbar ist.

1679. An einem schweren Tag, der dich verletzt und runterzieht, kann nur derjenige helfen, den du selbst rufst und um Hilfe bittest.

1680. Die Menschen, die ich sehe, egal wo, leben so wie du und ich – sie sind gleich.

1681. Wer sich nur selbst liebt, vergeht sich an der Natur der Gemeinschaft.

1682. Zu viel Salz, Fett oder Zucker im Essen wirkt sich negativ auf die Gesundheit aus.

1683. Wer vergisst, an sich selbst zu denken, um gut zu leben, bereut es unter Umständen.

1684. Manche Menschen machen sich wichtig, indem sie Dinge sagen und behaupten, aber das Gegenteil tun.

1685. Wenn pubertierende Jugendliche rebellieren und sich nichts sagen lassen wollen, ist das ein gutes Zeichen – und völlig normal.

1686. Es gibt Babys, die sich wunderbar selbst beschäftigen, wenn sie mit Lauten spielen.

1687. Wenn sich Politiker oder Kommissionen von externen Gutachten beraten lassen, kostet das den Steuerzahler viel Geld, obwohl sie es eigentlich selbst entscheiden sollten.

1688. Behinderte, Migranten, Analphabeten, Geringverdiener, kinderreiche Familien, Alleinerziehende und Minijobber müssen durch zusätzliche Hilfen gefördert werden.

1689. Das Elterngeld sollte bei reichen Eltern gekürzt oder gespendet werden.

1690. Der deutsche Staat ist marode, eine Neuverschuldung bereitet Sorgen und muss eingedämmt werden.

1691. Die Todesstrafe ist falsch.

1692. Das Verklappen von Abfällen ins Meer tötet das Ökosystem.

1693. Zu viele Verbesserungen können das Gefüge zerstören.

1694. Man muss überzeugt sein von dem, was man macht, dann ist es auch gut.

1695. Jedes Land hat leider immer noch sehr unterschiedliche Stundensätze, selbst bei vergleichbaren Leistungen.

1696. Ein Angebot, bei dem der Verkaufspreis keine große Rolle spielt, wird fast immer nur nach Aufschlägen und dem Stundensatz kalkuliert, einschließlich der benötigten Zeit.

1697. Stundensätze sollten zum realen Vergleich identisch oder zumindest ähnlich sein, zumindest im Allgemeinen sollten sie sich annähern.

1698. Günstig im Ausland eingekaufte Waren benötigen einen Preis der Mitte, der für beide Seiten sinnvoll ist.

1699. Nichts zu sagen ist manchmal besser als zu kritisieren.

1700. Wenn man mit den Worten "Du musst" spricht, bedeutet das oft: "Es ist mir sehr wichtig, bitte mach das."

1701. Es gibt soziale Arbeiten und Hilfen, die nirgendwo auftauchen und steuerfrei sind.

1702. Kirchen und der Glaube müssen intervenieren können.

1703. Die Steuererklärung muss für alle wichtig und machbar sein.

1704. Ohne Pausen kann man nicht arbeiten.

1705. Geschäfte mit zu hohem Risiko können ruinieren und funktionieren oft nicht.

1706. Wenn jemand meint, alles organisieren zu müssen, ist das wie eine Hochzeit ohne Braut.

1707. Energie und Nachhaltigkeit bestimmen die Wirtschaft der Zukunft.

1708. Hat man einmal einen guten Namen, funktioniert vieles besser.

1709. Demokratiebewusstsein bedeutet Ansporn und Anreiz, weiterzukommen und auch mehr Geld zu verdienen.

1710. Für richtiges Arbeiten braucht man immer Hintergrundwissen.

1711. Die einfach formulierten Fragen sind oft die besten.

1712. Gleichberechtigung bedeutet nicht immer, dass die Aufgabenverteilung vertreten und angewendet werden muss.

1713. Das Gute im Anderen kann auch sexuell anziehend sein.

1714. Widersprechen und dem anderen die eigene, gerechte Meinung sagen zu können, ist großartig.

1715. Man kann nicht alles auf einmal klären.

1716. Hat der andere bessere Chancen, es gut zu machen, sollte man ihn vorlassen.

1717. Es muss nicht grüne, braune und weiße Einwegflaschen geben.

1718. Wenn man Keramik oder Ton in einen Glascontainer wirft, wird dieser zu unbrauchbarem Sondermüll.

1719. Ein-, Zwei- und Fünf-Cent-Münzen sollten abgeschafft werden.

1720. Keine Waffen, keine Gewalt, kein Zwang, nur Freiheit und die Wahl, den Himmel zu finden, wenn man will.

1721. Kassenbons als Papierzettel nur auf Verlangen.

1722. Wenn ein Priester, der bereits im Gerede steht, sich gegen andere im gleichen Konflikt stehende Priester wendet, sollte er besser zurücktreten, da er offenbar kein Mensch der Güte und des Anstands ist.

1723. Wer frei von Unrecht ist, kann anklagen.

1724. Wenn ich an alle denke, kennt nicht nur der Sieger den Weg zur Zuversicht und zu den Herzen aller.

1725. Die Jugend lernt vom Alter: die Lebensweise, die Zuversicht, aber auch das Zurückzahlen von Schulden durch Sparen.

1726. Heiraten gehört irgendwie dazu und macht Spaß.

1727. Ist man jung, lebt man, und im Alter zahlt man dann zurück.

1728. Wir müssen auf unsere Erde aufpassen, sonst verschwindet sie, obwohl wir sie für die Zukunft so dringend brauchen, um sie zu heiligen.

1729. Die Weltverbesserer kämpfen für das Gute.

1730. Was ich nicht verstehe, lehne ich ab.

1731. Wer wegläuft, kommt oft wieder hier an.

1732. Es gibt Leute, bei denen man frech sein muss, bevor sie selbst frech werden.

1733. Ohne unseren Willen wird es nie eine einzige Familie auf der Erde geben.

1734. Auch Kriminelle sind Teil einer Familie.

1735. Wir emanzipieren uns zur gemeinsamen Gleichheit und Einheit.

1736. Auch wer ahnt, dass das Gespräch kippt, sollte es in dieser Phase nicht abbrechen.

1737. Die Religion leitet Gläubige ihren Weg.

1738. Gott rät zu keinem Krieg oder Seuche und ist wahrscheinlich daran auch nicht schuld.

1739. Mit Gott lebt und stirbt man auf jeden Fall in Frieden.

1740. Gott kann strafen.

1741. Wenn man andere liebt und an ihnen festhält und sie in ihrer Entwicklung fördert, macht man es richtig.

1742. Niemand glaubt ernsthaft, besser als der andere zu sein.

1743. Im Grunde ist es nicht falsch zu mischen.

1744. Autofreie Städte fördern, mit außerhalb der Stadt liegenden kostenlosen Parkplätzen sowie anschließender Beförderung ins Stadtzentrum.

1745. **Ich möchte keine Geheimnisse haben müssen, aber das sollte man auch können.**

1746. **Die Entwicklung weg von reinen Ghettos hin zu mehr integriertem Wohnen ist sinnvoll.**

1747. Wer von sich aus sagen kann: "Es funktioniert, ich bin zufrieden, so wie es ist," denkt richtig.

1748. **Wer sich selbst keine Zeit nimmt, erkennt sein Innerstes zu spät.**

1749. Es gibt viele Migranten, und die, die nachweislich kriminell werden, sollten natürlich auch wieder abgeschoben werden.

1750. Die Aufnahme und Beherbergung von Migranten ist noch nicht zur Zufriedenheit aller geregelt oder einheitlich festgesetzt worden.

1751. Migration darf in der Bevölkerung nicht zu Annahmen über Ungerechtigkeiten führen.

1752. Ein Eintrag in eine Liste für legale Migration, mit dem Wunsch, in ein Land einzuwandern, sollte es für jedes Land geben, wenn nötig, zentral gesteuert.

1753. Diese Liste wird schnellstmöglich abgearbeitet, wobei auch immer wieder Notfälle dazukommen und die Anzahl und Reihenfolge zu berücksichtigen ist.

1754. Die Aufnahmequote sowie die Reihenfolge werden in Zeitabständen ergänzt und kontrolliert.

1755. **Die Einreise sollte legal sein. Das ist der wichtigste erste Schritt**.

1756. Die Welt und jedes Land beaufsichtigen die Reihenfolge, egal ob Zu- oder Auswanderer, und den Ablauf im eigenen Land.

1757. Die Bewohner, die sich nicht auf die Liste der Migranten stellen lassen und vorerst nicht einwandern wollen, erhalten vom Westen und von Fachleuten Unterstützung, um ihr zum Teil zerstörtes Land wieder aufzubauen. Es wird ein weltweites Projekt, bei dem in irgendeiner Form alle mitmachen müssen.

1758. **Die Welt mit ihren Ländern muss auf das gleiche Niveau kommen.**

1759. Gerechtigkeit kann nur dann herrschen, wenn in jedem Land der Erde gleiche Möglichkeiten und Bedingungen und Wohlstand existieren.

1760. Die Gleichheit in den Ländern sorgt für Frieden, Chancengleichheit, Ausgeglichenheit und Zusammengehörigkeit.

1761. Die erste Priorität ist es, der armen Bevölkerung die legale Einreise zu ermöglichen und gleichzeitig dafür zu sorgen, dass betroffene Länder mit finanzieller und personeller Hilfe, z. B. durch Europäer, nach alten Vorlagen wieder aufgebaut werden.

1762. Wir brauchen keine festen Grenzen, denn jeder möchte bei gleicher Ausstattung sowieso in seine Heimat zurückkehren.

1763. Die Bodenschätze werden zum Beispiel friedlich für die Baukosten abgegeben und verwendet.

1764. Weitere Gelder kommen durch Spenden, möglicherweise von der Oberschicht.

1765. Es wird Massenbewegungen weltweit geben.

1766. Für den Bau und die Instandhaltung des Projekts werden alle Berufszweige benötigt.

1767. Jeder Staat muss die Ausübung von Religion ermöglichen.

1768. Die Völker mischen sich, trennen sich aber auch teilweise wieder, ergänzen sich und lernen einander besser kennen.

1769. Trotz dieser Wichtigkeit muss Hunger und Durst als Erstes beseitigt werden.

1770. Der Aufbau der Länder erfolgt nach teilweise mehreren Vorlagen aus der Vergangenheit.

1771. Der nächste Schritt, noch vor der Infrastruktur, ist der Aufbau des Gesundheitssystems mit Zentren und vielen Filialen.

1772. Wenn ich als Transsexueller geboren werde, habe ich beide Geschlechter in mir und darf meinen Körper so äußerlich anpassen, wie ich das will. Das ergänzt das Innere mit dem Äußeren, ändert jedoch nichts an der inneren Einstellung oder Transsexualität.

1773. Männer, die Frauen werden wollen, und Frauen, die lieber Männer wären, wechseln ihr Äußeres ebenfalls ohne große Änderung der inneren Einstellung, oft durch eine Operation.

1774. Kinder, die von ihren Eltern zu einer Operation gezwungen wurden, sprechen von Misshandlungen und Vergewaltigungen.

1775. Wenn man jahrelang zu Unrecht im Gefängnis sitzt, stehen einem Entschädigungen zu, die oft willkürlich und zu niedrig festgesetzt werden.

1776. Ein Menschenleben kann man weder bezahlen noch ersetzen.

1777. Verurteilungen, die nachweislich falsch entschieden wurden, müssen neu verhandelt werden können.

1778. Es gibt genügend Kinder auf der Welt, die gerne ein Zuhause hätten, ohne dass es unnötige Leihmutterschaften geben muss.

1779. Eine Adoption kann Leben retten.

1780. Die Menschheit ist nicht mehr so wie früher; sie bekämpfen sich mit Waffen und Worten, aber scheinen dem "Eigensinn zum Guten" nicht mehr mächtig zu sein.

1781. Der eigene wahrgenommene Instinkt zählt erst nach Erkundung der Gesetzeslage.

1782. Die Ausführung und die Prüfung müssen immer getrennt vergeben und durchgeführt werden.

1783. Zur Selbstfindung gehören die unterschiedlichen Bindungen zum Partner, die wechseln.

1784. Unsere Welt wird friedlich, sodass wir lieben und leben können, ohne Angst und Trauer, mit Unterstützung von allen Menschen im Sinne von Gott und dem Guten, zum Paradies der Freude und des Glaubens.

1785. Die unterschiedlichen Geschlechter gehen unterschiedliche Arten von Bindungen ein, gemischt oder gleichartig, bis die optimale Konstellation gefunden wurde. In dieser friedlichen und wundervollen Welt gehören alle zum speziellen Leben dazu.

1786. Die Welt muss zusammenbleiben und zusammenarbeiten.

1787. Wer überlegt, hat keine Meinung.

1788. Wer kritisiert, hofft auf Zustimmung.

1789. Kinder sind so dankbar.

1790. Liebe ist eine Illusion des Vergessens, mit dem Versuch, den Menschen nicht auf Wiedersehen sagen zu müssen.

1791. Der Himmel setzt Bedürfnisse auf dich und gibt dir die Möglichkeit, wieder zu leben.

1792. Zu allen gut zu sein und auf sie positiv zu reagieren, ist etwas Besonderes.

1793. Das wahre Ich ist die Ehre und die Güte, die nicht nur uns zusammenhält, sondern auch die Welt, die wir bewohnen und lieben.

1794. Keiner sollte traurig sein, wenn er geht, auch für immer, solange er glücklich war.

1795. Alte Menschen nähren sich von Erinnerungen.

1796. Jeder Staat weiß, wo seine Schwachpunkte liegen, hat aber zu wenig Geld, um alles auf einmal beheben zu können.

1797. Eine Theorie besagt, dass für den Staat ein Plus, besser gesagt, eine Neutralität vorausgesetzt wird, wenn wir alles zusammenwerfen, was wir haben.

1798. Ein Umdenken von nur Reichen und nur Armen ist undenkbar und wäre auch falsch.

1799. Der Staat besitzt feste sowie variable Werte in unterschiedlichen Bereichen in jeder Gesellschaftsform im In- und Ausland.

1800. Ein Staat ohne Kapital kann nicht agieren, ebenso wenig wie eine Bevölkerung ohne Geld.

1801. Ein Staat ohne Partnerländer hat keine Einnahmen, Zölle verschlimmern jede Situation.

1802. Die Oberen sind stinkreich, noch reicher als der ganze Staat zusammen.

1803. Die Weltwirtschaft muss jedem zu gerechten und geförderten Konditionen zur Verfügung stehen, um auch zum Vorteil eines jeden Einzelnen ausbaufähig zu werden. Die Oberen sollten, außer Spenden, auch private Initiativen gründen, um den Wettbewerb der Armen zu fördern.

1804. Privatisierung bringt dem Staat erstmal mehr Geld, muss aber wohl bedacht sein, um nicht in der Zukunft ein Negativ-Geschäft durch fehlende regelmäßige Einnahmen abgeschlossen zu haben, und darf auch nicht die inländische Wirtschaft zerstören.

1805. Die Infrastruktur ist zum Lenken der Wirtschaft zugunsten des Sozialsystems und des Wettbewerbs unumgänglich in staatlicher Hand zu lassen.

1806. Fatal wäre es, wenn die Industrie, die Religion, die Banken, die Versicherungen oder einzelne Menschen theoretisch in einem Land Haupteigner wären und nicht der jeweilige Staat.

1807. Die Wirtschaft untersteht dem Staat zu 100%.

1808. Auch ausländische Investoren müssen begrenzt und geprüft sein.

1809. Das Kontrollsystem Politik und Wirtschaft regelt weltweit die Einigkeit, den Verkauf, die Einkünfte und den Bedarf und letztlich den Wohlstand.

1810. Eine zu stark dominierende Industrie zerstört die Wirtschaft und die Politik mit ihren Verpflichtungen.

1811. Ein Land wird, wenn das System stimmt, von der Wirtschaft und Politik hauptsächlich mitbestimmt.

1812. Die Wirtschaft leitet einzelne Industriezweige durch Wettbewerb zum Gewinn.

1813. Letztlich leben wir von den Einnahmen von Industrie und Dienstleistungen und deren Steuern, Einnahmen aus Kapital und Anlagen.

1814. Gehorcht ein Hund nicht, darf man ihn nicht belohnen, selbst wenn er später kommt, wann er will.

1815. Unterschiedliche Erziehungsmethoden können Völker binden oder auseinanderbringen.

1816. Es gibt in Deutschland viel zu viele Krankenkassen, die das Gesundheitswesen durch ihre Anzahl und Struktur zu teuer werden lassen.

1817. Es gibt Menschen, die plump und direkt sind und keine gefühlvolle Art haben.

1818. Viele Ausländer salzen ihr Essen zu viel für meinen Geschmack.

1819. Schlaue, oft studierte Menschen wollen sich nicht auf einer Ebene wie mit uns ansehen und unterhalten.

1820. Wer sich etwas vom Streit aufhebt, ist gemein.

1821. Wenn Gelder an der Basis nicht ankommen, liegt das oft an der Bürokratie.

1822. Benutzen Liebespaare beim Sex ihren After mit, ist das nicht verwerflich, auch nicht in vielen Ländern vor dem Gesetz und der Kirche.

1823. Politik ist Sache eines jeden, der sich austauscht und sich sicher ist, und es kann die Welt verändern.

1824. Wir und die Welt, ein Gespann, das nach vorne geht.

1825. Wenn jeder Recht haben will, ist Unrecht angesagt.

1826. Ist die Erde unser Paradies geworden, wollen alle die Ersten sein.

1827. Das Paradies ist schöner, als der Glaube über die Liebe spricht.

1828. Geht man nicht direkt auf die Freundlichkeit ein, hat man oft sie für die nächsten Male verspielt.

1829. Die Aktion "Mensch zu werden" schlägt nicht fehl.

1830. Frage dich bei allem, was du tust, nach der Richtigkeit für alle.

1831. Fehlverhalten, wenn nicht aus Versehen, unbedacht oder ohne Grund und Bewusstsein, bleibt nicht ohne Konsequenz.

1832. Wer streng gläubig ist, muss die Thesen und Vorsätze gut hinterfragen.

1833. Der fromme Mensch rettet die Gesellschaft nicht.

1834. Der Glaube im Menschen wird seinen Ursprung im Glauben finden.

1835. Nur über den Glauben selbst werden Dogmen aktiviert.

1836. Nimmt man dem Menschen das Gute, lebt er nicht mehr.

1837. Erst der Vorsatz lässt einen zweifeln.

1838. Der Mensch in uns regelt sich von allein.

1839. Jeder Mensch hat seine Aufgaben und seine Fehler.

1840. Seiner Kritik im Glauben zugewandt, versucht man sich zu begreifen.

1841. Das Gute überwiegt nicht nur, es herrscht zum Schluss auch nur noch.

1842. Die Aufgabe, den Anderen zum Guten zu bekehren, erfüllt jeder, mit den Sätzen lebst du es dir bewusst wie eh und je.

1843. Die Liebe ist das Werkzeug, der Glaube die Übertragung, der Rest sind wir.

1844. Wer sich zu früh oder zum falschen Zeitpunkt oder bei der verkehrten Person öffnet, muss mit viel Überzeugungsarbeit rechnen.

1845. Unsere Fehler werden wir bekämpfen und glücklich sein.

1846. Nur Frieden macht glücklich, und das miteinander.

1847. Das Leben hört nie auf.

1848. Das Buch soll dich mitreißen, nicht nur Fakten bringen.

1849. Das Buch soll deinen Glauben stärken oder ihn dir wiedergeben.

1850. Das Buch kann bei dir bekannte oder unbekannte Probleme lösen.

1851. Manchmal ist alles auf mich bezogen.

1852. Könnte sich jeder die aktuelle Lage bewusst machen, könnte der Weg für uns alle gemeinsam sein.

1853. Lernt man die anderen in ehrlicher Gemeinsamkeit kennen, finden sich Freunde.

1854. Wenn die Worte fehlen, kann Schweigen mehr bewirken als unnötige Ratschläge.

1855. Wenn man an sich glaubt, ist man auch im Sport besser.

1856. Die Menschen wollen wissen, was man vorhat.

1857. Es gibt Momente, die empfinde ich als das Stehenbleiben der Erde, wo alles völlig identisch ist, egal was man macht.

1858. Ich kann nur sagen, direkt und auch indirekt strebe ich ein reines, gewaltfreies Ziel an.

1859. Ich will weder als Diktator noch als Friedensbote gesehen werden, eher als Freiheitskämpfer, der im Hintergrund anonym agiert und nicht von fehlgeleiteten Wahnsinnigen getötet oder in Haft genommen werden darf.

1860. Jeder muss sich bei meinem Skript angesprochen fühlen.

1861. Die Eigenständigkeit zum freien Denken und Handeln muss gegeben sein.

1862. Manchmal denke ich, den anderen nicht gewachsen zu sein, und dann wiederum bin ich König auf dem Thron.

1863. Menschen verkaufen dem Coolsein ihre Gefühle.

1864. Oft wird mit Unzufriedenheit übertrieben.

1865. Die Menschen, die den Partner schlecht machen, sind nicht bei Sinnen oder ärgern sich und den anderen.

1866. Wer immer das tut, was er hört, und nicht, was er denkt, macht Fehler.

1867. Man kann nicht alles auf sich beziehen und alle Kleinigkeiten ändern.

1868. Der Glaube unterstützt jedes Handeln, das ich auch bei Gott jedem wünsche und darum bete.

1869. Ich rechne durch mein Handeln hier auf der Erde mit Zuspruch.

1870. Bedenken meines Selbst treten trotzdem immer in den Mittelpunkt, wenn ich für mich unerwartete Resonanz empfange.

1871. Manchmal glaube ich, ich darf gar nicht auf euch hören, sollte mir lieber gegen euch eine eigene Meinung bilden und euch vielleicht fragen?

1872. Meine Gefühlswelt ist schon etwas länger reduziert, denke aber nicht, negative Auswirkungen erhalten oder verbreitet zu haben.

1873. So zu tun, als ob nichts wäre, so kann man sich auch nicht verhalten.

1874. Vielleicht brauche ich doch noch mehr Hilfe, verarbeite nicht richtig oder mache es einfach falsch.

1875. Ist ärgern das Rezept zum Guten?

1876. Manche Tipps bewirken das Gegenteil, was sie bei bestimmten Menschen auch sollen.

1877. Gefühle zeigen ist auch mitfühlsam sein, wobei es eine natürliche Hemmschwelle gibt.

1878. Der Mensch lebt davon, gut zu sein und das Gute zu vermehren. Bis zum Schluss, dem Erreichen des "geistigen Glaubens" im Paradies.

respektieren wollen

1. Im Mittelpunkt zu stehen, ist oft gut. Wir leben im Paradies, umgeben von von Gott geprüften Menschen.
2. Nicht alle Menschen, die an der Macht sind, wollen das Gute.
3. Vielleicht muss ein Land zunächst rechts orientiert sein, um den richtigen Weg mit Hilfen zu finden.
4. Ich darf keinen Zorn verursachen.
5. Meide die Öffentlichkeit, um dich zu positionieren.
6. Die Frage ist: Wie mache ich es allen recht?
7. Mein eigener Wille ist für mich richtig.
8. Ich muss auch auf andere hören.
9. Ich vertrage Menschenansammlungen nicht unbedingt in zu großer Zahl.
10. Ich kann anonym bleiben, muss es aber nicht.
11. Meinen Glauben kann mir keiner nehmen.
12. Früher war das Böse ein Druckmittel der Eltern gegenüber ihren Kindern.
13. Ich glaube, viele Menschen nehmen mich nicht immer wahr. Sie strahlen mich an, was ich toll finde und genieße.
14. Auf einmal Gewissheit zu haben, ist eine Stimmungssache.
15. Die Angst, dabei sterben zu müssen, gibt es nicht.
16. Mein Leben ist nicht ernsthaft gefährdet.
17. Man sollte nicht zustimmen wollen, wenn eine völlig andere Art von Verpflichtung eingegangen werden müsste.
18. **Ein Kompromiss grenzt manchmal an Erpressung.**
19. Auch in der Vergangenheit trumpften Menschen in ihrem Sinne auf.
20. **Menschen sind vorbestimmt, was die Anordnung von Chromosomen und Genen betrifft.**
21. Menschen können überzeugen und das Beste versprechen.
22. Es gibt Machthaber, die gute Ziele verfolgen.
23. Und es gibt Machthaber, die eigensinnig agieren.
24. Wenn ein Gläubiger einen Ungläubigen ansieht, siegt immer der Gläubige.
25. **Der Preis eines Produkts sollte sich in der freien Marktwirtschaft von selbst regeln.**

26. Niemand sollte versuchen, seine soziale Position auszunutzen und Unwillen zu provozieren.

27. Wer etwas mehr leistet, handelt normal, ohne Druck und zunächst ohne erhöhte Gehaltsforderungen.

28. Elektroautos lassen sich aufgrund der teuren Batterie schlecht gebraucht verkaufen.

29. Telepathie gibt es oft bei Ureinwohnern, die Gedanken übertragen und lesen können.

30. Eine Gedankenübertragung kann man nicht vollständig ausschließen.

31. Die Menschen verstellen sich gerne und spielen einem etwas vor.

32. Die Zinsentwicklung beeinflusst die wirtschaftliche Lage eines Unternehmens im In- und Ausland sowie die Kaufkraft eines jeden Bürgers.

33. Liebe bedeutet, an das Gute zu glauben – allein, zu zweit oder in einer Gruppe – und das auch körperlich auszudrücken und zu empfinden.

34. Verluste der Industrie dürfen nicht von der Bevölkerung getragen werden.

35. Die Frage nach Naturschutz oder Anbauflächen stellt sich bereits jetzt.

36. Liebe kann man schon im Mutterleib empfangen.

37. Der Glaube überlebt selbst die schlimmste Krankheit.

38. Dem Glauben Liebe schenken und Liebe als pures Glück weitergeben – das ist Gottes Wunsch und Ziel.

39. Wenn Gewerkschaften streiken, stören sie den gesamten Ablauf in einer Demokratie und verwirklichen ihre Ziele teils verfassungswidrig.

40. Liebe ist das Vertrauen, das Menschen zusammenbringt, sie verbindet und hält.

41. Unzufriedenheit gehört manchmal zum Leben dazu.

42. Liebe bedeutet, hier zu sein.

43. Angst führt leider oft zu Fehlreaktionen.

44. Menschen sind und bleiben, und sollen auch bleiben, kritische Wesen.

45. Wer sucht, der findet auch den Wandel, von dem er träumt und den er sich wünscht.

46. Eine Liebe ist unvergänglich, sicher und dem Guten zugesprochen.

47. Kommen Menschen von der Basis an die Macht, vergessen sie leider oft nach kurzer Zeit ihre Ideologien und passen sich an.
48. Wer Lebensmittel vorsätzlich wegwirft, vernichtet Leben.
49. Prüft jemand ein Leben lang, ergibt sich die Lösung oft erst im Nachhinein.
50. Zum guten Leben gehört auch gutes Wohnen, an dem leider viele sparen müssen.
51. Ein im Alter schnell wachsender Knochen kann im Gewebe drücken.
52. Und wenn sich der Knochen dabei auch noch verdreht, kann das erst recht Schmerzen im Gewebe verursachen.
53. Tote leben weiter und sind nicht nur anders, sondern sehen auch anders aus.
54. Wenn man sich überfordert fühlt, bekommt man Schmerzen.
55. Der eigene Körper kann Knochen abbauen.
56. Oft weiß man wenig über sich selbst und reagiert impulsiv. Freunde können einen oft besser beurteilen als man selbst.
57. Es ist genug Liebe da, um glücklich zu sein.
58. An Liebe mangelt es nicht. Wir müssen aufpassen, an alle zu denken, um die Welt zu verbessern.
59. Auf sich aufzupassen ist für jeden die erste Priorität in dieser Welt, die man aufgrund des Lebens und seines Willens schon bei der Entstehung mitbekommen hat und die uns immer unterbewusst begleitet.
60. **Die Welt wird besser und glücklicher.**
61. Zeit gehört jedem und wird weitergegeben, um ein "Ich" zu werden, zu dir zu kommen und dazuzugehören.
62. Ich lebe mit dem Gewissen, jede Perspektive der Menschen auf der Welt zu erfüllen.
63. Wer meint, es gäbe nichts Negatives auf der Welt, überflügelt die tiefsten Optimisten von Grund auf und glaubt an das Paradies, das wir natürlich und stetig anstreben und erahnen lassen.
64. Bleib dabei, die Zukunft verspricht viel Glück, in Liebe und mit Glauben.
65. Der Glaube verspricht uns Heimat, Liebe und Zuversicht, uns zu finden, in der Hoffnung, das Richtige zu sein.
66. Die Hoffnung ist unser Glaube.

67. Selbst eine kleine Art von vermeintlicher Enttäuschung kann die Liebe manchmal nicht ertragen und zerstört sie – ob mit oder ohne Willen – vollständig.

68. Ich kann selbst bestimmen, ob andere, alle oder niemand mich wahrnimmt, und ich behaupte, das kann jeder unterbewusst.

69. Wenn man gut drauf ist, merkt man auch beim Gegenüber Positives durch ein extrem herzliches Lächeln.

70. Ist man kritisch oder negativ eingestellt, sieht man leider oft nur traurige Gesichter. Man kann das natürlich ändern, doch in dem Moment ist es sehr schwer.

71. Jeder Mensch erlebt Negatives und Positives, was sein Handeln und seine Umwelt beeinflusst.

72. Ein strahlendes Lächeln im Gesicht sorgt für unbegrenzte Freude bei sich und den anderen.

73. Fehlhandlungen können auftreten, wenn eine Person der Situation nicht gewachsen ist, was Fehldeutungen beim Gegenüber zur Folge haben kann.

74. Besonders auffällig ist ein kurzer Blick voller Wärme und Unterwürfigkeit, der Gleichheit signalisiert.

75. Man darf sich durch das Verhalten anderer nicht verunsichern lassen. Man sollte es wahrnehmen, aber nicht automatisch an dessen Richtigkeit glauben.

76. Wenn man hasst, sich nicht versteht oder glaubt, dem anderen nicht gewachsen zu sein oder dass der andere einem schaden will, spürt man das auch in den Augen: durch Zucken und Zusammenziehen.

77. Im eigenen Einvernehmen ist Glück immer eine Übertragung auf alle.

78. Wir sind weit weg, um schnell zu euch zu kommen, und jeder muss seinen Teil für die Ewigkeit und die Liebe beitragen, in der Hoffnung, glauben zu dürfen.

79. Heutzutage streben viele junge Frauen Selbstständigkeit und Selbstverwirklichung an, noch vor der Suche nach dem Beschützertypen.

80. Warum zerstört man alles, um vor dem Nichts zu stehen?

81. Mehr als mich dir zu offenbaren und dir zu zeigen, wie und was ich zu glauben habe, kann ich nicht tun. Es geschehen Überraschungen, die nur du verstehst, weil du mich kennst.

82. Es ist eine Ehrensache zu helfen, ohne zu verletzen oder falsch zu berühren.

83. Wenn Gelder nicht für Kriege ausgegeben würden, hätten wir genug, um den Hunger in der Welt zu stoppen.

84. Beendet sofort Kriege, egal zu welchem Preis.

85. Wenn eine junge Frau leicht bekleidet angetroffen und kritisiert wird, rächt sie sich zur gegebenen Zeit.

86. Das Ende empfindet jeder anders, besonders für sich selbst.

87. Wenn nicht jeder Schritt meiner ist, erreiche ich die Welt schnell und sicher.

88. Ich glaube, wenn alle nur eine Gehaltserhöhung nach dem Inflationsausgleich für die jeweilige Industrie und den Dienstleistungssektor bekämen und dies vorher durch Einmalzahlungen an andere Bereiche angepasst würde, wäre alles in Ordnung. Bei extremen Gewinnen oder Verlusten sollte es jedoch separate Maßnahmen geben, wie Gewinnausschüttungen oder Gehaltsverzicht. Wenn Vorstände und Aufsichtsräte das Geschäft ruinieren, zahlt der Arbeiter nicht dafür.

89. Wer sich keine eigenen Wege für die Kriegsführung überlegt, wird zu einer weltweiten Clownsgefahr.

90. Ich möchte in einer Welt leben, in der sich niemand in den Vordergrund spielt und allein die Hauptperson ist.

91. Wem die Vergangenheit mehr am Herzen liegt als Ruhe und Verdienst, liebt die Einzigartigkeit nicht.

92. Ich kann sein oder gehen. Du kennst mich noch wie am ersten Tag in deiner Liebe.

93. Ich hätte nie geglaubt, dass es einmal passiert, und jetzt bin ich mittendrin.

94. Ich brauche dich, um alles zu regeln – im Sinne der Liebe mit Vertrauen zur Lösung des Universums und mir selbst.

95. Das Ziel ist ein Leben mit dir.

96. Liebe gibt es überall auf der Welt, auch wenn wir mit frühen oder späten Einschnitten rechnen müssen. Sie lässt uns nicht allein und glaubt an uns.

97. Nur wer zufrieden mit sich selbst ist, kann den Weg zum Glauben finden.

98. Wenn alle Menschen gleichzeitig an sich und an Gott glauben würden, wären wir eins.

99. Man kann nur an etwas glauben, das man letztendlich auch liebt.

100. Liebe und Glaube verbinden sich zu etwas Wunderschönem.

101. Liebe ist der Fixpunkt, der Glaube ist variabel.

102. Liebe zu beschreiben, ist einfach; einen Glauben zu beschreiben, nicht.

103. Gegenseitiges Vertrauen ist Liebe mit Vorsicht. Eine Liebe ist fürs Leben.

104. Jeder erlebt seine Liebe und spürt sie.

105. Das Spektrum des Glaubens ist ohne es zu wissen im Unendlichen zu suchen.

106. Man glaubt und liebt das ganze Leben lang immer, und erst nach eigener Erkenntnis lernt man andere kennen.

107. Glück sind Momente im Glauben der Liebe, ohne Eigenbedarf und mit viel Energie.

108. Wer eine große Aufgabe vor sich hat, entwickelt ungeahnte Kräfte und wächst über sich hinaus.

109. Liebe bedeutet, in guten und in schlechten Zeiten füreinander da zu sein, sich zu unterstützen, frei zu sein und sich jede Meinung bilden zu dürfen.

110. Wer sein Vertrauen verliert, verliert oft alles.

111. Auch wenn Menschen ganz anders und furchterregend aussehen, muss man ihnen mit einem positiven Gefühl begegnen.

112. Wer seine eigenen, bekannten Fehler nicht in den Blick nimmt, bekommt Probleme.

113. Gute Menschen haben nicht viel abzurechnen und brauchen kaum Rechenschaft abzulegen.

114. Wenn das Militär viele Menschen kontrollieren und unterdrücken muss, damit der Staat funktioniert, ist das die falsche Staatsform.

115. Nur durch Aufklärung und die richtige Einstellung können soziale Ungerechtigkeiten beseitigt werden.

116. Der menschliche Körper verträgt keine übermäßige Hitze und kollabiert.

117. Wenn alle meine Gedanken kennen, wie kann ich mich dann noch unterhalten?

118. Die Welt kann sich öffnen, anstatt alles zu zerstören.

119. Ich lebe als Romanze von dir, auf dem einzigen Weg, der zwar auch traurig macht, aber zu dir führt und mich zufrieden sein lässt.

120. Zu wissen, dass es dich gibt, macht mich stark und bereit für den Tag, der immer da war, ist und kommen wird.

121. Den Menschen, die nichts haben oder alles verloren haben, muss man sofort helfen und Perspektiven aufzeigen.

122. Wenn jemand Zeit braucht, um traurige Nachrichten zu verarbeiten, muss das akzeptiert werden – andere explodieren sofort.

123. Oft hat man viele unwichtige Dinge zu entscheiden, die einem das Leben letztlich aber erleichtern können.

124. Freude, Glaube und Liebe sind tief im Inneren, mit Kontakt zu dir, wie auch zu anderen Menschen.

125. Erst wenn wir alle eine Veränderung wollen und sie auch den richtigen Weg weiter beschreitet, gehen wir ihn gemeinsam.

126. Wer nicht fragen darf, ist tot.

127. Wir werden immer weitergehen, bis zum glücklichen Ende.

128. Was ich will, ist leben, bis ich spüre, dass es vorbei ist, und ich hoffe, glücklich sein zu dürfen.

129. Selbst ein Standardauto mit 1000 Extraoptionen käme momentan für die meisten nicht in Frage.

130. Seit ich weiß, dass es dich und deine Liebe zu mir gibt, bin ich so zufrieden wie nie zuvor.

131. Um Dinge zu unterstreichen und bewahren zu können, kannst du dein Innerstes ohne Probleme kurzzeitig verlassen.

132. Dank deiner Unterstützung und Hilfe kann ich ohne Einschnitte und Bedenken leben.

133. Wenn ein Politiker mehr darüber nachdenkt, welche Auswirkungen sein Verhalten auf die Bevölkerung und das Parlament hat, als über die Richtigkeit und Notwendigkeit seiner Aussagen, dann ist er kein guter Politiker, den man ernst nehmen kann.

134. Viele Politiker bleiben neutral, sodass keine Lösung zu erwarten ist.

135. In Deutschland zählt die Aussage eines Polizisten beispielsweise 1,5-mal mehr als die eines Normalbürgers.

136. Die Meinung und Aussagen von Erwachsenen wiegen mehr als die von Kindern.

137. Der Iran ist fast ausschließlich ein muslimischer Staat.

138. Im Iran gibt es für Frauen einen Kleiderzwang unter Strafandrohung.

139. Im Iran dürfen Männer mehrere Ehefrauen haben.

140. Im Iran werden Menschen verurteilt, ohne den Richterspruch zu erfahren.

141. Im Iran werden zum Tode Verurteilte oft auf dem Marktplatz mit einem eigens dafür aufgestellten Kran und Haken, unter Beteiligung der Bevölkerung, gehängt.

142. Im Iran gibt es keine gewählte Frau in einer wichtigen Position.

143. Wir haben die Pflicht, mitzuteilen, dass unsere Mitmenschen geschützt werden müssen und wir für sie eintreten.

144. Je nach Fall ist Ignorieren strafbar, ebenso wie das Ausbleiben notwendiger Hilfeleistungen.

145. Ein Streik muss unter Strafe gestellt werden, vor allem, wenn er als nicht gerechtfertigt angesehen wird.

146. Ich brauche jemanden, der mich unterstützt, und nicht jemanden, den ich hauptsächlich unterstützen muss.

147. Lieber Mensch, ich liebe euch heute und jetzt wieder so sehr.

148. Ich mache nicht alles zu 100 %, und das ist auch nicht schlimm.

149. Um den ständig steigenden Kosten für die Pflege und dem Mangel an Personal zu begegnen, werden Krankenhäuser zusammengelegt.

150. Unbeteiligte Menschen hungern zu lassen, um gezielter Krieg führen zu können, ist ein Kriegsverbrechen schlimmsten Grades, momentan praktiziert von im Grunde allen Kriegstreibern.

151. Nach Beendigung jedes Krieges fragt man sich, ob irgendjemand unbeteiligte, aber geschädigte Menschen noch mögen kann?

152. Überschüssige Streubomben, die von den Amerikanern geliefert wurden, sorgen auch viele Jahre später noch für Unmut und Hass.

153. Kriegstreiber zerstören die Infrastruktur, Prestigeobjekte, Krankenhäuser und Denkmäler.

154. Ich muss einfach nur gut sein und mir keine Vorwürfe machen.

155. Wir erhalten und gewinnen immer mehr von uns selbst.

156. Wir gehören uns selbst.

157. Nichts geht verloren.

158. Ich vermisse dich und möchte wieder bei dir sein.

159. Was im Alter zählt, ist, dass man gut war im Leben.

160. Wenn man heiratet, hat man seinen Partner nicht für sich allein.

161. Wer an Wunder glaubt, muss wissen, dass sie unbedingt nur für einen selbst sind.

162. Glückliche Menschen sind nicht automatisch auch gute Menschen.

163. Wir erkennen, wer in dem Moment glücklich und aufnahmefähig ist, und verhalten uns dann entspannt, entgegenkommend oder auch distanziert.

164. Wer Erwartungen an den anderen stellt und ihn nicht frei gibt, macht einen Fehler.

165. Nach dem Tod wird man ein neuer Mensch.

166. Man muss sich sein unterbewusstes Handeln oft und bewusster machen, damit man nichts vergisst oder sogar etwas falsch macht.

167. Familienförderung muss es immer für Wenigverdiener geben.

168. Am besten ist es, wenn man sich in die Lage des anderen versetzt.

169. Gott gibt die Möglichkeit einer einzigen Menschheitsklasse, aber er erlaubt es auch, nach den Vorstellungen der Menschen, eine Zwei-Klassengesellschaft zu etablieren, was denkbar und möglich ist.

170. Gott lebt immer, muss manchmal bestrafen und kann auch loben.

171. Wenn alle vorhätten, dass alle glücklich sind, hätten wir eine Richtung und ein Ziel.

172. Menschen sind Menschen, wie alle anderen auch – mit mehr oder weniger Güte und Stolz.

173. Ehrenhaft zu sein, wird auch heute noch von den Menschen verlangt.

174. Auch wenn ich im Traum kritisch war, freue ich mich, wenn ich aufwache und kurz darüber nachdenke.

175. Das Gute kommt irgendwann immer zurück, während andere Dinge dich verfolgen und du sie bekämpfen musst.

176. Du findest die Liebe überall, immer im gemeinsamen Leben, in jedem Menschen und in dir selbst.

177. Wenn ich sterbe, möchte ich für jemanden oder für etwas in meinem Leben etwas Gutes getan haben.

178. Gott schenkt Liebe.

179. In jeder Religion liebt mindestens einer alle.

180. Im Leben verstecken sich überall Wunder.

181. Egal, wo man ist, Liebe kann man überall finden.

182. Menschen, die sich ärgern oder enttäuscht sind, verhalten sich oft **nicht so, wie sie sollten oder wollten.**

183. Unsere Augen treffen sich und strahlen.

184. Einigkeit ist wichtig, und selbst wenn es um mehr geht, ist sie oft genug, um Frieden zu schaffen.

185. Ich höre Geräusche und werde wach.

186. Religionen sind zu schützen.

187. Heilige Schriften dürfen unter Strafe nicht aus dem Schutz herausgenommen werden.
188. Wer auf die Ärmsten der Armen schlägt, ist einem Menschenverbrecher gleichzustellen und sollte entsprechend sanktioniert werden.
189. Alles ist natürlich und möglich.
190. Der Glaube ist eine Art gegenseitige Prophezeiung zwischen Gott und den Menschen.
191. Alle Menschen haben Gefühle, doch jeder geht anders damit um.
192. Diejenigen, denen ich von mir erzähle, sollten meine Situation verstehen – so wie auch alle anderen.
193. **Wer an Wunder glaubt, stellt oft Dinge in Frage**.
194. Jeder hat irgendwann seine großen Momente.
195. Jeder Gott seiner Religion ist der Beste, und die Menschen unterliegen ihm.
196. Wer seine eigene Liebe nicht gefunden hat, kann sie auch nicht bei dir finden.
197. Wer es beim ersten Mal nicht schafft, sollte später auch eine ähnliche Chance bekommen.
198. Es gibt keine Menschen, die völlig anders denken.
199. Urvölker denken und handeln so, wie wir früher auch einmal gehandelt haben.
200. Die Menschen handeln nach ihrem guten und bedachten Wissen.
201. Wenn die hungernde Bevölkerung so fordern könnte wie wir hier im reichen Westen, wäre die Welt bestimmt einen Schritt näher an Gleichheit und Gerechtigkeit.
202. Jeder Mensch wird zunächst durch das äußere Erscheinungsbild des anderen beeinflusst.
203. Wenn jemand, der in der Öffentlichkeit steht oder etwas zu sagen hat, sich nicht so benimmt, wie er sollte, verliert er nicht nur sein Ansehen und seine Position, sondern wird als schlecht verworfen.
204. Wir dürfen uns nichts Entscheidendes daraus machen, wenn wir Mängel nicht sofort oder im Vorfeld lösen können.
205. Der Mensch hat einen Speicher für Wiedervorlagen.
206. Hat der Mensch etwas im Speicher, das ihn so sehr quält und sein Leben bis zum Ende prägen kann, ist er gezwungen zu handeln und es zu bearbeiten.

207. Neben dem Speicher für Wiedervorlagen hat der Mensch auch Speicher für Dinge, die ständig gebraucht werden und nach denen er sich auch richten sollte und will.

208. Ein Speicher, der nur mit Verrufenem gefüllt ist, sollte leer sein.

209. Wenn Politiker an das Ende der Wirklichkeit glauben, sollten sie nichts zu sagen haben und stattdessen versuchen, Verbesserungen herbeizuführen.

210. Es gibt keine Rasse, von der man glaubt, im Namen Gottes kämpfen zu müssen.

211. Wer in Trauer ist, sollte nicht unnötig belastet werden – man muss ihm nur Gefühle vermitteln und Beistand zeigen.

212. Die Welt ändert sich und muss an die aktuellen und zukünftigen Entwicklungen angepasst werden.

213. An mich selbst zu glauben, ist immer gut; die Meinung, die Ängste und die Hoffnung in meiner Seele erwachen, um sich spüren zu lassen.

214. Begegne ich meiner Überzeugung mit Stolz, wird es still und meine Leidenschaft lebt auf.

215. Ist eine Partei so extrem gegen die Menschheit gerichtet, kann man nur das Schlimmste befürchten und versuchen, sie früh genug durch gezielte Informationen zu stoppen.

216. Nicht alles, was ich sage, habe ich mir hundertmal überlegt oder bis ins Detail ausgemalt.

217. Wenn jemand nach einem Schicksalsschlag keinen Kontakt mehr zu anderen sucht, sollte man ihm trotzdem nach einer Weile vielleicht seine Hilfe anbieten.

218. Jemandem etwas übel zu nehmen, ist immer falsch.

219. Auch wenn ich der Einzige bin, der glaubt, Gefühle zu haben, riskiere ich trotzdem alles.

220. Ich frage nach Dingen, die vor mir liegen und meinem Ziel entsprechen, und das ist gut so.

221. Die unterste Schicht der Bevölkerung ist ein gefundenes Fressen für Radikale.

222. Wer nicht versteht, wer die Verantwortung für den CO2-Ausstoß trägt, sollte diesbezüglich keine Verantwortung übernehmen.

223. Oft suchen psychisch Kranke nicht bei sich selbst nach dem Schuldigen für ihr Leid, sondern wollen nur noch den anderen bestrafen.

224. Gar keine Migranten mehr ins Land zu lassen und sich völlig dagegenzustellen, sie zu integrieren, ist ungerecht, falsch und asozial, denn es zeugt von mangelndem Respekt vor dem Menschen.

225. Wenn Menschen nur gleich behandelt werden wollen, ohne jegliche Anreize, versinken sie in Trostlosigkeit.

226. Wenn Menschen sich interessant machen, indem sie ihre Zustimmung zur Lage verbergen, muss man abwarten und den richtigen Zeitpunkt finden, um sie zu verstehen.

227. Wenn Menschengruppen oder Völker diffamiert und bewusst benachteiligt werden, ist auch die Freiheit des Einzelnen nicht mehr gewährleistet.

228. Derjenige, der den Streit angefangen hat, muss ihn nicht unbedingt auch beenden.

229. Unabhängig davon, wer den Glauben weitergibt, hat dieser keine feste Reihenfolge – eher ein instinktives Verhalten, das nach Bedarf angepasst wird.

230. Nur vollständig gute Menschen erhalten sofort ein neues Leben.

231. Wenn noch Unklarheiten bestehen, wird eine Zeit zur Rehabilitation gegeben.

232. Es gibt genügend Gesetze, und ihre Anzahl und Spezialisierung müssen nicht noch erweitert werden.

233. Ich glaube, die Hälfte der Gesetze trifft das Detail nicht, da sie stets eine Sache der Auslegung sind und bleiben sollten.

234. Sich zu ärgern bedeutet oft, etwas so auszudrücken, dass der andere es gar nicht verstehen kann.

235. Der Rechtsstaat verliert durch das Familien- und Asylrecht an Vertrauen in die Rechenschaftsberechtigung.

236. Während die einen sich schämen, genießen die anderen die Macht.

237. Kein Eindruck hält das Gleichgewicht zum Gegenpol.

238. Nur Paare gewinnen gegenüber Einzelnen.

239. Niemand leugnet die Kraft, die in dir steckt.

240. Ich will ich selbst sein, und du sollst du selbst sein.

241. Man sagt, dass Babys, wenn sie auf die Welt kommen, schon grundverschieden sind in Bezug auf die Größe und das Ausmaß ihres Gehirns.

242. Ich möchte bis zum Ende den Willen haben, leben zu wollen.

243. Die Fähigkeit zu denken hängt auch von der Übung ab.

244. Wenn es so dunkel wird, dass man nichts mehr sehen kann, gilt es, gut zu sein, um dem Schatten nicht widersprechen zu müssen.

245. Das Alter macht einen nicht automatisch gut, aber es gibt die Chance dazu.

246. Kein Gewinn, viele Tote, zerstörte Länder, Armut und Hass können logischerweise zu einem Weltkrieg führen und Völker auseinander- oder gegeneinander treiben und die Lage noch verschlimmern.

247. Mein Leben gehört dir, meine Hoffnung, unsere Ziele – der Vollkommenheit.

248. Beim Vorleben lernen die Kinder am meisten.

249. Wenn ich deine Hilfe brauche, bist du bei mir.

250. Die Wissenschaft forscht auch an gegenteiligen Auffassungen über das Unbekannte.

251. Wir wollen überleben.

252. Die Würde des Menschen ist immer und zu jeder Zeit Priorität.

253. Es gibt keinen Krieg, den man nicht hätte vermeiden können.

254. Wird Hilfe aus dem Ausland angefordert, hilft man, wenn das angebracht ist.

255. Alte Menschen lieben es, auch wenn sie es gar nicht brauchen, umsorgt, betitelt und zum Lachen gebracht zu werden.

256. Alte Menschen bestimmen und denken über sich selbst nach.

257. Die USA halten den Krieg in einer eigenartigen Rolle.

258. Einfluss und Geld treiben die meisten an.

259. Im Krieg einen Feind zu haben, spornt jeden Faschisten an.

260. Versuche, den Respekt immer für dich zu behalten.

261. Niemand schuldet dir etwas, und glaubt, dass die Erwartungen trotz möglicher Wertschätzung und Akzeptanz nicht erfüllt werden können.

262. Menschen, die an ihrem Glauben zweifeln, werden psychisch krank.

263. Sich zu entschuldigen, ist die einzige Lösung, bevor es ins Unendliche geht.

264. Nur reden hilft.

265. Glauben kann man nur für sich selbst.

266. Man kann sich auch zweimal widersprechen, wenn es am Ende zur Liebe führt.

267. Schalte nie dein Gehirn komplett aus und vertrete Standpunkte von gestern, die veraltet und falsch sind.
268. Jeder Mensch wird geboren und stirbt auch.
269. Wer meine Liebe kennt, wird niemals eine andere suchen.
270. Meine Liebe ist ohne Grenzen und Barrikaden, für alle, die so denken und auch mich oder sich selbst lieben.
271. Begegne dem Morgen so, wie du ihn auch beenden wirst.
272. Eine übermäßige Einwanderung in die Sozialsysteme zerstört und benachteiligt unser Wirtschaftssystem extrem.
273. Jeder muss ohne Furcht und Tadel seinen eigenen Weg finden, fühlen und vertreten können.
274. Korruption dient der Unterstützung und Vorteilnahme von Eliten und ihren Interessen.
275. Wenn jemand immer nur Glück hat, glaubt ihm keiner mehr.
276. Der Glaube ist Privatsache, sollte aber auch ohne Probleme vermittelt werden können.
277. **Mein irrealer Traum gibt mir die Erinnerung und die Vision mit der Wahrheit zum Ganzen, bedacht auf dich.**
278. Man muss Ausbildungszentren aufbauen, um eine geregelte Migration anzustreben und zur Pflicht zu machen.
279. Die Meinung muss sein und stimmen in der Welt, in der ich lebe – mit Nachdruck und Überzeugung.
280. Kein Weg ist der Weg, den wir gehen müssen, wenn ständige Veränderungen uns die Sicht auf das Ziel nehmen, es erschweren oder gar verbieten.
281. Rentner sollten im Rentenalter auch wirklich in Rente gehen.
282. Nur angemessene Arbeit darf Sozialhilfeempfängern angeboten werden.
283. Migration und Humanität haben immer ihre Grenzen in der Anzahl.
284. Greift die Politik zu sehr in den Alltag der Bevölkerung ein, entsteht Unzufriedenheit, und es kommt zu einem Rechtsruck.
285. Argumente führen zum Ziel, nicht umgekehrt.
286. Freiheitsbedrohungen durch die Menschheit selbst, die ihre Rechte und Befugnisse infrage stellt und einschränkt, vertreten keine erstrebenswerte Demokratie für alle.
287. Menschen, die extrem viel Geld verdienen, schädigen die Umwelt in hohem Maße, ohne Konsequenzen – dank der jeweiligen Politik.

288. Die Reichen schaden der Wirtschaft ihres Landes durch Steuerflucht und Zuschüsse, die vor den geringen Zuschüssen, die die Armen erhalten, kommen.

289. Es gibt keine falsche Ideologie, nur eine falsch verstandene.

290. Die Politik nimmt die Bevölkerung nicht ernst und vergrault sie.

291. Die Bevölkerung rationalisiert sich.

292. Beim Aufbau einer Struktur geht man vom guten Menschen aus, um ihn zu fördern, und nicht von Menschen, die uns schaden wollen, was wir verhindern müssen.

293. Jemandem zu imponieren ist eine Sache eines jeden Einzelnen – für die Menschen, denen ich begegne, und die sich wünschen, auf diese Weise toleriert zu werden.

294. Wer gerne seinen Reichtum zeigt, verdirbt das Klima der "Gleichheit".

295. Menschen, die in ihrem gewählten neuen Heimatland leben wollen, müssen die entsprechende Staatsform bis ins Detail anerkennen können und müssen.

296. Rechtsradikale schimpfen auf die Linken, und die Linken auf die Rechten – beide sind in einer Demokratie schwer zu integrieren und erst recht nicht zu unterstützen.

297. Radikale müssen in einer humanen Partei integriert werden können.

298. Die Tatsache, dass ich an Wunder (und Zufall) glaube, erschwert manchmal die Wahrnehmung.

299. Das Ziel der **Klimaneutralität** in naher Zukunft weltweit zu erreichen, ist finanziell und baulich nicht machbar.

300. Wunder sind Gottes Werke, und sie existieren.

301. Der geplante Wehretat eines Landes ist immer zeitbedingt und darf nicht vor anderen dringenden Bedürfnissen willkürlich betrachtet werden.

302. Der Wiederaufbau eines Landes obliegt hauptsächlich den Kriegsparteien und muss bei Kriegsbeteiligung geklärt werden.

303. Wenn die Welt keine Reserven mehr hat und all ihr Geld für den Krieg ausgibt, werden wir am Ende sterben.

304. Manchmal braucht es schnelle Entscheidungen, sonst kommen sie zu spät.

305. Auch eine gewählte Demokratie kann nicht einfach tun, was sie will.

306. Bei gravierenden, wechselnden Ereignissen ändern sich auch verzeihlicherweise Einstellungen und Meinungen.

307. Was den Menschen ausmacht, ist seine Menschlichkeit und sein Umgang mit anderen.

308. Man kann seinen Glauben auch verlieren, wenn man nicht aufpasst.

309. Ich möchte das Leben genießen und gut sein.

310. Ohne den Glauben an das Gute kann keine Liebe entstehen.

311. Es gibt keine Pflicht zu glauben, aber jede Religion ermöglicht es.

312. Die besten Entscheidungen trifft man selbst.

313. Um anderen glauben zu können, muss man sie lieben.

314. Du gibst mir deine ganze Liebe und machst mit mir den Start zu dem tollsten und besten „Freund“ von allen. Gott, ich liebe dich.

315. Wenn ich mich geliebt fühle, bin ich bei dir, und du hilfst mir, wie immer.

316. Nicht alles, was einem als Wunder vorkommt, ist wirklich ein Wunder.

317. Jeder Mensch und jedes Land kann eine Vorbildfunktion übernehmen.

318. Im Moment fühle ich mich unter Menschen wohl, genieße es aber noch nicht vollständig.

319. Je höher der CO2-Gehalt in der Luft, desto höher sind auch die damit verbundenen Temperaturen.

320. Je länger wir warten und je langsamer wir handeln, desto mehr müssen wir bei schädlichen hohen Temperaturen arbeiten, diese verringern und die Belastung der Erde extrem reduzieren.

321. Ein sofortiger CO2-Abbau macht Sinn, auch wenn wir uns momentan nur noch 2 % des weltweiten CO2-Ausstoßes anrechnen lassen müssen.

322. Den CO2-Haushalt langsam zu reduzieren, ist keine Option, denn er verläuft progressiv.

323. Wenn wir sterben, wissen wir, wie wir uns geliebt haben, mit den Gefühlen und Gedanken von früher.

324. Ohne die Einhaltung der Menschenrechte weltweit kann es keinen Zusammenschluss von Völkern geben, auch wenn er leicht verändert ist.

325. Niemand hat das Recht, die Staatsform eines anderen Landes anzuzweifeln oder verbessern zu wollen.

326. Die Persönlichkeit eines jeden muss sich entwickeln können, und dazu gehören Menschen sowie die Auffassung der vereinbarten Bewegung.

327. Wer Liebe braucht, muss Liebe bekommen.
328. Wenn wir alle unsere Liebe immer zeigen würden, wären wir einen Schritt voraus und würden uns nicht mehr verstecken.
329. Halte mich, sei gut zu mir und vertraue unserem gemeinsamen Weg, den wir alle gehen wollen.
330. In Kriegsgebieten darf man keinen Urlaub machen.
331. Wenn du deine Meinung und Einstellung änderst, dann tue es und integriere dich neu.
332. Menschen, die sich für bessere Menschen halten, sind fast immer Rechtsradikale ohne Rückgrat und Gefühl, aber mit hohem Gewaltpotenzial.
333. Sich eine neue Weltordnung zu überlegen, ist falsch und nicht notwendig.
334. Details müssen korrigiert und angepasst werden.
335. Die Welt zerstören zu wollen, ist ganz falsch, und dieser Gedanke muss sofort verworfen werden.
336. Wenn sich ein Politiker eines Landes maßlos verhält, ist das für die gesamte Welt gefährlich, und es gibt dann kein Ende.
337. Jeder entscheidet für sich selbst, ab wann man jemanden als sympathisch einstuft.
338. Jeder legt auf andere Dinge Wert, die das Gegenüber ausmachen.
339. Wird es eine zukünftige Altersarmut geben, nur weil unser Mindestlohn etwas zu niedrig ist?
340. Die Einstellung eines jeden muss zur Staatsform passen, sodass die Kultur des Landes erhalten bleibt und er sie vertreten kann, ohne Schaden zu nehmen.
341. Nur durch besondere gravierende Einflüsse ändert sich die Staatsform eines Landes komplett, ebenso wie bei jedem einzelnen im Land.
342. Ein Wechsel der Staatsform muss mit Vorteilen verbunden und wünschenswert sein.
343. Wir als Paar brauchen einen ruhigen und bedachten Weg, auf dem wir uns gegenseitig wahrnehmen können.
344. Warum und wodurch kann eine Nation so gehasst werden?
345. Auch Wunder, die falsch interpretiert werden, können ärgerlich sein.
346. Warum führen Menschen Krieg? Krieg ist immer schlecht.
347. Lachen macht glücklich.
348. Wenn sich der andere freut, freut man sich selbst auch.

349. Armut wird von oben gewollt, und die Produkte, die von den Armen durch billige Arbeit hergestellt werden, werden von den Reichen teuer verkauft und der Gewinn für ihren Luxus ausgegeben.

350. Der Wohlstandsstaat verschwendet das, wovon er zu viel hat, anstatt den Armen gerechte Preise zu garantieren.

351. Die Armen der Welt arbeiten für die Reichen.

352. Armut ist eine politische Entscheidung, im Interesse der Industrie.

353. Unsere Wirtschaft funktioniert momentan über billige Preise aus dem Ausland.

354. Wenn immer mehr Menschen nach Europa kommen, verlieren wir unsere billigen Produzenten im Ausland.

355. Eine Wohnung, ein Haus oder Eigentum in Europa zu besitzen, macht Sinn, ist aber sehr teuer.

356. Die reichen Industrieländer sollten auch die Infrastruktur in den Entwicklungsländern mitfinanzieren und dafür sorgen, dass Wohlstand in diesen Ländern aufgebaut werden kann.

357. Der ukrainische Präsident Selenskyj ist genauso korrupt wie andere Staatsmänner.

358. Die Börse ist die Spielwiese der Reichen, und es wird willkürlich entschieden, ob eine Industrie im Sinne des Einzelnen Bestand haben darf, unabhängig vom Verhalten der Firma und ihres Personals.

359. Die Reichen kaufen Aktien, das sind Anteile an der Industrie und deren Produkten, von denen sie glauben, durch Weiterverkauf in Zukunft Gewinn machen zu können. Insiderwissen ist notwendig, um in diesem spekulativen Geschäft große Gewinne zu erzielen.

360. Die Produkte, die von den Armen hergestellt werden, müssen teurer werden und sich langsam der Lohnstruktur und den Materialkosten anpassen.

361. Ohne Einsicht und Spenden der Reichen sowie ihre Unterstützung geht das nicht.

362. Wir brauchen eine Mittelschicht, und dabei müssen wir keinen Neid entwickeln.

363. Wir brauchen den normalen Menschenverstand und den Willen, zu helfen und geholfen zu werden.

364. Die Gewinne werden zwar geringer ausfallen, aber auch gerechter verteilt werden.

365. Die Menschen haben dadurch einen Anreiz, in ihrem Land zu bleiben.

366. Wir müssen einen gleichwertigen Lebensstandard auf der ganzen Welt gewährleisten.

367. Bodenschätze sowie Energiestandards werden gerecht verteilt.

368. Milliardäre müssen spenden.

369. Wir brauchen eine obere und untere Grenze für Verdienst- und Vermögensmöglichkeiten.

370. Die Renten müssen ausreichen.

371. Mit Streiks versucht man, Druck auszuüben, um Kompromisse zu erzwingen.

372. Die weltweite Rüstungsindustrie sollte auf null gesetzt werden.

373. Kriege sind ein globales Problem und sollten auch so behandelt werden.

374. Ein Krieg nützt niemandem.

375. Die Bevölkerungszahlen sind im Rahmen, und auch ein leichtes Wachstum ist zu vertreten.

376. Die Genforschung könnte helfen, den Menschen entsprechend zu fördern.

377. Alle Babys auf der Welt sollten die gleichen Chancen erhalten, egal, ob ihre Eltern reich oder arm sind.

378. Es sollte zur Pflicht gemacht werden, dass reiche Eltern ein Patenkind unterstützen.

379. Die internationale Ausbildung und der Unterhalt sollten von den Reichen zugunsten der Armen bezahlt werden.

380. Der Bau von Gotteshäusern sollte über Spenden finanziert werden, ansonsten ist das Sache des jeweiligen Staates.

381. Kinder sollten bis zur Volljährigkeit die Chance haben, sich auf Augenhöhe mit anderen zu entwickeln, was gut für ihre Entwicklung ist.

382. Ein soziales Jahr, unbezahlt oder bezahlt, sollte für jeden verpflichtend sein, bevor das Elternhaus finanziell unterstützt.

383. Ein Auto pro Haushalt sollte ausreichen.

384. Steuerbetrüger kosten jedes Jahr enorme Summen.

385. Der billigste Anbieter bekommt nicht immer den Auftrag.

386. Die Armen dürfen die Reichen nicht weiter reicher machen, wie es bisher geschieht.

387. Wir leben über den Verhältnissen anderer.

388. Gäbe es die Armen nicht, die für einen Hungerlohn und unter gesundheitsschädlichen Bedingungen arbeiten, die oft nicht in die Schule gehen, um den Lebensunterhalt zu sichern, hätten die Reichen keinen so enormen Gewinn beim Verkauf oder der Weiterverarbeitung dieser viel zu billig erworbenen Produkte aus der Dritten Welt – dann hätten wir unseren Reichtum nicht.

389. Eine Abwehr gegen diese Machenschaften ist dringend erforderlich.

390. Das Ziel muss Gleichheit bedeuten:

391. **Die Armen** müssen ihre Lohn- und Materialkosten jährlich vergleichen und diese müssen dem Standard entsprechend für das nächste Jahr erhöht werden.

392. Die Zentralbank sollte die Finanzierung der Firmen in Industrieländern sowie die Löhne der Mitarbeiter durch die Festlegung von Gewinnmargen regulieren. Die Rückzahlung **sollte konstant über Jahre hinweg auf einem festen Wert gehalten werden**.

393. Durch wechselnde Zinspolitik wird die Wirtschaft manipuliert und gesteuert, und künstliche Veränderungen bei Produkten oder Verträgen beeinflussen und regulieren die Märkte.

394. Besteht ein Gewinnüberschuss, sollte dieser so verwaltet werden, dass die Löhne der Armen erhöht werden und die Löhne der Reichen höchstens gleich bleiben.

395. Die westliche Welt und der Rest der Welt müssen Patenschaften für Kinder übernehmen, damit diese leichter international wachsen und ein Gefühl der Gleichheit entwickeln können.

396. Zum Beispiel könnten Europäer afrikanischen Kindern Patenschaften anbieten, eventuell von einer zentralen Stelle geleitet und finanziell unterstützt.

397. Ist die Welt das, was sie einmal sein sollte?

398. Ich bin von der Existenz des Guten überzeugt.

399. Das Gute findest du in deinem Gewissen, das jeder hat.

400. Ich will glücklich sein.

401. Das Gute will zu 100 % nur das Gute.

402. Man muss sich in dieser Welt integrieren können.

403. Mein Ziel ist Gleichheit, staatliche Welthilfe und keine finanzielle Unterstützung von Eltern für Kinder in Europa oder Afrika bis zum Abschluss der Ausbildung oder bis zur Volljährigkeit.

404. Erst dann dürfen Eltern ihre Kinder finanziell unterstützen.

405. Die Lösung kommt und ist in Sicht.

406. Wir sind daran gewöhnt, an alle zu denken.

407. Jeder sucht den Weg zum Guten.

408. Die Zeit der Offenbarung kommt und bringt Gefahren, die ich berücksichtigen muss, um mein Ziel zu erreichen.

409. Manche Menschen handeln unnötigerweise schlecht oder lassen ihren Frust an anderen aus.

410. Wir werden uns alle eines Tages wiedersehen, auch wenn wir nicht wissen, wer wir sind.

411. Ich liebe es, wenn Menschen lieben können und Gefühle zeigen.

412. Um gleiche Bedingungen für die heranwachsende Bevölkerung in Entwicklungsländern und Industriestaaten zu erreichen, muss ein Austausch erfolgen, bei dem Patenschaften übernommen werden – egal, ob vor oder nach dem Wechsel.

413. Der Aufbau internationaler Kindergärten, Schulen und Universitäten sowie die Möglichkeit, verschiedene Ausbildungsberufe weltweit zu erlernen, muss gefördert werden. Dabei sollte gleich gut ausgebildetes Lehrpersonal Spiele und Unterricht anbieten.

414. Wir müssen an unserer Meinung festhalten und sicherstellen, dass der Weg für uns alle richtig ist und weitergeht.

415. Regierungen müssen nicht nur an ihre eigenen Bürger denken und zweitens überlegen, wie sie der Welt helfen können, sondern auch bedenken, wie wir sowohl energie- als auch menschlich ausgebeutet haben.

416. Wer dem anderen nicht verzeihen kann, ist ein schlechter Mensch.

417. Menschen, die einer Arbeit nachgehen, müssen immer mindestens genug zu essen und zu trinken haben – weltweit, für alle.

418. Das System, bei dem wir unseren Wohlstand durch ausgebeutete Arme erhalten, ist verwerflich, grundverkehrt und muss neu überdacht werden.

419. Auf rein kommunaler Ebene fehlt der Allgemeinheit oft die richtige Entscheidungsgrundlage.

420. Gebt den Kindern die Möglichkeit, ein besseres Leben führen zu können.

421. Ich bin für immer für dich da und liebe dich, so wie du bist.

422. Die Temperatur steigt immer weiter, und mit Glück und ohne weiteren CO_2-Ausstoß können wir das derzeitige Niveau halten.

423. Denke wie ich.

424. Ich will so sein wie du, denken, fühlen und glauben können, wie Liebe ist.

425. Wir haben genug von allem, um glücklich werden zu können.
426. Kriege helfen in keiner Lage und berechtigen nicht in irgendeiner Situation zum Töten.
427. Die Realität sagt, es wird gut, das Leben zählt – für die Zukunft und für mich.
428. Als ich dich sah, wusste ich nicht, was ich denken oder sagen sollte, denn die Wahrheit war: Du bist es.
429. Wenn der andere gut ist, muss ich dann auch gut sein?
430. Egal, wie wichtig du es hältst, wertschätze es.
431. Man muss Güte, Wahrheit und Gerechtigkeit befolgen.
432. Man muss Gnade gegenüber allen walten lassen.
433. Für viele ist das Leben ein Labyrinth.
434. Siehe die Vergangenheit und die Zukunft.
435. Belasteten Müll zu entsorgen, ist teuer, wird oft versprochen, aber selten umgesetzt.
436. Wo bist du, dass du mich kennst, auf mich aufpasst und mir erlaubst, meinem Glück zu vertrauen?
437. Die Liebe verzeiht alles.
438. Glaube nicht an etwas, das dich immer blind unterstützt.
439. Ich suche meinen Weg, bitte zeig ihn mir.
440. Heutzutage muss man selbst aktiver werden, um die richtige soziale Absicherung zu finden.
441. Kriegsverbrechen dürfen nicht verjähren, geschweige denn ungestraft bleiben.
442. Die USA, oft als Retter in der Not und doch nur in ihrem eigenen Interesse, missachten teilweise das Völkerrecht in unverantwortlicher Weise.
443. Das Paradies hier ist noch nicht vollständig.
444. Statt Frieden zu schaffen und sich nicht von umliegenden Gebieten bedroht zu fühlen, greifen Länder an, um die vom Gegner besetzten Räume und ihre Stützpunkte zu ihrem Vorteil zu gestalten.
445. Sie denken wirtschaftlich, industriell und sicherheitspolitisch nur an sich und versuchen, Nachteile in diesen Bereichen zu beseitigen.
446. Fühlen sich bestimmte Länder bedrängt, kann es zu Auseinandersetzungen kommen, die den Frieden gefährden.

447. Ein neutraler Raum um die Länder herum ist notwendig und immer eine gute Idee.

448. Die Aufarbeitung der Vergangenheit von Ländern in ehemaligen Konfliktsituationen muss immer mit berücksichtigt werden.

449. Zölle, Vorschriften und Normen dürfen niemanden benachteiligen.

450. Frieden zu bewahren ist immer die Verantwortung eines jeden Einzelnen.

451. Der Journalismus hat im Vergleich zu früher seine kritische Aufgabe verloren, unabhängig zu berichten und zu informieren. Oft wirkt er als verlängerter Arm der Politik oder Wirtschaft und beschwert sich dann.

452. Momente der Einsicht ermöglichen es einem, sich über verborgene Dinge klar zu werden.

453. Wir wollen eine Welt für alle.

454. Ich bin keine Gefahr für mich und andere.

455. Wer helfen kann, muss auch helfen.

456. Wer wegguckt, wenn Hilfe benötigt wird, und das bewusst und vorsätzlich, wird zu gegebener Zeit auch mit sich selbst konfrontiert.

457. Gott hilft und leitet.

458. Eigenverschulden liegt auch dann vor, wenn man es unterlassen hat, Schaden von sich selbst abzuwenden, und dies auch andere negativ betrifft.

459. Wer glaubt, es besser zu wissen, muss es an der richtigen Stelle sagen können.

460. Wer keine Angst hat, ist krank.

461. Wer niemanden liebt, lebt nicht.

462. Feinde lernt man erst mit der Zeit kennen und respektiert sie dann.

463. Fehler in der Beurteilung des Gegenübers kann man nie völlig ausschließen.

464. Wenn Firmen im Ausland Fuß fassen wollen, darf das Risiko und ein möglicher Ausfall nicht auf den Industriestaat zurückfallen, sondern muss im Ausland getragen werden.

465. Das Ausland muss und wird unterstützt.

466. Das, was am längsten im Gehirn abgespeichert ist, sind die Erinnerungen aus der Baby-, Kinder- und Jugendzeit – Alzheimer-Patienten erinnern sich oft als letztes daran und können es wiedergeben.

467. Wer im hohen Alter noch über andere bestimmen will, verliert an Ansehen.

468. Das Leben muss Lust auf mehr machen, und man darf nicht zum Dahindösen verführt werden.

469. Situationen ähneln sich nur.

470. Es gibt keine Sprache, in der man nicht singen kann, sodass es gut klingt.

471. Gefühle sind die schönsten Übertragungselemente.

472. Man sucht sich seine Liebe nicht aus.

473. Menschen, die in deinem Leben sind, dich aber nicht lieben, muss man gehen lassen – in der Hoffnung auf ein Wiedersehen.

474. Familie sind Menschen mit einer Aufgabe, die man oft nicht vertreten möchte und auch nicht tut.

475. Bewegungen zusammen mit Musik und Text können sehr inspirierend sein und man fühlt sich verbunden.

476. Oft zeigt man seine Liebe zunächst nicht so gerne, so schnell und so oft.

477. Für jeden auf der Welt würde ich alles tun, nur warum nicht? Mein Charakter stimmt, nur mein Handeln blockiert mich.

478. Wenn ich glaube, die Liebe gepachtet zu haben, muss ich versuchen, nichts an diesem Gefühl zu verändern.

479. Wenn wir beide uns als Geschenk austauschen wollen, denken wir nur an uns.

480. Jeder Austausch, den wir wollen, ist für uns gleich.

481. Liebende bestätigen sich gegenseitig, und das erkennt man ziemlich leicht.

482. Menschen, die ihr Leben quasi hinter sich haben, hinterfragen sich nicht mehr und behaupten oft mit Druck, alles richtig zu machen.

483. Wenn ich sterbe, möchte ich mit mir zufrieden sein und die Erde freut sich für mich.

484. Viele Sterbende lassen ihren Frust ab, obwohl sie im restlichen Leben friedlich waren.

485. Wehrt man sich nicht gegen Angriffe von außen, verliert man seinen Selbstschutz.

486. Für Sicherheit sorgt und tritt jede Regierung ein.

487. Wenn wir lieben, sind wir alle gleich.

488. Werden Spenden veruntreut, sollte das mit langen Haftstrafen geahndet werden.

489. Selbstbewusstsein sollte nicht als eine Art "Dankeschön" teuer bezahlt werden müssen.

490. Freiheit bringt Rechte für alle.

491. Wenn sich zwei Blicke treffen, lieben sie sich.

492. Wer immer nur seine Meinung durchsetzen kann, ist für eine Beziehung oder Gesellschaft ungeeignet.

493. Warum sollten wir jung bleiben und für immer leben?

494. Wir sehen uns mit Zuversicht, denn unser Ziel ist nicht weit entfernt.

495. Das Militär darf nur kurz für Ordnung sorgen und darf dabei nicht einmal der gewählten Regierung beistehen.

496. Nicht jeder Sender im Internet sollte ohne Prüfung zu gemeinsamen Treffen aufrufen dürfen.

497. Wenn ich nicht weiß, was ich will, darf ich niemanden zwingen, mir zu folgen.

498. Es bringt nicht immer nur Vorteile, wenn man seinem Partner die Wahrheit sagt.

499. Man muss nicht vollständig mit sich im Reinen sein, um anderen helfen zu können.

500. Werden vom Staat mehrfach Gelder für dieselbe Sache über Steuern eingenommen, macht das auch Sinn, denn so ist es, wenn es so ist.

501. Das Leben ist der Weg zur Unendlichkeit, auf den man sich freuen kann.

502. Durch künstliche Eingriffe und Injektionen in die Atmosphäre kann das Klima sowohl positiv als auch negativ beeinflusst werden, teilweise mit extremen und erschreckenden gesundheitlichen Folgen für die Menschheit und ihre Nachkommen.

503. Ein Arzt behandelt seine Patienten nach dem individuellen Fall, nicht nach einem von der Krankenkasse vorgegebenen Standard.

504. Neben den Hilfen für die Dritte Welt sollten wir auch mit der Umverteilung von Gütern zur Mittelschicht beginnen.

505. Wenn Industriestaaten heute noch Entwicklungsländer ausbeuten, behaupten sie oft, die Bevölkerung vor Terrorismus schützen zu wollen.

506. Wer ohne Veränderung nicht leben kann, braucht viel Liebe.

507. Alles richtig zu bewerten, sodass es auf alle zutrifft, ist unmöglich.

508. Wer sich nicht auch mal zusammenreißen kann, ist nicht gesellschaftsfähig.

509. Wie es mir geht, kann nur ich selbst verantworten.

510. Ein Leben ohne Schwankungen gibt es nicht – sie gehören zu mir und zu jedem anderen.

511. Glück ist nicht die Differenz zwischen Wohlsein und Nichtwohlsein, sondern der Unterschied zum Guten.

512. Das Momentane reicht aus, um glücklich zu sein, noch bevor man seine Vorstellung von der Zukunft erreicht.

513. Nach den Wanderungen und dem Aufbau des Neuen wird die Erde endgültig zum Paradies.

514. Man muss anstehende Entscheidungen auch ruhen lassen können, bevor man sich neutral mit ihnen auseinandersetzt.

515. Lass die Meinungen anderer einfach mal so stehen, ohne sie sofort aus deiner Perspektive kritisch zu hinterfragen.

516. Bleib gelassen und bestimme deinen Weg selbst.

517. Wenn man nicht für alles eine Lösung findet, braucht man keine Hilfe zu erhoffen und zu erwarten, gerettet zu werden.

518. Sich selbst zu finden, ist die Vervollständigung der Selbstständigkeit.

519. Wenn ein Künstler bei der Arbeit das Gehirn abschalten kann, ist er gut.

520. Schwiegermütter glauben oft, dass ihre Meinung wichtiger ist als die des Ehepaares.

521. Wenn ich immer das tue, was ich für richtig halte, und nicht das, was von mir erwartet wird, wird man mich im Alter dafür bewundern.

522. Die eigenen Mängel erkennt man oft sehr spät, kann sie aber jederzeit korrigieren.

523. Antriebslose, unzufriedene Menschen, ohne Inhalt und Perspektive, die körperliche und seelische Schmerzen erleiden, nennt man depressiv.

524. Falsches, ungerechtfertigtes Lob aus der Kindheit, oft durch die Eltern provoziert, greift das Selbstwertgefühl stark an und kann oft erst im späten Alter korrigiert werden.

525. Zufrieden ist der, der tun kann, was er will.

526. Männer und Frauen werden nie zu 100 % gleich sein, da sie unterschiedliche Interessen haben.

527. Eine gesunde Familienbeziehung setzt eine gut funktionierende Beziehung des Ehepaares voraus, erst dann kommt die Patenschaft für die Kinder.

528. Menschen stumpfen im Laufe der Jahre gefühlsmäßig ab und verlieren die Spontanität und den Bezug zur Liebe.

529. Babys und Kleinkinder, mit oder ohne Behinderung, wurden im Dritten Reich oft ohne das Wissen der Eltern für medizinische Experimente missbraucht.

530. Weltkriege dürfen nicht entstehen, und man sollte sich auch nicht ständig verpflichtet fühlen, daran erinnert zu werden.

531. Das Risiko macht das Geschäft zum Versuch, nicht zum Gewinn.

532. Wer glaubt, immer optimistisch sein zu dürfen, muss sich und andere auch prüfen.

533. Frieden bedeutet, alles zu geben.

534. Wenn es einem nicht gut geht, hat man keine Zeit für andere.

535. Gleichgültigkeit ist eine Bestrafung des anderen, die Zorn und Hass hervorrufen kann.

536. Glauben kann man an alles – und an sich selbst.

537. Wer nur sich liebt, glaubt nicht an andere.

538. Wer nur an sich glaubt, liebt nicht.

539. Wer nur an sich denkt und glaubt, liebt auch nicht.

540. Wer andere liebt, liebt auch sich selbst, und sein Denken steht auf einem sicheren Fundament.

541. Kritik an der Erziehung der Eltern zu üben, ist ein Zeichen des Erwachsenwerdens.

542. Jeder aktiviert seinen Glauben für sich selbst.

543. Versuche niemals kraftlos und inaktiv zu sein.

544. Es gibt einen Weg zu dir und eine Liebe mit dir.

545. Durch Rotation, auch in der Führungsebene, kann man versuchen, Korruption entgegenzuwirken.

546. Weltwirtschaftsnationen müssen ihre Beziehungen zueinander normalisieren, bevor sie gemeinsam handeln.

547. Die Aufgabe der Presse ist es nicht, eine Meinung zu vertreten, sondern die Fähigkeit zu fördern, eine eigene Meinung zu bilden und zu vertreten.

548. Eine psychische Störung kann nur durch Gespräche und, wenn nötig, zusätzlich durch Medikamente behandelt werden.

549. Rund 80 % der Patienten in psychiatrischen Kliniken halten sich bei ihrer Einweisung für den lieben Gott.

550. Ich kämpfe nicht und möchte auch nicht um meine Liebe kämpfen müssen.
551. Menschen, die unbewusst Fehler machen oder vielleicht auch krank sind, dürfen nicht lebenslang dafür verurteilt werden.
552. Sollte die Welt untergehen, sind wir alle dabei.
553. Wer nicht immer auf Etikette achtet, kann trotzdem Gutes bewirken.
554. Ich reize gerne, aber mit Widersachern kann ich nicht gut leben.
555. Sportnachrichten während der Tagesschau kosten die Bürger unnötig viel Geld.
556. Ein Leben, das nur aus Zuneigung zu anderen besteht, darf es nicht geben.
557. Der Staat muss auf Freiwilligkeit setzen, bevor er Vorschriften erlässt.
558. Bei der Frage, was dem Staat auf Dauer mehr nützt – Förderung der Industrie oder Kinderförderung – ist die Antwort eindeutig: die Kinderförderung.
559. Kinder müssen immer unterstützt werden, unabhängig von ihrer Nationalität.
560. Die Industrie sollte nur in Notfällen gefördert werden, zum Beispiel, wenn Arbeitsplätze gefährdet sind.
561. Nur durch den Austausch erreicht man Klarheit zum Guten.
562. Gestiegene Energiepreise müssen umgelegt werden und dürfen nicht vom Staat vergütet werden.
563. Die Teilnahme an vielen und unterschiedlichen Projekten bringt einen privat und beruflich weiter.
564. Wenn der Staat einzelne Projekte unterstützt, sollte auch die Mittelschicht davon profitieren, da das meiste Geld von ihr kommt.
565. In der heutigen Zeit der Emanzipation zeigen besonders selbstbewusste junge Frauen gerne, wie schön sie sind, finden zu sich selbst und tanzen unbeschwert.
566. Die Wahrheit muss von jedem eingehalten werden, denn die Welt geht davon aus.
567. Ein Mensch, der zu allem Ja sagt und am Ende doch Nein, ist nicht verlässlich.
568. Wenn Eltern ihre Kinder anlügen, ist das schlecht für alle.
569. Rauschmittel sollten für niemanden erhältlich sein.
570. Eine Uniform macht Sinn für den Kindergarten, die Schule und den Beruf.

571. In der Schule sollten Fächer wie Psychologie, Pädagogik und Sozialwissenschaften angeboten werden – Mathematik erscheint da unwichtiger.
572. Haben Nachbarländer Tempolimits auf Autobahnen, sollten ihre Regeln eigentlich auch bei uns gelten.
573. Der Mann beschneidet die Frauen und verheiratet sie, gegebenenfalls bestimmt der männliche Bruder, der mehr zu sagen hat als die leibliche Mutter – darüber kann man nichts sagen, muss es aber.
574. Menschen, die sich unterdrücken lassen und selbst andere unterdrücken, fühlen sich in einer Diktatur wohl.
575. Das Steinewerfen, wie früher, gibt es nicht mehr, aber zur allgemeinen Belustigung ist das Erhängen auf öffentlichen Plätzen immer noch krank und undiskutabel.
576. Feste werden nach Geschlechtern getrennt gefeiert, was die Emanzipation behindert.
577. Laut Abkommen zwischen Deutschland und dem Ausland erhalten Ausländer, die hier geringfügig beschäftigt sind, auch für ihre Familien im Ausland Krankenkassenbeiträge aus deutscher Hand.
578. Der schnellste Weg zum Frieden führt über Gemeinsamkeiten.
579. In vielen Fällen hat der Mann mehr Rechte als die Frau.
580. Ausländer laden oft zu Dialog und gemeinsamen Zusammenkünften ein, wenn man in ihrer Heimat zu Gast ist.
581. Wird eine Weltmeisterschaft im unterentwickelten Ausland ausgetragen, ist das finanziell oft ein Desaster, mit nur temporärem Nutzen.
582. Wer seine Gedanken nicht äußert, darf sich nicht wundern, wenn er missverstanden wird.
583. Wer gut ist, spielt manchmal auch das Gegenteil, um ernst genommen zu werden.
584. Freundlichkeit hat immer eine positive Reaktion und ist für alle gleich gut.
585. Eltern, die nicht zugeben wollen, dass ihre Kinder besser sind als sie, fordern Schwäche und viel Geduld.
586. Eine Spende ist eine freiwillige Leistung und sollte niemals unter Druck erfolgen.
587. Tanzen befreit von Traurigkeit und Verkrampfung.
588. Ehrlich kann nur der sein, der sich nicht dazu zwingt und locker bleibt.

589. Jeder Rhythmus ist gut und fördert die Musik zum Weitermachen.
590. Glück durch Tanzen ist die einfachste Droge in einem.
591. Freiheit bedeutet, so zu sein, wie man will, den Faden nicht zu verlieren und immer weiterzumachen.
592. Musik ist Trumpf, wenn die Vernunft versagt und dich ruft.
593. Wer nicht direkt helfen will, kann auch indirekt etwas bewirken.
594. Neid erzeugt Hass, mit dem man lernen muss umzugehen.
595. Lass dich nicht zu sehr von äußeren Gegebenheiten lenken, die vielleicht gar nicht zu deuten sind.
596. Wer glaubt, unbegründet Mitleid beim anderen erwecken zu müssen, tut einem leid.
597. Geringverdiener müssen deutlich mehr verdienen als Arbeitslose mit Bürgergeld, damit der Anreiz zum eigenen Geldverdienen gegeben ist.
598. Das Gute in mir wird immer weiterleben.
599. Fehler muss man erkennen und versuchen, richtig zu handeln.
600. Die Erinnerung versucht, mir alles zu zeigen, was mich betrifft.
601. Gott lässt die Menschen auch als sein Spielzeug leben und spricht ihnen Mut zu.
602. Das Leben kennt kein Ende.
603. Die Renten sollten ab einem bestimmten Alter gleich hoch sein, oder die Erhöhungen sollten nicht prozentual, sondern konstant vom Betrag sein – jedoch nicht für alle gleich.
604. Individualität setzt die Gleichheit erst in Bewegung.
605. Wer glaubt, nur durch Risiko denken und handeln zu können, macht sich abhängig.
606. Absichern und vorbereiten kann man nur fiktiv, dank genauer Kenntnis der entsprechenden Lage.
607. Die wohlhabende und reiche Industrie, einschließlich ihrer Vorstände, muss in der Lage sein, schwierige Zeiten mit Verlusten eigenständig, ohne Subventionen, zu meistern.
608. Hat jemand zu viele Freunde, verliert er die besten, weil beidseitige Initiative fehlt.
609. Nimm dir Zeit und freue dich auf den nächsten Tag.
610. Ein Pfarrer, Priester oder Prediger muss sozial sein und seine Einstellung von der Gemeinde bestätigen lassen.
611. Ich möchte nicht meine Mutter stolz machen, sondern dich.

612. Auch, was uns trennt, geht nicht verloren – der Moment geht mit mir.

613. Das Gute trennt niemanden, es wächst und ergänzt sich.

614. Das Unglaubliche bist du und in mir.

615. Liebe ist das, was ich empfinde, und nicht, was du mir vorschreibst.

616. Öl ist nachwachsend und wird immer neu gefunden.

617. Seinen Willen durchzusetzen, kann man problemlos nach Zustimmung aller Beteiligten.

618. Der Glaube an Gott macht glücklich und bereit zu richtigem und gutem Handeln.

619. Wer die Sinnfrage beantworten kann, ist belastbar und hilft.

620. Lesben können bei Kinderwunsch nicht beide leibliche, blutsverwandte Mütter sein.

621. Die Gleichberechtigung von Weiß und Schwarz – und umgekehrt – hat begonnen und hat höchste Priorität.

622. Jeder muss von anderen lernen können.

623. Kulturen mischen sich, und das sollte jeder tun – zum Vorteil aller.

624. Man lernt vom anderen.

625. Essen, Menschen und Länder verbessern das Vertrauen, fördern das Lernen und die Liebe, entwickeln neue Chancen, zeigen besseres Verständnis, regen mehr Gespräche an und fördern Mitgefühl.

626. Manchmal zweifle ich an mir und glaube, nicht gut genug zu sein, weil ich denke, andere seien besser.

627. Klugheit, Ehrlichkeit, Dankbarkeit und Glück entwickeln sich.

628. Junge Menschen müssen lernen, ihre Meinung zu bündeln und richtig zu äußern.

629. Ist jemand bewusst besonders nett zu mir, aber mit dem Ziel, mich zu ärgern, leidet er an seiner Psyche.

630. Vor den Wahlen fehlen sinnvolle Parteiprogramme, und andere Parteien werden bewusst schlecht gemacht – dabei gibt es keine Grenzen.

631. Um zu beeinflussen, dringen sie sogar ins Unterbewusstsein ein, laut den Tipps ihrer Wahlberater.

632. Der Wähler muss sich wiederfinden – und zwar in einer guten Richtung, nach vorne.

633. Kompromisse als Lösungsweg sind falsch.

634. Die Misswirtschaft und das Ausruhen an der falschen Stelle führen Deutschland wirtschaftlich ins Mittelfeld.

635. Es ist gut, andere unterstützen zu können (im Kriegsfall gilt das natürlich nicht).

636. Wenn es beim ersten Mal nicht klappt, hilft ein zweiter Versuch.

637. Die Energiekrise ist global und wird uns noch Jahrzehnte beschäftigen, wenn wir nicht zusammenhalten und an alle denken.

638. Das Ende kann niemand vorhersagen, aber wir hoffen auf das Beste.

639. Das Soziale wird nicht für eine Zeit ausgesetzt, und es darf daran nicht gespart werden.

640. Die Politiker denken an das Wohl des Staates, aber gleichzeitig auch an den Ausgang der nächsten Wahlen für sich selbst.

641. Wer nie seine Meinung sagt und sich nicht frei äußert, bekommt Probleme mit dem Selbstbewusstsein, Gewissensbissen und Überzeugungskraft.

642. Wenn wir Herausforderungen und neue Ereignisse scheuen, Opferhaltungen einnehmen und Verantwortung vermeiden, verlieren wir Vertrauen in unser Selbstwertgefühl und unsere Selbstachtung.

643. Werden Muskeln zu sehr beansprucht, äußert sich das in Schmerzen – oder es zeigt sich psychisch, indem es das Gehirn reizt.

644. Egal, was es zu überlegen und zu entscheiden gilt – das, was du glaubst, zählt und hilft uns.

645. Der Versuch, schädliche Abgase für die Umwelt zu reduzieren, wird 2024 durch Steuern und Zölle auf CO_2-belastete Produkte leider über die Inflation auf Kosten der unteren und mittleren Schicht umgesetzt.

646. Durch diese Maßnahmen wird es zwangsläufig mehr Armut und Hunger geben, auch in der Mittelschicht – das muss unbedingt durch eine Sozialreform vermieden werden.

647. Ausländische Produkte verteuern sich aufgrund von Transportkosten, was in der heimischen Bevölkerung zu Unwillen und potenziellen Konflikten mit dem Ausland und der Wirtschaft führt.

648. Inländische Produkte unterliegen ebenfalls einer CO_2-Steuer.

649. Brennstoffe verteuern sich, was sich ohnehin schon bemerkbar gemacht hat.

650. Der Haushalt, das Heizen, das Einkaufen, das Transportieren und das Importieren werden über die CO2-Reduzierung mitbezahlt.

651. Man kann nur über andere und über das eigene Verhalten lernen.

652. Kulturen schaden nicht, man akzeptiert sie immer.

653. Man muss sich nicht rechtfertigen, kann aber anderen erklären, was man tut und vorhat.

654. Es gibt Tage, an denen alle schlecht auf einen zu sprechen sind.

655. Wenn man glaubt, für alle verantwortlich zu sein, hat man ein Problem.

656. Je länger man überlegt, desto mehr trennen sich die Wege zum Ziel.

657. Städte, Regionen und Privateigentümer sollten Grünflächen erwerben und bepflanzen.

658. Respektiere und unterstütze den anderen zur richtigen Zeit.

659. Oft trennt Liebe und Hass nur ein kleiner Schritt.

660. Die Unterstützung anderer darf die eigene nicht vernachlässigen.

661. Durch Worte, Geld und Fachleute kann jeder Krieg verhindert werden.

662. Die entscheidende Frage, die auch neue nachfolgende Fragen beantwortet, sollte immer die erste sein.

663. Mein wahres Ich spiegelt sich nicht immer wider.

664. Zweifel im Nachhinein sind kein Grund, sich selbst komplett infrage zu stellen.

665. Wenn Menschen wirr reden, trauen sie sich oft nicht zuzugeben, dass sie gute Menschen sind.

666. Jeder hat seine ganz bestimmte Aufgabe.

667. Wer unabsichtlich schlecht handelt, kann nichts dafür und sollte als unschuldig gelten.

668. Wer mit dem Gefühl der Ungerechtigkeit leben muss, wird lange damit zu kämpfen haben.

669. Wohlstand ist auch in armen Ländern ungerecht verteilt.

670. Gewaltlosigkeit muss vorgelebt werden.

671. Der Umweltschutz sollte zuerst dort verbessert werden, wo er schädigt, und zweitens dort, wo er entsteht.

672. In Skandinavien wird dank des Klimawandels Weinbau möglich sein, mit längeren Sommern und kurzen Wintern.

673. Es ist erschreckend: Verbrecher handeln mit Babys, die sie entführen und weiterverkaufen.

674. Es ist toll, dass Menschen sich versammeln, austauschen und gemeinsam zusammenkommen können.

675. Sparen kann schön sein, es kommt darauf an, wofür.

676. Alle Religionen haben die Einstellung, sich im Glauben zu bewähren, um mit Verbesserungen wieder auf die Welt zu kommen.

677. Wer lügen muss, muss mehr nachdenken, als er sagen darf.

678. Wer einem anderen ein schlechtes Gewissen einreden will, muss auch die Konsequenzen tragen können.

679. Eine Summe ist einem Produkt in keiner Weise unterlegen.

680. Es darf nicht sein, dass Kinder, insbesondere Mädchen, hart arbeiten müssen und keine Schule besuchen können, damit ihre Familie überlebt.

681. Der Sinn fürs Gemeinsame prägt ein Land.

682. Ich kann es nicht loslassen, dass meine Eltern mich für einen schlechten Menschen halten – das macht mich sehr traurig und rührt aus meiner Kindheit her.

683. Bedingungslose Wertschätzung für jeden.

684. Beachte immer Grenzen.

685. Ohne Seele und Glauben gibt es keine Wunder.

686. Ohne Wunder gibt es keine Liebe und keinen Glauben.

687. Ohne Glauben entstehen keine Wunder.

688. Ohne Liebe gibt es keinen Glauben und keine Wunder.

689. Wunder, Liebe und Glauben verdanken wir Gott.

690. Ich bin anders als meine Eltern und will noch mehr anders werden.

691. Ich brauche meine Eltern nicht, um gut zu sein – oder damit sie über mich urteilen.

692. Ich brauche keine Hilfe, die mir nur sagt, alles richtig zu machen.

693. Eine Krankheit verläuft nicht immer konstant, sie verändert sich und erfordert neue Untersuchungen, die oft zur Heilung beitragen.

694. Gläubige Menschen können Besserwisser schneller zum Schweigen bringen als umgekehrt.

695. Dass es Gott gibt, muss jeder für sich selbst glauben.

696. Humanitär zu handeln bedeutet, nicht Kriege beeinflussen zu wollen.

697. Das menschliche Miteinander führt zur Einheit des Guten – ohne Krieg.

698. Wer zu viel belehrt, wird schnell anstrengend.

699. Mentalität und Sprache verbinden nicht nur in Krisen und bei Katastrophen.

700. Wenn sich ein Land als Kriegstreiber herausstellt, verzichtet man im Bedarfsfall auch auf dessen Unterstützung.

701. Der Mensch ist manchmal ungerecht und wird dafür bestraft.

702. „Die Welt hat einen Gott", der über allem steht und selbst keiner Konfession angehört.

703. Den Weg kann man nur alleine finden und hoffen, ihn auch zu erreichen.

704. Kinder, die Welt von morgen, sagen uns die Wahrheit und zeigen uns den Weg.

705. Eine Illusion vergisst man nur mit Trauer, verabschiedet sie aber nicht, ohne sie im Herzen zu behalten.

706. Kein Mensch ist mehr wert als ein anderer.

707. Wer immer alles mit Ja beantwortet, hätte vielleicht zu einer anderen Zeit die Chance gehabt, etwas richtig zu machen – was ich jedoch nicht glaube.

708. Junge Menschen ohne Ausbildungsabschluss darf es nicht geben.

709. Vielleicht liegt der Fehler in der frühesten Jugend, Kindheit oder in der Sturheit und falschen Erziehung der Eltern.

710. Wunder gibt es in jeder Religion, und der Glaube daran lässt niemanden zu Recht an sich zweifeln.

711. Gemeinsam in Frieden zu leben, ohne Kampf, ist unser Ziel – ohne Inflation oder Lebensmittelknappheit in irgendeiner Form.

712. Verkrampfungen verursachen Schmerzen durch das Nervensystem.

713. Ein System zur kostenlosen Versorgung der Armen mit Lebensmitteln sollte betriebswirtschaftlich konkurrenzlos sein, ohne Gewinnabsicht, auch in wirtschaftlich schwierigen Zeiten.

714. Computerspiele sind kein Schulfach, und es sollte keine Punkte für Gewinne oder Verluste geben.

715. Die Weltbank stellt Gelder zur Verfügung, ohne Forderungen der EZB.

716. Die EZB setzt den Wert des Geldes fest und beeinflusst die Kaufkraft durch ihre Zinspolitik.

717. Die EZB erhält Gelder von der Weltbank, die sie ungerechtfertigt vom Steuerzahler verlangt, ohne dafür zu zahlen.
718. Sie regelt das gesamte Finanzwesen mit zwei Faktoren: den Zinsen, der Inflation und dem Wert des Geldes im Verhältnis zueinander.
719. Bestimmte Wirtschaftszweige und Bürger wünschen sich mehr Konstanz im Zinsverkehr und für längere Zeiträume.
720. Die Veränderung der Wirtschaftsleistung durch „angepasste“ Zinspolitik ist fraglich.
721. Der Wert des Geldes wird nicht durch die Wirtschaft selbst bestimmt, sondern fragwürdig von außen stabilisiert.
722. Ein Rechtsstaat ist langsam.
723. Das Prüfen eines Rechtsvergehens ist oft schwierig und lässt sich aufgrund von Gesetzeslücken und fehlender Eindeutigkeit kaum lösen.
724. Die Prüfung des Sachverhalts bei einem Vergehen muss gründlich und eindeutig erfolgen.
725. Das Einreiseland ist das Land, in das der Migrant zuerst seinen Fuß gesetzt hat, aber er muss dort nicht bleiben.
726. Migranten müssen fair verteilt werden.
727. Landgewinn im Krieg ist wie Geld in Friedenszeiten bei Knappheit aller Ressourcen.
728. Im Kriegsfall ist jeder ein Vermittler und nicht nur passiv beteiligt.
729. Für die Versorgung der Menschen mit dem Nötigsten ist jeder selbst verantwortlich.
730. Wer seinen Körper überstrapaziert und Schlafstörungen hat, scheitert in dem, was er vorhat.
731. Ein Bundesaußenminister muss im Fall einer Hinrichtung in manchen Ländern anwesend sein, darf sie aber nicht kommentieren.
732. Wer sich im Wettbewerb befindet, verliert als Käufer am Ende an Kaufkraft.
733. Ohne die Verluste der Weltbank zu berücksichtigen, wäre das Leben auf der Erde in dieser Form nicht möglich.
734. Die immer teurer werdenden Importe aus dem Ausland beeinflussen das inländische Marktgeschehen und werden gewünscht, auch wenn sie problematisch sind.
735. Minderheitsregierungen sollte man nicht zulassen, obwohl sie ein breites Spektrum bieten.

736. Globale Klimaabkommen sollten lokal angepasst und eingeführt werden.

737. Was mit Raubkunst geschieht, darf nicht allein vom momentanen Besitzer oder vom ursprünglichen Herkunftsland entschieden werden.

738. Die Schlepper führen Krieg gegen Europa durch unkontrollierten Menschenhandel – bis irgendwann jemand die Bombe wirft.

739. Ich liebe, und ich sage es auch auf dem Weg zu dir.

740. Folge deiner Berufung.

741. Die Weltbank ist der Ursprung für alle.

742. Wer liebt, verliert sich nicht, sondern findet sich.

743. Alles, was falsch ist, kann man ändern.

744. Maßnahmen für die Umwelt müssen im Einklang mit der Bevölkerung und der Ökologie stehen.

745. Auch wenn mich niemand hört und mich reden sieht, du bist da und gibst mir mehr als alle Stimmen der Welt.

746. Afrika ist einer der reichsten Kontinente der Welt – voller Bodenschätze, Kultur und geografischen Reichtums. Doch durch Völkermorde, zwiespältige Regierungen, Rassendiskriminierung, Gewalt und Verschleppung führen die Menschen dort ein bettelarmes Dasein, ausgebeutet durch billige Bezahlung ihrer Arbeitskraft für Reiche.

747. Viele Afrikaner sehen keinen reellen Grund, ihre Heimat zu verlassen, und könnten ein gutes Leben führen, wenn sie nicht als Migranten ihr Land verlassen müssten.

748. Was erwartet einen Migranten?

749. Andere Regime, Ausbeutung, ein anderes Verhältnis zwischen den Geschlechtern, Arbeitslosigkeit, Mentalität, Neid, Integration, Kultur, das Leben, das Essen, das Miteinander, Religionen, Bräuche und Sitten, Überfluss und Reichtum, Gleichgültigkeit gegenüber anderen, Gefühllosigkeit, die Wegwerfgesellschaft, die Produktion fehlerhafter Waren, Glauben an Enthaltsamkeit, Ausübung des Glaubens und die Besessenheit mit anderen, Ausländerfeindlichkeit, Tierhaltung, Toleranz gegenüber Bildung und Reichtum, ärztliche Versorgung, das Gefühl, verachtet, missbilligt und unerwünscht zu sein.

750. Eine Gesellschaftsform muss gefunden werden, die einem Land hilft, in reguliertem Wettbewerb und Handel mit der westlichen Welt zu bestehen.

751. In früheren Generationen, fast überall, hatte der Mann das Sagen und bestimmte über die Familie und das Wohl, vor allem gegenüber der Frau.

752. In ärmeren Ländern ist das leider heute noch so, und die Frau muss sich weiter emanzipieren.

753. Der Sieger spürt nicht das Gefühl der Leere und Kälte des Verlierers.

754. Die Gleichheit der Mehrheit setzt sich durch, ohne demokratisch gewählt oder gerechtfertigt zu sein.

755. Die EU möchte und kann keine weiteren Migranten aufnehmen.

756. In einer Demokratie sollten Mehrheiten ihre Interessen durchsetzen, ohne Monopole wie in den Bereichen Renten, Versicherungen, Gesundheit und Löhne zu schaffen.

757. Tatsächlich bestimmen 5-10 % der Weltbevölkerung über alle.

758. Wer wichtige Aussagen überprüft, statt sie einfach zu übernehmen, handelt richtig.

759. Der Glaube schenkt mir die Wahrheit und die Perspektive auf ein „Leben“ mit dir.

760. Ich bete, glaube an dich und möchte so sein wie du.

761. Die Welt ist für uns gemacht, und wir passen genauso hinein, bereit zu helfen und das zu erreichen, was wir wollen.

762. Die Zukunft ist unser ewiges Ziel und unsere Gerechtigkeit.

763. Geheimnisse gegenüber anderen können helfen, manchmal leichter Lösungen zu finden.

764. Ich möchte mein Leben mit dir führen, denn es gibt einen Weg zur Liebe und zu dir.

765. Wenn ein Traum dich ruft, versuche ihn so zu sehen, wie er dich betrifft.

766. Nicht jede Demokratie ist ausgewogen und gerecht – manche sind nicht in der Lage, Gleichheit für alles zu gewährleisten, da bestimmte Regeln dominieren.

767. Das Licht in deinem Herzen ist die Sonne und die Sterne – die Wunder, die auf dich warten.

768. Für jeden warten Wunder, die helfen.

769. Du kommst von weit her, um ein Teil von mir zu sein.

770. Was ich brauche, ist deine Liebe – bitte bleib.

771. Mit Rechtsradikalen verbündet man sich nur, um sie umzustimmen und zu überzeugen, notfalls sie zu isolieren.

772. Gott ist überall, wenn du ihn suchst.

773. Mein Traum, den auch du hast, bist du.

774. Wer sich Frieden auf der Welt wünscht, handelt gut und betet zu Gott.

775. Liebe fühlt sich so einfach an und ist eine wundervolle Magie, die jeder kennt.

776. Gib mir Zeit, ich werde eines Tages da sein, von den Sternen, um dich zu lieben.

777. Mit sich im Klaren zu sein, ist so einfach und tut gut, auch andere so zu behandeln wie sich selbst, ohne Grübeln oder Widerspruch.

778. Wohin du mich auch führst, ich werde immer wissen, dass der Weg, den du mit mir gehst, eine Zeit ist, die nie aufhört und alle glücklich macht.

779. Seit dem Moment, als ich meine Liebe zu dir lebte, habe ich ein Zuhause und bin bei dir.

780. Ein Leben ist für alle zu kurz.

781. Ich bin im Paradies verloren, gäbe es nicht dich – ich sehe die Engel um dich.

782. Panik erzeugt Angst, doch meine Seele fühlt, was möglich ist.

783. Solange du mich liebst und ich dich liebe, werden wir ein Leben lang zusammen bleiben.

784. Zu viel geliebt zu werden, gibt es nicht.

785. **Man liebt alle Lebewesen**.

786. Manchmal ist es schwer, nur eine Frage zu stellen.

787. Liebende müssen wissen, dass eine übermächtige Kraft existiert.

788. Wenn ich Resonanz erhalte, gebe ich doppelt zurück.

789. Bessere Menschen leisten mehr und tun das Richtige.

790. Gut ist, was es für dich immer war.

791. Keine Angst mehr zu spüren, bedeutet, Gott hilft.

792. Vorschriften helfen nur begrenzt – wenn man Erfolg haben will, muss man trotzdem das Richtige tun und Vorschriften bedenken.

793. Höre auf dich selbst, denn die Meinung anderer ist morgen schon Vergangenheit.

794. Entwerte deine Liebe nicht.

795. Auch wenn wir alle gleich sind, ist es schwer, sich zu jeder Zeit mit jedem auszutauschen.

796. Ein Mensch, der keinen anderen kennengelernt hat, wird immer scheitern.

797. Die Jugend ist die schönste Zeit im Leben – genieße sie durch Wissen in der Schule, Glaubensfestigung durch Reisen und das Kennenlernen vieler Menschen, sowie durch Ausbildung und die Gründung einer Familie.

798. Wenn du etwas Schlaues hörst, schreib es auf, bevor du es vergisst.

799. Die Menschen müssen sich auch selbst gegen Eingriffe in ihre Freiheit schützen.

800. Ohne Prinzipien kann man sein Handeln nicht rechtfertigen.

801. Liebe wechselt ohne Verluste von dir zu mir und umgekehrt.

802. Es gibt Krankheiten, die den Körper von innen zerstören, durch Bakterien in den Zellen.

803. Die ganze Welt findet ihren Platz im Herzen des Ganzen.

804. Die Erde wird erst dann so schön, wenn sich Frieden über sie ausbreitet und wir uns über alles freuen können.

805. Alte Menschen glauben, ihnen stünde mehr Hilfe von der jüngeren Generation zu.

806. Politiker, die persönlich werden, sind untragbar und unseriös.

807. Wir stehen unter Beobachtung – egal, was wir tun, bleib gesund, ehrlich und gut.

808. Wortspiele von Journalisten wollen oft das Zusammenleben schon bei der ersten Kontaktaufnahme zerstören.

809. Man sollte nie zu sicher glauben, im Recht zu sein – man muss über alles reden können.

810. Wenn der Zusammenhang fehlt, gibt es keine Aussage und keinen Sinn.

811. Sportler sind keine Helden, genauso wenig wie Menschen, die Krieg führen.

812. Ich habe kein Interesse daran, meine Eltern im Tod wiederzusehen, wenn sie glauben, ich müsse mich ihnen gegenüber rechtfertigen.

813. Es kommt auf den Menschen, seine Einstellung, seinen Glauben und sein Wissen an.

814. Wer glaubt, man sieht sich nicht wieder, vergisst, dass nichts verloren geht und alles gut wird.

815. Mit bewusster Dummheit Parteiwahlkampf zu führen, verspricht nichts Gutes.

816. Menschen, die Gefallen an Krieg finden, sind nicht tragbar in der Gesellschaft.

817. Wer glaubt, Freunde gewinnen zu können, indem er auf Kosten anderer handelt, irrt.

818. Die Menschen wollen recht haben, aber sie brauchen auch einen Weg, um sich abregen zu können.

819. Humor gehört nicht in die Politik.

820. Hat sich die Lage in der Welt, was Migration betrifft, beruhigt, wird es offizielle, kostenlose Transferwege geben, die nach Reservierung und Dringlichkeit genutzt werden können.

821. Wer im zerstörten Land bleibt, hilft beim Wiederaufbau und erhält neben Geld auch Materialien und Unterstützung.

822. Wer in ein Industrieland geht, muss sich dort engagieren, Geld verdienen und helfen.

823. Unterstützung ist in jeder Staatsform, Religion und unter Beachtung der Menschenrechte immer gewährleistet.

824. Der Transfer hängt nicht vom Wohlstand oder von der Bezahlung ab.

825. Der Wiederaufbau der Erde ist unser Ziel – mit jeder Hilfe und im Gedanken, dass der andere auch gut und engagiert ist.

826. Spenden sind immer gefragt.

827. Je älter die Menschen werden, desto mehr denken sie an vergangene Zeiten.

828. Wer Liebe, Güte und Freude ausstrahlt, erhält Dank und Respekt von anderen.

829. Ich kann nur erwarten, dass du deine Entscheidung triffst, wie du sie für richtig hältst, und dass sie dich zu dir selbst und deinem Weg führt.

830. Bei der Neuausrichtung auf der Erde darf es zu keinem Zeitpunkt zu Engpässen kommen, zum Beispiel in der medizinischen Versorgung.

831. Jeder Ausländer verhält sich anders und kann einen verblüffen.

832. Biete dich guten Menschen an.

833. Die Liebe ist immer da und wirkt so stark, als wäre sie nie weg gewesen.

834. Leben Länder autark, können gemeinsame Ideen nur zeitlich versetzt umgesetzt werden.

835. Oft bestimmt die Zeit, was man gerne hätte und wäre.

836. Bezahlung und Anerkennung erfolgen nach Verantwortung, Leistung und der Beachtung dessen, was richtig ist.

837. Du darfst sein, was du wirklich willst.

838. Die Zeit ist nie zu kurz, du wartest nur darauf, dass sie vergeht.

839. Trauer ist auch eine Verantwortung anderen gegenüber.

840. Wie man denkt und was man denkt, entscheidet man selbst für sich.

841. Der Weg zum Ergebnis ist nicht die Hauptfrage.

842. Der Retter kommt so schnell wie der Glaube und die Wunder.

843. Auch „Auf Wiedersehen“ sagen zu können, ohne unüberwindbaren Schmerz, tut gut.

844. Du findest Frieden, wenn du ein Zuhause hast.

845. So zu sein, wie man wirklich ist, und nicht, wie man sich darstellt, ist der richtige Weg.

846. Die Liebe ist nicht leicht zu beschreiben, doch Gott heiligt und verbindet uns von Anfang an.

847. Hilfe weiterzugeben, wenn man selbst Hilfe empfängt, ist notwendig.

848. Wenn mir jemand unsympathisch ist oder mich nicht immer grüßt, grüße ich ihn auch nicht.

849. Es wird keine Grenzen zwischen uns geben.

850. Eine Ruhepause kann Gedanken oder Handlungen überspringen, die man vorher nicht zuordnen konnte.

851. Wenn die Heimatsprache in der Fremdsprache sichtbar wird, klingt das immer gut.

852. In Berufen, in denen man mit Menschen zu tun hat, kann man am meisten helfen.

853. Statt einer Weltreise kann ein junger Mensch auch Praktika machen, bei denen er viel über andere Menschen lernt.

854. Es ist einfach zu erkennen, dass das, was sich jetzt in mir abspielt, auch meine Zukunft sein kann.

855. Im Moment des Glücks fühle ich dich, wie ich es mir lange erhofft habe.

856. Jeder Mensch muss in der Gegenwart frei handeln und Entscheidungen für sich treffen können.

857. Kann ich sagen, was ich will, bin ich hier richtig.

858. Kein Mensch sollte sein Selbstwertgefühl verlieren.

859. Kein Land der Welt braucht Krieg.

860. Grenzverschiebungen nach einem Krieg nützen niemandem.

861. Niemand mischt sich in Kriege ein, außer einem Team zum Verhandeln.

862. Vergünstigungen helfen, das Nötigste sofort und für die Zukunft zu regeln.

863. Wenn etwas falsch läuft, bringt Gott es ins Richtige.

864. Deinen selbst eingeschlagenen Weg musst du verantworten.

865. Wer Wissen zurückhält, ist selbst schuld, wenn Fehler passieren.

866. Erfolg vorleben macht andere eifersüchtig, aber das ist in Ordnung.

867. Ich richte mich nach dem Gesetz und nach dem, was richtig ist, was mein Gefühl mir sagt.

868. Was zweifelhaft geprüft wurde, muss neu überdacht werden.

869. Ich liebe nicht alle Lebewesen gleich stark, aber ich liebe sie alle.

870. Wer sich nicht sicher ist, was gut ist, sollte es nicht öffentlich diskutieren.

871. Das Leben hört erst auf, wenn das Gute für alle erreicht ist.

872. Das Gute findet immer wieder zusammen.

873. Aufgeben ist nichts für uns.

874. Es bringt nichts, etwas Verbotenes zu tun – es kommt am Ende doch immer heraus.

875. Wir sagen nie etwas, denken aber doch über Fehler nach, setzen dann aber das Gute um.

876. Merke dir Dinge und schreibe sie auf.

877. Immer die Wahrheit zu sagen, hilft, sich die Mühe des Lügens zu ersparen.

878. Nicht jede Stiftung, auch wenn sie karitativ ist, bietet automatisch Steuererleichterungen.

879. Ich glaube, wenn man sehr wenig verdient, muss man keine Steuern zahlen.

880. Wenn der Staat mit dem Geld der Bürger Kriegsmaterial kauft, ist das falsch – vor allem, wenn das Mitspracherecht missachtet wird.

881. Nicht immer siegt der Stärkere, sondern manchmal der, der im Recht ist.

882. Wer nachweislich gut und richtig für alle handelt, hat das Sagen und die Aufgabe, entsprechend der Notwendigkeit zu handeln.

883. Ich bin auf dem Weg, das Gute mit dir bis zum Ende zu gestalten – ohne Verlust.

884. Kriegsverlierer sind schwer zu kontrollieren, weil sie ihre Niederlage lange nicht ernst nehmen können.

885. Entscheidungen, die die ganze Welt betreffen, werden oft träge getroffen und sind nicht für alle gleichermaßen gut.

886. Die Fragen nach dem Sinn des Lebens und dem Warum geben dem Leben einen Sinn.

887. Wer glaubt, die Welt zu verstehen, kennt viele Fragen und ihre Antworten und kann die Welt verbessern.

888. Manche Menschen brauchen den Anreiz zur Elite und kümmern sich nicht um Armut.

889. Wenn du weißt, dass dein Gefühl richtig ist, und es auch so bleibt, lebst du richtig – mach weiter so.

890. Wer alles schlecht sieht, wird selbst schlecht.

891. Lebensmittelkonzerne bieten ihre Produkte vor Ablauf des Verfallsdatums an unterschiedlichen Märkten an, was sinnvoll sein kann.

892. Die Tafeln versorgen die ärmste Schicht mit Lebensmitteln, basierend auf der Prüfung der Person und des Haushalts durch Berechtigungsbescheinigungen, Spender und ehrenamtliche Helfer.

893. Man muss Zuneigung und Abneigung zeigen dürfen.

894. Die NATO sollte sich auflösen oder verkleinern, da sie Kriege provoziert und sich irgendwann sowieso auflösen wird, um Frieden zu schaffen.

895. Kriege reizen hauptsächlich durch Landgewinn, Bodenschätze, Wirtschaft, Handelsbeziehungen und den Wunsch, mehr Einfluss zu haben.

896. Die weltweite wirtschaftliche Lage wird durch Sanktionen, Einfuhrbestimmungen und Zölle provoziert.

897. Einseitige Einschränkungen dürfen nicht hingenommen werden, wenn sie auf Dauer benachteiligen.

898. Die Lage muss zur Gleichheit und zum Vorteil aller führen, auch für die Umwelt.

899. Das soziale Gefälle und extremer Reichtum provozieren Kriege von extremer Bedeutung.

900. Kriegsparteien sollten sich möglichst früh fragen, warum und wofür sie Krieg führen müssen.

901. Weltkriege entstehen, wenn ein Beteiligter nicht mehr mitmachen will und die anderen umso mehr motiviert werden, ihre Strategien anzupassen.

902. Vorschriften ohne Konsequenzen helfen nicht.

903. Kein Moment der Enttäuschung sollte die Liebe über Jahre hinweg zerstören wollen und dürfen.

904. Muss ein Land in der EU sein, bevor es der NATO beitreten kann? Oder ist das egal?

905. Die Geschenke Gottes sind auch die Menschen, im Detail und im Ganzen.

906. Liebe verändert alles und führt zum Guten.

907. Nachbarstaaten müssen im Kriegsfall mitleiden.

908. Helfen, ohne jegliche moralische Unterstützung des anderen, funktioniert auf Dauer nicht.

909. Maßstäbe setzen Grenzen, die zum richtigen Weg führen und dazu beitragen, den anderen zu akzeptieren und seine Meinung zu tolerieren.

910. Die Gesellschaftsformen und speziellen Lebensweisen der unabhängigen Länder prägen die Zukunft in Verbindung mit einer noch fehlenden multipolaren Weltordnung.

911. Länder, die ständig verbalen Krieg führen, züchten Konflikte und greifen Kultur und Zusammenleben gravierend an – sie müssen belehrt werden.

912. Die Kultur jedes Landes ist zu schützen.

913. Politiker und die Presse verbreiten oft ein falsches Bild von der Weltpolitik, das nicht immer zum Vorteil aller ist.

914. Falsche Behauptungen und Beschuldigungen verzögern den guten Weg und haben keine positiven Wirkungen.

915. Das Streben nach einer Weltmacht ist der falsche Weg.

916. Rechtsradikale, die alle Ausländer am liebsten ausweisen oder abschieben würden, spekulieren auf eine alleinige Herrschaft ihrer Ideologie.

917. Das Leben ist ein Lernprozess.

918. Ich glaube, dass Grüne oder auch Linke es grundsätzlich ehrlich meinen, aber verblendet oder unwissend sind und den richtigen Weg nicht kennen, weshalb sie Fehler machen.

919. Wenn sich Probleme in der Welt stauen, wird es schwieriger, den richtigen Weg zu finden.
920. Jeder gönnt dem anderen das Gute und profitiert auch selbst davon.
921. Wenn wir füreinander gemacht sind, sind wir immer füreinander da.
922. Kein Mensch ist dumm.
923. Wenn jemand weiß, dass er gut ist und an sich glaubt, ist das wie ein plötzliches Wunder.
924. Spione geben unrechtmäßig erworbenes Wissen weiter und zerstören die Marktwirtschaft, den Wettbewerb, die Industrie und die Menschheit.
925. Geheimdienste unterstehen dem jeweiligen Präsidenten des Landes, sind eine Geheimpolizei und töten im Dunkeln auf Anweisung.
926. Töten kann man nicht rechtfertigen.
927. Distanzierte Menschen hält man oft für arrogant, selten für schüchtern.
928. Bewegung hält den Körper fit.
929. Wenn jemand ehrlich fragt, wie es einem geht, freut man sich immer.
930. Wer zu genau ist, verzögert den Fortschritt.
931. Die Menschen sind sozialer, als man glaubt.
932. Die steigenden Energiekosten von gestern führen in vielen Bereichen zur Unwirtschaftlichkeit.
933. Kein Mensch ist illegal.

einreisen lassen wollen

1. Einzelgänger sind oft unsicher, aber gut.
2. Mit Kranken hat man oft mehr Verständnis.
3. Wer die Stimme erhebt, hat Unrecht.
4. Wer ein Feindbild hat, ist normalerweise unglücklich.
5. Jeder Mensch muss geschützt werden.
6. Gleiche Chancen für alle.
7. **Rauschgift tötet Zellen.**
8. Manche Zellen regenerieren sich nicht.
9. Bezwingt euch nicht durch die Vergangenheit, sorgt für die Zukunft.
10. In kleinem Rahmen gut verhandeln.
11. Erfahrung zählt.
12. Eine Möglichkeit wäre: Es gibt erst nach einer bestimmten Zeit die Anlagezinsen.
13. Immer mal wieder etwas Neues tut gut.
14. Am Ende klärt sich doch alles.
15. **Achte mehr auf den Inhalt als auf die Worte.**
16. Was normal ist, entscheidet jeder für sich.
17. Babys werden geboren, schauen und fragen sich, wie das wohl wird.
18. Die Entscheidungsebene ist gemischt, letztlich entscheiden wir alle.
19. **Die Seele als innere Uhr läuft, wenn man sie immer aufzieht.**
20. Wir sind alle gut!
21. Ohne euch zu leben, fällt mir schwer.
22. Gott ist alles und ist da.
23. Soll ich jemanden erschießen? Er glaubt wie ich, und du glaubst auch.
24. Wer sich nicht integrieren kann, hat mehr Probleme als im Heimatland.
25. Auch ein Arbeiter weiß, wie es der Firma geht.
26. Wir sind gleich und passen uns an.
27. Warum sollte es dem anderen so viel schlechter gehen als uns?
28. Wer nur auf andere hört, ist ein Sklave seiner selbst.

29. Man ist nie 100% einig, aber braucht auch keine Kompromisse.
30. Versuche ich mich umzubringen, bin ich trotzdem meinem Lebensretter nicht sonderlich dankbar.
31. Schieße nie auf einen Menschen.
32. Jede kleine Art der Verzeihung trägt Größe.
33. Glaube nie, der andere sei ein Ausländer.
34. Die Geschichten prägen den Menschen.
35. Jeder Mensch kann verzeihen.
36. Rauschmittel zur Krankheitsbekämpfung – ich weiß nicht, was das soll.
37. Kontakt zu anderen Menschen zu haben, ist normal.
38. Das Geschlecht spielt keine Rolle.
39. Eine gute Aufklärung hilft schneller.
40. Pubertierende, die nicht aufgeklärt sind, zweifeln an sich.
41. Fehler macht jeder, dafür sind sie da.
42. Trauernde, Behinderte, Vergewaltigte oder trauernde Fremde brauchen Zuneigung, oft mehr als alte Menschen vor ihrem Tod.
43. Habe ich viel, muss ich auch etwas abgeben.
44. Es darf nicht unbegrenzt viele Wohltätigkeitsorganisationen geben, die von Verwaltungen abhängen.
45. Wer seine Kriegsabsicht und mögliche Strategien erläutert, ist schizophren.
46. Wenn man etwas tut, um anderen eine Freude zu machen, ist das großartig.
47. Kann es Sinn machen, dass alle so denken – und tun sie das nicht auch?
48. Kein Kampf darf sein!
49. Ich will kein Geld, was ich will und was wir für immer brauchen, ist Frieden.
50. Vorwürfe können das Gegenteil bewirken.
51. Gläubige Menschen erschießt man nicht.
52. Die Reichen machen sich die größten Probleme.
53. Wenn mich nicht jeder mag, irrt er sich.
54. Die Welt hat auf einen wie mich gewartet.
55. „Die Armen nehmen gerne Geldspenden an."
56. Treib dein Ziel so weit, dass du nicht mehr zurückkannst.

57. Was alle machen, ist nicht immer gut.
58. Wenn man etwas macht, von dem man überzeugt ist, ist es immer gut.
59. Wenn Lügen helfen, habe ich nichts dagegen.
60. Was machst du, wenn der Morgen nicht mehr kommt?
61. Er kommt und zeigt uns nicht nur Richtiges und Stärke, sondern geht mit uns bis zum Ziel und bis wir uns lieben.
62. Wer sich öffnet, gewinnt.
63. Frag mich etwas, ich sage dir meine Meinung.
64. Zweifel und Misstrauen zerstören die Liebe.
65. Ob man will oder nicht, man ergreift Partei, und das ist richtig.
66. Wer glaubt, nur etwas zu tun, um dem anderen einen Gefallen zu tun, der macht etwas falsch.
67. Man muss das tun, was die Gefühle sagen – und natürlich auch das Gesetz.
68. Man kann mit Worten, Gesten oder Geld helfen.
69. Zu überlegen, ob man etwas falsch macht, ist immer gut.
70. Arme brauchen mehr Geld als Reiche, Reiche mehr Zuspruch, Liebe und Geborgenheit.
71. Wer sich verstellt, vielleicht aus Eigenschutz, wird oft falsch gedeutet.
72. Alle Religionen und Gläubigen glauben an das Gute und an einen Gott.
73. Es besteht kein Grund, schlecht über jemanden zu denken oder ihn sogar töten zu wollen.
74. Mit mir geht die Welt nicht unter.
75. Tote leben weiter, sehen wird man sich nie wieder, aber spüren.
76. Angst zu haben, braucht niemand, Toten nachzutrauern und nicht mehr weiterzuleben auch nicht.
77. Wer zu schnell ist, überlebt den anderen.
78. Die Privatsphäre des anderen ist tabu.
79. Man handelt instinktiv richtig.
80. Ohne Entspannung und Pausen geht nichts.
81. Wen Schuldgefühle quälen, der hätte auch die Schuld beim anderen suchen können.
82. Gott sagt: „Frei von Schuld ist niemand.“

83. Wenn man nicht auch andere Kulturen, Staatsformen, Religionen oder Menschen mit ihren Ansichten und Verhalten kennenlernt, lebt man nicht.

84. Wenn einem etwas besonders gut schmeckt oder man an etwas besonders Gutes denkt, läuft einem das Wasser im Mund zusammen.

85. Was man „allein" macht, macht man richtig.

86. Wer Probleme hat oder den anderen schwer einschätzen kann, wirkt schwierig.

87. Wenn man etwas übelnimmt, mag es richtig sein, aber nicht ein Leben lang.

88. Die Sicht auf die Zukunft ist Platz für Neues.

89. Die Zeit spielt eine große Rolle.

90. Kindern kann man oft beim Denken „zusehen", und das ist toll.

91. Wer etwas verkauft, muss Steuern zahlen – einzige Ausnahme, wenn man auch etwas spendet.

92. Allein zu sein ist manchmal schwer.

93. Der liebe Gott, das sind wir selbst.

94. Eine Krankenschwester, der es selbst nicht gut geht, aber trotzdem ein Vorbild ist – solche Menschen liebe ich.

95. Kompromisse können helfen, dem Ziel näher zu kommen, aber sie sind nur Zwischenlösungen, wenn überhaupt.

96. Ohne Abstriche vom eigenen Willen folge dem Menschen, der positiv beeinflussen kann und will.

97. Menschen müssen keine Gruppe bilden, können es aber, nicht nur so oder für immer – vielleicht auch gerade deswegen.

98. Wenn es Kindern so schlecht geht, dass sie ihre Gefühle verbergen, darf die Welt nicht wegsehen.

99. Wenn man verhungerte Kinder sieht, denkt man daran, wie gut man es hat. Aber wenn man so denkt, muss man auch spenden.

100. Ich versuche dir alles zu geben, aus deinem Blickwinkel gesehen, und es wird zu dir kommen, so wie jeder es sieht und will.

101. Es wird auf der Welt nur noch wärmer, sodass Kälte nur noch in Höhen durch entsprechende Druckverhältnisse zu erreichen ist.

102. Den Feind in deinem Gehirn gibt es nicht.

103. Wovor hast du Angst, und hilft sie dir?

104. Wer sich liebt, lernt sich auch kennen.

105. Mischt man die Menschen zu schnell, kann es schiefgehen.

106. Nicht jeden Schritt muss und möchte man allein machen.

107. Jeder Mensch hat seine eigene Unterschrift, die sich im Laufe der Jahre festlegt.

108. Zu wissen, wie es weitergeht, macht Freude.

109. Hilfe suchen darf man.

110. Nicht jeder Mensch kennt sich selbst und nimmt sich nicht so wahr, wie man ist.

111. Hochleistungen bringen einen gefühlsmäßig und in der Wertschätzung weiter.

112. Jeder hat etwas, was ihn auszeichnet!

113. Traust du dir und glaubst an andere, gilt die Zeit für immer und für alle!

114. Das Ende übersteht die Dunkelheit und verliert sich bei Sonnenaufgang, wie du es willst und es täglich siehst – die Welt, das Paradies, sowohl vorher, nachher als auch im Jetzt.

115. Diese Zeit im Paradies ist für diejenigen, die in die Zukunft sehen.

116. Wer liebt, darf es auch zeigen.

117. Manchmal spät abends frage ich mich, wo du bist, und stelle mir vor, wie sehr ich dich doch liebe.

118. Das Morgen gibt es.

119. Wer zu schnell ist, verliert alles.

120. Sag jedem deine Meinung, wenn du ehrlich bist.

121. Sieh selbst das Kritische an dir.

122. Wer sich in die Ecke gedrückt fühlt, stolpert ins Gespräch.

123. Wer Gott und die Menschen liebt, ist ein guter Mensch.

124. Zeige allen Freude und Liebe.

125. Liebe ist eine Gemeinschaftsaktion.

126. Wer falsche Menschen zu lange bevorzugt, verliert die Richtigen auf Dauer.

127. Verfolge deine Ziele, um die Richtung einhalten zu können, ohne daran zu denken, aufzugeben oder sich selbst widersprechen zu müssen.

128. Wer gerne Entscheidungen trifft, muss bei bestimmten Menschen aufpassen, was man sagt.

129. Wenn uns das Leben bedrückt, ständig nachdenken zu müssen, schenkt uns ausgewogene Freude und Reichtum – lebe friedvoll in der Zukunft und trage dazu bei.

130. Die Frage ist: Wem gehört die Energie auf der Erde?

131. Wer profitiert vom Kriegsergebnis, und wie integriere ich mich?

132. Spenden und Steuergelder haben gemeinsam das Projekt ermöglicht.

133. Ein Verbot, Kinder zu bekommen, gibt es nicht.

134. Wer den Menschen als Sache sieht, ist ausländerfeindlich und glaubt nicht an Gott.

135. In manchen Ländern gilt die alte Regel: „Tust du mir weh, reagiere ich auf jeden Fall."

136. Das Ende des Lebens besteht aus Ehrlichkeit und trotz der Fehler gegenüber.

137. Ob es einem gut geht oder nicht, muss man im gegebenen Fall verweigern, zu sagen.

138. Nur wenn du aufhörst, die Menschen und deine Umgebung zu kontrollieren, bist du frei.

139. Glaube an dich und nicht an das, was andere speziell über dich denken.

140. Nur gemeinsam, als Teil der Natur, schaffen wir es. Lieben wir uns, kann nur Frieden die Folge sein.

141. Ohne Regeln zu befolgen, funktioniert das Leben eines Lebewesens nur schwer.

142. Der Moment in der Zeit ist für uns alle gut.

143. Die Liebe und das komplette Gute deines Selbst bist du für immer.

144. Mein Leben jetzt ist einfach zu gestalten, und das Leben danach kann man nur erhoffen und vorbereiten.

145. Wer glaubt, sein Handeln immer rechtfertigen zu müssen, zerbricht an Kleinigkeiten.

146. Die Liebe, der Moment gerade, soll für immer sein.

147. Das Erlebte wird positiv verarbeitet und abgespeichert.

148. Erfolg kann jeder erreichen, aber nicht jeder kann ihn genießen.

149. Einen Menschen, der dich stützt, verlässt man nicht.

150. Das Alter kann, aber muss nicht attraktiv sein.

151. Der Energiepreis besteht größtenteils aus den Kosten des Produkts, der Lohnstruktur des Herstellerlandes und dessen Vermarktung.

152. Der Energiepreis muss in Grenzen und vertretbar bleiben.

153. Der Hersteller muss Hauptanteilseigner bleiben.

154. Die Energiepolitik wird knallhart über Kriege dominiert und bestimmt.

155. Je mehr Stützpunkte ein Land hat, desto mehr kann es auch den Energiehaushalt regeln.

156. Für sich selbst bestimmen, um die Welt zu beherrschen.

157. Die USA besitzen die meisten von ca. 100 Stützpunkten weltweit, fördern und vergrößern die NATO und streben die Macht im Energiewesen an.

158. In Kriegen werden Städte zerstört, manchmal nur zur Demonstration, ohne Sinn und mit der Absicht, Macht und Einschüchterung zu zeigen.

159. Erzwungene Volkswanderungen, Attentate auf Infrastrukturen und voreilige Hilfen entstehen.

160. Wir glauben nicht nur an das Gute, sondern sind es auch, die für ein friedliches Morgen gemeinsam leben.

161. Ich träume nicht nur von dir, sondern bin immer mit dir verbunden.

162. Wer zu schnell Entscheidungen trifft, trifft sie meistens falsch.

163. Ich schätze alle Menschen und freue mich, mich austauschen und belehren zu können, aber natürlich ohne Waffen.

164. Die Theorie, Frieden zu schaffen, ist das Projekt, bei dem wir alle glücklich werden.

165. Wer sich nicht unterhält, darf sich kein Urteil über andere erlauben.

166. Wer Energie hat, hat heute und in Zukunft Chancen, die auch jeder haben sollte.

167. Wer die Umwelt nicht weiter schädigt, wird mehr gefördert als jeder, der auf Kosten anderer handelt.

168. Keiner ist mehr oder weniger wert.

169. Wer schon im sicheren Land ist, wird nicht zurückgewiesen.

170. Niemand will die Kulturen anderer oder den Wohlstand zu stark einschränken.

171. Das derzeitige Weltbild ist eine Lüge.

172. Ein souveräner Staat in Frieden ist das Ziel, mit dem Charakter einer Weltbestimmung.

173. Es wird nie so sein, dass die Welt eine identische Struktur hat, aber wir können uns ähnlich genug sein.

174. Jeder vertritt sich und sein Gewissen zur Wahrheit, die wir alle wollen.

gleich sein wollen

1. Die Liebe zu Gott bringt Frieden.
2. Die Natur leitet uns und folgt dem Guten. Ohne die Gleichheit, die wir brauchen, sind wir uns fremd.
3. Der Glaube verbindet sich zum Ganzen.
4. Wir sind nur gut, auch wenn wir Fehler haben.
5. Der Mensch ist gut.
6. Der Mensch hat Fehler.
7. Der Mensch hat Fehler, die er ausgleichen kann.
8. Fehler begleiten unser Tun und führen zur notwendigen Richtigkeit.
9. Der Mensch hat Fehler, ohne die wir nicht leben könnten.
10. Nicht jeder findet den Weg zum Guten gleich schwer oder im vollen Ausmaß.
11. Der Mensch wird mit der Tendenz zum Guten geboren und ist damit haftbar.
12. Der Tod lässt das Gute überleben und gibt ihm eine neue Chance als Mensch.
13. Ohne Gott ist die Welt nicht denkbar.
14. Mit Kranken hat man oft mehr Verständnis.
15. Wer die Stimme erhebt, hat Unrecht.
16. Jeder Mensch muss geschützt werden.
17. Gleiche Chancen für alle.
18. Manche Zellen regenerieren sich nicht.
19. Bezwingt euch nicht durch die Vergangenheit, sondern sorgt für die Zukunft.
20. Versuche, im kleinen Rahmen gut zu verhandeln.
21. Erfahrung zählt.
22. Anlagen müssen nicht immer Ertrag bringen.
23. Immer etwas Neues zu tun, tut gut.
24. Am Ende klärt sich doch alles.
25. Packen wir es an und kaufen bewusst.
26. Lieber Gott, ohne deinen Humor wären wir nur halb so viel wert.
27. Was normal ist, entscheidet jeder für sich.

28. Ich unterhalte mich am liebsten mit allen, gerne auch mit Psychiatern.
29. Die Entscheidungsebene ist gemischt, letztlich entscheiden wir alle.
30. Wir sind alle gut, ohne euch zu leben, fällt mir schwer.
31. Gott ist alles und ist da.
32. Wer sich nicht integrieren kann, hat mehr Probleme im Heimatland.
33. Wer auf den Knall von oben wartet, sieht die Sonne untergehen.
34. Wohlstand ist erkauft.
35. **Wir sind gleich und passen uns an.**
36. Warum sollte es den anderen so viel schlechter gehen dürfen?
37. Wer nur auf andere hört, ist ein Sklave seiner selbst.
38. Man ist nie 100% einig, aber braucht auch keine Kompromisse.
39. Schieße nie auf einen Menschen.
40. Jede kleine Art der Verzeihung trägt Größe.
41. Die Geschichte prägt den Menschen.
42. Vielleicht wird dem Menschen für kurze Zeit Böses injiziert.
43. Jeder Mensch kann verzeihen.
44. Kontakt zwischen Menschen ist völlig normal.
45. Sexuelle Abstinenz gegenüber Kindern ist Pflicht.
46. Das Geschlecht spielt keine Rolle.
47. Eine gute Aufklärung hilft schnell.
48. Pubertierende, die nicht aufgeklärt sind, zweifeln an sich.
49. Fehler macht jeder, dafür gibt es sie.
50. Habe ich viel, muss ich auch etwas abgeben.
51. Es dürfen nicht unbegrenzt viele wohltätige Organisationen von Verwaltungen abhängen.
52. Wenn man merkt, dass man dem anderen eine Freude macht, ist das toll.
53. Ich will kein Geld, ich will Frieden.
54. Vorwürfe können das Gegenteil bewirken.
55. Die Reichen machen sich die größeren Probleme.
56. Wenn mich nicht jeder mag, irrt er sich.
57. Wer Angst hat, etwas falsch zu machen, benimmt sich komisch.

58. Für Arme nimmt man gerne Geldspenden an.
59. Treib dein Ziel so weit, dass du nicht mehr zurückkannst.
60. Was alle haben, ist nicht immer gut.
61. Wenn man etwas macht, von dem man überzeugt ist, ist es immer gut.
62. Wenn Lügen helfen, habe ich nichts dagegen.
63. Was machst du, wenn der Morgen nicht mehr kommt?
64. Er kommt und zeigt uns nicht nur Richtung und Stärke, sondern geht mit uns, bis wir zu unseren Lieben gelangen.
65. Zu merken, dass der andere an einen glaubt, das ist Liebe.
66. Zweifel und Misstrauen zerstören die Liebe.
67. Ob man will oder nicht, man ergreift Partei.
68. Wer glaubt, nur etwas Gutes tun zu müssen, um dem anderen zu gefallen, irrt sich.
69. Sich zu überlegen, ob man etwas falsch macht, ist immer gut.
70. Lieber Gott, ich liebe dich, es gibt dich, und bitte sei zu allen gut.
71. Andere merken zu lassen, dass man sie gut findet, erzeugt Liebe und ein Lächeln.
72. Gott liebt alle.
73. Selbstvorwürfe müssen ein Haltbarkeitsdatum haben.
74. Der Zusammenhang muss nachvollziehbar und herstellbar sein.
75. Manchmal ist es erst nach Jahren nachvollziehbar, dass man die Liebe richtig deutet.
76. Wer sich aus Selbstschutz verstellt, wird zunächst falsch gedeutet.
77. Ich bin auch vorprogrammiert.
78. Alle Religionen und Gläubigen glauben an das Gute und an einen Gott, sodass kein Grund besteht, schlecht über den anderen zu denken oder ihn gar töten zu wollen.
79. Mit mir geht die Welt nicht unter.
80. Angst zu haben braucht niemand, Tote zu betrauern und nicht weiterzuleben auch nicht.
81. Wer zu schnell ist, überlebt den anderen.
82. Man handelt instinktiv richtig.
83. Kommt einem die Situation komisch vor, muss man sich darum kümmern.

84. Wer Kulturen, Staatsformen, Religionen und Menschen mit anderen Ansichten und Verhaltensweisen nicht kennenlernt, lebt nicht.
85. Wer Probleme hat oder andere Menschen schwer einschätzen kann, wirkt schwierig.
86. Wer denkt, man könnte Bilder essen, hat den Sinn der Kunst nicht verstanden.
87. Wenn man etwas übelnimmt, mag das richtig sein, aber nicht ein Leben lang.
88. Die Sicht auf die Zukunft schafft Platz für Neues.
89. Die Zeit spielt eine große Rolle.
90. Jeder muss zu essen haben.
91. Wer mit Gewinn verkauft, muss Steuern zahlen – einzige Ausnahme, wenn man spendet.
92. Arbeitgeber fordern mehr Geld, weil die Energiepreise gestiegen sind – stellt sich die Frage, ob alle und wie sie am Gewinn beteiligt werden sollten.
93. Allein zu sein ist manchmal schwer.
94. Zu glauben, nur man selbst sei der liebe Gott, geht auch.
95. Zum Glücklichsein gehören oft auch Schmerzen, denn Glück geht nie ohne Schmerz.
96. Die Existenz der UNO und der NATO macht keinen Sinn.
97. Eine neue gemeinsame Einstellung zur Weltordnung, Frieden und Partnerschaft führt mit Verstand zu Gemeinsamkeiten.
98. Eine Weltgemeinschaft ist das Endziel, keine Zwischenlösung.
99. Eine Waffenlieferung ist kein Signal, um Frieden zu fördern, sondern das Gegenteil.
100. Wer hält ein vereintes Europa noch für zweckmäßig, wenn statt Frieden Armut entsteht?
101. Ein Signal für den Frieden muss gehört, gefördert und weitergegeben werden.
102. Erkenne den Wert des anderen.
103. Wer sich in der Anfangsphase einer Diskussion zurückhaltend verhält, wird sich trotzdem im Laufe der Zeit integrieren und mithelfen.
104. Wir sind anders, denn wir sind auch woanders.
105. Manches sieht irgendwann unerreichbar aus.

106. Streiken und demonstrieren darf man nie.
107. Die Welt ist wunderschön – sieh sie mit diesen Augen an.
108. Das Positive muss überwiegen und besser werden.
109. Um Korruption zu vermeiden, ist es notwendig, die Amtszeit bestimmter Funktionäre zu begrenzen.
110. Wer nach einer Lösung sucht, findet sie auch gemeinsam.
111. Wer Spaß daran hat, ständig neue Positionen zu vertreten, sollte seine Psyche überprüfen.
112. Im Alter nimmt man Menschen nicht mehr so wahr, wie sie sind.
113. So gut zu sein, wie ich gerne wäre, bricht mein Herz an dir und verfolgt mich im Traum zur Wirklichkeit.
114. Freunde helfen sich über Grenzen hinweg.
115. Freunde sind immer in Liebe verbunden und denken an Erinnerungen und Hoffnungen.
116. Nur wer ein glückliches Ereignis erwartet, denkt an sich und andere.
117. Jeder Tag ist perfekt gemacht für dich, mich und alle.
118. Wer den anderen für dumm hält, ist vielleicht am Ende einer von ihnen.
119. Neu gegründete Splitterparteien aus dem Ausland zerstören die Demokratie und den Zusammenhalt.
120. Wenn immer alle jungen und alten Menschen kontrolliert werden wollen, stimmt etwas im System nicht.
121. Der Glaube ans Glück mit viel Geld verdirbt und führt den Sinn des Lebens letztlich zum richtigen Weg.
122. Ich suche den Frieden und das Glück im täglichen Alltag und will dabei aufrecht bleiben.
123. Zum Tolerieren und Miteinander gehört Liebe.
124. Heute beginnt wieder ein wunderschöner Tag – das ist die richtige Einstellung und ein Muss, das hilft.
125. Einen heiligen Krieg gibt es nicht, für den ich da sein muss.
126. Du bist ein Traum von Liebe, der im Herzen wächst und bleibt, aber oft nicht passend reagiert.
127. Eine Mehrheit muss in Ab
128. ständen überprüft werden.
129. Ein Leben für immer setzt Grenzen mit dem Willen und Wollen eines Einzelnen.

130. Man muss immer das Wohl aller im Blick haben und nicht nur das eigene Ganze.
131. Unsere Liebe ist für immer.
132. Alleinsein ist ein innerer Wunsch, der die Wahl zum Gleichsein blockiert, uns aber doch zusammenführt.
133. Ich werde den Weg gehen, ohne jemanden fragen zu müssen. Das ist der richtige Weg, und mein Glück wartet.
134. Niemand geht für die Ewigkeit, ohne ein Wort oder den Sinn des anderen plötzlich verstanden zu haben.
135. Ein Wiedersehen ist ein Traum, um das Ganze zu finden und Liebe zu empfangen – ein Muss.
136. Musik verbindet, auch ohne Text oder Sinn zu verstehen.
137. Das Feuer macht das Wesentliche hörbar und gibt Vertrauen, so wie wir leben und sind.
138. Jeder wünscht sich die Liebe, die für immer bleibt.
139. Meine Kontrolle sagt mir „auf Wiedersehen“, ohne den Glauben von dir zu mir oder eine Wahl für mich zu haben.
140. Meine Reise ist für immer, mit der Rückkehr zum Guten für alle und uns.
141. Auf dem Weg finde ich zu dir, und mit Erinnerung und Hoffnung begegnen wir uns.
142. Gleicht Preise mit den Unkosten ab, ohne Wertverlust und mit Hoffnung.
143. Ohne Hilfe gibt es keine Rettung und Geborgenheit.
144. Ich glaube an das Gute, in Zuversicht und Hoffnung, die kommt und bleibt.
145. Der Hochzeitstag ist nicht so wichtig, wie man ihn für wichtig hält.
146. Wenn jemand geht und allein wird, ist die Zeit gekommen, zu helfen.
147. Wer sagt, er sei perfekt, irrt sich und täuscht sich selbst.
148. Die Endlösung sind freie Grenzen mit der Wahl der Heimat für jeden.
149. Menschen werden überall gebraucht.
150. Reguläre Immigranten helfen immer.
151. Richtig ist kein Kompromiss.
152. Wenn beide es wollen, ist es gut.

153. Kompromisse können dem Ziel näherkommen, sind aber nur Zwischenlösungen, wenn überhaupt.

154. Wenn man glaubt, Gefühle bringen Freude, dann stimmt das und ist von großem Wert.

155. Menschen müssen keine Gruppen bilden, können es aber – ob für immer oder nicht, gerade deswegen.

156. Nach Todesfällen in der Familie wächst sie wieder zusammen.

157. Nicht immer kann man Gutes mit Vorbild darstellen.

158. Menschen bevorzugen Anonymität in bestimmten Situationen.

159. Für Tiere spenden Menschen mehr als für Arme.

160. Wenn es Kindern so schlecht geht, dass Gefühle verborgen bleiben, darf die Welt nicht zusehen.

161. Wenn man hungernde Kinder sieht, denkt man, wie gut man es hat. Aber wenn man so denkt, muss man auch spenden und helfen.

162. Wer reich ist, muss auch damit umgehen können.

163. Es wird auf der Welt wärmer, sodass Kälte nur in höheren Höhen durch entsprechende Druckverhältnisse zu erreichen ist.

164. Den Feind in deinem Gehirn gibt es nicht.

165. Wovor hast du Angst?

166. Wer sich liebt, lernt sich auch kennen.

167. Mischt man Menschen zu schnell, kann es schiefgehen.

168. Was man sich theoretisch überlegt, ist oft Quatsch.

169. Wissen weiterzugeben macht Freunde.

170. Nicht jeder Schritt muss oder möchte man alleine gehen.

171. Hilfe zu suchen, ist erlaubt.

172. Nicht jeder Mensch kennt sich selbst oder nimmt sich so wahr, wie er ist.

173. Hochleistungen bringen gefühlsmäßig und wertschätzend nicht weiter.

174. Jeder Mensch hat etwas, das ihn auszeichnet.

175. Wer die Menschen immer wegstößt, kann niemanden lieben.

176. Diese Zeit im Paradies ist für diejenigen, die die Zukunft sind.

177. Das Morgen gibt es.

178. Frieden findet man, wenn man sich selbst prüft.

179. Wer zu schnell ist, verliert alles.

180. Sag jedem deine Meinung, damit du ehrlich bist.

181. Sieh dich selbst kritisch.

182. Wer Gott und die Menschen lieben kann, ist ein guter Mensch.

183. Alle zeigen Freude und Liebe anders.

184. Man darf nicht nur an die Familie denken und glauben, dass das der richtige Weg ist.

185. Die normalen Menschen sind mir die liebsten.

186. Liebe ist eine Gemeinschaftsaktion.

187. In Kriegen will man Land und Bodenschätze, vor allem Energievorkommen, gewinnen.

188. Wer gerne Entscheidungen trifft, muss bei bestimmten Menschen aufpassen, was er sagt.

189. Wer Menschen als Sache sieht, ist ausländerfeindlich und glaubt nicht an Gott.

190. In manchen Ländern galt die Regel: "Tust du mir weh, reagiere ich mich auch ab."

191. Das Ende des Lebens besteht aus Ehrlichkeit, trotz des Bösen gegenüber.

192. Ob es einem gut geht oder nicht, muss man abwägen und das sagen dürfen.

193. Nur wenn du aufhörst, deine Umgebung und die Menschen zu kontrollieren, bist du frei.

194. Glaube an dich und nicht an das, was andere speziell über dich denken.

195. Nur wir gemeinsam, als Natur, schaffen es.

196. Lieben wir uns, kann nur Frieden die Folge sein.

197. Ohne Regeln funktioniert das Leben eines Lebewesens schwer.

198. Der Moment in der Zeit ist für alle gut.

199. Die Liebe und das komplette Gute bist du und deine Meinung für immer.

200. Mein Leben jetzt ist für mich einfach zu gestalten, das Leben danach kann man nur hoffen und vorbereiten.

201. Wer glaubt, sein Handeln immer rechtfertigen zu müssen, zerbricht an Kleinigkeiten.

202. Deine Liebe und der Moment gerade sollten für immer sein.

203. Erfolg kann jeder erreichen, aber nicht jeder kann ihn genießen.

204. Einen Menschen, der dich stützt und mitlenkt, verlässt man nicht.

205. Die Zerstörung von Energiequellen beeinflusst oft die wirtschaftliche Unabhängigkeit von Staaten.

206. Wer zu schnell Entscheidungen trifft, trifft sie oft falsch.

207. Ich schätze an einem Menschen, wenn er sich austauscht und belehrt.

208. Wer Energie hat, ist im Vorteil.

209. Hinterfrage dich selbst und erkenne deine Fehler, auch vor Gott.

210. Erkenne und bekämpfe deine Süchte frühzeitig.

211. Wir brauchen keine Kriege – Verhandlungen und Diplomatie sind unsere Ziele.

212. Wer an Kriegen mitverdient, macht sich schuldig.

213. Keiner will ewig mit Veränderungen leben.

214. Eine Art Leben nach dem Tod gibt es.

215. Liebe ist abhängig von der Erlaubnis, leben zu dürfen, ohne Verlust der Legalität und Wahrnehmung eines jeden Menschen.

216. Ein Sandhaufen nach der Flut verhält sich wie die Menschheit beim Übergang ins neue Leben.

217. Gott ist der Einzige, der keine Fehler macht.

218. Im Alter verlieren Menschen oft Gedächtnis und logisches Denken.

219. Ungerechtigkeit macht traurig.

220. Tod, Mord, Krieg und falsches Verhalten wecken das Böse wieder auf.

221. Setzt die Hilfsbereitschaft zu früh aus, trennt man sich am besten.

222. Schlechte Manieren kann jeder mal haben.

223. Wer will, kann immer gut sein.

224. Trenne dich im Frieden.

225. Grundsätzlich muss niemand als böse betrachtet werden.

226. Man kann in jedem Alter lieben.

227. Wer seinen Humor sucht und nicht findet, hat auch mal das Recht, eine Pause zu machen.

228. Wer die Lust am Leben verliert, kann sie nur durch Glauben wiedergewinnen.

229. Mache es gut, und Gott hilft dir.

230. Wer glaubt, länger auf der Welt zu sein als der Tod, irrt sich.

231. Die Hülle, die Seele und der Geist vervollständigen den Menschen zum Ganzen.

232. Ohne Hoffnung hat das Leben keinen Sinn.

233. Ich würde gerne alle Menschen sein, um zu verstehen, was in ihnen vorgeht.

234. Wenn dir jemand sagt, du bist gesund, aber du kämpfst mit deiner Psyche, dann liegt die Heilung in dir selbst.

235. Niemand möchte, dass Kulturen durch den Wohlstand des anderen geschwächt werden.

236. Das derzeitige Weltbild ist eine Lüge.

237. Keiner ist mehr oder weniger wert als der andere.

238. Für eine geregelte Zukunft müssen einige Grenzen komplett geöffnet werden.

239. Ein souveräner Staat ist das Ziel.

240. Es wird niemals eine einzige, gleiche Weltstruktur geben, in der wir uns alle ähneln.

241. Wir suchen unser Land und werden es finden.

242. Den Weg, der wirklich glücklich macht, geht man selbst.

243. Jemandem recht zu geben, der eindeutig Unrecht hat, kann ich nicht.

244. Jeder kann vermitteln, wenn er es möchte.

245. Jeder steht für sich und sein Gewissen ein, für die Wahrheit, die wir alle haben und brauchen.

246. Wer meint, Russen oder andere Nationen seien als frühere Kommunisten unsere Freunde, irrt sich und könnte eine Gefahr für die Welt darstellen.

247. Die Sünden der Vergangenheit in Bezug auf Energieverbrauch rächen sich, und wir zahlen dafür.

248. Die richtige Reihenfolge, vom Bürger zum Staat und zurück zum Guten, ist wichtig.

249. Wenn man nach einem Alleingang sicher ist, kann man Reaktionen testen und dem Allgemeinwohl dienen.

250. Der finanzielle Rahmen muss legal geprüft sein und darf nicht nachträglich ungerechtfertigt korrigiert werden.

251. Ziele, die mit Liebe empfangen werden, sind Momente der Freude und deines Wesens.

252. Vertrauen basiert auf geheimen Dingen, an die man glaubt und denkt.

253. Die Vergangenheit hat immer Bestand, ob berechtigt oder unberechtigt.

254. Auch schlechte Erfahrungen lehren uns wichtige Lektionen.

255. In der Krankheitsphase haben Menschen oft gemeinsame Probleme, die sie gemeinsam lösen müssen.

256. Unter Druck erreicht man nichts, außer Fehlverhalten.

257. Das Schicksal macht den Menschen nicht, es formt ihn vielleicht.

258. Wer nie recht bekommt, entlädt sich irgendwann.

259. Kein Test funktioniert von Anfang an perfekt.

260. Ich glaube, Tote sind unter uns, in einer anderen Form, aber nie ohne uns.

261. Glaube, dass die Welt in Ordnung ist, und verbringe schöne Zeiten mit uns.

262. Nicht immer ist Gerechtigkeit leicht verfügbar, um Frieden zu schaffen.

263. Ein Teil von dir, mir und uns genügt, um die Welt richtig zu weisen.

264. Wenn man zu viel nachdenkt, merkt man nicht, dass man allein ist.

265. Versuche, dir ein Preis-Leistungs-Bewusstsein zu schaffen, das niemanden benachteiligt.

266. Zu glauben, dass ein anderer Mensch falsch ist, ohne ihn wirklich zu kennen, ist ein Fehler.

267. Wir werden zusammen sein, für immer.

268. Lieber zu gut sein, auch wenn es einem schadet, als zu wenig.

269. Wer sein Handeln nicht begründen will, handelt fahrlässig.

270. An sich selbst zu glauben, führt dazu, die Welt zu verstehen und in ihr leben zu können.

271. Im Leben kann man vieles selbst entscheiden, und wenn es richtig ist, macht es Freude.

272. Wer glaubt, durch die Welt geprägt zu sein und alles richtig zu machen, irrt sich.

273. Wir werden zusammen sein, und die Zeit führt uns gemeinsam zum Ziel.

274. Ich sage Hallo und liebe Grüße, und stelle sicher, dass alle dabei sind.

275. Wenn man Probleme hat, sollte man sie rechtzeitig und gut lösen.

276. Auch der richtige Weg hat manchmal Umwege, und das ist in Ordnung.

277. Gute Dinge gehören zum Leben, das Böse gehört zur Vergangenheit.
278. Korrupten Politikern gelingt es manchmal, wieder an die Macht zu kommen, trotz allem.
279. Egal, wie dumm oder verhindert die Menschheit ist.
280. Wenn ich glaube, die Tür zum Himmel gefunden zu haben, werde ich klopfen und warten.
281. Ich danke dir jetzt und später für dein Selbst und dein Werk.
282. Ein Streit ist zeitlich begrenzt und führt oft zum Erfolg.
283. Nicht jede Kleinigkeit sollte bestraft werden, auch wenn sie falsch ist.
284. Es gibt viele Lieben, die uns stützen können.
285. Wir kennen den Weg, machen eine Pause und denken an alles, was uns bewegt und zu dir führt.
286. Frieden und Freundschaft prägen diejenigen, die leben wollen, und nicht nur diejenigen, die die letzte Strophe mitsingen wollen.
287. Herr Musk, bitte spenden Sie Geld an Organisationen, die Gutes tun, und helfen Sie, die Welt gerechter und besser zu machen.
288. Legale Immigranten können fast blind unterstützt werden.
289. Aus Angst verstecken sich Menschen oft oder sprechen unzusammenhängend.
290. Der Wille ist der Maßstab aller Dinge.
291. Nach dem Tod werden Fehler behalten oder von anderen neu vergeben.
292. Gutes bewirkt Gutes.
293. Ehepartner sollten ihr Leben selbst regeln, nicht die Eltern.
294. Wer nicht dankbar ist, lebt auf Kosten anderer und macht Fehler.
295. Krieg macht krank, traurig und ungesund.
296. Man kann etwas sagen, darüber nachdenken und dann das Gegenteil behaupten.
297. Liebe dich selbst, vielleicht sogar mehr als andere.
298. Pazifisten brauchen niemanden, der sie überzeugt.
299. Den Weg zum Frieden muss jeder letztlich selbst gehen.
300. Eine Aussage muss zum richtigen Zeitpunkt und in der richtigen Form gemacht werden.
301. Lachen, Frieden, Freude und Fröhlichkeit helfen so oft wie immer.

302. Wer sein Lachen und seine Freude verliert, verlässt das Leben und tauscht es gegen etwas anderes.

303. An deiner Seite erfüllen sich Dinge wie Treue, Hilfe und Unterstützung zum Frieden.

304. Was, wie und warum sind nebensächlich, wenn die Pflicht zur Gerechtigkeit wird.

305. Das Glück ist überall, und niemand sagt, wann Schluss ist.

306. Die Liebe wünscht sich nur das Erreichbare und denkt nur an uns.

307. Jeder Heilige hat das Recht auf Bestand, egal wo wir sind oder was wir glauben.

308. Jede Religion hat etwas Besonderes und den Glauben an sich selbst, dank Hilfe und Vertrauen.

309. Man muss danken und sich auch entschuldigen können.

310. Liebende brauchen keinen großen Aufwand, um ihre Liebe auszudrücken.

311. Wenn der Himmel voller Dunkelheit auf die Erde gesandt wird, finden wir uns vielleicht nicht sofort, aber letztlich immer wieder.

312. Gott vergibt allen, aber nicht immer zur gleichen Zeit und nicht unter den gleichen Bedingungen.

313. Gott fordert Rechenschaft.

314. Gott schuf den Menschen als verschiedenes Lebewesen und fordert Gleichheit für alle.

315. Schlechte Launen dürfen nicht dazu führen, dass man gegen seinen Willen Fehler macht.

316. Nur du kannst meine wahren Wünsche erfüllen, Liebe schenken und mir Glauben geben.

317. Jeder Glaube an Gott erfüllt das Leben.

318. Selbst wenn dein Handeln anderen hilft, setzt es dir manchmal Grenzen.

319. Menschen, die das Leben als Spiel betrachten und ohne Verantwortung handeln, sind unzuverlässig.

320. Zu schnell ist oft falsch.

321. Sinnvolle Ergebnisse streben alle an, manchmal sofort, manchmal nach Überlegung.

322. Liebesentzug ist eine Strafe, die selten gerechtfertigt ist.

323. Ein falscher Weg lässt dein Zuhause warten, und niemand fühlt sich wohl.

324. Distanzieren ist gut, um deinen eigenen Weg zu finden und mit mir den Himmel zu träumen.

325. Versuche, deine Fehler zu beseitigen.

326. Man träumt mit offenem oder geschlossenem Herzen, manchmal so, manchmal so, ohne Angst, nur mit dir.

327. Bei dir muss es für immer sein, ich danke dir und liebe dich.

328. Versuche, immer positiv zu bleiben.

329. Nur die Liebe kennt Freundschaft und das Gefühl, gebraucht zu werden.

330. Jeder Mensch trägt eine Aufgabe in sich, die er erfüllen muss.

331. Das Ende muss gut sein, wenn die Wünsche dorthin tendieren.

332. Kontrolle kostet Zeit, erzeugt falsche Gefühle und verschwendet Energie, die allen Menschen schadet.

333. Musik, die mit Klang und Text inspiriert, begeistert und hebt die Stimmung.

334. Auf dem richtigen Weg fühlt man sich gestärkt, ohne groß nachzudenken, als hätte man die Welt neu erfunden.

335. Das Leben hat kein Ende, es ist ein wiederkehrender Zyklus.

336. Reiche Staaten haben die Pflicht, ärmere zu unterstützen, besonders in Bezug auf Klima und Menschenrechte.

337. Jeder Weg, der dir kein leeres Versprechen ist, ist wertvoll.

338. Das Leben gibt Sinn, Zuversicht und Hoffnung.

339. Veränderung verdient eine Chance, ohne sie kann man nicht leben.

340. Gott tut, was er will, nicht immer das, was wir wollen.

341. Der Weg teilt sich und findet sein Ziel.

342. Wer sich mit seiner Krankheit auseinandersetzt, kann sie vielleicht bekämpfen.

343. Wenn ein Mensch wie Elon Musk Milliarden anhäuft, stimmt etwas im Staat nicht, und er ist kein Retter der Allgemeinheit.

344. Denken hinkt manchmal der Aussage hinterher und verbessert sich nur langsam.

345. Immigranten, die hier sind, müssen sich innerhalb von drei oder vier Monaten integrieren, sonst droht die Abschiebung oder eine neue Frist.

346. Politik, die hetzt und andere schlechtmacht, sollte unter Strafe gestellt werden.

347. Rechtsradikalismus in Israel zuzulassen, schafft Feinde und Kriege.

348. Man sollte nicht hoffen, mit Lügen voranzukommen, denn alles rächt sich.

349. Problemdenken führt nicht zu Lösungen.

350. Lügen verfolgen keine Ziele.

351. Es gibt Menschen, die immer nur die Fehler der anderen suchen, weil sie selbst nicht glücklich sind.

352. Wer alles behält, verteilt zu wenig.

353. Die Bestimmung der Erdbevölkerung ist nicht die Aufgabe des Menschen.

354. Streiks dürfen geplant sein, aber niemandem schaden.

355. Vertraue auf andere und respektiere ihren Geist.

356. Wenn das Ziel fremd wird, verlässt man den Weg.

357. Liebe wartet auch in Zeiten der Kälte.

358. Man darf die Kinderzahl nicht reduzieren, um Platz für Immigranten zu schaffen.

359. Denke positiv, pflege deine Seele und strebe nur nach dem Guten.

360. Der erste Versuch darf scheitern, dafür lernt man.

361. Manche Menschen haben Wahnvorstellungen und wissen nie genau, in welchem Zustand sie sich befinden.

362. Wer zu genau ist, wird selten gemocht.

363. Misstrauen vergiftet das Klima und den Fortschritt.

364. Gleiche Rechte für alle sind notwendig, um ein gutes Leben zu führen.

365. Träume beeinflussen deine Handlungen, bis du dein Ziel wiederfindest.

366. Die Jugend prägt die Gesellschaft und wiederholt ihre Werte.

367. Die gleichen Vorstellungen treffen nicht immer den Punkt.

368. Vergebung muss schnell kommen, wenn sie der richtige Weg ist.

369. Die Wahrheit wird akzeptiert, wenn sie richtig und individuell vorgetragen wird.

370. Manchmal erreicht man das Ziel nicht, wenn man nur ärgert.

371. Jeder verdient eine Chance, auch du als Partner weltweit.

372. Ein bisschen an seinen Fehlern zu arbeiten, ist immer hilfreich.

373. Manchmal täuscht man Böses vor, um zu testen.

374. Jeder entscheidet selbst über den Weg zur Freiheit.

375. Wenn Wirtschaft, Politik und Industrie zu eng verflochten sind, beginnt die unerwünschte Kostenspirale für die Bevölkerung.

376. Die Liebe zu den eigenen Kindern wird nur durch die Liebe zu Gott übertroffen.

377. Manche Menschen leben ein vorgespieltes Leben im Ungewissen.

378. Wer sich selbst widerspricht, erreicht nicht den Zustand, der für ihn bestimmt ist.

379. Ein Spiel ohne Sieger ist ungerecht.

380. Wenn jeder Sieger sein will, muss es auch Sieger geben.

381. Wer helfen will, muss Einigung herbeiführen, ohne automatisch Gewinn oder Verlust zu erzeugen.

382. Das Leben besteht aus Systemen, die in Reihenfolge angeordnet sind.

383. Gutes tun macht Spaß.

384. Hilfe in Form von Geld ist auch gut und bringt viele auf den richtigen Weg.

385. Überlege, ob das, was du tust, richtig ist.

386. Sackgassen brauchen Umleitungsschilder, die den Weg weisen.

387. Eine Liebe verliert sich, wenn kein Frieden herrscht.

388. Die Stille ist die innere Kraft.

389. Sieh nur das, was wirklich da ist, und träume keine Wunschträume.

390. Gefühle sind in der Seele und regeln uns von selbst.

391. Lass die Wahrheit und das Vertrauen das Gute bestimmen.

392. Das Leben heißt, andere und sich selbst zu lieben.

393. Wer nur nach Zusammenhängen sucht, verpasst vielleicht das Ziel.

394. Du als Person bist unser Glück.

395. Menschen erleben Wunder durch Gott.

396. Bedürftigen zu helfen, ist nicht schwer.

397. Menschen mit dem richtigen Weltbild haben einen uneinholbaren Vorsprung.

398. Manche Menschen haben viel Kontakt zu anderen, sind aber einsam und können ihre Gefühle nur schwer äußern.

399. Finde deinen Anfang, auch wenn er woanders liegt.

400. Das Erlernen fremder Sprachen ist nie ganz einfach und akzentfrei.

401. Soziale Menschen, die sich für das Soziale einsetzen, sind die Besten.

402. Wenn Menschen glauben, dass sie alles dürfen, nur weil es der andere darf, liegen sie falsch.

403. In armen Ländern nehmen Menschen ihre Mitmenschen anders wahr als in Industriestaaten.

404. Jeder muss die Möglichkeit haben, sich über sein Leben und seinen Umgang mit anderen zu freuen.

405. Ohne Lebenswillen gibt es keine Freude und keinen sinnvollen Kontakt zu anderen.

406. Viele Menschen halten sich für weniger gut, als sie tatsächlich sind.

407. Das Gute sollte man dem anderen niemals vorenthalten.

408. Natürlich haben wir Unterschiede, aber wenn wir wollen, werden wir eins.

409. Verschiedene Nationen verbessern sich gegenseitig im Umgang miteinander.

410. Wer sich selbst nicht mag, hat einen Grund, daran zu arbeiten.

411. Wenn ich an etwas Gutes denke, empfinde ich Freude.

412. Jemanden zum Austausch zu haben, ist Gold wert.

413. Der erste Schritt ist der schwerste, und der letzte auch.

414. Liebe muss man immer teilen können.

415. Alle wollen Frieden.

416. Die Liebe und wir alle finden den Weg zum Glück.

417. Glück kann man sich erkaufen.

418. Das Leben ist ein Traum, der nie enden darf.

419. Von seinen Vorstellungen muss man manchmal Abstriche machen können.

420. Eltern sollten ihren Kindern nicht nur sagen, was richtig ist, sondern es vorleben.

421. Der Staat, die Industrie und die Wirtschaft profitieren von ihrem gemeinsamen Handeln.

422. Illegale Einwanderer brauchen wir nicht, aber die vorhandenen dürfen bleiben.

423. Ich will mein Leben führen, ohne anderen zu schaden.
424. Ich rechtfertige mich vor Vorbildern, die ich für richtig halte.
425. Neues auszuprobieren, ist oft hilfreich und gut.
426. Es gibt viele Menschen mit ähnlichen Problemen.
427. In gewissen Situationen muss man nachfragen, um Missverständnisse zu vermeiden.
428. Vergangenes abzureagieren, macht keinen Sinn.
429. Im Ausland sollte man sich als Vorbild und angepasster Tourist verhalten.
430. Wenn man glaubt, der andere mag einen nicht, wird es schwer.
431. Sich an die Sitten des anderen zu gewöhnen, ist nicht schlimm, sondern bereichernd.
432. Mach dich selbst lächerlich, aber nie andere.
433. Menschen, bei denen immer alles stimmen muss, sind selten glücklich.
434. Die Kultur schützt die Vielfalt der Geschichte.
435. Wir sollten den Geldfluss für Kriege langsam stoppen.
436. Ich zeige dir täglich den richtigen Weg, auch wenn der Morgen anders aussieht.
437. Selbst im Weltraum versuche ich, den Sinn zu entdecken, der tief in der Erde verwurzelt ist.
438. Das Finanzielle regelt nicht nur der jeweilige Staat.
439. Kinder erben oft die Gene der Eltern und wenden sie auf neue Weise an.
440. Die Weltbank gleicht aus.
441. Die Weltbank regelt vieles.
442. Eine Krankheit kann viele Reaktionen im Körper auslösen.
443. Eltern halten im Normalfall zu ihren Kindern.
444. Man sollte programmierte Rabattkarten für Bedürftige einführen, ohne sie zu kennzeichnen.
445. Am Ende findet jeder seinen richtigen Weg.
446. Wer die Realität verliert, lebt in Wahnvorstellungen.
447. Jeder Mensch ist gut und glaubt.
448. Das Paradies braucht Zeit und den Willen aller.
449. Wer nur das tut, was er soll, ist nicht klug.
450. Sich mit anderen zu vergleichen, ist wichtig und muss man tun.

451. Der perfekte Mensch existiert.

452. Gott hat den Anfang geschaffen und jede Änderung.

453. Die Bezahlung aller Menschen in einer Spanne von Stundenlöhnen je nach Leistung und Schwierigkeitsgrad ist möglich.

454. Zu berücksichtigen wären Inflation und Landesrabatte.

455. Wird ein Volk niedergemetzelt, wird die Gräueltat in die Geschichte eingehen.

456. Wer Zufriedenheit ausdrücken kann, hat die Liebe anderer sicher.

457. Das Böse verirrt sich und kommt nie zurück.

458. Kein Problem wird auf einmal und total gelöst.

459. Die Vernunft muss mit dem Gewissen die Schritte klären.

460. Wunder gab und gibt es, sie bewirken Dinge, die nur Gott hätte bewirken können.

461. Nicht alle Menschen haben das richtige Weltbild, in dem alle Menschen als gut angesehen werden.

462. Träume spiegeln nie die Wahrheit wider, sondern unzusammenhängende Ereignisse.

463. Jeder muss zu sich selbst finden.

464. Tiere handeln instinktiv, Menschen bewusst.

465. In einer Gesellschaft kann man nie nur das tun, was man will.

466. Man bleibt immer ein Kind, was gut ist, denn innere Gefühle leiten uns.

467. Wer sich ein Leben lang nicht ändern will, liebt sich vielleicht zu sehr.

468. Immigration bringt Weltfrieden.

469. Nicht jede Psyche wirkt sich am Punkt des Ursprungs aus.

470. Der Glaube zählt in unserem Leben.

471. Kinder lernen auch von Tieren.

472. Ich bin dankbar, hier zu sein und das Leben mit euch genießen zu dürfen.

473. Lache, strahle, das macht uns aus und schafft Beziehungen für immer.

474. Wer die Möglichkeit hat, Liebe zu zeigen, muss es tun, egal ob heute oder gestern. Morgen kommen wir zusammen als Freunde.

475. Manche Dinge kann man sich nicht nur aussuchen, die muss man auch gemeinsam tun.

476. Geldanlagen mittels Aktien sind grundsätzlich fragwürdig.
477. Auch Aktien mit Stimmrecht in einer Gesellschaft sind fraglich.
478. Wenn man gute Laune hat, verträgt man vieles.
479. Ist man im Glück, ist man auch glücklich.
480. Auch in kritischen Momenten sollte man das Glück bewahren.
481. Wer schlecht behandelt wird, reagiert sich oft ab.
482. Mein Herz schlägt für alles und für dich.
483. Sparsamkeit ist keine Tugend.
484. Wir helfen und verschenken gerne.
485. Wer die Macht hat, muss besonders vorsichtig mit seiner Meinungsäußerung sein.
486. Eine Sucht endet nie vollständig, sie wechselt nur.
487. Mein bevorstehender Tod hinterlässt auch Glück und Zuversicht für alle, denen ich oft widersprechen musste.
488. Lockere Menschen stecken an und ermöglichen es zu lieben.
489. Die Schuldfrage ist oft gefühlsbetont und kompliziert.
490. Es gibt das Richtige, auch wenn nicht alle derselben Meinung sind.
491. Eine Demokratie mit einer kritischen Presse ist richtig und gut.
492. Im Alter fällt oft das Denken und die Beweglichkeit schwer.
493. Auch körperlich Kranke können helfen, die Welt zu retten.
494. Wenn nicht alle noch einmal leben dürfen, genügt mir mein Leben, aber ein zweites wäre natürlich schön.
495. Der Tod kommt nicht von allein.
496. Nur gravierende Fehleinschätzungen und falsche Informationen führen zu nichts.
497. Bekehrt man jemanden, merkt man es.
498. Zu leben, als wäre es der letzte Tag, ist vielleicht gar nicht falsch.
499. Es ist das Ziel, die Schwankungen des Lebens zu tolerieren, um wahrzunehmen und zu denken, dass man auf dem richtigen Weg zum Ziel ist.
500. Triff deine Entscheidung und du wirst ankommen.
501. Allein ohne dich führt der Weg nur mit dir zum Gewinn aller.
502. Das Leben, das du mir zeigst, ist ohne dich und die Liebe, die ich spüre, nichts wert.
503. Für alle zählt das Wichtigste zum Besten.

504. Meine Liebe ist auch deine Liebe, die uns glücklich macht.
505. Wichtig ist es, zu lieben, und das zählt.
506. Hilf anderen, denn jeder ist dankbar und hilft dir auch.
507. Der Moment zählt, und jeder darauffolgende auch.
508. Weißt du, ob der andere deine Liebe genauso empfängt wie du seine? Ist das einmalig?
509. Alles führt zu dir.
510. Ich lebe, um richtig zu sein.
511. Allein zu leben genügt mir nicht.
512. Wer teilen kann, macht Gewinn.
513. Der Weg ist richtig und gut und führt uns zum Ziel.
514. Wir sind zufrieden und einig.
515. Weltfrieden funktioniert oft durch die Umverteilung falsch geleiteter Gelder, Insolvenzen und den Abbau von Militärstützpunkten.
516. Glaube mir, dass der andere es nicht besser hat als du.
517. Wer sich trennt, muss Verluste einkalkulieren.
518. Niemand kennt den Weg zum Ziel wirklich.
519. Der richtige Weg bedeutet Anpassung, sinnvoll für alle.
520. Beratungstätigkeiten werden viel zu hoch honoriert.
521. Unternehmen dürfen unter Steuerausgleich nicht mehr Geld abrechnen, als investiert und verbraucht wurde.
522. Der Lebensstandard der Länder muss vergleichbar sein.
523. Ein Vertrauensaufbau zwischen Russland und Europa wäre nicht verkehrt gewesen, auch in Energiefragen.
524. Gott fühlt Dankbarkeit, nimmt sie an und leitet sie weiter.
525. Man darf nach Freiheit für alle streben und als Einzelner den richtigen Weg suchen.
526. Mein eigenes Ich führt mich zu allem Wichtigen, und auch du bist ein Teil davon.
527. Sich zu verstellen hilft nicht, mein eigenes Tun zu beeinflussen.
528. Die meisten Dinge, die ich mache, mache ich gut, manchmal auch mit einem Augenzwinkern, um zu testen.
529. Der Staat bietet Religion an, auch um an andere zu glauben. Verantwortung abzugeben ist wichtig.
530. Lenken ohne Gewalt ist ebenfalls ein Weg.
531. Liebe ist die Weisung und der Weg.

532. Wenn sich das Krankheitsbild ändert oder Medikamente nicht wirken, muss man sich neu orientieren.

533. Jede Meinung mit Aussagekraft ist bedeutend.

534. Gott hilft der Menschheit mit Wundern, aber den Weg will er nicht allein gehen.

535. Gott kennt den richtigen Weg, aber nicht ohne uns.

536. Das Leben ist eine Schwingung.

537. Das Leben ist überwältigend und liebevoll.

538. Angstpsychosen können das Weltbild zerstören, aber manchmal ein Helfersyndrom auslösen.

539. Ich glaube an Gott, an alles, was er getan hat, tut und vorhat zu tun.

540. Manchmal glaube ich, die Welt wird mir nur vorgespielt, warum, weiß ich nicht. Vielleicht werde ich so klüger gemacht.

541. Gott ist in uns und außerhalb von uns.

542. Die Verschuldung hört nie auf, aber es geht auch nicht so weiter.

543. Gott als Vorbild zu nehmen, ist kein Fehler, aber wir erreichen nie seine Fähigkeiten und Liebe.

544. Es ist nicht egal, ob Menschen sterben oder nicht.

545. Immigranten dürfen nicht mehr verdienen als der Rest der Bevölkerung und müssen die Wirtschaft stärken.

546. Manche Industriezweige haben mehr Einfluss als die Politik.

547. Jede Entscheidung muss durchdacht und gegenseitig abgestimmt sein.

548. Wer bei Ungewissheit zu extrem das Kribbeln sucht, kann unangenehm werden.

549. Der Mensch ist ein Herdentier, das Tier ein Gewohnheitstier.

550. Auch Eltern sind nicht unfehlbar und machen Fehler.

551. Wer im Alter nicht mehr so viel tun kann, verzweifelt oft.

552. Helfen ohne Glauben geht nicht.

553. Man darf andere nicht bedrängen, aber wir beeinflussen uns gegenseitig, zu Recht.

554. Stress und Ärger muss man auch verarbeiten können.

555. Ein Krieg bringt immer Missstände.

556. Wer durch Werbung zusätzliche Einnahmen hat, gewinnt oft ohne Grund.

557. Versuche, die Fehler des anderen zum Guten zu leiten, und sei glücklich.

558. Wer erst zuhört und dann nachdenkt, verliert Zeit und traut dem Ergebnis und den Aussagen nicht.

559. Es kommt immer auf die Reihenfolge an, um den richtigen Weg zu finden.

560. Man ändert seine Meinung oft aus Überzeugung.

561. Jeder muss jemanden lieben.

562. Der Mensch ist einer von vielen, aber immer ein Unikat.

563. Im Alter wird oft die Nähe zu Gott gesucht.

564. Bei manchen Menschen muss man sich für Dinge entschuldigen, die völlig unsinnig erscheinen.

565. Man muss sich auf die Mehrheit verlassen, die wahrscheinlich Recht hat.

566. Es gibt Projekte, die keinen Sinn machen, sie zu fördern.

567. Prüfe Entwicklungshilfe grundsätzlich auf Gerechtigkeit.

568. Alte Menschen hören gerne Geschichten von früher, die sie bewegt haben.

569. Korruption, auch bei Wahlen, existiert leider in jedem Land der Welt und ist oft schwer zu stoppen.

570. Nicht alles in der Welt muss zeitgenau und gerecht von Politikern an die Bevölkerung weitergegeben werden.

571. Die Forschung darf Erkenntnisse bringen, aber nicht zwingend Veränderungen bewirken.

572. Jedes Verhalten, das zum Ursprung zurückführt, ist gut.

573. Patentierte Einzelfälle dürfen nicht extrem bevorteilen und der Allgemeinheit schaden.

574. Wer an das Gute glaubt, entfernt sich nicht vom wahren Sein.

575. Einsamkeit lässt Trauer zu und blockiert Gefühle.

576. Ein Erdbeben kann auch durch die Bewegungen von Warm- und Kaltfronten auf und in der Erde entstehen, da sie sich in ihrer Umlaufbahn befindet.

577. Menschen in wichtigen Positionen müssen der Allgemeinheit dienen und deren Zukunft mit absichern.

578. Jeder muss zufrieden sein, mit was auch immer uns zur Menschheit führt.

579. Keine Materie ist klüger als wir.

580. Kritik, die hilft, ist gut, aber auch andere Formen der Kritik können nützlich sein.

581. Ein Pfarrer sollte Bote Gottes sein und dennoch ein Privatleben haben dürfen.

582. Das Leben ist gut, so wie es ist, auch wenn ich so bin, wie ich sein soll.

583. Die Besten der Besten siegen, aber kommen nicht immer zuerst an.

584. Jeder, der liebt, wird auch geliebt.

585. Ich liebe den anderen, weil ich seine Gefühle teile.

586. Wer gerne mit einem teuren Auto zeigt, dass er reich ist, glaubt, wichtig zu sein.

587. Alle Kinder müssen in den Kindergarten und zur Schule.

588. Höre, was andere dir sagen, und bestimme nicht allein.

589. Alle Menschen zu lieben wirkt manchmal schwierig, ist es aber nicht und hilft besonders beim Zusammensein.

590. Der liebe Gott oder die Weltbank finanziert die Erde mit, um endlich gleiche Bedingungen für alle zu schaffen.

591. Die Welt wird nie untergehen.

592. Es gibt für jeden eine große Liebe.

593. Jede Zeit ist nur einmal da.

594. Der Mensch kann sich nur in Freiheit entfalten und der Gesellschaft nutzen.

595. Freiheit fordern alle Menschen, die ohne Druck und Vorschriften das Gute im Menschen sehen.

596. Im Alter werden die Menschen vielleicht hässlich, aber auch etwas weiser.

597. Der Mensch wird leider auch durch die Presse manchmal zum Krieg getrieben, ohne den Sinn darin zu sehen.

598. Herr Musk, würden Sie alles und Ihr komplettes Vermögen spenden und wieder bei Null anfangen?

599. Du wirst nie jemanden anderen so lieben wie dein eigenes Kind.

600. Ich möchte, dass jeder an sich selbst glaubt und, wenn er möchte, auch an andere.

601. Ich liebe dich, lieber Gott.

602. Es gibt den lieben Gott, und ich glaube an ihn.

603. Niemand hat das Recht, abfällig über andere zu urteilen.

604. Im Alter fühlt man sich jünger als man ist, und in der Jugend möchte man älter sein.

605. Das menschliche Wesen wird auf der Erde durch das Herz und Blut sowie durch die Erdanziehungskraft zum Mittelpunkt gespannt. Fällt die Erdanziehung weg, entfallen auch notwendige Dinge.

606. Auch arme Menschen haben Bedürfnisse, die Reiche oft nicht mehr verstehen oder kennen.

607. Blicke können täuschen, müssen aber nicht.

608. Böses Denken führt nicht unversucht zum Guten.

609. Ohne Erde keinen Menschen, ohne Menschen keine Erde.

610. Wer immer Recht haben will, ist krank.

611. Wer sich über andere lustig macht, darf das nur, wenn alle darüber lachen.

612. Menschen, denen man sich immer rechtfertigen muss, glauben, sie seien gut.

613. Bei Fehlverhalten des anderen ist Hass keine Lösung, sondern ein zu bewältigendes Resultat.

614. Das äußere Erscheinungsbild kann täuschen und weitere Schritte beeinflussen.

615. Liebe den Menschen, und du wirst Liebe zurückbekommen.

616. Meine Angst verschwindet durch den Glauben an dich, das Gute.

617. Es sollte ein Menschenrecht sein, keinen Krieg zu führen und als Staat Kriege zu vermeiden.

618. Menschen, die immer Recht haben müssen, glauben oft nicht an sich selbst.

619. Wer alles sagt, was er weiß, wartet auf ein Machtwort.

620. Tertiale Missstände dürfen nicht globale Probleme verursachen, die auf maximalen Landgewinn abzielen.

621. Eine Verhandlung über Missstände sollte immer lokal und zeitnah geführt werden.

622. Zusammenschlüsse von Ländern mit dem Ziel, besser als andere zu sein, haben keine Existenz im Guten.

623. Der Grundgedanke ist, dass der Mensch gut ist, aber leider manchmal falsch handelt.

624. Eine zu stark wachsende Erdbevölkerung ist nicht gut für alle.

625. Gräueltaten sind zu verurteilen, sollten aber nicht zur Vergeltung anregen.

626. Kriege müssen verarbeitet werden.

627. Finde die Gegenwart, die dich zu dem leitet, was du brauchst und dich mit Freude erfüllt.

628. Gott wird nur an gutem Interesse haben wollen.

629. Wer sein Lebensziel verliert, muss sich auf wichtigere Dinge konzentrieren.

630. Wer sein Innerstes preisgibt, darf dafür nicht bestraft werden.

631. Wer das Richtige kennt und das Falsche tut, handelt dumm und verkehrt.

632. Kinder sind unsere Zukunft und sollten entsprechend gefördert werden.

633. Kinder leiden am meisten unter Kriegen.

634. Den Glauben an das Leben danach formt jeder für sich selbst.

635. Vielleicht sehen wir später alle gleich aus? Ich glaube nicht daran.

636. Ein Politiker muss mit Gelassenheit Leben retten und den Wert des Menschen fördern können.

637. Das Bürgergeld sollte nur an bedürftige Arme ausgezahlt werden, die auch arbeitswillig sind, um den Rest der Bevölkerung nicht zu belasten.

638. Das Bürgergeld muss grundsätzlich weniger sein als der Lohn derjenigen, die arbeiten.

639. Wer andere Glaubensrichtungen nicht akzeptiert, ist für mich ein Terrorist.

640. Wenn ich sage, dass ich euch liebe, habe ich manchmal auch Schwierigkeiten, zu mir selbst zu finden.

641. Nicht jede Entscheidung zeigt mir, dass ich in der Lage bin, eine Beziehung dauerhaft und glücklich für uns alle zu führen.

642. Unsere Liebe führt zur Einheit, solange du uns willst und wir abhängig von deinen Wünschen sind.

643. Frieden erwartet legale Immigration, ohne die wir nicht zielgerichtet handeln können.

644. Wenn Sender zur Unterstützung im Kriegsfall zusammenkommen, sind die anderen gezwungen, sich zu verteidigen.

645. Frieden durch finanzielle Unterstützung und Kriegskonstellationen bringt nicht das gewünschte Ergebnis.

646. Jeder lernt vom anderen.

647. Wer sich als Held darstellt, scheitert oft.

648. Man sagt, dass Menschen ab 70 häufiger krank werden.

649. Um Immigranten legal zu integrieren, müssen viele unterschiedliche Organisationen weltweit gegründet und rechtlich geschützt sowie unterstützt werden.

650. Wir wollen Frieden und keine Abschiebungen, und das Recht auf Persönlichkeit sollte gestärkt und für jeden nachvollziehbar sein.

651. Man kann nicht gezwungen werden, gut zu sein, aber unter Druck kann sich die Einstellung zum Guten ändern. Viele brauchen Zwang, um den Weg freiwillig zu gehen.

652. Die These, dass alle Menschen gute und schlechte Eigenschaften haben, vertrete ich nicht mehr. Meine aktuelle Meinung lautet: Alle Menschen sind gut, mit kleinen Launen oder Fehlern.

653. Der Glaube an das Gute bleibt bestehen und bewahrt uns vor Fehlern.

654. Entwicklungsländer oder kriegsgezeichnete Länder müssen mit finanzieller Beteiligung des Westens und der Unterstützung von Fachleuten auf ein Niveau gebracht werden, das sie attraktiv und gleich macht.

655. Frieden ist möglich.

656. Voraussetzung ist die richtige Einstellung und die notwendige Liebe der Menschen zueinander.

657. Die Menschheit ist gut.

658. Gut zu sein, macht glücklich und gesund.

659. Der Glaube ist der Schlüssel.

660. Im Moment sehe ich nur Glück und freue mich.

661. Parteien, die den demokratischen Grundregeln nicht entsprechen, sind kriminell, zu verbieten und finanziell nicht zu unterstützen.

662. Wir lieben uns alle, obwohl wir Fehler haben.

663. Man muss immer helfen, wenn Hilfe benötigt wird.

664. Glück bedeutet, dem Leben Sinn geben zu können.

665. Setze Projekte um und baue darauf auf.

666. Wer nach außen gut wirkt, es aber nicht ist, wird vom Leben bestraft.

667. Gute Menschen müssen nicht bestraft werden.

668. Am Ende wird es einen Gott für alle, jede Religion und für jeden Einzelnen geben.

669. Unter Druck oder bei Übermüdung macht man viele Fehler.

670. Man kann Gutes auch auf fast falschem Wege verfolgen und akzeptieren.
671. Wer sich selbst in den Vordergrund stellt, verliert die Realität.
672. Wir sind die Menschheit, nicht Einzelgänger.
673. Eine vorübergehende Zwischenlösung ist ein Rückzug ohne Reue oder Hass.
674. Wer alles richtig machen will, hat den falschen Ansatz.
675. Manche Menschen legen ihr Gesprächsthema auf das, worin sie sich gut auskennen.
676. Wer nie hilft und nur fordert, ist schwer zu integrieren.
677. Fragen von Psychologen müssen interpretiert werden können.
678. Neuwahlen erzeugen oft Integrationsgefühle.
679. Falsch verstandener Humor kann zu Unsicherheit führen.
680. Die Welt funktioniert auch ohne Streit und Waffen.
681. Eine Gefängnisstrafe sollte den Weg in die Freiheit weisen.
682. Man kann über jeden Menschen den richtigen Weg zum Ziel finden, auch wenn er unterschiedlich ist.
683. Wer möchte nicht Glück empfangen und positiv aufgenommen werden?
684. Urteile nach deinem Gewissen und verfolge deine Ziele.
685. Äußere jede Meinung, die im demokratischen Denken Platz hat, und tue dies so lange, bis zum Schluss.
686. Das Immunsystem kann durch Impfungen gestärkt werden, oft mit Erfolg.
687. Emotional zu werden und Gefühle zu zeigen, kann nicht jeder und nicht immer, und das macht niemanden zu einem schlechten Menschen.
688. Wenn der Weg zum Guten jemandem versperrt ist, ist das wie ein Schuldeingeständnis.
689. Wenn man sich ärgert oder reizt, können Fehler gegen das Gute wirken.
690. Freue dich nicht über das Übel des anderen, sondern am Guten.
691. Gott bringt alles zusammen und eröffnet Gespräche.
692. Die Natur sagt, du darfst jeden heiraten.
693. Ein Neuanfang endet nie.
694. Lieber Gott, meine Eltern verdienen Respekt und Würde, die ich auch versuche zu vertreten.

695. Die Liebe kennt keine Grenzen.
696. Familie ist wichtig, und es ist traurig, niemanden mehr zu haben.
697. Auch den Eltern oder Freunden schuldet man keine Rechenschaft über sein Handeln.
698. Gott dagegen und sich selbst immer.
699. Wer die Vergangenheit ignoriert, kann sich kein Bild von der Zukunft machen.
700. Nur durch Austausch lernt man dazu.
701. Nachgeben ist keine Schwäche, sondern eine Voraussetzung für jede Bindung, die halten soll.
702. Man könnte fast sagen, Gott ist durch Zufall und Wunder dabei.
703. Keine Macht der Welt darf alles.
704. Es gibt nichts wie dich und mich, das alles so läuft, wie Gott es will.
705. Immigration ist ein globales Problem und darf nicht auf einzelne Länder abgewälzt werden, die dann gegen sie aufhetzen und im Wahlkampf versprechen, sie abzuschieben.
706. Durch Familie, enge Freunde oder Partner lernt man Eigenschaften und Verhaltensweisen kennen, die einem auch über den Tod hinaus helfen.
707. Neue Menschen bringen neue Ideen und Aufgaben.
708. Die Welt lebt auch ohne mich und ist stolz auf das, was auch mit mir erreicht wurde.
709. Die Sucht nach Arbeit ist eine der schlimmsten.
710. Eigene Wege können den Weg zum Ziel versperren.
711. Ausnahmen bestätigen keine Regeln.
712. Manchmal merkt man den Druck gar nicht und handelt einfach.
713. Das Gleichgewicht bleibt oft mit Unterstützung auch im hohen Alter stabil.
714. Man muss dem Alter nicht immer Recht geben.
715. Wer im Alter Unwahrheiten sagt, fällt oft auf.
716. Es gibt Straftaten, die manche Menschen für sich akzeptieren würden.
717. Immigranten verursachen Kosten.
718. Ärgere dein Gegenüber nicht.
719. Jede Epoche bringt positive Veränderungen.

720. Man sagt, Amerikaner führen gerne Kriege.

721. Aufgeben ist bei Problemen der falsche Weg.

722. Das Lösen von Problemen bringt enormen Gewinn.

723. Es gibt Menschen, die immer alles bestimmen wollen.

724. Alte Menschen sind wie kleine Kinder.

725. Um Menschen gerecht und gleich zu bestrafen, brauchen wir weltweit einheitliche Vorschriften, Verhaltensregeln und Gesetze.

726. Menschen, die sich für etwas Besonderes halten, sind oft die schwierigsten.

727. Wer Macht ausübt, muss an alle denken, ohne Ausnahmen.

728. Gerüchte führen zu Unzufriedenheit.

729. Zu gut zu sein, kann anstrengend und enttäuschend sein.

730. Auch im Alter sollte man den Eigennutz verhindern.

731. Wer sich ausbeuten lässt, ohne nachzudenken, handelt dumm.

732. Wer immer tut, was man von ihm verlangt, gilt als Mensch ohne Willen.

733. Alte Menschen sind gezwungen, sich nach Anweisungen zu richten, sonst verlieren sie den Sinn ihres Daseins.

734. Verfassungsfeinde sollten registriert und zur Prüfung ihrer Anträge in unserer Demokratie vorgelegt werden.

735. Immigranten wünschen sich eine demokratische Integration ohne Angst.

736. Wenn man es jedem recht machen will, denkt man vielleicht zu viel und schadet sich selbst.

737. Wenn du Geld hast, gib es aus, damit es für dich und andere Sinn macht und im Umlauf bleibt.

738. Niemand braucht in der Jugend Millionen, um glücklich zu sein.

739. Lösungen bieten einen Weg für die Zukunft und müssen in Angriff genommen und gefördert werden.

740. Wer glaubt, viel erreichen zu können, schraubt seine Ansprüche zu hoch.

741. Wer Streit nicht beenden will, integriert sich nicht.

742. Krieg ist Macht, Auflagen, Steuern, Erpressung, Mord, Tod und Terrorismus, ohne Perspektive.

743. Ohne Produktion gibt es keinen Verkauf und keine Gewinnausschüttung.

744. Es ist unangebracht, eine Villa mit vielen Schlafzimmern zu besitzen, wenn andere auf der Straße leben.

745. Wer zu wenig schläft, träumt von Dingen ohne Sinn.

746. Das Rampenlicht braucht Zeit zur Erholung.

747. Nicht alles, was du gibst, brauchst du noch zur Entwicklung deines wahren Ichs.

748. Vergiss nicht das Gute, und wenn notwendig, weise andere darauf hin und bestrafe, wenn es nötig ist.

749. Schönheit kann man nicht lieben.

750. Ein Clown zu sein, macht Spaß.

751. Die Liebe lügt nicht.

752. Prominent zu sein, muss man beherrschen, sonst können Süchte entstehen, die einem schaden und zerstören.

753. Wissen sollte weitergegeben werden.

754. Wirtschaft kann auch in verschiedenen Zweigen und Gesellschaftsformen gut zusammenarbeiten und sich positiv ergänzen.

755. Meine Liebe braucht ein richtiges Leben, um zusammen mit dir Stärke zu entwickeln.

756. Liebe geht über alles.

757. Heranwachsende sollten durch psychologische Anlaufstellen in der Schule auf Krieg und Gefahrenvermeidung aufmerksam gemacht werden.

758. Jede Entscheidung wird von Vernunft und dem Willen zum Guten geleitet.

759. Nur gerechte wirtschaftliche und soziale Zusammenschlüsse führen zur Einheit.

760. Ohne Verbündete und Militär gibt es keine Weltkriege.

761. Ohne Erinnerung gibt es kein Gedächtnis und kein sinnvolles Handeln.

762. Lass Misstrauen gegenüber anderen gar nicht erst aufkommen.

763. Manchmal bedrückt mich der Traum, zu lieben und dann wieder allein zu sein.

764. Nicht alles, was man sagt, wird richtig verstanden, und es kann zu Missverständnissen kommen.

765. Vertrauen führt zu Einigkeit und der gute Wille siegt.

766. Immer sachlich zu bleiben ist nicht immer sinnvoll und zeigt oft nicht, was es sollte.

767. Gutes Aussehen überzeugt nur, wenn auch die Argumente passen.

768. Das Leben ist immer da.

769. Verrückt zu sein, macht Spaß im Moment – ich lache und lebe.

770. Fremde Kinder sollte man eigentlich nicht ansprechen.

771. Die Rettung kommt, wenn wir gut sind.

772. Das Leben ist fair.

773. Gesunde Menschen handeln richtig.

774. Jedem Toten gebührt Respekt.

775. Manchmal scheinen alle Unglücke zusammenzuhängen, und man rächt sich.

776. Wer zu viel an sich denkt, deutet oft falsch.

777. Ein Arbeitsvertrag ist bindend, basierend auf Arbeitspensum und Erfolg.

778. Wer über andere Lebewesen bestimmt und sie schätzt, hat das meiste Sagen.

779. Zu behaupten, Männer hätten mehr Kraft, ist diskriminierend.

780. Wer Unrecht mit Unrecht bestraft, hat manchmal recht.

781. Wenn Paare sich auseinanderleben, sollten sie sachlich über den anderen sprechen können.

782. Sture Menschen entscheiden oft falsch.

783. Vergleiche sind nicht nötig, um glücklich zu sein.

784. Wenn Eltern ihren Kindern alles vorgeben, dürfen sie sich nicht wundern, wenn diese erst spät selbstständig werden.

785. Jeder Mensch definiert für sich, was gut und was falsch ist.

786. Wer zu Unrecht andere verurteilt, bekommt die Quittung.

787. Hausverbote oder Sperrungen sollten Lösungen suchen.

788. Wer Kindern den Clown vorspielt, verliert vielleicht später den Bezug, wenn sie erwachsen werden.

789. Manche Menschen glauben, als zweite Geige geboren zu sein, während andere Widerstand leisten.

790. Wenn nach dem Tod alles zu Ende wäre, hätte ich keine Angst, denn ein Lachen wartet auf mich.

791. Menschen sind im Wesen gut, aber nicht alle sind auf Anhieb sympathisch oder nett.

792. Zum Gutsein gehört auch, manchmal ein wenig böse zu sein.

793. Unsympathische Menschen wollen dir nicht unbedingt schaden.

794. Das Böse gibt es nicht.

795. Es ist in Ordnung, nicht alle Menschen zu verstehen.

796. Ohne Konsequenzen gibt es kein Zurück.

797. Wer seine Fehler nicht kennt, kann anderen sehr wehtun.

798. Die Mischung von Bürgerlichem und Adel ist natürlich möglich.

799. Manchmal irre ich mich auch, ohne dass es Wahrnehmungsstörungen sind.

800. Enttäuschungen können sehr schmerzhaft sein.

801. Auch mit Schmerzen oder unter Stress muss man sich zusammenreißen können.

802. Je nach wirtschaftlicher Lage variiert der deutsche Staat seine Steuern fast willkürlich zwischen 7 % und 19 %.

803. Ich bin es, der alles macht, und Gott streikt nicht.

804. Nicht alles, was einem wichtig ist, muss sein.

805. Wer gut ist und es sich leisten kann, hat Glück.

806. Wenn Ehepaare sich auf Augenhöhe behandeln, kann die Ehe funktionieren; andernfalls hat nur einer das Sagen, was fraglich ist.

807. Eine gemeinsame Lösung von Wissenschaftlern, Politikern, Philosophen und Ärzten muss das Ende von Katastrophen anstreben und Schritt für Schritt Verbesserungen vorgeben.

808. Das Ziel ist, die Lebensqualität anzugleichen.

809. Ohne gleichen Standard wird man benachteiligt.

810. Man muss die Welt emotional und rational als Einheit sehen, nicht ungerecht oder getrennt voneinander.

811. Die Erde strebt aufgrund menschlicher Aktivitäten mit Wärme, Energie und Wasser auf eine abzuwendende Katastrophe zu.

812. Das Volk, das die Machtverhältnisse berücksichtigt, hat den Anspruch, die Welt zu verändern, zum Überleben von uns allen.

813. Die Mehrheit hat die meiste Macht.

814. Die Behauptung, dass man alle Menschen liebt, rechtfertigt legale Einreisen in jedes Land.

815. Manche Wege täuschen und führen in die Irre.

816. Wer das gemeine Verhalten eines anderen Menschen nicht erkennt, entschuldigt sich womöglich noch.

817. Wenn man merkt, dass der andere einen mag, verschwinden Selbstzweifel und man freut sich riesig.

818. Bekanntheit kann dazu führen, dass manche Menschen Schwierigkeiten haben, sich neutral auszudrücken.

819. In den USA wird eine Firma, die falsche Bilanzen vorlegt, streng bestraft, etwa mit einer befristeten Arbeitserlaubnis-Sperre und hohen Geldstrafen.

820. Schulranzen sind für jede Klassenstufe zu schwer.

821. Das Leben macht Sinn.

822. Veränderungen sind richtig, wenn sie in Maßen und mit entsprechendem Wachstum geschehen.

823. Jedes Lied klingt in jeder Sprache gut, der Text macht den Unterschied.

824. Jede Meinung hat ihren Sinn.

825. Man merkt, wenn man geliebt wird.

826. Nur gut zu sein, kann manchmal gefährlich sein und den Sinn des Helfens verfehlen.

827. Im Alter noch genießen zu wollen, ist auch das Ziel von Ehrenämtern.

828. Schlechte Laune kann wertvolle Kontakte zerstören.

829. Man kann immer und überall menschlich bleiben.

830. Durch Gesetze bestraft man; durch Richtlinien weist man den Weg.

831. Die Lust zu leben schwankt, aber sie bewegt sich zum Guten.

832. Wird jemandem Sex, Liebe oder Zuneigung verweigert, ist das eine Gefahr für die Welt und die Gesellschaft.

833. Kein Mensch ist schlechter als der andere oder verdient es, schlecht behandelt zu werden.

834. Sympathie, schlechte Laune und Erfahrungen formen uns, ebenso wie unsere Fehler.

835. Die Lust zu leben entscheidet jeder für sich, doch wir bleiben immer Menschen.

836. Was richtig und was falsch ist, kann in einer Minute entschieden werden.

837. Engel sind nicht Gott, aber sie kennen den Weg.

838. Der Rückweg ist oft schwieriger.

839. Wer den anderen verstehen muss, sucht das Ganze, doch findet es nicht immer.

840. Wir schützen uns selbst, bevor es weitergeht und wir gerufen werden.

841. Deine Fehler können dir verziehen werden – stelle sie nicht als die Fehler anderer dar.

842. Angebote gelten nur befristet, damit ein Vergleich möglich ist.

843. Was kann schöner sein als deine Liebe?

844. Alle Menschen tun das, was sie für richtig halten, inklusive Fehlern, die nicht ohne Zwang und Druck in Richtung des Guten überwunden werden können.

845. Ohne Fehler gibt es kein Spiel.

846. Niemand erkennt und schätzt die Situation vollständig richtig ein.

847. Die Sozialabgaben bei Gehaltswechseln werden starr berücksichtigt und nicht auf das jeweilige Gehalt angepasst, was Ungerechtigkeit verursachen kann.

848. Menschen in Klassen einzuteilen, ist falsch.

im Paradies sein wollen

1. Mit Geiz macht man keine Gewinne, man verliert Freunde.
2. Wer liebe Menschen nicht gehen lässt, verliert sie eines Tages sowieso.
3. Gott hilft den Toten, wieder auf die Beine zu kommen, und wir freuen uns auf sie – natürlich, auf jeden Fall.
4. Der Ursprung eines jeden Menschen liegt nicht nur in den Genen, sondern auch in der Erziehung, der Herkunft, der Zufriedenheit und dem Neid.
5. Gestalte die Welt so, wie sie dir gefällt und wie du sie gerne hättest.
6. **Halte Hierarchiegedanken ein, wenn du sie befürwortest, und sage deine Meinung.**
7. Wer seine Sparsamkeit zur Schau stellt, macht auf arm und ist so nicht zu vergleichen.
8. Ohne Liebe kennen wir unsere Gefühle nicht, wir sind nicht glücklich und genießen den Tag und die Nacht nicht.
9. Jeder Mensch hat eine Meinung.
10. Was du sagst, sind letztlich hilfreiche Anregungen, aber ich richte mich nicht unbedingt danach.
11. Sich zu einer Religion zu bekennen, ist einfach.
12. **Ich glaube an das Leben danach.**
13. Auch zum Schwerverbrecher wird man durch Fehler und deren Auswirkungen.
14. Wenn man glaubt, etwas geht gar nicht, schafft man es doch erst recht.
15. Angebliche „Fehler“ von Gott sind nicht zu kritisieren.
16. **Ohne Fehler ist man frei.**
17. Unsympathisch sein ist kein Charakterzug.
18. Wenn jemand immer gut war, wird man ihm kleine Fehler nicht vorwerfen.
19. Gehen Kämpfe unentschieden aus, dann hat einer Glück gehabt.
20. Ein Richterspruch richtet sich auch nach Ausbildung und Alter des Angeklagten.
21. Menschen, die die Welt retten wollen, sind gern gesehene Vorbilder.

22. Undankbarkeit lernt man sich an.
23. Die Sonne direkt als Energiequelle zu nutzen, birgt das Risiko, alles zu zerstören.
24. Wir brauchen eine gesunde Erde, die wir gemeinsam wiederherstellen müssen.
25. Mit Unterstützung schaffen wir alles, denn wir wollen es auch.
26. Die Lösung ist der Zusammenhalt und das Gute für alle.
27. Wer an sich glaubt und mehrfach prüft, kann richtig entscheiden und handelt im Sinne aller, gemäß den grundsätzlichen Bedingungen.
28. Jeder Mensch zählt für mich als Persönlichkeit, mit seiner Menschenkenntnis, seinem Wissen, seinem Handeln und seiner erarbeiteten Erfahrung.
29. Nicht alle Ärzte dürfen gleichzeitig Schmerzmittel verordnen.
30. Alte Menschen brauchen Zuneigung, nicht nur Medizin.
31. Keiner ist sich seiner sicher, aber hofft und glaubt es.
32. Werden Medikamente wochenweise vorverpackt, entstehen Probleme bei Änderungen der Dosis in dieser Zeit.
33. Träume sind manchmal Wahnvorstellungen, die stimmen können, aber auch einfach aus dem Glauben heraus erfunden wurden.
34. Gleiches Recht heißt nicht, dass man alles nachmachen darf oder sich über andere lustig machen sollte.
35. Mach andere nicht schlecht – weder jetzt, später noch gleich.
36. Bevor man redet, weiß man oft schon, was man sagen will, und hat die Sätze im Kopf geformt.
37. Trotzreaktionen führen oft zu Fehlverhalten.
38. Manche Dinge klären sich von alleine, um andere muss man sich bemühen.
39. Unser Paradies verglüht nicht, sondern erblüht durch die Sonne, den fruchtbaren Boden, das Wasser und das Leben – letztlich durch Gott.
40. Tote Materie ist nicht wiederzubeleben, entgegen der Meinung eines reichen Mannes.
41. Ich glaube nicht, dass wir etwas Neues brauchen, sondern dass wir keine Wiederbelebungsversuche unternehmen sollten. Tote werden über Gott zurückkommen, wenn er will, und wir werden irgendwann alles verstehen.
42. Reichen muss man die Armut zeigen.

43. Nach dem Tod und vor dem neuen Leben ist man nicht allein und denkt über das Weltliche nach.
44. **Der Reichste sollte nicht die Welt regieren.**
45. Wenn du etwas für falsch hältst, ändere es direkt.
46. Wer mehr Probleme sieht als Möglichkeiten, ist dabei, zu reformieren.
47. Der Weltraum ist kein Friedhof.
48. Wer sich beraten lässt, handelt gut und richtig.
49. Die Welt ist träge, zum Vorteil und Nachteil eines jeden.
50. In dieser Welt leben Größenwahnsinnige, mit denen man bedacht umgehen muss.
51. Wenn die Zeit das Tempo bestimmt, müssen die Planungen abgeschlossen sein.
52. Man muss seinen Körper beobachten, um zu wissen, was ihm fehlt.
53. Die Erde dreht sich unregelmäßig, und wir denken willkürlich, ohne ein klares System zu begreifen.
54. **Für die Liebe kann man nicht kämpfen.**
55. **Es gibt angeborene und vererbte Fehler.**
56. Wer ständig meckert, weiß es vielleicht gar nicht besser.
57. Die Seele, die den Glauben an das Gute hat, muss beschützt werden – auch mit ihren Fehlern.
58. Sich als der Klügste darzustellen, ist schwierig, anstrengend und kann ins Verderben führen.
59. Der Weg, den du mir zeigst, enthält auch Lügen, doch ich erinnere mich an deine Worte, die in Liebe und Hoffnung durch mich wirken.
60. Wer sich nicht festlegen will, dem darf man das nicht übel nehmen.
61. Die Perspektive, ohne dich zu leben, gibt es nicht – auch wenn es nur in Gedanken ist.
62. Selbst wenn ich träume, wird es nicht wahr.
63. Träume können uns anregen und helfen.
64. Liebe geht von oben nach unten und umgekehrt.
65. Liebe ist die Bedeutung von allem – mit dir.
66. Lügen sind der Treibstoff des Krieges und heizen ihn an.
67. Das Tempo spielt immer eine große Rolle.

68. Wer lieb mit mir umgeht, dem tue ich nichts.

69. Eine Demokratie macht Sinn, wenn sie richtig funktioniert.

70. Bewunderung kann manchmal täuschen, besonders wenn sie ohne Hintergrund erfolgt.

71. Wer liebt und es verlernt hat, muss es neu erlernen.

72. Der letzte Atemzug verrät uns die Gefühle, die in uns schlummern und die wir einander offenbaren.

73. Der Tod ist woanders und lebt auch mit mir bei dir, zur Freude aller, die auf ein Wiedersehen hoffen und für die du als Sehnsucht unerreichbar bist.

74. Ich erzähle Geschichten, die nicht stimmen, aber mir nutzen und dir auf eine Art und Weise für immer.

75. Vergeben und vergessen ist der Weg, um richtig zu handeln und Frieden zu finden.

76. **Verständnis ist das Vertrauen auf dem Weg zu dir.**

77. Manchmal möchte man nicht reden und grenzt sich ab – mit Verständnis und ohne es böse zu meinen.

78. Menschen, die sich zur Schau stellen, wirken unbegrenzt, stecken an, finden sich toll und wollen so sein wie alle.

79. Ich fürchte Fehler und weiß nicht, wie ich meine Liebe zeigen soll.

80. **Vertrauen ist die Liebe und das Glück.**

81. Mein Dasein will nicht kämpfen, nur fühlen – ohne Worte, aber mit Sinn.

82. Mit dem Weg zu Gott findet sich Zufriedenheit in der Zukunft und Freude am Leben.

83. Zu sexy sollte man nicht herumlaufen.

84. Finde den richtigen Menschen für mich, mit dem ich mich unterhalten und Freude teilen kann.

85. Depression bringt Angst, Trauer, Antriebslosigkeit, Willenlosigkeit und eine Leere, die ich nicht fühlen will.

86. **Bei Depressionen verliert man die Lust am Leben.**

87. Die Welt ändert sich, und wir passen uns an.

88. **Ich denke nicht immer darüber nach, ob das, was ich tue, richtig ist – oder ob es besser wäre, es so zu tun, wie andere es machen.**

89. Ich bin dein Held, rette deine Seele, tröste dich und verjage Tod und Trauer durch Liebe, denn ich will bei dir sein.

90. Vieles weiß man nicht, und bei manchem tut man so, als wüsste man es, doch der Moment fragt dich.
91. Wer ein höheres Gehalt bekommt und weniger leistet, ruft Neid hervor.
92. Die Gehälter müssen transparent und fair angepasst werden, nicht durch Streiks.
93. Steuerbetrug und Versicherungsbetrug gedeihen ohne Kontrolle oder sinnvolle Nachweise.
94. Leistungen, die nicht erbracht wurden, werden als Nebenleistungen rechtswidrig steuerlich geltend gemacht.
95. Wer arbeitet und keine Steuern zahlt, betrügt alle anderen.
96. Steuerberater formulieren Einnahmen um und ziehen hohe Ausgaben ab.
97. Gewinne im Ausland schaffen andersartige Erträge, die steuerlich absetzbar sind.
98. Handwerker, die mit mehreren Konten arbeiten, betreiben Betrug bei der Bezahlung.
99. Steuervorteile beim Umbau eines Hauses nach Energiemaßnahmen nutzen dem Besitzer, nicht unbedingt dem Vermieter – für die Umwelt lohnt es sich jedoch immer.
100. Eine Aufwand- und Ertragsberechnung sollte folgen.
101. Man sollte nicht an sich zweifeln, dann macht man alles richtig.
102. Ohne Hilfe schafft man wenig und tut sich schwerer.
103. Eine große Menschenansammlung kann mir Angst machen.
104. Wer immer Rechenschaft fordert, nimmt es übel, wenn man den Sachverhalt erst später klärt.
105. Auch über den Tod hinaus kann man etwas regeln, wie die Grabpflege.
106. **Bevormunden muss man nicht.**
107. Bei der Ernährung sollte man nicht nur auf das Ganze, sondern auch auf die Verträglichkeit von Giftstoffen achten.
108. Ich gebe Geld aus, wenn es mir Spaß macht, und spare gerne, wenn nicht.
109. Jeder kann sein Leben so gestalten, wie es ihm am besten passt.
110. Auch wenn man sich mal ungerecht oder eigenwillig zeigt, verstehen wir uns trotzdem im Ganzen.
111. Wenn jemand stirbt, weiß man, dass man ihn wiedersehen wird.

112. **Die Welt ist vielfältig, und sich auf die richtige Lebensform zu einigen, kann schwierig sein.**

113. Auch Säuglinge und Kinder wissen und verstehen den Lauf der Dinge und prägen sich schnell.

114. Alle Menschen haben Vorstellungen, die sie gerne verwirklichen wollen.

115. Wer ohne Fehlentscheidungen sich integrieren kann, ist ein Vorbild.

116. Das Leben führt zum Ziel und wartet auf dein Versprechen zum Sieg.

117. Deine Nachbarn dürfen dich so, wie du bist, gut kennen.

118. Keiner kennt dich ganz genau, aber man kann für dich bürgen.

119. Es gibt immer Menschen, die denken und sind wie du.

120. Hunde können Menschen ersetzen.

121. Jede Unterhaltung führt zum Ziel.

122. Geldsorgen zwingen zu falschen Handlungen.

123. Hass existiert nicht.

124. Über Computer kann man sich schnell und gut austauschen.

125. Ohne Vermittlung gibt es keine dauerhafte Einigung.

126. Jeder will sein eigenes Leben führen, mit eigenen Vorbildern.

127. Wenn ich sterbe, lebe ich wieder.

128. Mein Vermögen soll nicht vollständig für Hilfsleistungen verbraucht werden.

129. Menschen, die helfen, liebe ich.

130. Im Schatten anderer ist es schwer, das zu empfangen, was man will.

131. Meine Liebe und meine Einstellung in mir nimmt mir keiner.

132. Die größte Liebe von allen ist deine.

133. Eine Scheidung oder Trennung kann auch nur einen Schuldigen haben, wenn Partner auseinanderleben.

134. Migranten erhielten anfänglich ohne gründliche Prüfung Gelder.

135. Wer sagt, er weiß es nicht so genau, erhält oft keinen Zuspruch oder Unterstützung.

136. Der Weg durchs Leben ist für immer.

137. Du bist irgendwo, und ich grüße dich.

138. Wer sich zu schnell äußert oder Wege aufzeigt, hat meist Unrecht.

139. Wer andere schlecht machen will, verliert an Ansehen.

140. **Unsympathisch wirkt immer schlecht, auch wenn es nicht stimmt.**

141. Kriegsparteien müssen friedlich reagieren, wenn sie wirklich Frieden wollen.

142. **Wenn Menschen nur an sich denken und keinen Gedanken an andere verschwenden, ist dieses Verhalten inakzeptabel.**

143. Nicht jeder handelt nach vorgegebenen Regeln oder Vorschriften, und das ist manchmal gut.

144. Wer die Fehler des anderen kennt, sollte sich nicht verstecken oder schädliche Dinge tun.

145. Mit jemandem, mit dem man lachen kann, möchte ich befreundet sein.

146. Jung zu sein ist ein Privileg, das Glück bringt, auch durch notwendige Verfehlungen.

147. Menschen, die immer Recht haben wollen und alles auf Richtigkeit prüfen, sind oft Besserwisser und nicht unbedingt beliebt.

148. **Gefühle zeigen den Charakter eines Menschen.**

149. Man streitet nicht mit jemandem, der lügt.

150. Klug ist es, nichts zu sagen, wenn der andere momentan nicht zustimmt.

151. Wenn auf Neid Selbstvorwürfe folgen, bereut man oft.

152. Menschen, die statt durch Gespräche versuchen, Probleme zu lösen, wirken oft informiert, tun aber nur so.

153. Man hat das Recht, seine Meinung zu ändern.

154. Wer schlechte Erfahrungen mit Ausländern macht, neigt dazu, zu verallgemeinern.

155. Bei einem zu großen Altersunterschied in einer Beziehung gibt es oft Probleme.

156. Geld kann man nicht kaufen.

157. Gefühle kann man nicht vergeben.

158. Das Leben ist wertvoll.

159. **Alles ist lösbar.**

160. Nicht jeder macht den anderen schlecht.

161. Fristen für Abtreibungen sollten mit einem Rechtsanspruch ins Grundgesetz aufgenommen werden, die Einzelfälle vom Arzt geprüft und weltweit geregelt.

162. Erkläre dein Handeln einfach, und du wirst verstanden.
163. Liebe ist ein Geben und Nehmen in einer Partnerschaft, mit Treue.
164. Wer Streit sucht, sollte ihn durch Argumente austragen, aber ohne Gewalt, sondern mit Lebenssinn.
165. Nimmt man stillschweigend ein Angebot an, ist der Vertrag oft rechtens und gewünscht.
166. Hochdotierte und Arbeiter mögen oft nicht die Umgangssprache des anderen.
167. Selbstbewusstsein und Freundlichkeit strahlen aus.
168. Ich klaue nicht, selbst wenn es für Gerechtigkeit sorgt.
169. Gute Menschen denken auch mal zu viel an sich.
170. Bescheidenheit kann die Existenz zerstören, wenn man sich immer im Hintergrund hält.
171. Selbstvorwürfe prägen die Stimmung und das Dasein.
172. Manche Ungerechtigkeiten bekämpft man sofort.
173. Vorschriften sind keine Gesetze, aber zum Teil strafbewehrt.
174. Wenn man sein Verhalten bereut, ist der Frieden nah.
175. Misstraue deinen Kindern nicht und teste sie nicht ständig.
176. Wenn etwas Geplantes falsch ist, muss man es ändern.
177. Menschen, die glauben, ausgenutzt zu werden, neigen dazu, sich abzureagieren.
178. Behandle andere gut, und du wirst es nicht bereuen.
179. Wer sich lange kennt, vertraut dem anderen mehr.
180. **Menschen sind nie ganz so, wie man sie sich vorstellt.**
181. Gute Menschen werden geliebt.
182. Wer ständig an seine Grenzen geht, ist nicht belastbar und neigt zu Unstimmigkeiten.
183. Gleichheit ist unsere Stärke.
184. Ich bin weder besser noch schlechter als ihr.
185. Ich bin ein Mensch, genau wie du.
186. Behaupte nichts, was du nicht weißt.
187. Wer meint, sich streiten zu müssen, lebt von seinen Fehlern.
188. Man weiß oft nicht, was man nicht weiß.
189. Gute Menschen darf man nicht billig abservieren.

190. Kinder für Werbezwecke zu missbrauchen, ist strafbar und schadet ihnen nur.

191. Fehler in einer Beziehung zu akzeptieren, ohne sie zu überdenken, ist oft ein Grund zur Trennung.

192. Ein Präsident allein kann kein Land oder die Welt retten.

193. **Die Liebe gehört der Zukunft, und ich warte auf sie in der Unendlichkeit.**

194. Frieden ist notwendig, und Krieg nicht.

195. Wenn Schauspieler Präsident werden, glaubt man manchmal den größten Unsinn.

196. Wer versucht, andere zu lenken, darf nicht die Hoffnung von gestern zerstören.

197. Menschen, die für Gerechtigkeit kämpfen, setzen ihr Leben in Gefahr, besonders wenn sie sich für Minderheiten einsetzen.

198. Wir leben weiter, mit wem auch immer.

199. Fehler trägt man mit sich, und Gott klärt sie, sodass nicht jede Rechtsprechung notwendig oder sinnvoll ist.

200. **Das Recht und der Wunsch nach Gerechtigkeit führen zur Zukunft für alle.**

201. Bei vergleichbaren Situationen in der Arbeitswelt sollten Frauen und Männer gleich bezahlt werden.

202. Nicht alles, was man tut, braucht einen Grund.

203. **Menschen können ehrlich sein, auch wenn es um sie selbst geht, und das ist toll.**

204. Bleib einfach, und verstelle dich nicht.

205. **Gott macht alles richtig und hilft, wo er kann.**

206. Sozialarbeiter sind wichtige Menschen, vielleicht die wichtigsten im Leben.

207. Wer als Held stirbt, hätte gerne noch länger gelebt und mehr verändert.

208. Es ist Zeit, zu dir zu kommen und so zu sein, wie du bist.

209. Gerechtigkeit ist das Gleichgewicht und die Sorge um dich.

210. Das System mit Leistungsdruck versagt die Zukunft, weil es nicht den Willen zum Leben fördert.

211. Hetze niemanden, etwas zu erzählen – er erzählt es sowieso gerne.

212. Deine Liebe kann ich nicht beschreiben, ohne dich auf meinem Weg wie vergangen zu empfinden.

213. Eine Möglichkeit ergibt sich auf dem Weg zu dir, wenn die Zeit reif ist.

214. Wer meint, das Leben sei kurz, sollte sich mehr um sich selbst kümmern.

215. Der Weg mit dir bleibt, doch in Trauer endet er mit einem Abschied in der Realität.

216. Hinter der Ewigkeit sehe ich ein Leuchten – es wird gut, besser als gedacht, ein Platz zum Ausruhen und Bleiben.

217. Hab Mut, positiv zu denken.

218. Vertrauen ist überall möglich und notwendig.

219. Es macht Sinn, sich Mühe zu geben, es richtig zu machen – Perfektion beruht darauf.

220. Menschen sind wertvoll und wunderbar – wir brauchen sie.

221. Ärger löst sich nicht durch Abreagieren.

222. Wer sich selbst widerspricht, ist zwar der Schuldige, aber nicht der, den man verurteilen darf.

223. Schüchterne Menschen haben oft wenige Freunde, obwohl sie stark sind und hohes Ansehen genießen.

224. Wer beruflich gezwungen ist, freundlich zu sein, verliert manchmal privat die Fassung.

225. Hilft man privat gerne Bedürftigen, ist das toll, gerade bei niedrigen Gehältern.

226. Wer Schönheit mag, verbringt viel Zeit damit.

227. Wenn Kinder sich zwischen ihren Eltern entscheiden müssen, beginnt eine schwierige Zeit.

228. Menschen mit Erfolg und Verantwortung sollten ein gutes Benehmen haben.

229. Wenn man aus Vernunft versucht, sich zu emanzipieren, leidet die Beziehung.

230. Wer erwachsen wird und frech wird, zeigt keine Lust, gute Manieren zu zeigen.

231. **Keiner kann immer nur das tun, was er will.**

232. Hoffnung ist der Gedanke der Zukunft für alle.

233. Kein Traum leitet mich.

234. Man kann sich über andere glücklich machen, aber nicht ausschließlich.

235. Das Leben, egal wann oder was, ist positiv zu sehen und danach zu handeln.

236. Auch Fehler der Vergangenheit lassen sich zum Guten wenden.

237. Der Mensch passt in die Zukunftsidee, die Entwicklung dorthin, mit unserem Ziel vor Augen.

238. Der schnelle Weg vernachlässigt die Richtigkeit auf Dauer.

239. Hass ist ein Resultat der Ungleichheit, auch wenn Liebe vorhanden ist.

240. Für eine Frau, die als „Sexbombe" angesehen wird, ist es fast unmöglich, sich als wohlbehaltene und liebevolle Mutter zu sehen.

241. Fröhlich, aber falsch zu sein, kann der Beginn eines gemeinsamen Weges sein.

242. Wir finden unseren Weg, wenn wir Furcht und Angst loslassen und uns ganz fühlen.

243. Man ändert seine Meinung oft zum Guten hin.

244. Wenn Streit vermieden werden kann, sollte man das tun.

245. Gleichheit muss gelernt werden.

246. Viele Menschen denken nur an sich, meinen es aber oft nicht so.

247. Hoffnung und Realität spiegeln sich und glauben an eine gemeinsame Zukunft.

248. **Jeder Mensch ist anders, und man liebt ihn anders.**

249. Jeder trägt ein Stück von sich in dir.

250. Erinnerungen haben Potenzial für die Zukunft.

251. Tote gehen ihren Weg zunächst allein.

252. Ich bin ein Engel, der nach dir greift und glaubt, du zu sein.

253. **Krieg kostet mehr Geld als Frieden.**

254. Menschen mit Wahrnehmungsstörungen haben Schwierigkeiten und machen Fehler.

255. Wer das Beste kennt, kann mit weniger nicht zufrieden sein.

256. Wer glaubt, jeder müsse die Lösung allein finden, hilft nicht und wird oft vergessen.

257. Menschen, die sich von Anfang an als besser darstellen müssen, liebe ich nur schwer.

258. Das Schicksal von Bettelarmut bei der Geburt trifft nicht jeden, aber diese Menschen brauchen Hilfe.

259. Der Tod eines Kleinkindes durch staatliche Missstände, wie schlechte Ernährung, darf nicht vorkommen.

260. Wenn jemand Hilfe ruft und der andere wegläuft, weiß man, was man in diesem Moment von ihm halten soll.

261. Menschen mit Pflegebedarf erhalten oft zu viele subventionierte Hilfsmittel.

262. Reiche sollten entsprechend mehr zur Finanzierung beitragen.

263. Schönheit und Hässlichkeit sind subjektiv, der Geschmack entwickelt sich.

264. Bei Wahlen wählen 20 % gar nicht, und viele wählen aus Protest das Falsche, was auf verlorenes Vertrauen zurückzuführen ist.

265. Man wählt oft das geringste Übel.

266. Es gibt Menschen, die an das glauben, was wir nicht sehen können.

267. Es gibt Sieger und Verlierer, aber auch den Mittelweg, den jeder im Herzen trägt.

268. Frauen, die Frauen unterstützen und Männer bekämpfen, sind keine Emanzen, sondern verachten den Menschen.

269. Reichtum und das Verhalten der Reichen beschämen mich, denn es gibt Besseres.

270. Gute und schlechte Menschen sterben, aber die Welt trauert in Frieden.

271. Wer sich nicht äußert, wird nicht gehört.

272. Deine Heimat sollte dort sein, wo du lebst.

273. Die Entfernung relativiert Dinge.

274. Eine Begegnung mit Gott ist so groß, dass man nichts sehen kann.

275. Man stellt keine Fragen, ohne Hintergrundwissen zu haben.

276. Es gibt Tage, an denen man sich widerspricht und unsympathisch wirkt, weil man angespannt ist.

277. Hilfe und Liebe zu danken, ist toll, manchmal kann man sich auch mit Geld bedanken.

278. Älterwerden merkt man oft nicht, es sei denn, Krankheiten schränken einen ein.

279. Du kennst die Gefühle und Verhaltensweisen anderer nicht gut genug, um über sie zu urteilen.

280. Wer sich entspannen kann, schläft gut.

281. Kommt einem etwas komisch vor, denkt man an Wunder, aber oft sind es Gedächtnislücken.

282. Manche Dinge braucht man ständig neu, andere sind für das Leben angeschafft.

283. Ich weiß, wie ich Liebe ausdrücke, wenn ich mit dir leben und lieben kann.

284. Das Leben wird absurd, wenn du mir nicht dein Alles sagst.

285. Harte Männer müssen auch Gefühle zeigen, sowohl in der Liebe als auch im Glauben an Gott.

286. Jeder will jung bleiben und leben.

287. Natürlichkeit macht sympathisch, auch wenn es eine Show ist.

288. Auch nach dem Abschluss arbeitet das Gedächtnis weiter.

289. Menschen, die keine Menschenkenntnis haben und ängstlich sind, haben es schwer.

290. Wir haben das Paradies schon, aber noch nicht ganz.

291. Warten macht unzufrieden, vor allem, wenn man sowieso genervt ist.

292. Menschen können liebevoll oder diktatorisch sein.

293. Tiere zeigen ihre Liebe genauso wie Menschen ihre Gefühle – es ist einfach toll.

294. Die Angst ist weg, komm zu mir, alles bleibt gut.

295. Menschen, die man nicht mag, boykottiert man eher.

296. Reiche werden oft bewundert, obwohl der Grund nicht klar ist.

297. Warum spenden Superreiche nicht mehr, wenn sie täglich Milliarden verdienen?

298. **Geld treibt den Größenwahn und das Unglück.**

299. Schönheit und Intelligenz zählen oft als das Wichtigste.

300. Wer glaubt, keine Schwäche zeigen zu dürfen, versagt in jedem Alter.

301. Versuche Abstand mit Persönlichkeit zu verbinden.

302. Es macht keinen Sinn, hochdotierte Prominente für teure Werbung zu engagieren.

303. Da Menschen die Tendenz zum Guten haben, entscheiden sie sich in der Regel dafür, auch für andere.

304. Wer gegen sein innerstes Gefühl handelt, begeht Fehler und falsche Handlungen.

305. **Die Gerechtigkeit ist der Maßstab jeder Handlung.**

306. **Es ist der Höhepunkt, dich zu lieben und bei dir zu sein.**

307. Wir leben, um frei zu sein und eine Romanze zu erleben, die das Leben vereint.

308. Im bereinigten Paradies stirbt niemand mehr, und die Welt bleibt stark.

309. Du bist mein lebendes Paradies.

310. Zeige immer die Wahrheit und Ehrlichkeit.

311. Ich möchte ohne Worte zeigen, dass ich ein guter Mensch bin.

312. Behandle andere Meinungen, als wären es deine eigenen.

313. Kleine Fehler kann man beheben.

314. **Liebe ist das Gegenteil von Hass.**

315. Träume können Kopfschmerzen bereiten.

316. Meine Fehler sind Teil von mir, und Hoffnung auf mehr entsteht durch Verlust.

317. Wenn man sich gibt, wie man sich fühlt, ist das inspirierend.

318. Wer nur in Erinnerungen lebt, ist in gewisser Weise vergangen.

319. Nicht jedes Leben läuft nach Plan.

320. Geheimdienste gründen kriegerische Vereinigungen, die unberechenbar und gefährlich sind.

321. **Nach dem Tod bleiben die guten Eigenschaften, die schlechten werden verringert oder ersetzt.**

322. Das Ziel ist ein Paradies, in dem wir alle gut sind und zusammenleben.

323. Das Ziel ist Fehlerfreiheit und Charakterstärke, geprägt von Emotionen.

324. Deine Liebe verbessert mein Leben und prägt meine Seele.

325. Eine schlechte emotionale Bindung zum Elternhaus verursacht und verstärkt Depressionen und das Gefühl, allein zu sein.

326. Wer mit seinen Zielen nicht zufrieden ist, sollte sich fragen, warum das so ist.

327. **In Zukunft wird es möglicherweise nur noch ein oder zwei Währungen geben, und die Börse könnte komplett verschwinden.**

328. Je mehr man über eigene Fehler redet, desto weniger mögen einen die Menschen.

329. **Jeder Mensch hat Rechte und Pflichten.**

330. Die Bereitschaft zu Kompromissen ist wichtig und notwendig.

331. **Dennoch kann der Kompromiss als solcher manchmal auch falsch sein.**

332. Wenn Migranten vom Staat für ihre Kinder Zuschüsse erhalten und davon leben können, ist das nicht richtig.

333. Was du willst, ist gut und richtig, und ich werde da sein, weil du mich kennst und mir glaubst, und ich denke auch an dich.

334. Wer Hindernisse darin sieht, dem Partner im Alter zu helfen, verdient keinerlei Unterstützung.

335. Sparsame Menschen sind oft stur, geizig und intolerant, und sie suchen beim Partner nach Fehlern.

336. **Jedes Land betrachtet zunächst seinen eigenen Wohlstand, was falsch ist.**

337. Das Wachstum der Industrie muss dem Wohlstand und der Zunahme der Gesellschaft entsprechen und dabei auch andere unterstützen. Die Welt sollte in der Lage sein, von dem Wachstum einzelner Nationen zu profitieren.

338. Wenn jemand sagt, es geht ihm gut, gilt das nicht immer und nicht für das Jetzt.

339. Perfektion kann langweilig sein.

340. Ich werde dich finden, auch wenn ich dich woanders suchen muss, um dich wiederzusehen.

341. **Liebe kann verlernt werden, aber nie ganz.**

342. Nichts kann mich davon überzeugen, den Sinn des Lebens neu zu überdenken.

343. **Wenn alle denselben Standard und dasselbe Lebensgefühl teilen, gibt es Frieden.**

344. Egal, wie nah oder fern du bist, du bist immer bei mir.

345. **Jeder Fehler muss zum Guten gewendet werden.**

346. **Wenn wir das Paradies auf Erden erreichen, sind wir gleich, egal in welcher Hinsicht oder Beziehung.**

347. Dank der Götter, die bei uns sind, werden wir Frieden haben, keinen Neid entwickeln und unbegrenzt Hilfe erfahren.

348. Migranten sind ein Ausgangspunkt für Integration, ebenso wie arme Bevölkerungsschichten, die ihre Heimat nicht verlassen haben oder konnten.

349. **Finanzieller Reichtum wird begrenzt sein.**

350. Lebensmittel werden ohne Verlust verkauft oder verteilt.

351. Das Leben wird möglichst energieeffizient organisiert.

352. Wohnen wird zu einem kleinen Paradies für jeden Einzelnen.

353. Es gibt ein natürliches Sterben, das im Sinne einer guten Zukunftsaussicht steht.

354. Die Menschheit blüht dank Gott auf und entwickelt sich, wie es vorher oft versucht wurde, aber aufgrund von Neid nicht gelungen war. Jetzt ist es möglich.

355. Menschen, die sich nicht trauen, kennen sich selbst nicht.

356. Der Weg ist perfekt, es gibt keinen besseren.

357. **Menschen sind gut und lieben sich.**

358. Alleinsein schadet und entwickelt sich nur sehr langsam. Es bietet keinen Austausch.

359. Reiche und Arme wollen Kontakt und leben, ohne dem anderen schaden zu müssen.

360. Ein gemeinsames Leben, wie es einmal sein wird, gibt es jetzt noch nicht.

361. Es wird unterschiedliche Länder geben, in denen fast alles stimmt, und es wird eine Art Wartung geben.

362. **Das Ende der Welt kann nur mit einem gemeinsamen Ziel eintreten, unabhängig von Göttern, Religionen oder Staatsregimen.**

363. Der Himmel regiert die Welt und vergisst nicht den größeren Plan.

364. Himmel und Erde haben Priorität.

365. Nicht alle werden gleichzeitig bekehrt sein, aber sie werden auch ohne Eigenbedarf weiterhelfen.

366. **Wer nur gut ist, ist fehlerfrei und der Zukunft für immer gewidmet.**

367. Das Gute wird über alles siegen.

368. Vielleicht wartet Gott auf eine gute Erde, um sie als Vorzeigemodell woanders zu zeigen.

369. Grausamkeiten werden direkt bearbeitet und korrigiert.

370. Die Zeit des Guten ist begrenzt, die Welt jedoch nicht.

371. Das Irdische wird durch unsere Tendenz zum Guten nicht untergehen.

372. Die Zeit ist etwas Unendliches und bietet immer neue Wege.

373. Ob wir am Ende alle Götter sein werden, weiß ich nicht, aber wir werden uns so fühlen.

374. Jemand ohne Fehler ist Gott.

375. Das Leben ist ein geniales Spiel, das sich jederzeit verändern lässt.
376. Menschen sind die variablen Spieler, und Gott ist der Ursprung und das Ziel.
377. Die Stationen über Sonne und Sterne verbessern die Situation jedes Einzelnen.
378. Engel helfen mit.
379. Der Mond hilft als konstante Kraft von außerhalb.
380. Erinnere dich an mich und andere im Guten.
381. Im Paradies könnten wir eine andere Form von Lebewesen annehmen.
382. Auf den Sternen gibt es Gute mit Fehlern, und nur Gute, die darauf warten, zur Erde zurückzukehren.
383. Hilfe sollte nicht nur Worte, sondern auch Taten sein.
384. Guter Wille darf nicht enttäuschen oder destruktiv werden.
385. Eine gute Welt spürt man in Frieden und Zuversicht.
386. Eine Änderung des Charakters durch Erlebnisse merkt jeder, und man sollte sich selbstkritisch betrachten, bevor man Entschuldigungen sucht.
387. Liebe verzeiht nicht alles, ohne dass man darüber nachdenkt.
388. Der Glaube ist ein schlüssiges Moment ohne Pausen und Wiederkehr.
389. Im Paradies gibt es alles, außer das Schlechte.
390. Gut mal Gut ergibt immer Gut.
391. Die Zahl der Menschen wird durch Engel und die Sonne geregelt.
392. Neue Menschen kommen dazu oder finden sich in der Sonne wieder.
393. Die Sonne kann Menschen entstehen und verschwinden lassen, wenn es nötig ist.
394. Das Leben beginnt und endet im Nichts.
395. Der Glaube widerspricht dem nicht.
396. Selbstmörder sind wie Mörder zu betrachten, und sie empfangen genug Fehler für die nächsten Jahre.
397. Gott kennt seine Menschen, die er liebt, und wünscht sich, dass sie sich entfalten.
398. Das äußere Erscheinungsbild ist vergänglich.

399. Die inneren Werte können gleich sein, aber der Mensch kann ein anderer sein.

400. Vielleicht verdoppelt Gott meine Werte, um mich zu testen.

401. Nach dem Tod sieht man keine Bekannten wieder, freut sich aber auf neue Gute.

402. Etwas ist immer anders, und Gott weiß warum.

403. Die Hoffnung der Menschen will Gott entsprechen, doch sie kann auch seinen eigenen Zielen widersprechen.

404. Jeder der vielen Götter hatte einst Anhänger, die halfen, die Leere zu füllen und der Menschheit den Glauben an Wunder nahe zu bringen.

405. Ein Gott ist nicht einfach nur ein Gott, er hilft, richtet und dankt auf eine Art, die für den Menschen unvermeidbar und oft unvorstellbar gerecht ist.

406. Gott kann alles.

407. Ob Gott den Zufall beeinflussen kann oder wie das Glück eintritt, ist fraglich, doch im Einvernehmen möglich.

408. Es gibt Momente der Enttäuschung, in denen ein Hilferuf zwar hilfreich sein kann, aber keine Sympathie verursacht.

409. Über Jahrhunderte hinweg wurden Menschen ausgenutzt, missbraucht und bevormundet – das lässt sich nicht im Eilverfahren lösen. Es braucht tiefes Gefühlsverständnis und ein Gleichgewicht in der Verteilung des Gesamten, ohne Benachteiligung.

410. Krankheit schwächt, und schlechte Laune zeigt sich oft im Abreagieren, was ein Fehler ist, der nicht passieren darf.

411. **Manche Fehler können nur woanders akzeptiert werden.**

412. Wenn man sich sehr bemüht hat und immer nur in zweiter Reihe stand, dann sollte man nicht zum Opfer werden – irgendwann ist es zu viel.

413. Gott ist fehlerfrei und erschafft neues Leben, wo auch immer er ist.

414. Ein Gott stirbt nie und ist überall.

415. Ich bin es gewohnt zu lieben und geliebt zu werden – ich gebe alles, was verlangt wird, nur damit du wieder da bist, um die Zeit richtig zu erleben.

416. **Das Leben bedeutet Freiheit und ist ein Geschenk.**

417. Ohne körperliche Nähe und Attraktivität hält nichts, auch nicht die Liebe.

418. **Gewaltsames Sterben rächt sich irgendwann.**

419. Die Sterne lenken im Einklang mit den Engeln ihre Seelen zurück zur Erde, einzeln oder gemeinsam.

420. Unsere Welt ist Erde und Paradies zugleich, doch es mangelt den Erdenbewohnern an vielem, was die, die das Paradies bereits erreicht haben, besitzen.

421. Die Qualität der Erdbewohner wird für die Zukunft an Wert zunehmen, und alle werden davon profitieren.

422. **Wer die Liebe verspielt, verliert Vertrauen und einen guten Platz im Sternenhimmel.**

423. Alte Menschen fordern oft ohne Bedacht ihre Rechte ein, aus Angst und Ungewissheit.

424. Träume führen in die falsche Richtung, sie haben keinen Ursprung und keine Weisung.

425. Man kann sich nicht für alles entschuldigen und hoffen, damit Erfolg zu haben.

426. Der Gesundheitszustand kann sich im Alter drastisch verändern.

427. Schon Kleinkinder nutzen, wie Erwachsene, Register im Gehirn, die Handlungsfolgen speichern.

428. Das Paradies auf Erden wird erst dann erreicht, wenn alle gleich und gut sind.

429. Der Mensch gleicht dem Tier und der Pflanze, und viele wissen nicht, was sie essen dürfen, ohne ihr Gewissen zu belasten.

430. Pflanzen scheinen kein Problem darzustellen.

431. Du suchst etwas, das ich nicht geben kann, doch wir geben zurück, was uns nicht gehört, und lieben alle – im Himmel und überall.

432. Brauchst du Hilfe, dann wird dir durch Gott geholfen.

433. Nur das Beste zählt, wie auch jeder neue Tag.

434. Verhalten, das abklingt, kann ein Vorbild der falschen Art sein.

435. Das Leben ist unbekannt, für Liebende, Starke und Schwache, die weiterkommen wollen.

436. Im Traum kommst du zu mir und sollst für immer bleiben, doch das ist nicht die Wirklichkeit.

437. Der Ursprung ist, keine Angst zu haben, sondern Hoffnung für den nächsten Schritt zu schöpfen.

438. Die Engel haben die Aufgabe, dich von der Sonne zu den Sternen zu fliegen und dich dort zu bewachen.

439. Jeder Mensch hat seinen eigenen Gott.
440. Der Gott des Glaubens kann wechseln, aber verschwindet nie.
441. Wer nur an einen Gott glaubt, findet Vertrauen und Sinn darin.
442. Der Gott für alle ist überall und ein Halt für alles, was geschieht.
443. Eine Welt mit unterschiedlichen Leben bedeutet, dass Unterschiede sich umarmen und lieben.
444. Liebe zu verlieren oder mehr zu erhalten, tut immer weh.
445. Im Paradies kann man nichts kaufen, man sammelt Punkte für sich und andere.
446. Kriege lassen die Wirtschaft boomen, während private Unterstützung schwindet.
447. Gewinn- und Verlustrechnungen können irreführen.
448. Wir werden Helden sein, alle zusammen, weil wir eins sind – für immer.
449. Ein Mensch, der sich so gibt, wie er ist, wird in Erinnerung bleiben.
450. Die Liebe von gestern ist auch die Vergangenheit von morgen.
451. Spenden von Reichen sollten stark besteuert werden, keine steuerfreien Geschenke.
452. **Mein Liebe besteht daraus, was in mir steckt und was ich geben kann.**
453. Nicht alles, was man macht, ist spannend und nur zum Vorteil von einem selbst.
454. Die Engel begleiten und beraten dich, von der Erde zur Sonne und von der Sonne zu den Sternen.
455. Ein Gott lässt dich auf der Erde sterben und bringt dich zurück.
456. Gott ist immer bei dir.
457. Der Gott in der Sonne ist die Zentrale und weiß alles.
458. Glaube an das Gute – der Kampf ist noch nicht verloren, und Hilfe kommt.
459. **Jeder Mensch glaubt.**
460. Wenn es eine Zeit zwischen uns gibt, werde ich zu dir kommen.
461. Engel begleiten, die Götter führen.
462. **Die Sonne ist der Mittelpunkt von allem.**
463. **Sterne sind Parkplätze zur Erde.**
464. **Seelen wandern von Stern zu Stern zurück zur Erde.**
465. **Die Erde wird zum Paradies.**

466. Wer keinen Zusammenhang erkennt, denkt vermutlich an Blödsinn.

467. Unsicherheit dem anderen gegenüber kann zu Reaktionen führen, die länger anhalten.

468. Der Held verteilt die Wahrheit, die du verteilst und überlebst.

469. Die Sterne spiegeln dein Befinden wider, und ich höre deinem Herzen zu.

470. Ich liebe dich für immer.

471. Wie viele in der Welt noch mit Fehlern herumlaufen, weiß niemand.

472. Nicht nur das Ausnutzen des Mondes für Verbesserungen verkürzt den Weg zum Paradies.

473. Angeborene oder nicht, Fehler ab Geburt haben alle die Aufgabe, sich selbst zu überprüfen und richtigzustellen.

474. Das heißt, Fehler finden, neutralisieren und nur zum Guten hinführen.

475. Fehler werden von der Sonne gesammelt oder verbrannt.

476. **Nimm den anderen so, wie er ist, vertraue ihm, unterstütze ihn und lass ihn seine Fehler durch Liebe überwinden.**

477. **Liebe und Hass in den Fehlern verbergen nichts.**

478. **Deine Akzeptanz und Unterstützung, die ich mir jeden neuen Tag in deinem Sinne verdiene.**

479. **Ich blicke in den Himmel, sehe Engel und hoffe, auch einmal einer zu sein, obwohl ich manchmal lieber mit dir hier sein möchte.**

480. **Wer gut ist, erhält mehr Informationen als jemand, dem alles egal ist.**

481. **Jemand sagt, gehe nach Hause, aber du kennst den Weg nicht. Sei gut, löse Fehler, nimm Liebe entgegen, und dieser Weg wird nie brechen und dir helfen.**

482. **In meinem Paradies bin ich, auch wenn ich meine Augen nie geöffnet habe, und warte und genieße den Tag.**

483. Jeder kann Fehler machen oder sich von ihnen lösen.

484. **Der Weg des Guten ist vorbestimmt.**

485. **Die Sonne prüft.**

486. **Wir sterben alle nicht.**

487. Ohne den Hintergrund zu kennen, unterstützt man ungern, doch man sollte es tun.

488. Glaube, Vertrauen und Denken sind Leitfiguren in unserem Leben.

489. Auch wer sich manchmal anstellt, bleibt trotzdem lieb.

490. Zum Schluss wird niemand wissen und niemand unseren Gott kennen.

491. **Bei der Rettung werden wir alle frei sein und uns kennenlernen.**

492. Vorteile verteilt Gott nicht.

493. Gott kann eine Pflanze, ein Bild oder ein Lebewesen sein.

494. Das Unbekannte kennt uns und leitet uns.

495. Der Glaube eines jeden ist unsere Rettung.

496. Wer gut ist und es weiß, kann Brücken bauen.

497. Wenn du etwas weißt, das gut ist, dann äußere dich.

498. Das Schlechte verschwindet sowieso.

499. Wer nicht sagt, was er meint, ist kompliziert und meistens falsch.

500. Ich glaube, Gott wollte es so, hat aber nicht mit der Dummheit und dem Eigensinn der Menschen so lange gerechnet und gehofft, der Glaube wäre schon eher im Mittelpunkt gelandet.

501. Gott glaubt und vermittelt Glauben.

502. Manchmal erreicht das Gegenteil mehr, mal weniger.

503. Es gibt nur einen Gott und Menschen, die ihn vertreten.

504. Den besten Menschen gibt es nicht.

505. Kein Mensch bekommt Anweisungen von irgendwoher oder hört sie; er muss aus eigenem Willen gut sein.

506. Einsame Menschen haben weniger gute Ideen zum Handeln.

507. Keiner lenkt mich.

508. Was gut ist, weiß ich selbst.

509. Gott hat alle Menschen gut gemacht.

510. Wer Menschen liebt, das merkt man.

511. Mit der Zeit erkennt man auch, ob die andere Person einen mag.

512. Überlegt sich jemand, ob der Satz "alle Menschen sind gut" stimmt, dann ist er fast perfekt, weil er darüber nachdenkt.

513. Die Fehler verwirren, und man weiß nie, ob es wirklich ein Fehler war und wie es gemeint war.

514. Wenn jemand in diesem Moment allein sein möchte, verabschiedet man sich in Liebe und Hoffnung auf das nächste Mal.

515. Wer mich bewusst verletzt oder mir weh tut, meide ich, auch wenn eine Trennung gewünscht wird.

516. **Der Weg zum Paradies ist keine Beichte, sondern ein Bericht.**

517. Für die Fehlerverteilung und Fehlerbeseitigung ist Gott zuständig, und er gibt dem Menschen Aufgaben, die sinnvoll genutzt werden sollten.

518. Der Mensch an sich sieht oft seinen eigenen Vorteil, im Sinne von Gott.

519. Die Menschheit sind nicht nur wir.

520. Menschen, die sich durchsetzen können, sind gefährlich.

521. Im guten Glauben regeln die Lebewesen sich selbst und stärken ihre Stellung.

522. Was Recht ist, regeln alle Länder ähnlich über Juristen.

523. Der Gerechtigkeitssinn ist für jeden einzuhalten, die Prüfung auch, aber die Vollstreckung hängt ab.

524. Das Alter und der Glaube können einem eine schlüssige Antwort auf die richtige Gerechtigkeit geben.

525. Das Schicksal ist, wie es ist, und soll wohl so sein.

526. Man kann nicht alles ändern und sollte es auch nicht.

527. Wer sein Leben genießen will, macht nicht alles falsch.

528. **Die Engel beraten die Menschen mit Gott.**

529. Wer sich abreagiert hat, ist wieder neutral.

530. Wer meint, er irrt sich und sagt es, aber nicht zurückkommt, kann nichts entscheiden und ist überfordert.

531. **Die Lage der Sonne im Planetenhimmel als Zentrale für Energie ist von hoher Bedeutung.**

532. Spende ich monatlich oder über mehrere Jahre, ist beides gern gesehen.

533. Bombardieren wir unsere Energietrassen, wissen wir, dass es trotzdem noch Wirtschaften gibt, aber eine Besserung werden wir nicht finden.

534. Welches Objekt sich um sich selbst oder andere dreht, ist erstmal egal, solange es die Anziehung gibt.

535. Menschen glauben, dass ihr Alter sie weiser und liebenswerter macht als andere, doch das muss geprüft werden.

536. Wer dem anderen nichts Gutes gönnt, ist das Ende einer gerechten Welt.

537. Bellen Hunde nicht, wenn sie allein zu Hause sind, haben sie wahrscheinlich Angst.

538. Die Hülle um die Erde schützt mittlerweile weniger, da die kalte Jahreszeit immer mehr verschwindet.

539. Lebewesen brauchen sowohl Kälte als auch Wärme, um ihren Organismus zu füttern.

540. Manchmal hadern Ausländer miteinander, weil die Hierarchie in der Familie und Gesellschaft gestört ist und der Gleichheitsgedanke noch hinterherhinkt.

541. Emanzipation und Glauben schließen sich nicht aus, müssen aber auch nicht kooperieren.

542. Man muss sich vor fehlender Liebe des anderen schützen und absichern.

543. Die Chemie und das Verhalten des menschlichen Körpers mit seinen Organen sind fast gleich.

544. Fehlende Bindungen in der Jugend lassen dich im Alter an Grenzen absichern, die du nicht brauchst, und du sehnst dich nach Zuneigung.

545. Wenn man krank ist, muss man sich in erster Linie selbst helfen, auch wenn andere unterstützen.

546. Es macht mich krank, niemandem helfen zu können, und ich liebe mich, wie ich bin, aber es ist nicht dasselbe, denn es verletzt, nicht von dir geliebt zu werden.

547. Das Leben ist schön, voller Möglichkeiten, die dir erst im Ansatz bewusst werden.

548. Ich kann glücklich sein, selbst mit der Angst, erneut enttäuscht zu werden, doch im Jetzt gibt es keine Zweifel mehr.

549. **Was uns fehlt, ist für den anderen Reichtum und umgekehrt.**

550. Mein Geist fehlt mir ohne deinen Zuspruch und deine Gegenwart.

551. Gemeinsam und unabhängig zu sein, ohne dass die Gemeinschaft verloren geht, ist richtig.

552. Wer so erzogen wurde, alles immer gut zu finden, ist keine Stütze, auf die man bauen kann.

553. Wer Zeit hat, kann auf gut überlegte und fachlich einfache Antworten setzen.

554. In einer Beziehung lernen und geben beide das Gleiche, ohne auf Reichtum zu spekulieren.

555. In manchen Ländern ist die Bevölkerung sesshaft, in anderen wandern sie und leben so, wie es für sie am besten passt.

556. Der Begriff Heimat ist flexibel und variiert, auch als Lebensabschnitt, in dem man sich heimisch fühlte oder fühlt.

557. **Die meisten Krankheiten haben ihren Ursprung in zeitbedingter Unzufriedenheit und sind psychischer Natur.**

558. Gibt es Symptome, aber keine Hilfe von Medizin, können veränderte Lebensumstände und Geduld sowie die Einnahme und Behandlung von Psychopharmaka helfen.

559. Wenn jemand sich locker und ungezwungen gibt, bedeutet das nicht, dass er ohne Ausbildung ins Unendliche aufsteigen darf, nur weil man ihn gern hat.

560. **Es muss obere und untere Grenzen geben, sonst erreichen wir nie die Gleichheit.**

561. **Auf Freiwilligkeit allein setzen, ohne Druck, ist oft schwierig, auch bei sozialen Themen.**

562. **Ich glaube nicht, dass das Kappen von Höchstgehältern zu Trostlosigkeit oder Motivationsverlust führt, wichtige Aufgaben zu übernehmen und zu managen.**

563. **Es gibt Einkommens- und Vermögensgrenzen sowie natürlich Spenden.**

564. **Spenden abzusetzen geht nicht, ich wüsste auch nicht, aus welchem lebensbejahenden Grund.**

565. **Der Einstieg ins Berufsleben beginnt mit demselben Gehalt, egal in welchem Alter.**

566. **Private und gesetzliche Krankenkassen sowie eine Reichensteuer müssen für Gleichheit sorgen.**

567. **Reich zu sein muss interessant bleiben, jedoch im Rahmen.**

568. **Solange nicht jeder Zugang zu Nahrung und Wasser hat, existiert die Luxusklasse nicht und wird auch nicht neu vermarktet.**

569. **Das Motto „Erfolg zieht Erfolge an“ ist nicht praktikabel.**

570. **Über gesammelte Spendenquittungen erwirbt man Rabatte in der exklusiven Klasse, die nicht regulär erhältlich sind.**

571. **Enteignungen gibt es nicht.**

572. **Die Erbschaftssteuer für inländische Industrie muss begrenzt werden.**

573. **Werbung, wenn fachlich korrekt, sollte kostenlos sein.**

574. **Den Autoverkehr durch Anreize zur Beihilfe stark reduzieren.**

575. **Sinnlose Bußgelder im Straßenverkehr müssen vom Ordnungsamt überprüft werden.**

576. **Schwarzarbeit aufgrund von Bürokratieeinschränkungen eindämmen.**

577. **Massenproduktion steuerlich uninteressant machen.**

578. **Kurzstreckenflüge untersagen.**

579. **Abgeordnete und Migranten nutzen die teuersten und umweltschädlichsten Verkehrsmittel im Inland, mit Taxis und Kurzstreckenflügen.**

580. **Paketzusteller tragen viel zu schwere Pakete.**

581. **Anwesenheitspflichten für Abgeordnete nachweisbar machen, kontrollieren, Nebeneinkünfte und überhöhte Bezüge, auch nach dem Ausscheiden, kürzen und anpassen.**

582. **Hundesteuer vereinheitlichen, je nach Region und Hunderasse.**

583. **Maßnahmen zur Verbesserung des Lebensstandards und des Wohlstands der Bevölkerung müssen geplant und umgesetzt werden.**

584. **Der Staat sollte zweckgebunden finanziert werden.**

585. **Einmalige Sonderzahlungen vom Staat an die Industrie sollten ausbleiben, stattdessen monatliche Zuwendungen im Einzelfall erlaubt werden.**

586. **Industrien werden entweder vor oder nach einer Katastrophe unterstützt.**

587. **Streubomben und ungenutztes Kriegsmaterial müssen vernichtet werden.**

588. **Die Stationierung in Drittländern muss beendet werden.**

589. **Kriegsmaterial darf sich nur im eigenen Land befinden und muss begrenzt werden.**

590. **Küstenregionen inklusive der Häfen und der Fischerei bleiben den jeweiligen Ländern vorbehalten.**

591. **Über Bodenschätze und ihre Verwalter müssen Energien freundlich unterstützt werden.**

592. **Der Aufbau eines Krieges darf nicht alles sein und bedarf Zustimmung.**

593. **Kein Land darf vom Militär langfristig besetzt sein.**

594. **Kernkraftwerke und Atombomben müssen abgeschafft werden.**

595. **Mit Energie sparsamer umgehen.**

596. **Vorhandene Energietrassen nutzen und wieder aufbauen.**

597. **Die Infrastruktur in die Erde verlegen.**

598. **Wenn Länder ihre Wirtschaft in Gefahr sehen, greifen sie zu harten Mitteln, möglicherweise mit Verbündeten, die kriegerische Vorfälle für sich nutzen, um die Wirtschaft zu beeinflussen.**

599. **Die Rolle der UNO und der NATO ist in dieser Form fraglich, ebenso die Zusammenschlüsse allgemein.**

600. **Wir werden nie eine UNO- oder NATO-Gemeinschaft weltweit haben, die friedlich für alle endet, ohne Verlierer aus wichtigen großen Ländern.**

601. **Eine weltweite Organisation, die sich mit wirtschaftlichen, energetischen Problemen sowie mit Armut und Krieg beschäftigt, ist notwendig – nicht nur, um Überproduktion zu stoppen.**

602. **Die Lösung liegt im Glauben, nicht im Krieg.**

603. **Der Wunsch nach flächenmäßiger Ausbreitung, um sich zu fördern, ist verlockend.**

604. **Kriege werden oft geführt, um Land zu gewinnen, aber auch aus wirtschaftlichen Gründen, was schwer durchschaubar ist und jedes Land treffen kann.**

605. **Selbst wenn man wirtschaftlich gut aufgestellt ist, kann eine Bombe eines fremden Landes alles zerstören.**

606. **Alle Länder müssen sich schriftlich, unter Strafe, zum Frieden verpflichten und dies jährlich erneut bestätigen.**

607. **Der Journalismus nutzt jede Gelegenheit, um seine Notwendigkeit zu betonen, und verfälscht oft die Realität zum Krieg hin.**

608. **Frieden, Wirtschaft und Umwelt sind wichtige Themen für die ganze Welt, und alle Länder sollten gewählte Minister im Austausch entsenden.**

609. **Jeder Mensch sollte Zeiten zur Erholung und allgemeine Arbeitsfreie Zeit mit Bezahlung haben.**

610. **Verbände, Kammern, Kassen, Versicherungen und Beratungsstellen sollten in ihrer Anzahl verringert werden.**

611. **Die öffentlichen Verkehrsbetriebe müssen anspruchsvoller und gleichzeitig einfacher gestaltet werden.**

612. **Der Güterverkehr sollte fast ausschließlich auf die Schiene verlagert werden.**

613. **Es gibt genügend Ideen, um Gleichheit zu verwirklichen.**

614. **Wer arbeitet, sollte eine kostenlose Kranken- und Rentenversicherung erhalten.**

615. **Für Soziales und Kulturabgaben gibt es keine private Steuerentrichtung; der Staat regelt dies direkt über den Gesamtetat.**

616. **Diese Ausgaben sollten einen großen Teil des Haushaltsplans ausmachen.**

617. **Ein Gremium übernimmt landesweit die Einzahlung und Verteilung.**

618. **Migranten, Rentner oder Billiglöhner sollten hierbei nicht direkt einbezogen, sondern anderweitig im Haushalt berücksichtigt werden.**

619. **Der ausgezahlte Nettoverdienst ist ein fester Betrag, der nur durch Urlaubsgeld, Boni und Sondervergütungen nach oben variiert.**

620. **Die Gehälter der Außendienstmitarbeiter und ihr Vorgehen müssen überprüft werden.**

621. **Die Steuer wird von der Firma übernommen und ist für die einzelne Person unnötig sichtbar.**

622. **Die Bedeutung der Firmenleitung für das Personal bleibt erhalten, und die Zusammenarbeit mit der Politik wird vereinfacht.**

623. **Die Lohnstruktur ist zwar differenziert, aber fast gleich, mit flexibel steigenden Abgaben je nach Einkommen.**

624. **Gleiche Einkünfte verbessern die Stimmung in der Bevölkerung.**

625. **Spenden können alle für sich selbst und für die Firma leisten.**

626. **Arm und Reich dürfen nicht sichtbar sein.**

627. **Angesichts der steigenden Zahl bedürftiger Rentner ist es sinnvoll, Krankenkassen, Pflege und Alltagsbetreuung zusammenzulegen.**

628. **Extrem Reiche sollten im Krankheitsfall ihre Kosten privat tragen.**

629. **Im Alter steigen die Kosten für Arztbesuche, Betreuung und Behandlungen erheblich.**

630. **Ärzte sollten jeden Besuch eines Patienten abrechnen dürfen, wobei Folgetermine vereinfacht werden könnten, um die Belastung zu mindern.**

631. **Eine Zusammenlegung dieser Bereiche spart unnötige Verwaltungskosten und ist durch ihre Struktur effektiver.**

632. **Die Finanzierung von Migrationsmaßnahmen ist Aufgabe der Politik und eines zu gründenden internationalen Gremiums.**

633. **Sollten weltweit viele große Wirtschaftsgemeinschaften entstehen, wird es keine kleinen Kriege, sondern Weltkriege geben.**

634. **Einige Industrien haben Monopolstellungen, andere bieten fast die gleichen Dienstleistungen an, sodass keiner mehr durchblickt – hunderte Male wiederholt.**

635. **Es sollte überlegt werden, Schranken einzuführen, die helfen und finanzierbar sind.**

636. **Der Zusammenschluss armer und reicher Industrien zur Unterstützung ist hilfreich.**

637. **Eine Wertbestimmung und die ständige Zusammenarbeit in Gremien sind notwendig und bleiben ein Muss.**

638. **Der eine gönnt dem anderen seine Bedeutung, sein Wachstum und seinen Wohlstand.**

639. **Länder verbessern sich schrittweise, insbesondere durch die Zusammenarbeit mit Nachbarstaaten, Kontrollen und Zielsetzungen, um die Wirtschaftlichkeit zu steigern.**

640. **Es braucht verlässliche Angaben zu Nebenkosten bei Vermietungen über mehrere Jahre, die vom Vermieter festgelegt werden und für die er auch haftet.**

641. **Die freie Marktwirtschaft muss auch die Armen entlasten und für sie eintreten, ohne deren Position zu verschlechtern. Jedes Land muss eine Jahressumme festlegen, mit der es wirtschaften und regieren kann.**

642. **Wird man ausgelacht, nur weil man seine Gefühle zeigt, ist das vermutlich Schadenfreude.**

643. **Wenn die Augen leuchten, freut man sich.**

644. **Höflichkeit ist eine Tugend und des Menschen Zierde.**

645. **Fühlt man sich schlecht gelaunt und schuldig, ohne den Grund zu kennen, braucht es Zeit, sich wieder zu fangen.**

646. **Wer glaubt, mich meiden zu müssen, weiß warum – ich jedoch nicht.**

647. **Bleib der Mensch, der du warst und der dich auszeichnet.**

648. **Dort, wo man aufgewachsen ist, lernt man Mimik, Lächeln und die Liebe als Gruß.**

649. **Jede Sprache ist Musik und hat ihre Einzigartigkeit.**

650. **Liebe ist die perfekte Ergänzung.**

651. **Wenn der andere einen braucht, muss man für ihn da sein.**

652. **Nur gesunde Menschen haben das Glück, das Leben genießen zu können.**

653. **Der Mensch geht seinen Weg, liebt andere oft mehr als sich selbst – hätten sie sonst ihre Fehler schon in der Jugend erlebt und nicht verarbeiten können?**

654. **Das Leben liebt alle gleichermaßen.**

655. **Man kann sich erst dann berechtigt freuen, wenn ein Arzt bestätigt, dass alle Werte in Ordnung sind.**

656. **Wenn ich glaube, vom Partner nicht genug geliebt zu werden, trennen sich unsere Wege.**

657. **Gute Freunde beeinflussen einen nicht bewusst.**

658. Der Weg zum Glück ist die Liebe.

659. **Auch von der eigenen Familie sollte man keine Forderungen stellen, die die Liebe in Frage stellen könnten.**

660. **Wer seinen Glauben anzweifelt, lebt gespalten und nicht in Frieden.**

661. **Der richtige Weg zeigt sich erst, nachdem du ihn gefunden hast.**

662. **Wenn man liebt, ist alles schön.**

663. **Man kann bei anderen Fehler suchen, doch wenn man sie nicht korrigieren möchte, zählt das weder für die Zukunft noch für sich selbst – das führt in den Abgrund.**

664. **Katastrophen sind vermeidbar und bringen uns wahre Zufriedenheit.**

665. **Es muss eine Organisation geben, die sich ausschließlich für Migration weltweit einsetzt, sie organisiert und finanziert.**

666. **Die Dringlichkeit dieser Frage ist zentral.**

667. **Vor allem dürfen die reichen Staaten keine neuen Migranten aufnehmen, solange sie selbst betroffen sind.**

668. **Vorhandene Migranten müssen sinnvoll verteilt werden, bevor neue legale Migranten hinz kommen.**

669. **Eine Rangliste nach Wichtigkeit für bestehende Regierungen, wie und was sich vorstellen lässt, vereinfacht den Prozess und die Übersicht.**

670. **Selbst in freundschaftlichen Gebieten können Angriffe vorkommen, wenn die Angst besteht, dass der Angreifer Nachteile erleidet.**

671. **Der erste, der in den Krieg zieht, ist für die Welt der Schuldige.**

672. **Mein Zuhause ist das Einsame, das uns antreibt, uns inspiriert und uns dort lässt, wo wir sind.**

673. **So unterschiedlich du dein Leben auch führst, wie es auf der Welt auch sein kann.**

674. **Das Paradies ist die Erde, mit uns, ohne dass wir Kompromisse eingehen oder Abstriche machen müssen – so einfach ist das.**

675. **Wer sich ärgert, reagiert oft ohne Vorbedacht und unter Zwang.**

676. **Auch wenn du nach Enttäuschungen glaubst, nichts mehr empfinden zu können, gibt es jemanden, der an dich glaubt.**

677. **Die Politik handelt im Sinne ihres eigenen Landes, aber mit Blick auf die Welt als Ganzes.**

678. **Wer im Paradies leben will, muss auch den Weltfrieden schaffen.**

679. **Wir wollen nicht sofort eine vereinte Erde, sondern eine Erde mit vielen Möglichkeiten, die jedem das Richtige bietet – das Paradies.**

680. **Die Vielfalt macht die Erde besonders.**

681. **Jeder Einzelne kann das Leben genießen, mit und für sich.**

682. **Der Genuss des Lebens mit vielen Menschen ist unverzichtbar.**

683. **Wahrnehmungen können täuschen, und man ist sich oft nie sicher, was wirklich wahr ist.**

684. **Anstatt traurig den Tag zu beginnen und zu glauben, es sei meine Schuld, genieße ich auch den nächsten Versuch ohne dich – alles wird besser und gut.**

685. **Läuft etwas nicht so, wie man es gerne hätte, schiebt man die Schuld oft auf sich selbst, besonders in jungen Jahren.**

686. **Menschen, die sich schuldig fühlen, glauben oft, dass sie nichts Gutes verdienen.**

687. **Gott ist vielleicht wie die Luft, oder etwas Ähnliches, und Gene sind überall.**

688. **Oft möchte man anonym bleiben.**

689. **Die Sonne erwärmt die Erde durch die Luft, die sie umgibt.**

690. **Es gibt mehr warme Luft als kalte, und wir sollten diese nicht zu verschwenderisch verbrauchen.**

691. **Der Zustand der Luft und des Haushalts sind von großer Bedeutung.**

692. **Am Ende müssen wir alle gut sein, um wirklich gewonnen zu haben.**

693. Wenn man glaubt, Gemeinsamkeiten zu sehen, wo keine sind, macht man sich verrückt.

694. **Träume können das Gewissen belasten.**

695. Wenn ich zu fröhlich bin, werde ich krank.

696. Wer Kriege effizienter machen will, plant mehr Tod und Leid und zerstört das Leben.

697. Versuche, dich immer wieder auf den Ursprung zurückzuführen.

698. **Wer verschenkt, spart Steuern.**

699. Denke nicht immer, du seist an allem schuld.

700. **Man könnte die Hälfte seines Vermögens freiwillig für legale Migranten abgeben, um die Erde mit ihnen zu beleben und zu verbessern.**

701. **Familienoberhäupter, die einfältig und dumm sind, verdienen keinen Respekt oder Anerkennung.**

702. **Wir werden immer leben – das Glück im Schicksal hat es mir verraten: Es gibt nur den Tag, das Heute und das Jetzt.**

703. Fehler begleiten uns von Geburt an, und sie bleiben, auch wenn wir die Welt verlassen – oder nicht.

704. Man muss den anderen loslassen können. Liebe kommt schnell oder langsam, und wenn sie weg ist, ist sie wirklich weg, ab dem Moment, in dem man nur "Liebe" sagen kann.

705. **Probleme muss man immer verarbeiten.**

706. Wenn man ein Leben lang überlegen muss, was die anderen wohl meinen, ist der Punkt gekommen, an dem man loslassen sollte.

707. Glaubt jemand, mich maßregeln zu müssen, weil ich angeblich etwas falsch mache, dann kenne ich mich immer noch besser.

708. **Ändert sich die Stimmung eines positiven Menschen hin zu einem enttäuschten, kritischen oder depressiven Zustand, ist die Lage ernst und muss dringend behandelt werden.**

709. Wenn man dem anderen gegenüber offen ist und von sich und seinem Verhalten im Leben erzählt, wird das oft gut angenommen, sodass eine Beziehung ohne Lügen und ohne Verlust an Wert entsteht.

710. **Ehrlichkeit und gegenseitiger Respekt bringen die Menschen näher zusammen.**

711. Wenn man einem Hund seinen Willen bricht, hat man selbst bei einem Hund mit geringem Eigensinn und Charakter keine Chance.

712. Mache das, was du im Moment kannst, und nicht das, wofür du Zeit hast.

713. Nach dem Tod kann man nur sagen: "Gebt mir wenigstens ein paar von den Dingen, die ich so schön fand und bekommen habe."

714. **Gott löscht nicht, er wandelt um.**

715. **Neid entsteht, wenn der andere seine Position als viel besser darstellt und damit prahlt.**

716. Wer Gefühle zeigt und seine Meinung äußert, ist aufgrund der menschlichen Psyche anfällig und kann enttäuscht reagieren.

717. Das Gedächtnis ist in der Lage, ein Langzeitgedächtnis aufzubauen und zu sichern, das lange im Gedächtnis verankert bleibt.

718. Das Kurzzeitgedächtnis, das nur kurz abgespeichert wird, geht oft als erstes verloren.

719. Ein Leben, in dem man nur gut ist und alles gleich ist, gibt es zu Lebzeiten nicht.

720. Was etwas kostet und welche Konsequenzen es hat, sind bei Entscheidungen beide von Bedeutung.

721. **Bin ich der Himmel auf Erden, bin ich frei und gut.**

722. Der Weg über die Sterne ist zu überwinden und leitet uns.

723. Wenn Gott neue Lebewesen schickt, dann sind sie gut, aber auch mit Fehlern behaftet, die bearbeitet und beseitigt werden müssen.

724. Die Neuen haben keine Vergangenheit und lernen von den Alten, auch Fehler zu machen und diese zu beseitigen.

725. Oft handelt man instinktiv, ohne zu wissen warum.

726. Viele Neue bleiben von Anfang an nur gut.

727. Geschäftsleute denken immer an den Gewinn und vergleichen.

728. Emotional orientierte Menschen lassen sich eher von der Situation leiten.

729. Menschen, die mit der Seele handeln, reagieren nach dem Guten.

730. Auch auf den Sternen wird gehandelt, aber nichts wird bestimmt, und es gibt keine Konsequenzen im Hinblick auf Anerkennung im Großen und Ganzen.

731. Wer gut werden will, muss das Ziel, die Erde zum Paradies zu machen, anpeilen.

732. Die Engel sind motiviert und beauftragt von Gott, der Sonne, für den sicheren Transport von allem zu sorgen.

733. Der Mond beobachtet das Weltgeschehen und versucht, Verbesserungen zu finden.

734. Die Sonne ist das Zentrum und unser Gott, von dem alles ausgeht, und sie ist das Licht hier.

735. Der persönliche Gott regelt alles für den Einzelnen extra.

736. Der Gott der Religionen handelt auch nach dem jeweiligen Glauben.

737. Ohne einen Gott wären wir schlecht und hätten Probleme.

738. Gott will, dass jeder so lebt, wie er es für richtig, freudig und schön hält.

739. **Auch Gott hat Spaß.**

740. Zwang und Zucht gehören immer zum Leben, um berechtigt glücklich werden zu können.

741. Kunst, zum Beispiel, sollte man sich in guter Stimmung und bei gutem Wetter ohne Stress ansehen, um sie ohne Kritik zu empfinden.

742. **Gott bestimmt und regelt alles mit der Hilfe der Engel.**

743. Jeder Mensch kennt seinen eigenen Vorteil und ist von seiner Stimmung beeinflusst.

744. Wenn jemand immer gerne hilft, kann das auch ein schädliches Helfersyndrom sein, das einem selbst schadet.

745. **Lebewesen verschenkt man nicht.**

746. Wenn lange Beziehungen plötzlich enden, gibt es kein Nachdenken mehr, nur einen endgültigen Schlussstrich.

747. **Es gibt eigentlich nichts Schöneres, als Menschen glücklich zu sehen.**

748. **Wer seine Süchte ignoriert, wird sie nie los.**

749. In einem Gespräch sollte es nicht darum gehen, die Vorurteile des anderen zu offenbaren und klarzumachen, denn jeder hat Vorurteile, die tief im Persönlichen verwurzelt sind und oft bewusst sind.

750. Wenn das Gespräch und die Stimmung stimmen, machen alle Gespräche Spaß.

751. Wer den Partner immer gut dastehen lässt, ist selbst eine Marionette und denkt falsch.

752. Eltern oder Einzelpersonen, die an Gott glauben, sollten nicht das Gefühl haben, um die Gunst ihrer Kinder kämpfen zu müssen.

753. Auch wenn jemand die Lösung nicht kennt, bedeutet das nicht, dass man sich unzufrieden und negativ zur Problemlösung äußern muss.

754. Wer vorhat, auf jede Frage und Handlung richtig reagieren zu können, muss sich zu jeder Zeit und ständig überprüfen, sonst wird unweigerlich Fehlverhalten eingeschlossen.

755. **Der Preis macht den Wert einer Sache nicht stabil.**

756. Wer Wut und unkontrollierte Gefühle äußert, hat möglicherweise eine nicht seltene Krankheit, die vererbt oder anerzogen wurde.

757. Keiner muss traurig sein, weil er so ist, wie er ist. Vielleicht endet ja morgen der Weg, den es gar nicht gibt, und die Hoffnung verliert sich in der Zukunft.

758. Im Krieg gibt es keine echten Ziele, und die Hoffnung kann nichts Vergleichbares verfolgen.

759. Das Leben endet in kleinen Schritten, bis man das Neue erreicht hat.

760. Was morgen ist, weiß ich nicht, aber was immer und jetzt ist, gehört meiner Vergangenheit.

761. **Zu lieben, ist perfekt.**

762. Es gibt den Weg, der nicht nur richtig ist, sondern auch zu dir führt. Ein Leben ohne dich führt ausnahmslos in unvorstellbar sinnlose Bahnen.

763. Verträge sollten in regelmäßigen Abständen auf Aktualität und Wertschöpfung überprüft werden.

764. Arbeite erst an dir und dann an anderen, oder arbeite parallel.

765. **Freunde bleiben Freunde, was auch immer passiert. Die Vergangenheit zählt und hilft über vieles hinweg.**

766. **Heimat wartet und ruft dich als Freund, von mir und dir, egal wo du bist, und ich sehe dich.**

767. **Wenn man beschimpft, schlecht behandelt oder mit Vorwürfen konfrontiert wird, braucht man eine Auszeit.**

768. **Manchmal ist eine Minute des Zuhörens ein Glück.**

769. **Das letzte Wort oder der erste Schrei können Erfüllung bringen.**

770. **Narzisstische Menschen denken, sie machen alles richtig, und entschuldigen sich deswegen nie.**

771. **Es wäre schön, wenn man ein gutes Verhältnis zu den Eltern hätte, wenn möglich.**

772. **Machtkämpfe sind dem Untergang geweiht und bringen nichts.**

773. **Denke immer daran, dass du etwas falsch machen könntest.**

774. **Hunger und Durst existieren auch dort, wo Gott ist, und sorgen vor allem für Disziplin und Frieden.**

775. **Eine Geschlechtsumwandlung wird von vielen geprüft und ist nicht rückgängig zu machen.**

776. **Ab der Geburt kann man ein Kind Gottes werden und helfen.**

777. **Die Grenzen der Wiedergutmachung sind überschritten, wenn der Egoismus wächst und der andere nur noch ausgebeutet wird.**

778. **Höre ich auf, nachzudenken, bin ich derjenige, der bestimmen kann, weiß, und deine Meinung kennt.**

779. **Man kann alles verzeihen.**

780. **Nicht jeder, der gut aussieht oder sich gut gibt, ist wahrscheinlich auch innerlich gut.**

781. **Das Denken hat man sich als Kind erlernt, und es bleibt, bis es automatisch und speziell geworden ist.**

782. **Die Sonne scheint, und die Welt fragt sich: Wo sind wir? Alles ist toll und gut.**

783. **Was du glaubst, ist für dich Realität und zählt.**

784. **Wer nicht teilt, ist ein Egoist und keiner von uns.**

785. **Eine Chemotherapie zerstört leider auch gesunde Zellen und kann Entzündungen überall im Körper verursachen.**

786. **Alle müssen entscheiden, wie sie es wollen, und die Welt ist so.**

787. **Wo andere anfangen, beende ich.**

788. **Botschaften im Ausland vertreten die Interessen ihrer Mitbürger aus der Heimat und sind rechtlich vor feindlichen Angriffen geschützt.**

789. **Wir brauchen uns zusammen, um die Welt und uns selbst in Liebe glücklich zu machen.**

790. **Das Gefühl ist das gleiche mit dir. Ich helfe dir, und du hilfst mir, nur um deine Liebe zu mir zu erhalten.**

791. **Jeder, auch du, sieht zu gewissen Zeiten das Licht auf der Erde und in der Welt.**

792. **Ich kenne den Weg, und du wirst gewinnen, zu allen und auch zu mir.**

793. **Wenn man die schlechten Seiten streicht, hat man mehr gute und zählt nur noch nach vorne.**

794. **Immer nur der Arme sein und bedauert werden, kann auch mal ganz schön sein.**

795. **Ich habe die Chance, das zu sagen, was ich will, denn ich liebe dich.**

796. **Kämpfer an der Front sind keine Pazifisten.**

797. **Wer schlechte Erfahrungen macht, sammelt auch gute.**

798. **Die Gesundheit für ein langes Leben ist das Wichtigste, auch wenn man nicht auf den Tod warten muss.**

799. **Ich liebe das Leben, deine Hilfe ist für mich Trost und Wunsch zugleich, in einem von vielen Dingen, die gut sind.**

800. **Suche, wo du helfen kannst.**

801. **Egal, wer du bist, woher du kommst und wohin du gehst, tue Gutes, solange es dir Freude bereitet und du mich liebst.**

802. **Jeder Mensch hat seine Meinung.**

803. **Auch Narzissten sind Menschen, die es ursprünglich gut meinen.**

804. **Den optimalen Zeitpunkt, um das Richtige im Sinne aller zu ändern, zu wollen und zu können, nennt man wahrscheinlich auch ein Wunder.**

805. **Gleich zu sein ist das Ziel.**

806. **Der Stand des Paradieses jetzt ist fehlerfrei.**

807. **Die Menschen lieben sich.**

808. **Die innere Stimme sagt kompromisslos: Sei gut.**

809. **Die Menschen sind, bis auf ihre Fehler, alle gut.**

810. **Fehler halten uns auf Trab und fördern Selbstkontrolle.**

811. **Gott ist nur gut.**

812. **Reiche sind nicht automatisch schlechte Menschen.**

813. **Mein Tod rettet auch Leben.**

814. **Ich liebe euch.**

815. **Beweise dich.**

816. **Mensch bleibt Mensch.**

817. **Frage, bevor du für dich wichtige Entscheidungen triffst.**

818. **Lass dich nicht verunsichern von jemandem, der nicht auf dem neuesten Stand ist, aber glaubt, es besser zu wissen.**

819. **Wer sein Wissen bewusst zurückhält und andere ins Messer laufen lässt, ist ein Schwein.**

820. **Wer Reichtum und ihre Positionen als wichtig ansieht, darf nicht automatisch als tragende Persönlichkeit empfunden werden, wie es bei der älteren Generation oft der Fall ist.**

821. **Innere Werte sind immer vor äußeren Erscheinungen zu bewerten.**

822. **Träume dürfen einen nicht leiten.**

823. **Mach dich nicht abhängig, oder du musst wissen, von wem.**

824. **Wer glaubt, der andere wäre nur gut und glaubt nur an sich, denkt natürlich völlig falsch.**

825. **Werde ich geschlagen, wehre ich mich.**

826. **Die christliche Kirche könnte mit anderen gleichwertigen Religionen eine Vorbildfunktion erhalten.**

827. **Eine Gesellschaft ist multikulturell und nicht allein vom Glauben bestimmt.**

828. **Der, der das Gute verfolgt, gibt jedem sein Recht.**

829. **Der Zusammenhang erklärt die Entscheidung.**

830. **Wenn einem im Moment nichts Schlaues oder Lustiges einfällt, äußert man sich bewusst missverständlich.**

831. **Wer die Welt noch genießen kann, der lebt.**

832. **Geschenke sind Freundlichkeiten, die das gemeinsame Empfinden stärken.**

833. **Abhängigkeit an sich ist gut.**

834. **Liebesbeziehungen töten sich höchstens selbst.**

835. **Jeder Ausländer ist anders und gedanklich auf Anhieb schwer korrekt nachzuvollziehen.**

836. **Keine Liebe entspricht einer neuen und ähnlichen Einstellung zueinander.**

837. **Ohne Gott keine Liebe und auch keine ausreichende Gewissheit zu sich selbst.**

838. **Wer sein Handeln finanzieren und für gut halten kann, macht alles richtig.**

839. **Sei immer gut.**

840. **Mit Schuldgefühlen zu leben, ist nicht der Sinn und Zweck einer Gesellschaft oder Religion.**

841. **Ohne zu fragen, einfach zu helfen, wie man es für richtig hält, ist Glaube an sich.**

842. **Nicht jeder muss wissen, was man über den anderen denkt und wie man für ihn handelt.**

843. **Wer im verstrahlten Gebiet leben muss, stirbt früh und schlecht.**

844. **Das eigene Leben hat Priorität.**

845. **Das Leben eines anderen zu schützen, schützt auch das eigene.**

846. **Ich weiß nicht, wer diese Person ist, aber sie denkt richtig.**

847. **Es gibt Grenzen, die überschreitet man nicht.**

848. **Was man verspricht, hält man – es sei denn, die Meinung hat sich grundlegend geändert.**

849. **Beim ersten Eindruck kann man sich, wenn man aufpasst, nicht immer irren.**

850. **Oft entscheidet die Reihenfolge, nicht der Sinn der Aktion, ob man sich richtig verhält.**

851. **Dass meine Frau mich nicht mehr liebt, liegt nicht an mir, sondern an den unterschiedlichen Erfahrungswerten.**

852. **Wenn man alten Menschen ihren Willen lässt und verspricht, alles zu tun, was sie wollen, leben sie auf.**

853. **Plötzlich andere Wege zu gehen, ist in Ordnung, wenn man etwa statt Müsli Kornbrot isst und damit leben kann.**

854. **Was mich trifft, ist, wenn man Unordnung für mich schafft.**

855. **Jeder muss eine Trennung verarbeiten können.**

856. **Früher galten besser angezogene Menschen als besser.**

857. **Will sich ein Kind entwickeln, braucht es unterschiedlich viel Zeit und Liebe.**

858. **Wen man liebt, sucht man sich aus. Wenn ich könnte, würde ich alle lieben.**

859. **Bevormundung hat noch nie funktioniert.**

860. **Erziehen und Vorbild sein – weiß man, was das bedeutet?**

861. **Allein zu sein hat den Vorteil, selbstständig Fehler machen zu können.**

862. **Es sind die Kinder, die uns retten können, wenn sie es wollen – nicht ich.**

863. **Wir brauchen Ehrlichkeit und Zeit, aber sterben und Tote bitte nicht.**

864. **Wie kann man gerecht sein, wenn alle hungern? Die Wahrheit sagt: Gib so viel du kannst, und Tote werden nicht geboren.**

865. **Die Chance auf Veränderung ist immer da – im Himmel und auf der Erde.**

866. **Wenn die Welt aus Kindern besteht, die zusammenhalten und unser größtes Geschenk sind, dann gehören auch wir alle dazu – alle großen und kleinen Menschen.**

867. **Wenn Kinder für Kinder sorgen, fehlen oft Anregungen zur Selbstständigkeit.**

868. **Kinder sind die wahren Helden, nicht diejenigen, die für den Tod kämpfen und glauben, so Frieden zu schaffen.**

869. **Mit welchem Recht erlauben wir es, dass auch Kinder sterben dürfen?**

870. **Wir wollen nicht nur Frieden, wir wollen eine bessere Welt.**

871. **Ob gepflegte Kinder ein Benehmen haben, sagt nichts über ihren Charakter oder die Richtigkeit ihres Handelns aus.**

872. **Der Glaube an die eigenen Kinder entwickelt sich natürlich, ist aber früh vorhanden.**

873. **Der Iran und seine Verbündeten bombardieren aus vergangenen Konflikten heraus, anstatt Israel Land zu schenken.**

874. **Die Wanderung muss beginnen und wechselt ständig.**

875. **Man braucht das Böse nicht, ein Gespräch hilft immer.**

876. **Ich gebe dir mein Herz und weiß, dass es gut aufgehoben ist, auch wenn du es mir zurückgeben musst und es deiner Liebe wegen vermisst.**

877. **Solange wir zusammen sind, ist es egal, was wir glauben, hoffen oder sagen.**

878. **Kriegsverbrecher und ihre Schande gehen nie verloren und sind eine Erbschuld, die uns belastet.**

879. **Journalisten verbreiten Unwahrheiten über Dinge, die es gar nicht gibt.**

880. **Israel ist ein Brennpunkt.**

881. **Was die Welt heute mehr als je zuvor braucht, sind Vermittler mit Durchblick und Verständnis für Menschen.**

882. **Monarchen können sehr unterschiedlich sein, besonders wenn sie Religion oder Hierarchie nur für sich selbst befürworten.**

883. **Ein Staat ist keine Pyramide, die fest ist und bleibt.**

884. **Jeder darf wählen, ohne Bevormundung und Täuschung der Bevölkerung und ohne Manipulation.**

885. **Wenn sich zwei Monarchen treffen, ist einer zu viel.**

886. **Eine Religion kann nie für das Weltliche eintreten und im Sinne der Bevölkerung regieren.**

887. **Man muss der Welt nicht zeigen, dass das Böse existiert, wenn man selbst urteilt, wie man will.**

888. **Monarchen müssen sich auch für die Menschenrechte einsetzen.**

889. **Ich glaube nicht, dass Machthaber immer so gut informiert sind, wie es draußen wirklich ist.**

890. **Der fortlaufende Weg eines Monarchen ist es, seine Anhänger und die Bevölkerung zu vermehren und somit Macht und Einfluss zu steigern.**

891. **Eine Religion als Staatspräsident funktioniert nicht und darf auch nicht zur Pflicht werden. Religion ist gut und fördert das Glücklichsein, aber sie ist keine Wahl.**

892. **Politik, bei der alle gleich behandelt werden, existiert nicht, wenn Abhängigkeit im System steckt.**

893. **Zu einer Regierung gehört immer eine unabhängige Rechtsprechung, ohne die es nur Willkür gäbe.**

894. **Jedes politische Amt und jede Aufgabe in der Rechtsprechung sollte zeitlich befristet sein und, wenn möglich, fließend ausgewechselt werden.**

895. **Können Monarchen in einem Dialog wirklich über Friedensmaßnahmen reden oder nur über Krieg?**

896. **Ich sage nicht, dass die Führung einer Monarchie das Schlimmste ist, was die Welt nicht braucht, aber die Welt ist voller Monarchen, und wenn sie glücklich und gut sind, kann der Austausch gut sein.**

897. **Gedanken in Richtung Krieg müssen verarbeitet werden.**

898. **Der Gedanke des Kommunismus ist gut, führt aber oft zu Armut und wird durch Enteignung vorangetrieben.**

899. **Hat dein eigener Sohn mehr zu sagen als du selbst, und darf ich meine Schönheit nicht auch zeigen?**

900. **Männer sind, nur weil sie körperlich kräftiger sind, nicht automatisch bessere Menschen oder Herrscher.**

901. **Sex steht dem Mann zu.**

902. **Ein stabiles Einkommen mit Aussicht auf Beförderung ist wichtig.**

903. **Wir sind zwar alle gleich, aber wir lieben nicht alle gleich.**

904. **Jede aktuelle Staatsform hat ihre Mängel.**

905. **Wenn man nur eine Partei wählen kann, regiert man an der Bevölkerung vorbei.**

906. **Der Weg zur Gemeinsamkeit mit viel Demokratie ist das Ziel.**

907. **Wer mit dem Kämpfen begonnen hat, sollte nicht die Rolle spielen, sondern wichtig ist, wer als erstes aufhören kann.**

908. **Abtreibungen müssen immer vom entsprechenden Fachpersonal bestätigt werden.**

909. **Fordere nichts, was du gar nicht willst.**

910. **Hunde brauchen Hundebekanntschaften und freien Auslauf.**

911. **Einem Verbrecher sofort psychische Störungen und Mängel zuzuschreiben, sollte man nicht spekulieren und erst recht nicht der Presse überlassen.**

912. **Wenn ich glaube, etwas falsch gemacht zu haben, versuche ich oft, es mit einem Lächeln als erledigt abzutun.**

913. **Menschen, die ihre eigene Meinung vertreten, sind toll, vor allem wenn sie sich bei Bedarf korrigieren lassen.**

914. **Menschen mit Schwächen werden nicht ausgenutzt.**

915. **Ich habe lustige Nachbarn.**

916. **Wenn man etwas wagt, das man sich nicht zutraut, es aber trotzdem tut und erfolgreich ist, wird man hoch motiviert für neue Dinge, mit oder ohne Handicap.**

sind wir stark

1. Größere Zusammenschlüsse von Ländern in der Welt sollten für Frieden sorgen, bewirken aber oft Angst vor Krieg.
2. Je größer der Zusammenschluss, desto schwieriger wird es, sich zu einigen. Kleinere Länder, die sich einigen, stellen keine Gefahr dar.
3. Wenn ein großer Staat einen kleinen schlucken will, ist Vorsicht geboten.
4. Eine friedensorientierte Weltorganisation sorgt für Einvernehmen.
5. Nur durch Neutralität und Verständnis dem anderen gegenüber sind Lösungen möglich, ohne das System des anderen verändern zu müssen.
6. Die Presse darf nie falsche Berichterstattung oder Meldungen herausgeben.
7. Jeder muss sich seiner Verantwortung bewusst sein.
8. Journalisten können durch falsches Handeln Kriege fördern und die Welt zerstören.
9. Werden kriegerische Gemeinschaften gegründet, wird es auch Krieg geben.
10. Krieg ist für kranke Menschen mit Attest, aber auch ohne.
11. Um die Wirtschaft sinnvoll anzukurbeln, ist Krieg der falsche Weg, denn er zerstört alles.
12. Jedes Land muss sich vergrößern oder verkleinern können, ohne Nachteil.
13. Grenzen müssen verschiebbar sein, bis sich endgültige Lösungen abzeichnen.
14. Wir brauchen ein Zentrum für die Welt, das aus Gründen der Verständlichkeit und Umsetzbarkeit eine überschaubare Anzahl von Mitgliedern nach Wahlen umfasst.
15. NATO und Börse sollten auf Verträglichkeit mit ungerechten Vorteilen und ihrer Gleichstellung überprüft werden.
16. Das Sprachproblem ist dabei ein kleineres Hindernis.
17. Nachhaltigkeit und die Energiefrage müssen beim Aufbau lokal berücksichtigt werden.
18. Es bedarf einer strategisch ausgearbeiteten Lohnpolitik.
19. Explodieren irgendwo Bomben, verursacht dies häufig Krieg, weil der Angreifer oft unbekannt bleibt.

20. Kriegsgegner werden immer schlechtgemacht und beschimpft, um sie von Friedensverhandlungen auszuschließen.
21. Bei jedem Streit gibt es gegnerische Fronten, die wieder zusammengeführt werden müssen, anstatt sie weiter zu spalten.
22. Die Welt ist einmalig, vor allem, wenn sie nicht mehr existiert.
23. **Kriege stehen unter Strafe, ebenso der Aufruf oder das Befürworten von Krieg.**
24. Hass kann nicht als Grund gelten, da man sich oft nicht persönlich kennt und die Berichte der Presse fraglich sind.
25. Statt Grenzen zu fixieren, sollten sie für geregelten Dialog und Austausch in bestimmten Gegenden geöffnet werden.
26. Eine zu gründende Weltorganisation mit Pflichtbestand und für alle entscheidet.
27. Krieg ist keine Option, war es nie, und ist nicht das Gegenteil einer Lösung (bitte ohne Waffen, Fallen, Tretminen oder Atomwaffen).
28. Wer seine Fehler nicht ausleben kann, gehört psychologisch begutachtet.
29. Ein Kompromiss ist nicht das Endergebnis, kann aber helfen, Lösungen zu finden.
30. Ein Angebot mit Nachfrage von jedem unterstützt die Verhandlungen.
31. Wenn die großen Wirtschaftsmächte mit hoher Produktion und Beschäftigungszahlen im Weltkongress vertreten sind, gibt es wahrscheinlich viele Menschen mit Problemen, die indirekt schwer lösbar sind.
32. Ich liebe jeden Blick von Menschen, die mich mögen.
33. Menschen mit ähnlichen Erfahrungen ergänzen sich.
34. Heiratsanträge macht man gemeinsam.
35. Vergewaltigungen werden hart bestraft und sind kein Kavaliersdelikt.
36. Jeder hat seine eigene Meinung, und das ist gut.
37. Wer nicht viel von sich selbst hält, ist oft ein guter Mensch, der sein eigenes Empfinden verbessern will.
38. Ist jemand ehrlich, gut und hilfsbereit, ist es egal, wie reich er ist.
39. **Der Steuersatz wird allein von der Politik festgelegt.**
40. Bei vererbtem Firmenbesitz sollte die Wirtschaft und die Arbeitswelt möglichst nicht geschädigt werden.

41. Der deutsche Staat sollte der Einfachheit halber beim Handel und bei Dienstleistungen nur zwei verschiedene Steuersätze erheben.
42. Trotz niedriger Steuersätze auf Grundnahrungsmittel erhält der Staat die meisten Einnahmen, was richtig ist.
43. Die Erhebung von Abschlägen auf ausländische Produkte ist in mehreren Ländern umstritten.
44. Was man für sich selbst tut, ist persönlich und darf nicht von außen bestimmt werden.
45. Man kann nicht erwarten, in der Jugend bereits den eigenen Werdegang und die eigene Meinung festgelegt zu haben.
46. **Jede Entscheidung betrifft auch andere.**
47. Wer glaubt, sich nicht mit den eigenen Kindern streiten zu dürfen, liebt sie nicht wirklich.
48. Je mehr sich der andere versteckt, desto mehr liebt man sich.
49. Kranke, besonders psychisch Kranke, merken oft nicht, wann sie krank werden, und die Menschheit darf nicht leichtfertig beflügelt werden.
50. Der richtige Zeitpunkt ist schwer zu finden.
51. Das Einzige, was wir brauchen, ist Ehrlichkeit und Rücksicht auf das, was wir für wichtig halten.
52. Die Welt wird eins, unser Geschenk an Gott, der es so will. Er sieht das Ende kommen, wartet, läuft weg und ignoriert es, um den Wunsch aller zu erfüllen.
53. Wer Hunger hat, sollte nicht gierig alles in sich hineinstopfen.
54. Ich glaube, arme Menschen denken mehr an andere, während die Reichen mehr an sich und ihre Machenschaften denken.
55. **Der Übergang ist fließend.**
56. Die Welt spielt nicht verrückt, aber man muss darüber nachdenken.
57. Ich bin kritisch, hinterfrage alles und traue letztlich wahrscheinlich niemandem.
58. Der Grund, es wissen zu wollen, bist du.
59. Migranten zu akzeptieren und sie in ihrem und unserem Sinne zu fördern, ist Teil des Sinns der Einwanderung.
60. Wer glaubt, zu viel Liebe zu empfangen, versteht nicht alles falsch.
61. Zu dir stehe ich in einer langen Schlange von Lebewesen, und ich werde nicht umdrehen oder falsch denken.
62. Wer seinen eigenen Stolz nicht findet, sieht nur Probleme.

63. Deine eigenen Kinder sind ein wandelndes Universum der endlosen Liebe und ein Versprechen für immer.
64. Jeder ist anders, um Vergleiche zu ziehen.
65. Vornehme Menschen zeichnen sich oft durch ihre Unehrlichkeit aus, loben und singen ihre eigenen Lieder.
66. Manchmal kann man das Glück nicht wählen, und dann kommt alles auf einmal.
67. Die Fehler der anderen sollten mich nicht belasten.
68. Man muss die Gefühle der anderen richtig deuten können.
69. Wenn die Eltern einem nie Recht geben, endet die Positionierung.
70. Meine Eltern stellen sich älter dar, als sie sind, um mir keine Unterstützung zu gewähren.
71. Immer dagegen zu reden, aus Furcht und Angst, ist nicht immer möglich und schwer zu verarbeiten.
72. Das Spektrum für die Zukunft einer guten Erziehung ist groß.
73. Jeder ist zu bestrafen.
74. Wer Kontakte sucht, findet Lebenserfahrung und Hilfe, wo immer er will.
75. Das Paradies ist da, ich habe es erreicht und halte es fest: blauer Himmel, Sonne, Wasser – und du, um das alles in der Welt zu verkünden.
76. Was ich auch vorhabe, ich denke in jedem Moment an dich und glaube an dich.
77. Eine Krankheit zu erkennen, heißt nicht, sie auch heilen zu können.
78. Explosionsartige Verteuerungen an der Börse können nicht durch Kontrolle reguliert werden, sondern werden von Bestand und Nachfrage bestimmt, ungedämpft und ohne Reserven.
79. Ich darf keine Angst vor Menschen haben.
80. Müll sollte möglichst vermieden, ansonsten zumindest sortiert werden.
81. Gut zu sein bedeutet Liebe, und das sollte immer das Ziel eines jeden sein.
82. Manchmal ist eine Notlösung die beste Entscheidung.
83. Wenn Kinder die Scheidung der Eltern nicht gut verkraften, versuchen sie, Partei zu ergreifen, was falsch ist.
84. Wie du lebst, liebe ich vollständig. Ein leerer Weltraum existiert nicht.

85. Ich wünsche mir oft, du wärst hier, und wir könnten mit dir leben.
86. Liebe kann nicht bestehen, wenn man mit dem Partner nicht mehr zurechtkommt und trostlos wartet.
87. Einen neuen Tag zu feiern beginnt, und keiner sagt nur, dass es jetzt soweit ist.
88. Die Stille liegt mir, sie verkörpert Gefühle, rund oder direkt, auf deinem Weg zu mir.
89. Rette meine Liebe vor Kummer und Einsamkeit. Grüße aus dem Nirgendwo, denn ohne deine Berührung sterbe ich innerlich.
90. Der Umzug einer Firma aus steuerlichen Gründen ins Ausland ist genehmigungspflichtig und unterliegt ständiger Kontrolle, die sie zurückholen sollte.
91. Auf Wiedersehen – ich muss so handeln, meine Tränen finden den Weg nicht. Es hätte nie so sein dürfen, mein Weg zu dir ist versperrt.
92. Wenn Kassen die Medikamente mit den Herstellern bestimmen, werden Ärzte in ihrer Freiheit und Wahl eingeschränkt.
93. Wer viel trinkt, spült Medikamente aus.
94. Vorsicht beim Umsetzen deiner Träume.
95. Man muss nicht immer die Wahrheit sagen, aber das Gegenteil?
96. Wenn jemand sagt oder spürt, dass er dich nicht mehr liebt, muss man es glauben oder zumindest darüber nachdenken.
97. Nicht jeder Wunsch wird erfüllt, aber fast jeder.
98. Es muss eine Zentrale für Migranten geben, die nur für sie da ist.
99. Fehler kann man verzeihen oder sie verzeihen sich von selbst.
100. Manchmal glaube ich, lieber Gott, du stehst direkt hinter mir.
101. Letztendlich möchte ich mit jedem zusammenarbeiten.
102. Auch wenn ein Bonus beim Erreichen der Ziele gesetzlich vorgesehen ist, darf er bei Verlust oder staatlicher Unterstützung entfallen.
103. Wenn man sich zu sicher ist und nicht mehr nachdenkt oder falsch nachdenkt, macht man leicht Fehler.
104. Jede geplante Maßnahme oder jeder Plan ändert sich und muss angepasst werden.
105. Wer die Lösung hat, dem geht es gut und er lacht, trotz der vor ihm liegenden Arbeit.
106. Wer entspannt nachdenkt, ist aufnahmebereit und dem Guten zugewandt.

107. Wenn seltsame Dinge passieren und man nicht weiß warum, kann das einen eine Zeitlang prägen, bis man merkt, dass man selbst nichts damit zu tun hat oder auf den richtigen Weg geleitet wird.

108. Es gibt immer Dinge, mit denen man nicht gerechnet hat, aber muss ich das auf mich beziehen?

109. Komm zu mir, wenn du einsam bist und Hilfe brauchst.

110. Wir halten zusammen, und das ist das Einzige, was zählt.

111. Kulturen sind oft der Lebensinhalt, den wir brauchen.

112. Menschen, die Tiere quälen, einsperren oder verhungern lassen, sollten hart bestraft werden.

113. Wer wichtige Entscheidungen anderen überlässt, ist eigentlich dumm.

114. Wahlen dürfen, solange es Grenzen gibt, nicht vom Ausland beeinflusst werden.

115. Wenn Kinder ständig gelobt werden, verunsichert man sie und ärgert sie damit.

116. Kinder gegeneinander auszuspielen, hilft keinem.

117. Grenzenloser Optimismus stört.

118. Wer glaubt, nicht geliebt zu werden, neigt zum Egoismus.

119. Die Steuern für Spitzenverdiener müssen erhöht werden.

120. Die Erbschaftssteuer für privat weitergeführte Unternehmen sollte niedriger sein als für reine Erbschaften.

121. Beschneidungen sind nicht gesetzlich geregelt und auch nicht von der Religion getragen, sondern fälschlicherweise aus Kultur von Muslimen und Juden übernommen.

122. Der Ukraine hilft die Fortführung des Krieges nicht.

123. Banken und Versicherungen sollten möglichst breit und länderweit verstaatlicht werden.

124. Das Ausland darf helfen, wenn es geprüft ist und uns nichts diktiert.

125. Die Mittelschicht und nicht die Reichen sollten regieren.

126. Plastikmüll aus schädlichen Giftstoffen sollte verboten und Mehrweg finanziell unterstützt werden.

127. Bestrafen, wenn überhaupt, sollte nur verhältnismäßig geschehen.

128. Du bist vom Himmel, und ich glaube an dich, egal was machbar ist, wir erreichen die Güte mit Glück.

129. Nur wir alle sehen den Vorhang, und keiner zieht ihn auf, um den richtigen Weg zu finden.

130. Wer den Willen Gottes akzeptiert, bestätigt auch die Richtigkeit seiner Bestimmungen.

131. Deine Güte bewirkt, dass man das Schlechte nicht ganz vergisst, aber Trost sucht.

132. Der Plan heißt, Liebe im Guten, mit Glück, Zuversicht und vor allem mit dir.

133. Alte Menschen betteln um Gefühle, die sie einst erhalten haben und erhalten könnten, doch die Einsamkeit stützt sie nicht.

134. Meine Arme sind weit geöffnet, wenn du mich liebst, egal woher du kommst oder wohin du gehst, solange es mich gibt.

135. Schlechte Erfahrungen töten Gefühle, die abgelegt werden müssen, in Ruhe, ohne Zeitdruck, mit Einvernehmen, Glauben und Liebe.

136. Wenn Eltern zu 100 % an dich glauben würden, ginge es dir besser.

137. Funktioniert es nicht sofort, dann eben gleich danach.

138. Manche Menschen brauchen scheinbar viel zu lange, um sich wirklich kennenzulernen.

139. Das Herz erwärmt das Blut, doch manchmal hat man kalte Hände.

140. Die Zentralbank steuert über Zinsveränderungen das Weltgeschehen und das Leben.

141. Wir waren verliebt ins Vertrauen und leben ohne dich, verlassen vielleicht ohne ein Zeichen der Reue und verliebt ins Gegenteil.

142. Schönheit mit Musik untermalt tut gut.

143. Verlass mich nicht in Trauer oder in meiner Hilfsbedürftigkeit, denn dann werde ich laut schreien, und irgendwo wirst du sein – unsere Liebe und Verbindung grenzenlos, ohne Ende, doch mit Anfang.

144. Einen bellenden Hund zu sehr zu loben, sollte man vermeiden, nur gezielt.

145. Den eigenen Familienvorsprung im Liebhaben zu bewahren, ist schwer, aber machbar.

146. Wer mit mir verstecken spielt, um sich danach zu versöhnen, den möchte ich nicht.

147. Wenn Eltern ein Leben lang bestimmt haben, bleibt das fest verankert.

148. Jeder nutzt Freiheiten aus, auch wenn sie nicht erarbeitet oder gerecht erworben wurden.

149. Trauer kann man nicht bekämpfen, manche lachen einfach.

150. Einen Scherbenhaufen zu hinterlassen, ist typisch für Menschen, die fast nur aus Fehlern bestehen.

151. Natürlich helfen – aber wie, wenn ich keine Schuld trage und du mit mir in diesem Ton nicht sprechen willst?

152. Die Reise nach oben führt über Verständnis und Zuneigung.

153. Alle Tiere haben Charakter und wissen fast immer, wann sie etwas falsch gemacht haben.

154. Eine gerechte Bestrafung muss sein, und das Tier spürt sein Fehlverhalten, auch ohne Belohnung für gutes Verhalten.

155. Wer Fehler macht oder andere ungerecht behandelt, muss sich schnell entschuldigen, um wieder neutral zu sein.

156. Ich verspreche mir selbst, nie wieder mit Gefühlen und Eindrücken zu spielen, wie ich es auf der Erde getan habe oder tun werde – jetzt und in Zukunft.

157. Ich überlebe eher in der Vergangenheit, und der Verlust von dir kann Wünsche wecken, aber nichts bestimmen.

158. Keiner ist wie du.

159. Tote, die auferstehen, sehen immer anders aus, tragen aber die gleichen positiven Eigenschaften in sich – neue Fehler könnten entstehen oder alte wieder auftauchen.

160. Neue Menschen sind Teil der alten, aber gleich aussehende Menschen gibt es nicht.

161. Wer immer versucht, als der Gute dazustehen, neigt dazu, die Fehler anderer abfällig zu behandeln.

162. Verliert man die Liebe, merkt man es spätestens, wenn der Partner unfreundlich und egoistisch wird, auch wenn man es nicht wahrhaben will.

163. Jeder muss auf irgendeine Weise mithelfen.

164. Gleich sind wir alle – nur nicht vom sozialen Standard her.

165. Wer die Tendenz zum Guten ignoriert, wird bestraft.

166. Wer mich schlägt, den schlage ich, wenn möglich, zurück.

167. Wenn es dem anderen ungerechterweise besser geht, ärgert man sich, aber man sollte sich nicht an ihm abreagieren.

168. Mein Hauptjob ist es, Migranten weltweit über eine Art Börse, finanziert durch Spenden, zu vermitteln.

169. Wie Eltern eifersüchtig auf ihre eigenen Kinder sein können, ist mir ein Rätsel.

170. Im Krieg wird die Finanzierung von Banken und Ländern weltweit in Mitleidenschaft gezogen.

171. Energie und Wirtschaft sind auch im Kriegsfall weltweit verflochten.

172. Geheimdienste und Spionage sind weltweit gängige Praxis.

173. Man sollte niemanden als böse bezeichnen – er hat seine Fehler nur nicht im Griff.

174. Man kann auch an das Unwahrscheinliche glauben.

175. Wenn man Geschenke immer ablehnt, enttäuscht man den anderen.

176. Tote können entscheiden, ob sie sich in Luft, Erde oder Wasser verwandeln wollen.

177. Holst du das Beste aus mir heraus und liebst mich mit den besten Bedingungen, die ich auch an dir schätze, dann glaubst du, dass du nicht besser bist als ich.

178. Hat man eine Meinung, besteht man in der Gesellschaft, nicht aber, wenn man jedem zustimmt.

179. Wünsche träumt man nicht, man erfüllt sie.

180. Ich spiele meine Rolle, die mir zusteht, denke nach, gehe nach Hause und bin wieder alleine.

181. Auf reiner Fehlersuche und mit Beschuldigungen verfällt man leicht in Irrsinn und falschen Glauben.

182. Manchmal glaube ich, ich lebe in der Vergangenheit, und alle anderen wissen mehr als ich.

183. Vieles klingt vorhergesagt und falsch, oder es stimmt.

184. Je mehr ich bei meiner Entscheidung berücksichtigen muss, umso anstrengender wird sie.

185. Manchen Menschen unterlaufen mehr Fehler als anderen.

186. Eine nachträgliche Änderung bedarf besonderer Genehmigung.

187. Du lebst und beweist dir selbst mit Gottes Hilfe etwas, sonst kannst du nicht glücklich sein.

188. Wenn du tot bist, ruft keiner mehr nach dir und fragt, ob es noch so stimmt, wie es gestern war.

189. Der Beste sein, ohne Geld, ist denkbar.

190. Die Welthungerhilfe braucht Geld, idealerweise durch regelmäßige Spenden oder Daueraufträge, um Projekte kurzfristig und

nachhaltig zu unterstützen, damit sich Betroffene langfristig selbst helfen können.

191. Hilfe für legale Migration ist eine globale Verantwortung – sowohl in Arbeitsleistung als auch in finanzieller Unterstützung.

192. Die Entlohnung von Migranten, sowie von Arbeitern aus Europa, sollte an die Tätigkeit angepasst und erhöht werden.

193. Die Entlohnung der Mittelschicht sollte stabil bleiben, während die Spitzenverdiener mehr bezahlen.

194. Ein Arbeitsleben, das auf verschiedenen, wechselnden Arbeitsverträgen basiert, sollte es nicht geben.

195. Verträge von Spitzenverdienern sollten zeitlich begrenzt sein, gefolgt von Pausen.

196. Keine Gedenktage für alte Krieger ins Leben rufen, bitte.

197. Wir werden zusammen sein, ohne uns zu isolieren oder allein zu bleiben.

198. Wenn Rauschgifte Medizin sein sollten, dann nur auf Rezept und in Apotheken erhältlich.

199. Wenn Gott es will, dürft ihr mich „zerlegen“, wie ihr wollt – Gott bestimmt über mich, nicht ich.

200. Man ist erst tot, wenn man ein neues Leben beginnt, mit alten positiven Aspekten und neuen Fehlern.

201. Vielleicht muss Gott auch nicht wissen, wann und wie ich sterbe.

202. Gute Laune hilft, die Stimmung zu heben.

203. Mach die Menschen nicht neidisch, sie missverstehen leicht und könnten dir schaden.

204. Ausländer bleiben je nach Anpassung und Erwartungshaltung lange Ausländer.

205. Wenn Menschen Liebe empfangen, schmilzt das Eis.

206. Wenn dein Chef ein Mann, eine Frau oder ein Ausländer ist und dein Freund – dann ist alles in Ordnung.

207. Einnahmen der Weltbank werden nach Bedürfnissen und Dringlichkeit grenzübergreifend eingesetzt, ohne Minderheiten zu benachteiligen oder Spenden zu fordern.

208. Wer Wohnraum zerstört, obwohl es Hilfesuchende gibt, wird überprüft und zur Verantwortung gezogen.

209. Eigentümer sind besser gestellt als Mieter.

210. Wenn die Belastung für Besitzer zu hoch wird, steht Wohnraum zur Verfügung.

211. Der Staat bestimmt über Steuern bei jedem Kauf oder Verkauf, und nicht nur über zweckgebundene Gelder.

212. Wenn beide Ehepartner arbeiten, sollte einer weniger Steuern zahlen.

213. Das Einkommen und der Besitz werden in Größenordnungen von Millionen, Milliarden oder Billionen an den Staat abgeführt, mit festgelegten Grenzen.

214. Bei Fehlverhalten droht Gefängnis.

215. Für Vorsorge (Rente, Pflege, Gesundheit) gibt es keine Wahlmöglichkeit – Superreiche zahlen für alle.

216. Jeder zahlt Miete, Strom, Heizung, Wasser und Müll selbst.

217. Wenn das Gehalt brutto wie netto ist, muss sich der Staat neue Einnahmequellen überlegen.

218. Ein Vorteil wäre, dass Schwarzarbeit nachlässt und wir wettbewerbsfähiger werden.

219. Jede Ausgabe der Reichen muss den Armen helfen, zum Beispiel durch hohe Steuern auf Besitz, Luxus und Vermögen.

220. Reduzierung und Abgabe von Vermögen und Gehalt ist Pflicht.

221. Ist es richtig, wenn man auf sein Gehalt keine Steuern zahlt, sondern nur auf Ausgaben wie Einkäufe?

222. Es muss sich auch lohnen, für das Wohl der Gesellschaft arbeiten zu dürfen.

223. Eine neue Regierung sollte teilweise aus der alten bestehen.

224. **Wer sich nur an Gesetze hält, handelt ohne Gewissen.**

225. Was man spart und nicht behalten möchte, gibt man weiter.

226. Es hilft niemandem, wenn man knallhart die Meinung hört.

227. **Schon Kinder sollten lernen, ihre eigene Psyche zu verstehen.**

228. Wenn ich morgen sterbe, will ich mein Ziel erreicht haben.

229. **Die letzten Worte sind nicht die wichtigsten.**

230. Manche glauben, dass dumme Menschen extrem ehrlich sind, während intelligente nur ihren Vorteil sehen.

231. Unklarheiten oder Fragen sollten immer geklärt werden.

232. **Wenn man Kinder bekommt, dürfen Familien nicht in Armut fallen.**

233. Jede Art von Arbeit hilft der Gesellschaft.

234. Wer nachdenkt, bevor er spricht, hat Vorteile.

235. **Wer glaubt, in einer Demokratie koste alles Gleiches dasselbe, experimentiert mit dem Kommunismus.**

kann losgehen

1. Die Sonne ist unsere Energiequelle Nr. 1.
2. Die Nutzung fossiler Energien schadet mehr, als sie hilft.
3. Es gibt keinen Alternativplaneten zur Erde.
4. Ob gewollt oder ungewollt, unsere Energiequellen schwinden weltweit.
5. Wir sind großartig und meistern alles bis zum Ende – das ist meine Sicht, die uns direkt zum Nachdenken über die Welt führt.
6. Das Gute überwiegt, es ist immer da, und unsere Fehler nehmen extrem ab.
7. Ich will gut sein und habe keine Angst davor, den Weg zu erkennen, der für alle gleich und dauerhaft ist.
8. Wer die Tendenz zum Guten, gegeben von Gott, missachtet, verhält sich falsch und macht sich strafbar, was mir das Recht gibt, ihn zu verurteilen.
9. Es gibt keine Fehler ohne einen Grund.
10. Kriegsgebiete sind uninteressant, da Grenzen irgendwann verschwinden werden, sobald wir nach Wanderungen und Wiederaufbau unsere endgültige Heimat gefunden haben.
11. Demokraten, Moslems und Kommunisten werden sich am Ende vermischen, müssen sich aber zunächst separat finden.
12. Wir formen die Erde zu unserem Paradies und bleiben so.
13. Im „Spiel des Lebens“ werden wir Guten immer mehr, bis alle Fehler behoben sind und Gott für uns alle da ist.
14. Wenn wir es nicht schaffen, die Erde im Rhythmus zu halten, werden wir versetzte Tag- und Nachtzeiten haben, und die Sonne mit ihren Bahnen wird das beeinflussen, was Leiden unter den Lebewesen verursacht.
15. Das Größte, was passieren kann, ist, dass wir als Welt und als Individuen – zusammen mit Pflanzen und Tieren – Gott die Hand reichen können.
16. **Niemand ist schlecht, wir sind Kinder Gottes, lieben ihn und erreichen das Unglaubliche, was Gott uns gegeben hat: ein neues Leben für uns hier auf der Erde, im Paradies.**
17. Tiere bellen und hören Stimmen, Pflanzen erobern die Sonne, und Menschen finden und knüpfen Kontakte.
18. Eine Frage, die nur mit einer Gegenfrage beantwortet wird, bringt nichts.

19. Auch Gegenfragen haben ihre Aussagekraft.

20. Fehler muss man erkennen und korrigieren.

21. Die westliche Welt braucht „Arbeiter“ aus allen Klassen und Ländern.

22. Die Einreise und Weiterleitung müssen gewährleistet sein.

23. Lokale Energiequellen werden ausgebaut.

24. Die Nachhaltigkeit von Häusern, Infrastruktur und Städten ist zunächst fraglich, solange der endgültige Zustand noch nicht sichtbar ist.

25. Die Endlösung ist die Zukunft, und sie ist machbar.

26. Das Leben steht vor dem Zeitfaktor.

27. Ein guter Witz ist lustig, und alle lachen.

28. Wunder gibt es, und sie leiten uns.

29. Keine eigene Meinung zu haben, ist strafbar.

30. Prominente verstehen nicht, was Politik wirklich ist.

31. Die USA will zur einzigen Weltmacht werden, mit großem Gefahrenpotenzial, greift zu allen Waffen und hat Verbündete durch wirtschaftliche Zusagen und Geld.

32. Kleinere Länder haben dieses Problem in geringerem Maßstab.

33. Wer nur das macht, was er für sich richtig hält, ist gefährlich.

34. Wer für eine Sache ist, ist nicht automatisch gegen die andere.

35. Wenn Kommunisten nicht bald für Gleichheit sorgen, wäre ich lieber Kommunist als Monarch unter den USA.

36. Ich wache auf, alle grüßen mich, und der Tag beginnt.

37. Den Atem anzuhalten, um in den Tiefschlaf zu fallen, hat den Nachteil, dass Spucke in die Luftröhre gelangt und man fürchterlich husten muss.

38. Wer glaubt, alles machen zu können, irrt sich.

39. Ungerechtigkeiten werden geahndet.

40. Ein früher oder später Tod kann Gottes Wille sein.

41. Was einem gehört, darf einem nicht einfach weggenommen und einem anderen gegeben werden.

42. Wir werden eine Welt mit vielen Ländern, die sich ergänzen und gleichwertig sind.

43. Es gibt keine Nation, die sich nicht von anderen angezogen fühlt, um sich wohlzufühlen.

44. Eine Diktatur kann entstehen oder fortgeführt werden, aber sie hat keinen dauerhaften Bestand, weil sich niemand langfristig darin verstanden fühlt.
45. Freiheit und Chancengleichheit sind Pflicht, wenn man einen Staat schaffen will, der den Menschen fördert.
46. Das Ziel aller Staatsgründungen sollte Religion, Gleichheit und Ehrlichkeit sein.
47. Musik, Sport und Kultur verbinden uns und sorgen dafür, dass wir uns miteinander wohlfühlen.
48. Unsere Rolle zu Gott ist für alle Menschen gleich.
49. Jeder Mensch braucht einen Ausgleich zur täglichen Arbeit.
50. Kinder sollte jeder haben.
51. Perfektionisten sind wir alle, und sie werden gebraucht.
52. Die Sonne verbrennt uns nicht, sie leitet uns weiter.
53. **Der Vorteil gibt dem Nachteil seine Meinung, und der Nachteil profiliert sich.**
54. Gott empfängt dich und gibt dir etwas zurück – für den Moment, aber auch für längere Zeit.
55. Pflanzen können das Paradies genauso beeinflussen wie Menschen und Tiere – natürlich unter Gottes Anweisung.
56. Ich hoffe, ich werde nicht verrückt, weil ich weder Pflanzen noch Tiere jemals reden gehört habe.
57. Wer alle Lebewesen für gut hält, sie so behandelt und selbst so ist, kann ein schönes Leben im Paradies führen, wenn er diese Einstellung dauerhaft beibehält.
58. Das Verlangen nach mehr hat Grenzen, die jeder kennt.
59. Ich kann mir vorstellen, dass Pflanzen sowohl im Guten als auch im Schlechten wirken können.
60. Wer von sich glaubt, er sei gut, läuft Gefahr, den Kontakt zur Umgebung verloren zu haben.
61. Es wird viele Meinungsverschiedenheiten geben, die sich jedoch alle klären werden.
62. Es gibt eine Endlösung, die man erahnen kann und auf die man sich freuen darf.
63. Frieden ist möglich und mehr als das.
64. Man darf überlegen, worüber sich der andere freuen könnte.
65. Das Leben ist kurz.

66. Wir müssen nicht ständig an Wunder glauben – vor allem an nicht allzu außergewöhnliche.

67. Wer seine Sprache, seine Meinung und ihren Sinn zufrieden umschreiben kann, hat Glück – sollte es aber auch einmal in Ruhe versuchen.

68. Fühle ich mich zu gut behandelt, bekomme ich ein schlechtes Gewissen.

69. Wer als Macher und Entscheider von früher, heute mit über 100 Jahren noch allein alle Entscheidungen treffen will, muss vorsichtig beobachtet werden.

70. Nachdem wir leben und uns kennenlernen, kommen wir zur Liebe zusammen und hoffen auf Gott.

71. Es scheint weit weg zu sein, aber schau dich um und spüre die Zuversicht, die du brauchst.

72. Wir sehen uns wieder, die Welt lebt, und wir machen uns glücklich.

73. Frage nicht, wo du bist – du weißt es, und nichts ist besser, als dich und dein Spiel überall verfolgt zu sehen.

74. Die Fehler sind weg, das Paradies ist da, die Menschheit ist froh, ohne Sorgen und Unruhe, die das Leben bestimmt.

75. Engel durchqueren die Welt, finden Plätze und auch meine Lieben, die ich nie vergessen konnte.

76. Nichts ist verschwunden, die Fehler sind umgewandelt, Vergangenheit.

77. Ich frage mich, wie ich so dumm sein konnte, nicht zu erkennen, dass nicht unser Oberhaupt den richtigen Weg bestimmt, sondern du – immer nur zum Guten.

78. Ich sehe dich im blauen Himmel und liebe dich über alles. Ich weiß und sage es auch: Du bist Glück, Liebe und das wahre Leben.

79. Ich möchte nur noch meine Liebe – die Tage sind so wunderbar. Bleibe gut und genieße Gottes Geschenk.

80. Leere Herzen verwunden mich, denn wir sind doch alle gleich und wollen den anderen tolerieren und mit ihm glücklich sein.

81. Jeder hat etwas Gutes und kann daraus Liebe entwickeln, genießen und beweisen, dass seine Stärken mit dem Willen zur Vervollständigung aufblühen und wachsen.

82. Ich liebe das Leben und auch das Ende, wenn du es so willst, und dich nicht wunderst, wie viele Fehler noch übrig geblieben sind.

83. Der Mensch erscheint, spricht, schimpft, singt und bestimmt auf seine eigene Weise, die ich kennenlernen und lieben möchte.

84. Ob alle in der Religion nur Gott sehen oder der Glaube unterschiedlich praktiziert wird, ist egal – wo wir ihn sehen, kommen wir, um gut zu sein.

85. Die Engel fliegen überall, kennen den neuesten Stand und freuen sich natürlich auch.

86. Wer den Weg und das Ziel kennt, zeigt Freude, und wenn sich die Menschen besser kennenlernen und verstehen, was Liebe ist, dann wird alles gut.

87. Nichts ist zu weit weg, wir sind eins, als Seelen, die sich zu einem Zusammenschluss der Gleichheit für alle finden, jetzt und immer, auch in der Zukunft – und wer es glaubt, weiß es schon lange.

88. Bewegung hält uns fit – die Erde, die Sonne und das Wasser sind überall da, von dir für uns.

89. Träume sind nicht dein Werk, lieber Gott, aber du nutzt sie teilweise, um uns Fragen zu stellen.

90. Wer Angst bekommt, weil er glaubt, nicht gut genug zu sein, sieht Gott in der ersten Reihe und weiß, dass dies die Besten sind – und er liebt sie sofort.

91. Erfahrungen sammeln wir schnell, wenn es sein muss, sofort – die Erleuchtung zählt und das Leben mit dir.

92. Dich zu sehen bleibt Illusion, aber in meinem Herzen bist du und bringst Glück für immer. Die Zeit, die ich brauche, ist nebensächlich, denn sie steht jedem zu und geht unendlich weiter.

93. Höre die Predigt, verstehe, was gemeint ist – wir alle werden profitieren. Was könnte schöner sein, als alle gleich zu sehen und zu wissen, dass unser Handeln Sinn macht?

94. Wir erkennen uns nur durch unsere Seele, das Gute in uns. Die äußere Hülle ist anders, die Fehler sind ganz weg.

95. Gott gibt dir Recht, auch wenn du allein durch die Welt ziehst und gut bleibst.

96. Wir sehen uns und glauben.

97. Wir haben alle unseren gemeinsamen Gott, dich in der Sonne, die wir alle lieben.

98. Ein anderer Gott ist bei dir und predigt deine spezielle Religion, je nach deiner Glaubenszugehörigkeit.

99. Der dritte Gott ist in jedem Körper, er passt auf, berät und stützt.

100. Man sagt, der Mond mischt sich ein, wenn eine neue gute Idee verarbeitet werden muss.

101. Die Engel bringen die Seelen zu den Sternen, je nach Gottes Bestimmung, entsprechend ihrer Entfernung zur Erde und ihrem Zustand.

102. Wir befinden uns immer im Kreislauf, es sei denn, Gott genehmigt uns ein Leben lang im Paradies, im passenden Alter, mit oder ohne Zuwachs.

103. Menschen finden sich, denn sie lieben und hoffen mit Zuversicht – das steigert die Gemeinsamkeit.

104. Wir müssen durch Spenden diesen Weg finden, hoffen auf Zuspruch, vor allem von den Reichen, und bieten ihnen Alternativen.

105. Die Welt zu verändern ist eine Aufgabe für die ganze Welt.

106. Auch die Religionen müssen sich beteiligen, denn sie preisen das Gute an – das ist in ihrem Sinne.

107. Der Bau und die Unterhaltung der verschiedenen Religionen ist Sache der Staaten, in denen sie gepredigt werden.

108. Ich empfehle stark die Demokratie, ohne verlorene Stimmen, mit einem Führungswechsel alle vier bis fünf Jahre.

109. Ein Teil der Demokratie ist die Verwaltung, die ohne große Entscheidungsnotwendigkeit geführt wird.

110. Die Banken sind ebenfalls Teil der staatlichen Welt-Demokratie.

111. Versicherungen benötigen nicht immer Konkurrenz oder Wettbewerb.

112. Ich finde Partnerländer gut.

113. Patenschaften und internationale Einrichtungen bilden weiter.

114. Menschen, die wie aus dem Ei gepellt erscheinen, sind mir suspekt.

115. Dass jemand als Bettler anfängt und als Stinkreicher endet, ist nicht nachvollziehbar.

116. Wettbewerb in der unteren Schicht ist sittenwidrig.

117. Politiker brauchen kein zusätzliches Geld für Gesundheitsvorsorge, Urlaubsgeld, Kleidung oder Fortbewegung.

118. Ein Jurist sucht Fehler, ein Philosoph verbreitet Gutes.

119. Ich möchte auf andere sympathisch wirken.

120. Bitte eine Weltorganisation zur Weltmacht gründen.

121. Ausländer haben andere Fehler als wir, die wir noch nicht so gut kennen.

122. Ich bin kein Einzeltäter, ich suche das Gute für alle und glaube an mich.

123. Ich schätze den eigenen Willen einer Person genauso wie die Gemeinsamkeiten.

124. Ich glaube, Hunde empfinden mehr Neues als Menschen.

125. Wir lieben alles, auch wenn man nicht alles mögen muss.

126. Ärger gehört zum Leben.

127. Manche Menschen tun sich schwer, ihre Meinung zu ändern.

128. Wer glaubt, etwas Besonderes zu sein, irrt sich.

129. Auch bei schlechter Verständigung kann das Miteinander perfekt sein.

130. Im Alter verblasst das Einfühlungsvermögen.

131. Wer viele Kulturen und ihre Verhaltensweisen kennenlernen darf, hat einen guten Blick auf Menschen.

132. Atomium entsteht, wenn der Körper nicht mehr erkennt, was ihm schadet.

133. Liebe ist die Leitfigur für alle.

134. Gib dem Fehler keine Chance, alles zu vergiften, sondern führe ihn zur Lösung.

135. Das eigene Land zu zerstören, um es mit Hilfe wieder aufzubauen, ist unsinnig.

136. Niemand darf einfach gehen, wenn er richterlich eingewiesen wurde.

137. Beweise dir erst, dass du gut bist.

138. Verlebe eine Abschiedszeremonie, wie sie hier üblich und gut ist.

139. Wer gesund ist, sollte dafür dankbar sein.

140. Die Bezahlung muss dem Verhältnis entsprechen.

141. Man kann es allen Lebewesen recht machen, ohne unglücklich zu werden.

142. Ich glaubte einmal, man liebt nur einmal im Leben, aber das stimmt nicht.

143. Wer egoistisch handelt, glaubt meist, nicht beobachtet zu werden.

144. Mein Leben gehört mir und niemandem sonst, selbst wenn ich darüber berichte.
145. Ständig unter Beobachtung zu stehen, ist anstrengend.
146. Ich mag keine Menschen, die sich für andere aufopfern.
147. Man sollte sich nie über den Wert des Lebens lustig machen.
148. Es gibt Dinge, die richtig sind, und man muss sie einfach tun.
149. Zug- und Druckkräfte am falschen Ort führen zu Problemen.
150. Nichts ist sinnlos.
151. Das Gesicht eines liebenden Menschen ist wunderschön.
152. In der Welt gleicht sich alles aus.
153. Sich nach dem anderen zu richten und sich zurückzunehmen, ist schwer.
154. Jeder darf und kann sich abreagieren, wenn es ihm schlecht geht.
155. Handle nach deinen Vorstellungen und richtig.
156. Wer seine Spontanität verliert, hört auf zu leben.
157. Auf morgen kann man hoffen, aber sich nicht darauf verlassen.
158. Ohne die Hilfe anderer existiert der Mensch nicht.
159. Über Kriege werden Länder zerstört, die aus Solidarität wieder aufgebaut werden müssen – vielleicht sogar bewusst?
160. Heilen Wunden nicht komplett und gleich, entstehen neue Herde für Krankheitserreger.
161. Nicht jeder Einzelne kann Hilfe zusagen, wenn du sie brauchst.
162. Die Menschen wissen um ihre Gleichheit und den Weg dorthin.
163. Je mehr wir zerstören, umso mehr kann wieder aufgebaut werden.
164. Das Sterben von Lebewesen und der Natur scheint dabei keine Rolle zu spielen.
165. Menschen, die sich im Wahnsinn durch Zerstörung, Mord und Tod hervortun, dürfen nicht auch noch die Menschlichkeit weiter zerstören und vorne stehen.
166. Nicht jedes Land zerstört sich, um wieder aufgebaut zu werden.
167. Es gibt viele Möglichkeiten, den sozialen Status für alle zu verwirklichen.
168. Krieg fördert zerstörerisch die Zerstörung der Erde, nimmt unnötigerweise Menschenleben und schafft Raum, den wir nicht brauchen und nicht wollen.

169. Alle Menschen sind gleich, achten sich und geben, was sie geben können – nur so versöhnen wir uns und kommen uns näher.

170. Wir bauen uns eine neue Erde, ein Paradies für jeden.

171. Unsere Götter weisen den Weg, den jeder individuell gehen soll.

172. Auf dem Weg zum Guten erreichen wir Fehlerfreiheit, Glück, Glauben, Wissen und Achtung, sowie erlebte Wunder und Dankbarkeit.

173. Wer zu Gott sagt, er hätte es besser machen können, irrt und hat Probleme.

174. Fehler zu verteilen unter im Grunde guten Menschen, um zu sehen, was daraus wird – wenn man nur das Gute verfolgen will.

175. Das Gute musste siegen, trotz Kriegen, unterschiedlicher Staatsformen und Religionen.

176. Die Verunreinigung des Weltraums schafft zusätzliche Probleme, die uns unter Zeitdruck setzen, aber auch für Nachhaltigkeit gesorgt haben.

177. Wenn es den Menschen schlecht geht, sinkt die Stimmung, und sie reagieren sich grundlos ab, was nicht ihr eigentliches Ziel ist.

178. Anstatt Schuldige zu suchen, sollte lieber das System gewechselt werden.

179. Wunden, die heilen sollen, müssen feucht gehalten werden, aber nicht nass.

180. Wer auf Tote uriniert oder sich an ihnen vergeht, begeht keinen kulturellen Akt, sondern einen unverzeihlichen Fehler.

181. Toten muss man Frieden gönnen und sie achten.

182. Wer nicht aufpasst, bekommt mehr Fehler dazu, als ihm lieb ist – aber das passiert nicht immer.

183. Fehler hat man oder eignet man sich an.

184. Es gibt Dinge, die sich in diesem Leben nicht mehr klären.

185. Man sollte Fehler bearbeiten, um eine Lösung zu finden.

186. Wer Gefühle tötet, tötet den ganzen Menschen.

187. Ein Mensch kann im hohen Alter frech sein, vielleicht sogar raffinierter als früher.

188. Der Selbstschutz regelt das Ausmaß.

189. Gott trennt, was nicht zusammengehört.

190. Manchmal kann zweideutig Gesagtes fehlinterpretiert werden und allen schaden, wenn die Situation nicht geklärt und neu begonnen wird.

191. Man kann nicht immer Recht haben.

192. Fühle ich mich ungeliebt, fällt es mir schwer, meine Liebe zu zeigen.

193. Einmal schlechte Laune bedeutet nicht, dass der Mensch schlecht ist.

194. Ist die Menschheit schlecht zu mir, werde ich traurig.

195. Helfen macht glücklich.

196. Sei gerecht, dann stimmt alles.

197. Wer den Vorsatz zum Schlechten einhält, ist untragbar, aber konsequent.

198. Man kann immer seine Meinung ändern, wenn man glaubt, es jetzt besser zu wissen.

199. Der Mensch braucht Druck, damit sich etwas bewegt.

200. Kein Mensch kann sich sicher sein, das Richtige verstanden und entsprechend gehandelt zu haben.

201. Wir sehen uns nicht wieder, so wie wir jetzt sind.

202. Selbst Gesetze ändern sich und gleichen sich an.

203. Man darf das Wissen und die Natur anderer nicht ausbeuten.

204. Deine Wärme ist da, und alles geht nicht nur so wie du.

205. Es muss eine Garantie auf Liebe geben, und sie existiert bis zum Ende.

206. Wir sind eins, und nur so ist es.

207. Eine ultrarechte Regierung wird immer Krieg führen, wie zum Beispiel in Israel.

208. Ein Verurteilter darf im Staat und in der Industrie keine wichtigen Ämter bekleiden.

209. Das Leben endet plötzlich und doch nicht.

210. Manchmal glaube ich, es ist falsch, andere zu lieben, die mir nur wehtun.

211. Vergib mir meine Fehler, und lass mich in Gerechtigkeit und Verständnis leben.

212. Es muss eine nach oben begrenzte Wertgrenze für den Besitz geben.

213. Hast du blind an mich geglaubt und ständig kritisiert, um die Zukunft zu erreichen?

214. Wenn ich etwas glaube, handle ich danach – aber ist das immer richtig?

215. Es gibt keinen Abschied in der neuen Welt.

216. Wer sagt mir, dass ich nicht der Klügste bin und alle anderen dumm sind?

217. Wenn man das Streben nach Wohlstand nicht begrenzt, ist ein gesundes Miteinander nicht möglich.

218. Eine breite Mittelschicht mit mehr oder weniger Vermögen fördert die Wirtschaft und das Miteinander.

219. Vermögensanteile zu wechseln, schafft Anreize, weltweit.

220. Übersteigt das Vermögen gegebene Grenzen, wird das Anlegen oder Spenden interessant.

221. Eine gerechte Welt ist das Ziel, für jeden.

222. Spenden kommen von überall, für alle.

223. Das soziale Gefüge wird mental und durch Arbeit aufgebaut.

224. Nur fast finanziell gleich können wir erreichen, was wir wollen.

225. Jeder braucht ein Ziel und gönnt dem anderen sein Vermögen, das rotiert und ein bisschen mehr Wohlstand schafft.

226. Es sollte eingeführt werden, dass Gelder abgegeben werden müssen, wenn der Zuwachs oder Abgang unüberschaubar wird.

227. Eine Begrenzung der Einnahmen ergibt sich ohne Vorschriften.

228. Freiheit integriert alles, was zählt.

229. Ich habe immer an dich gedacht, vielleicht zu wenig – und doch bist nur du es, für den ich alles tun würde.

230. Lieber Gott, sei gerecht zu mir im Leben danach.

231. Bitte lass mich zu Hause oder mit Hilfe in Holland sterben.

232. Verbrenn mich ohne Beerdigung und Tamtam.

233. Verhält man sich schlecht zu seinem Hund, kann auch ein Hund verzeihen.

234. Wer traurig ist, muss das zeigen können.

235. Vom Überschuss wird die Welt neu aufgebaut.

236. Es gibt in jedem Beruf Menschen, die ihr Handwerk verstehen, und andere nicht.

237. Wer nur für sich kämpft, ist nicht sonderlich amüsant.

238. Auf Dinge zu verzichten, die man gerne hat, fällt schwer.

239. Am Ende haben wir alle gerecht in einem Spielraum das Gleiche.

240. Je nach Laune verursacht man manchmal Mist.

241. Schwankt die Stimmung, ist es schwer, eine Aussage richtig zu deuten.

242. Wenn die Werbung teurer ist als das Produkt, sollte die Steuer eingreifen.

243. Lieber Gott, ich kann lieben – lass mich lieben.

244. Brich dein Herz nicht.

245. Glaube mir, ich will, aber ich kann nicht allein.

246. Jeder ist einmal die Hauptperson und kommt auch mal an die Reihe.

247. Löse dich und versuche neue Wege.

248. Die meiste Zeit hat der Mensch keine Fehler.

249. Je mehr Menschen bei Entscheidungsfindungen mit teilnehmen und mitreden, desto umfangreicher und dennoch spontan können Lösungen durch Mehrheitsbeschlüsse getroffen werden.

250. Wenn notwendig, muss ich Wissen zurückhalten können, vor allem, wenn ich dadurch Schaden abwenden kann.

251. Hinterfrage dich immer, und sei nur so überzeugt von dir, wie du es begründen kannst, ohne nach falschen Gedanken zu handeln.

252. Rauschmittel verursachen kritiklos meist oberflächlich „fröhliche“ Gemütszustände, die man unbewusst immer wieder haben möchte.

253. Gifte können das Gedächtnis schon im jungen Alter zerstören und zu nahezu irreparablen Schäden bis zum Totalausfall führen.

254. Sterben wir, bleiben wir doch – denn wir sind alle gut, und Gott wird uns lieben, wie alles.

255. Die Zeiten, die ich sehe, sind andere, und ich liebe sie Schritt für Schritt mehr.

256. Wenn die Zeit anhält, gehe ich weiter und weiß, dass es sich wieder glätten wird und mir den Weg zeigt.

257. Aussagen werden wahr, sobald du daran glaubst, und die Welt lebt davon.

258. Deine Wärme, dein Gefühl und dein Wesen prägen den Glauben an das Zusammensein – für mich, für dich und für alle.

259. Der häufigste Milliardenbetrug basiert auf fiktiven Werten bei Immobilien, Banken und Versicherungen, gedeckt und mitgetragen durch hohe Posten der Wirtschaft und Politik.

260. Über Korruptionen in Millionenhöhe finanziert.

261. Die eigentlichen Übeltäter nutzen Scheinbesitz in Briefkastenfirmen, manipulieren Börsen und verschaffen sich ungerechtfertigte Vorteile.

262. Viele Länder bestrafen solches Vorgehen mit der Todesstrafe, da die verursachten Schäden zu Lebzeiten nicht beglichen werden können.

263. Gottes Liebe lebt ewig.

264. Ein freundliches Wort kann bereits bereichern.

265. Hass ist sinnlos und hat keinen Zweck.

266. Pflanzenschutzgifte wirken anhaltend, sogar noch im Produkt selbst, und schaden mehr, als sie nützen.

267. Wer Kleinkindern zeigt, dass sie etwas besser können, ohne es ihnen direkt zu sagen, stärkt ihr Selbstbewusstsein enorm.

268. Gib nicht auf, spür die Zeit und erkenne, wer du bist und warum.

269. Verletzungen müssen von innen nach außen heilen, sonst breiten sie sich im Körper aus.

270. Ich freue mich schon jetzt auf das Verhalten, das ich irgendwann zurückbekomme.

271. Wer nach diesen Schritten handelt, handelt fehlerfrei.

272. Auch verschlossene Menschen können sich als wahre Freunde erweisen.

273. Ich bin glücklich, für dich da zu sein.

274. Musik verbindet Menschen auf der ganzen Welt.

275. Wer gut bleibt, ist ein Vorbild und stolz auf sich und andere.

276. Jeder muss sich beweisen, vielleicht auch ein zweites Mal.

277. Freude und Leid wechseln sich ab.

278. Die wahre Liebe ist immer gut.

279. Erinnerungen lassen sich nur im Moment speichern, nicht nachträglich.

280. Komm zu dir selbst, wir sind die Wirklichkeit, und es ist nicht kalt.

281. Eine Mauer mit vielen Brücken trennt uns nicht für die Ewigkeit.

282. Wenn Menschen dich lieben oder von dir überzeugt sind, leuchten ihre Augen – manchmal nur für den Moment, manchmal für immer.

283. Es ist mein Gott, der Leid und Angst von mir nimmt und ein Leben in Vollkommenheit ermöglicht.

284. Ich weiß nicht, wie alles in der Welt so geworden ist, und mache mir Gedanken darüber.

285. Dummheit ist, nicht mit dem Sparen aufhören zu können.

286. Geht es dir schlecht, rufe mich – ich bin dein Freund, überall und immer.

287. Stehst du in der Ecke, finde ich dich, auch wenn du nicht an dich glaubst.

288. Die Hoffnung im Glauben sind viele Kontakte zur Welt.

289. Beim Umbau der Welt könnten Arbeiter mehr verdienen als Akademiker.

290. Für die Umbauphase gelten besondere Lohnregelungen, gestaffelt oder gleich hoch, um Gemeinsamkeit aufzubauen.

291. Ich spüre Liebe und gebe alles, wenn es hilft und anderen geschenkt werden kann.

292. Andere zu lieben, bringt Freude und Glück – etwas, das auch du empfangen kannst.

293. Gott steht immer hinter dir, wenn du alleine bist.

294. Wer seinen Weg findet, ist glücklich.

295. Bleib stark und sieh den anderen auch.

296. Kälte zieht vorbei, obwohl sie eigentlich helfen sollte.

297. Der Himmel brennt, ich sehe es in deinen Augen – du und ich fangen es auf.

298. Auch mit nur einem Elternteil kann man glücklich werden.

299. Lässt deine Liebe nach, bekomme ich Probleme – wer nicht glaubt, verliert.

300. Wenn du jemanden siehst, der die Welt cool wahrnimmt, aber nicht seinem Herzen folgt, verbiege dich nicht – es wird auch mit dir gut.

301. Wer sich nicht anpasst oder ändert, wird verlassen.

302. Betrachte die Menschen nicht nur danach, wie allein sie jetzt sind.

303. Ich träume viel, was ich gar nicht will – manchmal weiß ich nicht, wie es passiert.

304. Egal, was ich bezahle oder verdiene – der Glaube mit den notwendigen Hilfen bleibt immer.

305. Kleine Schritte werden groß, und Freiheit wird zum Ziel.

306. Tote leben irgendwann nicht mehr, sondern leben neu.

307. Emanzipation ist schwierig, aber gerecht.

308. Der deutsche Staat genehmigt und bezahlt Flüchtlingen Urlaub in ihrem Kriegsland, was mehr als fragwürdig ist.

309. Ich weiß, was ich denken muss, um richtig zu handeln.

310. Die Gehälter in der Industrie sollten grundsätzlich gekürzt werden, und es darf keine zu großen Sprünge in der Hierarchie geben.

311. Es gibt so schreckliche Krankheiten oder Unfälle, da sagt man gar nichts mehr – das Unfassbare steht im Gesicht aller und erscheint unlösbar.

312. Prominente stellen oft im Privaten das dar, was von ihnen erwartet wird, ein angepasstes Bild, das ihre wahre Persönlichkeit versteckt.

313. Strenge Verbote reizen umso mehr zum Bruch.

314. Das Nachbarschaftsdenken muss gefördert werden.

315. Ich wünsche euch das Beste von meinen Wünschen, in der Hoffnung, gehört zu werden und alles zu erreichen, um sozial und hilfreich zu sein – für immer.

316. Die Liebe finde ich und fange sie im Licht meiner Seele ein.

317. Früher lebten viel mehr unterschiedliche Völker, Tiere und Pflanzen mit verschiedenen Ausdrucksweisen und Gewohnheiten hier, doch durch Technologie und Einwanderung ging vieles verloren.

318. Niemand darf andere Länder besetzen.

319. Keiner kennt die endgültige Lösung von Glaube, Politik und Würde.

320. Zu lieben ist so schön, mein Körper lebt auf in Gedanken nur zu dir hin.

321. Ich wünsche uns Liebe und Zärtlichkeit, Glück von Gott, der uns ein Leben lang begleitet, bei uns ist und uns beschützt.

322. Liebe kann man nicht beschreiben.

323. Der Weg kommt von innen und bleibt für immer.

324. Achte den Kulturkreis des anderen und urteile nicht zu früh.

325. Wer seine Liebe verlässt, hat seine Gründe, und beide haben diese Entscheidung zu tolerieren.

326. Zeige Gefühle und fühle mit.

327. Wer weint, zeigt Emotionen.

328. Finde Gemeinsamkeiten – es ist das Licht im Dunkeln über uns.

329. Linksorientierung bedeutet zunächst, keinen Krieg zu wollen.

330. Hängt sich Deutschland an andere Länder, gerät es in die Bedeutungslosigkeit und wird entsprechend behandelt.

331. Rechte haben kein wirkliches Ziel und wählen daher oft den Krieg als „Lösung“.

332. Verbinden sich Staaten neu, ergeben sich andere Weltinteressen.

333. Staatsoberhäupter, die sich kennen, haben einen Vorsprung.

334. Man kann heute nur eine Partei wählen, und zwar die, die sich gegen Krieg ausspricht.

335. Europa und die Welt müssen sich zusammenschließen, um für andere Länder mitzubestimmen und einzutreten, bevor eine völlige Einigkeit in wichtigen Fragen erreicht wird.

336. Gleichgesinnte Länder, die sich zuerst finden, führen in dem Sinne nicht zu Veränderungen oder Fortschritt.

337. Das sofortige Finden des richtigen Miteinanders ist Glückssache, und das Ziel, dem Wohl des Menschen zu dienen, hat Priorität – ohne bewusste Nachteile.

338. Das Miteinander bestimmt die Rechtsform und den Glauben.

339. Die neue Welt hat viele Länder.

340. Nationale Probleme und ihre Lösungen müssen immer auch in internationalen Gremien präsentiert werden können.

341. In fast allen Kriegen sind Jugendliche, ältere Menschen, Reiche und Führungskräfte vom Wehrdienst freigestellt – was die Lage zum Frieden extrem erschwert.

342. Wenn man glaubt, der andere wisse es besser, schämt man sich und muss erst einmal eine Pause machen.

343. Im nächsten Leben werden wir uns als gut empfinden.

344. Jeder Kreislauf endet wieder im Paradies.

345. Wie die Welt aufgebaut ist, kann man sich nicht klar machen.

346. Wirkt jemand böse, so ist er es nicht.

347. Ich ändere meine Meinung über dich, wenn ich es glaube.

348. Du lächelst mich an, du meine Liebe.

349. Ohne Licht kein Leben, und kein Gegenüber.

350. Wer im Aufbruch ist, macht Fehler.

351. Wer nicht an mich glaubt, ruft mich auch nicht und geht keine Verbindung mit mir ein.

352. Reichtum ist nicht gleichbedeutend mit Glück.

353. Wer Fehler sieht, muss sie benennen.

354. Zu viel Verantwortung und Druck verursacht oft vermeidbare Fehler.

355. Fehler hat man, bekommt sie oder baut sie ab.
356. Wer Wissen vom Glauben trennt, kürzt falsch und verliert Perspektiven.
357. Die Gesetzgebung muss pro Land gleich sein und übergreifend angepasst werden.
358. Unnötige Gesetze, die Details regeln, sollte man abschaffen.
359. Je detaillierter, desto schwieriger und fehleranfälliger.
360. Die Macht, die dem Volk gehört, muss bei ihm bleiben und darf nicht an Einzelpersonen der Obrigkeit oder Machtstrukturen verteilt werden.
361. Ehrlichkeit ohne Scherz ist Wahrheit.
362. Lügen kann zum Erfolg führen, aber es bleibt bedenklich.
363. Fühlt man sich dem Zustand des Partners nicht mehr gewachsen, ist der Ausstieg aus der Situation oft die falsche Orientierung.
364. Niemand ist mit Gott ganz allein.
365. Wenn Menschen es gut meinen, ist das ein Geschenk unter uns.
366. Die Liebe hat keine Grenzen, erobert jeden und keiner sagt „Stopp“.
367. Die Erde ist das Paradies, das wir über das Unendliche ohne Pausen erleben.
368. Werden Tierversicherungen teurer, trifft es vor allem die ältere Generation.
369. Ärger lässt uns Freunde und "Feinde" verkennen.
370. Ein Leuchten in den Augen verbindet die Welt, ohne Trauer und Nebenwirkungen, zum Glück für alle.
371. Ich weiß es und genieße es.
372. Nachts erkenne ich dich noch, obwohl nur der Mond leuchtet.
373. Beim Wiedersehen im ehrenvollen Dasein leuchtet alles.
374. Auch rückwärts ist geradeaus und führt zum Ziel.
375. Tanzen ist Musik ohne Töne, die Freiheit vermittelt.
376. Gehe, wie du willst, du kommst immer irgendwo an, wo das Leuchten dir den Weg weist.
377. Ohne Glauben kannst du nichts wissen und gehst verwirrt auf ein Neues.
378. Wer blockt, hat recht, oder man weist dich neu ein.
379. Nur über uns, als Sonne, leuchten wir weltweit.

380. Keiner leuchtet zum Schluss mehr als der andere, und das ist auch das Ziel.

381. Das Leuchten verstärkt das Bewusstsein zum Guten, und kann nicht fehlgeleitet werden, dank unserem Verständnis und der Leitung von Gefühlen und unserem angestrebten Resultat.

382. Fang dir das Leuchten ein, und glaube daran.

383. Wer brennt und leuchtet, vergibt sich nichts mit anderen sich auszutauschen, und überprüfen zu wollen, notfalls, da sinnvoll, mit Androhung, je nach dem, von Gewalt.

384. Das Leuchten verstärkt das Bewusstsein für das Gute.

385. Wer auf die Erlösung wartet, kennt mich nicht.

386. Jeder Mensch bestimmt gerne selbst, ohne Vormundschaft.

387. Frieden funktioniert nur, wenn Spenden für Gleichstand sorgen, ohne die Lust an Fortschritt zu verlieren.

388. Wir wollen Frieden, aber das Abgeben fällt schwer.

389. Verzichten ist nichts anderes als ein Vorschuss auf mehr.

390. Wir lieben uns alle und wollen nur das Beste für uns, euch und sie.

391. Zusammenarbeiten ist fördernd und bringt Ergebnisse für immer.

392. Das Schönste ist, wenn man sich verabschiedet und der andere sich mit einem freut, vielleicht im Gespräch sogar hilft oder etwas Nützliches erklärt.

393. Wenn alle nett zu einem sind, fragt man sich vielleicht, warum – aber sich deswegen in Frage zu stellen, wäre falsch.

394. Man kann nur gewinnen.

395. Du, lieber Gott, verlierst dich nie, du gewinnst immer, denn du gibst Mut für den richtigen Weg und bist immer bei uns.

396. Wenn der Zusammenhalt stimmt, vergibt man sich nichts, gemeinsam zu entscheiden.

397. Das richtige Verhältnis und der Umgang mit Lebewesen untereinander sind vorgegeben und nicht einzeln zu bestimmen.

398. Alle müssen profitieren, genauso wie ich, und gemeinsam glücklich den Spaß erleben.

399. Gib nicht auf – durch dich gewinnen wir, was wir für die Zukunft im richtigen Sinne brauchen.

400. Gib nicht auf – Gott hilft dir, die Gerechtigkeit wird siegen.

401. Benimm dich – Gott sieht alles, und du verlierst nicht, auch der andere zählt, sagt Gott.

402. Überzeuge dich, lass dich nicht kleinmachen und handle, wie auch andere in deiner Situation – handle mit kraftvollen Seelen.

403. Das Leben mit dir ist das, was für einzelne Religionen zählt und verbindet, und es bestimmt die Welt.

404. Gott wird mit uns zusammenleben bis zum Schluss und bis zur Lösung im Paradies.

405. Dich wird es immer geben, und mit dir uns.

406. Wer helfen will, soll es tun, und es wird richtig werden, egal wie viel Last auf dir ruht.

407. Unser gemeinsamer Gott vergibt uns am Ende und hört sich mit Freude schöne Geschichten an.

408. Eine Sackgasse in letzter Instanz ist ausgeschlossen, durch Stärke, Macht, Glaube und Wissen, die uns von dir gegeben wurden und uns immer richtig leiten.

409. Gott sucht immer wieder den Frieden und bittet um Einvernehmen, immer wieder, um die Menschen zu überzeugen.

410. Du bist mehr als alles von uns.

411. Die Liebe erreicht auch mich.

412. Der Platz, der für uns nicht unbekannt ist, ist die Liebe in uns, die wir anstreben, haben wollen und dann für immer behalten. Es ist die Liebe von allen.

413. Wer sich zu oft fragt, verliert das Ziel.

414. Gehe den Kritikpunkten nach.

415. Die Menschen sind alle gleich gut und lieben sich.

416. Länder werden am Ende neu aufgebaut, die vom Krieg zerstörten, zum Schluss.

417. Neutralität zu wahren, wenn nötig, ist wichtig.

418. Wer sein Geld nicht für das ausgibt, was ihm Freude macht, oder es nicht spüren kann, wird unglücklich.

419. Es wird immer gut, egal wo oder wie.

420. Lebe ich lange und gesund, habe ich Glück.

421. Hat mein Hund Angst, muss ich auf ihn aufpassen.

422. Mit Gott „kreieren“ wir uns und alles – auch die neue Welt.

423. Wenn du dich wortlos verstehst, sagst du nichts, nur mit Gefühlen und Gesten – das ist Liebe.

424. Eine zweite Inspiration kann bedeuten, dass Kinder, Minderheiten oder Kranke mit uns leben, ohne Zweifel an der Stärke des eigentlichen Ichs.

425. Die Hoffnung wird erfüllt, und wir sind eins – im gemeinsamen Empfinden, gut zu sein und zu hoffen.

426. Gott vergibt allen und alles, und wir wollen es auch. Die Chancen kommen auf dem Weg, der uns führt.

427. Die Liebe „verliert“ sich, findet sich nicht, sucht, und glaubt trotzdem, richtig zu leben.

428. Wer Musik, Tanz und Humor verbreiten kann, ist auf dem Weg zum Entspannen.

429. Geh in die Welt, um deine Vorstellung zu bewahren, und komme bald wieder, um zu erzählen.

430. Wenn wir nach Gerechtigkeit leben, stehen wir ganz nah zusammen.

431. Verteile täglich und immer Liebe, wo immer du bist.

432. Ohne Schlagzeug oder Trommeln funktioniert keine Musikgruppe.

433. Reiche können gefährlicher sein als Arme.

434. Wer Genauigkeit vor Richtigkeit setzt, wird nie auch nur ansatzweise Lösungen finden können.

435. Ich bete oft, bevor ich einschlafe, auch neben dir, und es ist wunderbar.

436. Ich leuchte mit meinen Augen, der Himmel brennt, und mir geht es gut.

437. Zusammen tanzen ist etwas (mehr) für die Jugend, die darin aufgeht – sie strecken die Arme aus, schwenken die Hüften, und das Ganze im Team.

438. Wir machen es so, dass wir nichts falsch machen.

439. Alles, was gut ist, ist auch richtig, außer wenn wir uns blenden.

440. Dehnen sich bei Bluthochdruck bestimmte Adern aus, entsteht ein Risiko – ebenso bei den Harnleitern.

441. Glaube nicht, dass ich etwas gegen Rassen oder Ausländer habe – ich liebe Menschen, und das zählt.

442. Tanzen, bis der Arzt kommt, und er macht mit – das Feuer für alle.

443. Krankheiten bündeln Freundschaften zum Herzstück aller.

444. Wer sich fragt, „Brauche ich das wirklich?“, macht keinen Fehler.

445. Ich wartete und klopfte, aber niemand ließ mich rein. Muss ich es nochmal probieren? Es ist die Zeit, die entscheidet, nicht ich.

446. Ich liebe dich immer – warum jetzt, warum ich und warum so komplett?

447. Erwachsen werden ist schwer.

448. Engel stützen dich überall und bringen dich dahin, wo du immer sein wolltest.

449. Gib mir den Moment Zeit, in dem ich sein will und glaube, so viel zu sein, wie ich könnte.

450. Der Mensch ändert sich bei Krankheit und braucht Zeit und Gelegenheit.

451. Gott ist über allem und jedem.

452. Den Partner fürs Leben gefunden zu haben, ist Glück pur.

453. Reisen zu einem Ort, an den man gehört – das ist meine Heimat, wo auch du bist.

454. Es gibt Helden, die sterben viel zu früh. Man glaubt an ihren Weg, hält ihre Einstellung für richtig, betet und hofft, dass es ihnen gut geht und erkennt ihre Einmaligkeit.

455. Wer Liebe behinderten Menschen zeigen kann, lebt auf, lernt sich selbst besser kennen und darf die enorme Kraft des Willens und Wollens bewundern.

456. Wenn mein Herz fragt, lautet die Antwort nicht "alleine" und auch nicht "irgendwann."

457. Freundlichkeit führt zu Beziehungen und Liebe.

458. Auch Kinder sollten die Möglichkeit haben, ein Tier zu pflegen oder zu betreuen, um ihre Liebe und Persönlichkeit entwickeln zu können.

459. Das Schicksal lässt sich nicht manipulieren, es muss geprüft werden.

460. Wichtig im Leben ist, dass man sich auch selbst beschäftigen kann.

461. Gegenüber anderen Menschen sollte ich fair und ehrlich sein, aber Rechenschaft schuldig bin ich nur mir selbst und Gott.

462. Wer sich zu oft über andere lustig macht, läuft Gefahr, Freunde zu verlieren.

463. Erkenne in den Menschen, was sie sagen, empfinden und anstreben, und sehe das Gute in ihnen.

464. Sei einfach gut, und alles wird gut laufen.

465. Glaube an dich und natürlich auch an andere.

466. Sympathie hat nichts mit Gutsein zu tun.

467. Die Welt ist toll, mit all ihren Menschen.

468. Ziele müssen erreichbar sein, und auch du solltest den Moment als richtig für dich sehen.

469. Selbst ohne ein Lächeln im Gesicht werde ich zu dir kommen, wenn Gott es will und zulässt.

470. Liebe gibt es nur einmal, was danach kommt, sind oft Kompromisse auf wackligem Eis.

471. Geht die Liebe verloren, können auch Erinnerungen sie nicht wieder entfachen.

472. Die Liebe, die aus der Seele kommt, sagt mir jetzt, dass die Sonne geht, der Mond kommt, und du denkst genauso.

473. Manche Menschen sind von Natur aus ehrlich, und das geht ganz schnell.

474. Wenn ich den Himmel berühren kann, bin ich bei dir, und du lässt den Tag vergehen und träumst für mich, wie immer.

475. Neue Lieben sind oft Kompromisse, die manchmal zu keiner Beziehung führen, und das ist gut so.

476. Manchmal merkt man an Reaktionen, dass man gut ist – aber nur, wenn man es auch wirklich ist.

477. Pausen, die man braucht, um gut zu sein, ergeben sich von selbst.

478. Das wahre und gesunde Leben hat eine konstante Temperatur, solange keine Auffrischung notwendig ist.

479. Ich als Mensch bin frei von Vorstellungen, die anderen dienen, aber sonst niemandem.

480. Man könnte sagen, Gott ist die Familie von allen.

481. Wasche mich oder taufe mich, übe Druck aus, um mich und die Welt zu reinigen, so wie wir es wollen.

482. Nur durch die Liebe zu allen, so wie sie sind, kann und muss man an die Dinge herangehen.

483. Fühlst du dich nach einer gut gemeinten Aktion schlecht, dann mach am besten eine Pause.

484. Deine Augen strahlen Glück und Hoffnung aus, und du bist die Wahrheit – und du liebst.

485. Wenn ich sicher bin, dass du mich liebst, reicht das aus – du bist mein, und ich bin dein.

486. Man muss wissen, ob der andere einen liebt oder nicht – oder zumindest noch nicht.

487. Gott ist voller Inspiration, mit, von und für dich.

488. Dein Tod ist der Abschied für immer – nur von hier, oder gar nicht?

489. Bringt der Tag deine Liebe zu mir, oder bin ich verloren? Aber auf jeden Fall nicht falsch.

490. Sieht man den Menschen als Mensch, und als gleich, dann stoppt den Krieg sofort.

491. Lieber Gott, ob es nun drei, vier oder mehr Götter sind – bitte helft uns. Wir werden Euch oder dich nie enttäuschen. Bitte, wir brauchen Weltfrieden, das ist jetzt das Wichtigste.

492. Finde den Anfang von immer und sage mir nur "du und ich", niemals "vielleicht."

493. Ungerechte Löhne müssen angepasst werden.

494. Staaten, die vorschreiben, wie man sich gegen seine persönliche Überzeugung zu verhalten hat und Strafen androhen, sind nicht tragbar.

495. Musik, die lustig ist, verträgt auch mal alberne Texte und laute Töne – und das ist gut so.

496. Man lebt einfach vor, auch wenn man nicht alles versteht.

497. Wer locker wirkt, muss auch lustig sein – sonst funktioniert das Ganze nicht.

498. Fehlerlos zu sein, nicht nur zeitweise.

499. Wenn der Glaube zur Diskussion gestellt wird, weiß niemand, was der andere denkt.

500. Ich kenne den Weg und gehe ihn nicht alleine, bestimmt nicht ohne alle.

501. Wir werden uns bis zur Unkenntlichkeit lieben und an alles glauben, was uns schon immer bewegt hat – nämlich Gott, seine Welt und den Weg zum Guten.

502. Ich liebe euch immer, und jeder hat etwas Gutes in sich, das noch besser werden kann.

503. Glaube daran, welches Potenzial im anderen steckt, das herauskommen will.

504. Wir wollen keinen Krieg führen, weder mit Hass noch aus Profitgier.

505. Wir wollen das Feuer in uns und Gott.

506. Ich will nur lieben – ich bin glücklich und will mehr, ich will euch alle.

507. Mach mit, sprich, was du willst, und erfreue dich am anderen. Trennt euch glücklich, nachdem ihr etwas gegeben habt.

508. Wir lieben uns.

509. Jedem seine Zeit.

510. Irgendwie sind wir immer hier, im Paradies, wo sonst?

511. Baue es auf, so wie jeder es gerne hätte, mit dem Gefühl der Gleichheit für alle.

512. Als Zukunftsgedanke: wirklich gleich zu sein.

513. Glaubt jemand, ich mag ihn nicht, dann mag er mich auch nicht.

514. Fernsehen, Radio und Internet sollten mit im Mietpreis enthalten sein und nicht dem Wettbewerb unterliegen.

515. Wer sich hasst, liebt sich auch wieder.

516. Wer die Liebe zu anderen erlebt hat, vergisst das nicht, muss sich aber manchmal neu orientieren.

517. Können Tiere das Paradies schneller empfinden?

518. Die „Kapitalisten“ geben ohne Gegenleistung nichts ab, es sei denn, sie sehen einen Vorteil für sich. Leider denken sie oft in Klassen, vor denen sie Angst haben.

519. Wie definiert man Arbeit, die gleich ist, und wofür auch gleich bezahlt wird?

520. Grundsätzlich: Gleiche Arbeit, gleiches Geld.

521. Die Gehälter müssen sich langsam angleichen.

522. Gleiches Produkt, gleicher Preis, kein Dumping.

523. Wissen mit Glauben verbinden können, Verantwortung bei der Arbeit übernehmen, eigene Initiativen schaffen und verbessern, zur Zuverlässigkeit anregen, vertrauensvoll sein, Kostenbewusstsein prüfen, Hilfen und Verhalten beachten und die Einstellung allgemein. Arbeiten nach Vorschrift sollte reduziert werden.

524. Wer an andere glaubt, liebt sie auch.

525. Man kann auch Fremde grüßen und sich unterhalten, wenn man möchte.

526. Meine Meinung wird wahr, wenn ich will, und du damit einverstanden bist – und wir alle.

527. Für mich gibt es eine bessere Welt, auch mit mir, für den Frieden aller.

528. Auch die gute Erziehung der Eltern verblasst, und jeder führt sich selbst in eine Welt, die gut und liebevoll für alle ist.

529. Liebe mich jetzt, denn morgen könnte ich woanders sein und dich vermissen.

530. Warum leben wir so, mit Krieg und Terror?

531. Es gibt in mir keinen Zweifel, aber du versuchst es besser zu machen, als ich es auf dieser Erde vermag.

532. Der Morgen kommt nicht zweimal, das weiß jeder.

533. Vertraue mir, es ist nicht weit weg, warte, sieh hin und vertraue dem Besten, als Symphonie im anderen und in dir.

534. Ich will dich nicht bitten, mich zu lieben oder zu bleiben, aber ich brauche auf jeden Fall Liebe.

535. Verstaatlichungen können zum Vorteil der Bevölkerung beitragen.

536. Andere begünstigen den Staat an sich.

537. Der Wettbewerb der freien Wirtschaft muss auf Richtigkeit geprüft werden.

538. Die Industrie sollte als Vertreter ihrer Käuferschicht gesehen werden, nicht als Verdienstquelle für Bosse.

539. Sozial- und Pflegebereich sowie Versicherungen werden staatlich.

540. Fast alle Staatsoberhäupter sehen den Wohlstand ihres eigenen Staates, aber nicht die Menschen als ihre Priorität.

541. Europa ist abhängig von sich selbst und strebt eine einheitliche Politik an.

542. Amerika bemüht sich, den europäischen Markt zu durchdringen.

543. Religionen gehören zum Weltbild und wählen frei.

544. Ausweisungen von Migranten sind kriminell oder eskalieren zu Straftaten.

545. Ob Staaten wachsen oder schrumpfen, spielt keine Rolle, solange das System in sich stimmig ist.

546. Jede Veränderung und Vereinigung kann Sinn machen und notwendig sein.

547. Handel kann jeder mit jedem betreiben.

548. Auch die Deutschen wollen keinen Krieg.

549. Deutschland ist ein guter Gastgeber.

550. Deutschland nach dem Zweiten Weltkrieg ist scharf zu verurteilen.

551. Europa strebt zum Teil Krieg an, auch Deutschland.

552. Die Deutschen wollen ein Volk wie jedes andere sein, fühlen sich aber verpflichtet, anderen Ländern gegenüber Verantwortung zu tragen.

553. Die Deutschen wissen, dass wir Menschen gleich sind und uns lieben, und beteiligen sich trotzdem am Krieg.

554. Bitte keinen Krieg, wir töten uns selbst.

555. Wenn nicht Deutschland, wer sollte sonst die Gleichheit erkennen und entsprechend handeln?

556. Manche glauben, Phil Collins wird eines Tages wie Beethoven oder Goethe in die Weltgeschichte eingehen.

557. Eltern bleiben auch im hohen Alter Eltern, wollen sich aber keine Blöße geben, wenn sie etwas nicht mehr können, und verhalten sich daher manchmal eigenartig.

558. Zustimmung erkennt man an strahlenden, leuchtenden Augen.

559. Nur der Moment, in dem man glücklich ist, bleibt im Herzen.

560. Wenn man sich vom anderen verstanden fühlt, leuchten die Augen und man ist zufrieden – das kann jeder sehen.

561. Wer an den anderen denkt, ist gut, aber es muss auch Zeiten geben, nur für sich allein.

562. Man sollte kein Geld mündlich verleihen.

563. Geschenke bringen keinen finanziellen Gewinn.

564. Verleihen sollte man nur schriftlich, mit Vertrag, Laufzeit und Zinsen.

565. "Formfehler" führen nur bedingt zu Neuwahlen, andere Gründe existieren im Grunde nicht.

566. Menschen mit traurigen Augen haben oft Schlimmes erlebt und konnten es nicht leicht verarbeiten.

567. Mit Mühe und Überzeugungskraft kann jeder glänzende Augen bekommen – auch wenn das nicht immer stimmt.

568. Glänzende Augen hat man teils temporär, teils konstant – es ist eine wortlose Unterhaltung, die so gut tut.

569. Wenn jeder seinen Job macht, ohne den anderen zu stören, ist alles gut.

570. Wie es weitergeht, weiß ich noch nicht, aber ich habe jetzt schon Spaß am Leben.

571. Pharmakonzerne sollten ihre Preise nicht über den Kunden erhöhen, sondern Ausgleichszahlungen von der Regierung erhalten.

572. Reimporte sind oft günstiger, da sie über Steuervorteile ausgenutzt und nach einer Umverpackung zurückgeschickt werden.

573. Ein Kassenrezept verbilligt oft die Medikamente oder die Krankenkasse übernimmt die Kosten komplett.

574. Jeder Mensch hat besondere Fähigkeiten, die er nutzen sollte.

575. Wie man Kunst empfindet, hängt stark vom persönlichen Wohlbefinden ab.

576. Ein Systemwechsel muss gut überlegt sein, da er sowohl Vorteile als auch Nachteile bringt.

577. Deine Liebe rettet alles in uns und um uns herum, ein Leben lang.

578. Bin ich im Paradies, wenn ich krank bin und es nicht weiß?

579. Falsche Wege müssen gestoppt werden.

580. Auch wenn Träume sich ähneln, enden sie oft unlogisch und anders.

581. Das Ziel zu erreichen bedeutet, frei zu sein.

582. Egal, was du denkst, für dich ist es die Wahrheit, wie du sie empfindest.

583. Ich handle, ohne zu wissen warum.

584. Sei du selbst, Gott liebt dich.

585. Wo immer du auch ankommst, man wird dir zuhören.

586. Ich habe viele gute Menschen verloren, die ich alle wiedersehen möchte.

587. Jeder gute Mensch, den ich kannte, lebt in mir weiter.

588. Nach meinem Tod möchte ich aussagekräftig bleiben.

589. Wenn die Vergangenheit verblasst, lebt auch die Zukunft nicht mehr auf.

590. Prominente lieben den Rummel um sich herum, die Massen und die Magie.

591. Süchte hinterlassen ein Gefühl der Freude, das über den Glauben an Abhängigkeit hinausgeht.

592. Man liebt seine Fehler nicht, sondern schiebt sie auf den nächsten Tag.

593. Es geht darum, zusammenzuwachsen und vereint etwas aufzubauen, um erst unterentwickelte Länder zu fördern und dann die Gleichheit aller zu erreichen.

594. Kriege sind natürlich sofort zu stoppen, und der Wiederaufbau dieser Länder beginnt später, gezwungenermaßen verschoben.

595. Hätten wir Wünsche frei, würden wir uns alle den Himmel auf Erden wünschen.

596. Ich bin mir sicher, wir haben die richtige Auffassung und sind in uns für immer verbunden.

597. Sollten nur einige das Buch als Erstauflage lesen, oder alle?

598. Das Gute wird sich durchsetzen.

599. Ich glaube, man kann nichts falsch machen, wenn man den Weg kennt.

600. Hat jemand begonnen, die Welt zu bauen, wird sie auch von jemandem beendet.

601. Freundliche Menschen grüßen, und Gott ist gut.

602. Je mehr das Buch lesen, desto besser.

603. Jede Unterstützung wird honoriert.

604. Frieden ist das Wichtigste und der Weg zum Paradies.

605. Verzeihen ist möglich, auch wenn man sich sicher war.

606. Wie alles auch sein mag, ich sage dir mit Gewissheit: Ich liebe dich, ohne Furcht, trotz allem, was andere vielleicht noch nicht so denken. Im Licht des Universums, für alle.

607. Die Zeit in der Zukunft wird eine besondere sein.

608. Das, was ich gemacht habe, war wundervoll und zeigte mir, dass das Leben für die Welt, die hinter mir blieb, eine Freude ist, weil ich dich sah.

609. Berühre das Leuchten meines Lichts, das Feuer darin, und die Menschen werden dir Gutes erwidern.

610. Liebe kann nicht zu Hass führen.

611. Niemand liebt nur sich oder nur Gott.

612. Die Menschheit ist zur Liebe geboren.

613. Lieber Gott, ich liebe dich immer, jeden Tag und zu jeder Zeit, und ich hoffe, du liebst mich auch und zeigst es mir.

614. Die Zeit läuft pausenlos bis zu einem imaginären Schluss.

615. Die Uhrzeit sagt nichts über das Gefühl der Wahrheit eines jeden aus, das wir durch Frieden, Freiheit und Gleichheit erreichen.

616. Der Sinn des Lebens ist es, frei von Fehlern zu Gott zu gelangen.

617. Die Sitten und Gebräuche sind von Land zu Land unterschiedlich und bestätigen das Leben.

618. Wir feiern und kommen zurück – so muss es sein: alle in Stimmung, ohne Probleme, ohne Kämpfe, nur Hoffnung für alle Menschen auf dieser Welt.

619. Was auch immer ich tue und wofür ich stehe, ich liebe es, selbst in einem komplett leeren All. Und du gehst von mir, was dein Recht ist – aber warum meine Liebe, warum jetzt?

620. Schau nach oben, rechts, links und nach unten – die Welt dreht sich, und das Vertrauen, mit oder ohne Veränderung, ist so, wie wir es uns gewünscht haben.

wir starten durch

1. Ausländer, die hier geboren sind, gleichen sich an, verlieren aber nie durch die Gene ihren Ursprung und ihr Heimatland.
2. Die richtige Lebensqualität brauchen wir für jedes Alter entsprechend.
3. Das Vorleben der Eltern und Mitmenschen prägt den Charakter mit, nicht nur die Herkunft.
4. Großfamilien prägen den Menschen.
5. Auch wenn Gott theoretisch mit „zwei fast gleichen Menschen“ begonnen hat, spricht man heute nur noch von der „Gleichheit des Menschen“.
6. Es werden keine Mörder geboren.
7. Die Fehler beim Ungeborenen dürfen nicht die Zukunft prägen, sondern müssen umgewandelt werden.
8. Manche Körper altern viel schneller als andere, haben unterschiedliche Krankheitserreger und bessere oder schlechtere Abwehrsysteme.
9. Menschen, auch mit geringerer Intelligenz, können in speziellen Bereichen haargenau arbeiten, kalkulieren und logisch kombinieren.
10. Das Wissen und das Gute sterben auch in den darauffolgenden Generationen nicht.
11. Wer Dinge nicht gerne tut, aber tun muss, empfindet Stress, bis hin zu Krankheitssymptomen.
12. In einem Moment mit gewagtem, unsicherem Abschluss ist die Gefahr groß, durchzudrehen und nur für sich selbst da zu sein.
13. Was es nicht gibt, fehlt uns auch nicht, vor allem nicht, wenn es nicht zum Licht führt und uns nicht erfreut.
14. **Was uns glauben lässt, wahr zu sein, ist richtig, und wir denken es auch.**
15. Gott, du bist unser Schöpfer, und wir lieben dich.
16. Wir alle wollen Liebe empfangen, und für Kinder ist es ein Muss, ein unsagbares Gefühl der Notwendigkeit.
17. Ich tanze aus Lust, bewege mich. Alleinsein fällt mir schwer, den Weg zu kennen ist mein Ziel.
18. Ich weiß alles, was du willst, denn das ist der Moment, in dem die Zeit mit uns ins Unendliche geht und es zur Glaubensfindung wird.

19. **Keiner bleibt übrig, wir sind alle „wir“.**
20. Nicht immer kann man tun, was man will.
21. Manchmal fällt es schwer, die Liebe des anderen gedankenlos zu erwidern.
22. Angebotene Hilfe muss man, wenn nützlich, auch annehmen können.
23. Liebe ist kein Zeitvertreib, sie kann den wichtigsten Sinn des Lebens festigen.
24. Gewöhnung ist kein Grund zur Selbstverständlichkeit, sie erlaubt unterschiedliche Zuneigungsempfindungen und -formen.
25. Die Herrscher der Welt sind Demokraten, die von Massen gewählt, aber von Minderheiten angenommen, verwirklicht und auf Verdacht regiert werden.
26. Regelmäßige Volksbefragungen helfen, den demokratischen Sinn beizubehalten.
27. Hunger- und Durstbekämpfung muss zur geregelten Selbstversorgung jedes Landes als Möglichkeit geschaffen werden.
28. Überanstrengungen dürfen nicht zu Mängeln oder Unwirklichkeiten führen.
29. **Durch Nachdenken und Glauben erreichen wir die Wirklichkeit.**
30. Lieber Gott, bitte hilf uns allen. Bitte noch einmal, wir meinen es ja nur gut.
31. Bitte hilf allen Kranken und Traurigen, den Weg zu dir zu finden.
32. Entscheide dich richtig, das Leben geht immer vor, zum Wohl eines jeden Einzelnen.
33. Jeder findet den Weg zum Guten, auch bevor man stirbt.
34. Das Leben ist so kostbar und muss für jeden lebenswert sein.
35. Wenn Menschen sich seltsam verhalten, ist das sehr traurig.
36. Die Selbstständigkeit und das Wohlbefinden können nur ein Tier vermitteln und zeigen – zu jeder Zeit das Beste.
37. Der Tod ist furchtbar.
38. Nur die Entscheidungen, die man bereut, waren falsch.
39. Gute Lebewesen sterben nach ihrem Schicksal.
40. Der Glaube an das Gute kann sich täuschen und ins Gegenteil verkehren.

41. Dein Leben ist gezählt.
42. Wer am Anfang seines Lebens einen Fehler macht, wird ein Leben lang beobachtet.
43. Der liebe Gott weiß warum.
44. Auch wer das Gute sieht, darf nichts an Gefühlen verlieren.
45. Mein Hund war kein Gefühlshund, aber wenn er Gefühle zeigte, waren sie nicht ohne Grund.
46. Ich glaube, die Liebe eines solchen Hundes empfängt man nicht noch einmal.
47. Wen oder was ich liebe, geht niemanden etwas an.
48. Bei einem gefestigten Ich leuchten die Augen nur noch.
49. Bitte zeig mir deine Liebe.
50. Auch Hunde wollen, dass ihr Gutsein erkannt wird, was für den Menschen manchmal sehr schwer ist.
51. Ich will mich mit niemandem anlegen.
52. Vorwurfsvolle Blicke töten.
53. Kluge Lebewesen machen es einem besonders schwer.
54. Lieber Gott, es gibt dich, und nur du weißt warum.
55. Trotz meiner Liebe war ich ungerecht streng mit dir, was mir jetzt sehr leidtut.
56. Stirbt jemand, dann hilft auch kein Geld mehr.
57. Nur die, die gelebt haben, sterben.
58. Zu viel Unglück auf einmal darf es nicht geben.
59. Es gibt nicht nur Hunde, jedes Lebewesen zählt.
60. Wer nicht glaubt, dass das Leben gerecht ist, dessen gelebte Fairness ist nicht zu deuten.
61. Du warst zum Schluss nur gut und hattest Spaß am Leben.
62. Wenn ich an das Beste des Tages glaube, vergehen keine Momente, und ich erlebe dann die Morgenliebe wieder mit der Wärme der Sonne auf mir.
63. Die freiheitliche Demokratie bietet für ihre Bevölkerung theoretisch die höchste Lebensqualität, trotz Rissen im System.
64. Seine Versprechen nicht zu halten, geht gar nicht.
65. Es wird alles gut.
66. Menschen ohne Glauben haben keine Richtung.

67. Ob man seinen Glauben verlieren kann, und wenn ja, wie, ist mir unklar – vielleicht durch Selbstvorwürfe, die einen prägen.

68. Glaubt man an den Anderen und ist davon überzeugt, findet man auf den richtigen Weg zurück und gewinnt seinen Glauben wieder.

69. Nicht unbedingt derjenige, der Recht hat, ist auf dem richtigen Weg, sondern der, dem man glauben kann.

70. Kinder dürfen sich nie zwischen ihren Eltern oder Familienangehörigen entscheiden müssen.

71. Ist jemand bekehrt und hat den guten Glauben, so ist es mit Sicherheit seine Pflicht, gegenüber anderen gut zu sein.

72. Menschen, die nicht glauben können, sind oft gefühllos, meist kalt, pochen auf ihr Recht und sind machthungrig.

73. Parolen wie „Ausländer raus“ gibt es nicht mehr, wenn wir im Paradies sind.

74. Schau dich an, wechsle Linien und Licht – alles, was sein kann, macht dich stark und führt zur Veränderung.

75. Verliert man etwas, ein Leben, findet man keine Ruhe und keine Einigkeit in der Frage der Richtigkeit und trotzt in jede Richtung.

76. Mein Spiegelbild bin ich, ohne zu sagen und zu wissen, was zu verbessern oder zu ändern ist. Wir lenken uns gegenseitig, wir sind so wie wir sind, und wir hoffen ohne Ende auf das Glück.

77. Ich berühre den Himmel, du siehst mich an. Ich bin lebendig und froh mit dir.

78. Tote sind weg – die bekommt man so nicht wieder.

79. Nach Krieg folgt Liebe, dank Glauben und Wissen.

80. Wenn du nicht da bist, wie kann ich dir sagen, dass ich dich brauche und dass du dich um mich kümmern sollst, wenn nicht der kleine Schritt zur Liebe wäre, die für immer und jetzt hilft?

81. Ungeduld treibt zum Hass.

82. Menschen ändert man nicht von jetzt auf gleich.

83. Die Liebe existiert, sonst gäbe es uns nicht.

84. Jeder muss um sein Leben kämpfen, und das ist auch richtig so.

85. Wer nicht an das Gute glaubt, den gibt es nicht.

86. Um den guten Menschen zu finden, braucht man keine Kompromisse.

87. Ich strebe, und ich glaube mit Recht, auch wenn du mich liebst. Aber in den Momenten, in denen ich dich sah, wurde ich traurig und ungerecht.

88. Bitte liebe mich und pass auf mich auf, und sag mir, dass es nicht vorbei ist – nur anders, traurig und absurd.

89. Die Welt zu finden, die wir brauchen, ist eine Belohnung, verbunden mit Liebe und Leben.

90. Wenn ich mich dir vorstellen kann, wenn ich liebe und lebe – das ist Paradies.

91. Es gibt kein Leben ohne dich.

92. Wer sich etwas vormacht, braucht es nicht und lügt.

93. Die Zukunft nur rosa-rot zu sehen, ist falsch, aber das Ende als gut zu sehen, ist klar und ein Muss.

94. Wer Kranke ständig auf ihre Probleme aufmerksam macht, ist wahrscheinlich an der ganzen Situation schuldig, zumindest beteiligt.

95. Lieber Gott, wenn du kannst und möchtest, bitte frage die Toten, was sie wollen.

96. Der liebe Gott belohnt mich, wenn ich gut war, und meine Seele lebt weiter.

97. Wenn ein Kind traurig ist, darf man nicht warten.

98. Wer im Nachhinein die Liebe des anderen anzweifelt, ist normal, aber nicht vom Segen Gottes geprüft.

99. Subventionen und Zölle verzerren und beeinflussen die geregelte Zusammenarbeit, die vom wirtschaftlichen Denken der Länder und ihrer Produktivität befürwortet wird.

100. Wer immer nur ganz korrekt ist, nie Trinkgeld gibt oder verbale Anerkennung äußert, wird seine Probleme nie los.

101. Ich sehe in deinen Augen den Glanz, der „Ich liebe dich“ sagt.

102. Das Bild, das andere von einem haben, sollte stimmen.

103. Reichtum und Machtgefühle verfolgen Kriege.

104. Die Gene von Adam und Eva bleiben bei jedem in der Hauptrolle verteilt.

105. Engel tragen durch den Glauben die Botschaft weiter.

106. Krieg führt zu Reichtum, und mehr Arbeitskräfte werden gebraucht – das ist ungerecht und falsch.

107. Das Streben nach Reichtum ist falsch, viel mehr nach Gleichheit zu streben ist richtig.

108. Männer bekommen für die gleiche Arbeit mehr Geld als Frauen, was in manchen Fällen eigentlich andersherum sein sollte.

109. Ich beschütze dich, wo immer du auch bist, oder wo ich dich gerade finde. Nichts ist vorbei oder verloren, in mir lebst du weiter, und dank unserer Beziehung lebst du sogar noch besser als je zuvor.

110. Ein Gedanke an alle, die tot sind und derer gedacht wird – sie sind in den guten Armen Gottes und grüßen.

111. Es ist Zeit, Abschied zu nehmen, um weiterzuleben, hinter dir und doch bei dir zu sein. Geh nicht auf, gib nicht auf.

112. Ich verstecke mich nicht und bin nicht dazu da, die Fehler der anderen zu beseitigen.

113. Dein Körper prägt die Seele mit.

114. Menschen ohne Gefühle gibt es nicht.

115. Jeder stirbt anders.

116. Zählt die Stimme des Menschen, können 90 % bestimmen.

117. Zählt das Geld, regelt sich das Geschehen über die restlichen 10 %, und sie regieren.

118. Die richtige Einstellung prägt und führt zum persönlichen Weiterkommen – einzigartig und besonders.

119. Jeder kann etwas – finde es heraus und beweise dich.

120. Der Abschied ist schwer, alles hinter sich zu lassen und es als gut zu empfinden, die Liebe nicht zu vergessen, die auch ohne dich existiert.

121. Werden Horrorgeschichten über die Presse verbreitet, hilft das niemandem – es schadet nur, bis hin zum Selbstzweifel.

122. Manches muss man selbst wissen.

123. Das Leben könnte vorbestimmt sein, denn über Zufall und Situationen wird spekuliert, was dem aber im Grund widerspricht.

124. Im Schatten des Retters beschützen und helfen in dem täglichen Rufen, das Erwecken der Träume in uns, mit die Wahrheit zur Stärkung.

125. Wer anzweifelt die Liebe in mir wird immer auf der Erde bleiben. ohne Hoffnung, die Einstellung zu korrigieren, lernt nichts dazu.

126. Sag deiner Liebe was du denkst und empfindest zu jeder Zeit vorher, nachher, und jetzt.

127. Du schaffst es, jeden vom Guten zu überzeugen.

128. Du weißt, dass ich es gut meine und auch bin, und trägst das Tiefste von mir in dir. Du hörst nicht auf, mich in deine Richtung zu leiten – für jeden.

129. Es wird immer wieder Volkskrankheiten geben.

130. Wer am "Bösen" sein Gefallen findet, verlässt Gottes Weg ins Grundlose und in den Irrsinn.

131. Das "Unheil" von irgendwo kommt nicht, denn es gibt es gar nicht.

132. Sich nicht wehren dürfen, ist falsch.

133. Die Anzahl der Gebete vorzuschreiben, ist auch falsch.

134. Auch alte Menschen können sich füreinander interessieren, was toll ist.

135. Auch mein Gott beschützt jemanden, und alle machen mit.

136. Gott als Wärmequelle oder wachendes Auge zu sehen, ist eine Frage, die jeder für sich selbst beantworten muss.

137. Wenn man will, kann man, selbst trotz eines Gebrechens, jede Freude und Zuneigung vermitteln.

138. Kein Gott von meinen Dreien leidet an Einsamkeit und bewältigt nicht unsere jetzige weltweite Katastrophe und Situation.

139. Gott hat die Welt erschaffen – lustig, vielseitig, mit Runzeln und einer Ungewissheit, die noch kommen mag.

140. Wer liebt, das merkt man – auch der Glaube gehört dazu.

141. Wer liebt, muss auch helfen, egal durch wen oder über wen.

142. Alle Menschen lieben zu dürfen, trotz Fehlschlägen, die das Wahre verdecken, ist auch pures Glück, dank der Liebe von überall und immer.

143. Zu glauben, Angst haben zu müssen, bedeutet, dass man Liebe falsch versteht.

144. Wer sich nur versteckt, den grüße ich auch erst zum Schluss.

145. Jeder ist ein Mensch für sich, Anleitungen oder Vorleben sind nur begrenzt möglich.

146. Hilfe auch im Alter begeistert und macht froh.

147. Wem Gott ein langes Leben schenkt, muss dankbar dafür sein und gut bleiben.

148. Lass andere ihr Ich zeigen, wie sie wollen – sie sind alle gut.

149. Setze niemanden unter Zeitdruck, das wäre falsch – für alle.

150. Wer feststellt, dass wir hier im Paradies sind, muss vermitteln, gut sein und seine Stärke zeigen.

151. Man sollte und muss mindestens einmal am Tag rausgehen, um neue Kraft zu tanken und sich zu bestätigen.

152. Der Umgang mit Menschen muss jedem gut tun, genauso wie der Umgang mit der Natur und Tieren.

153. Lieber Gott, warum bist du nur so gut zu mir? Eigentlich geht es mir schlecht, aber ich bin glücklich.

154. Gott ist immer dabei, und wenn ich sage, du bist hier, bist du die Hauptrolle.

155. Auch wenn man weiß, es ist verkehrt, oft siegt der Geschmack vor der Vernunft.

156. Es gibt auch gute Menschen, die verstecken sich am Anfang bloß.

157. Gegen Angst hilft Liebe.

158. Gefühle zeigen, egal in welche Richtung, ist immer gut.

159. Wer sich keine eigene Meinung bilden kann, macht Fehler.

160. Man ist manchmal "böse", um das Ziel zu erreichen, gut zu sein.

161. Wir sind hier keine Besucher mit dem Ziel, Urlaub zu machen.

162. Lachen und Weinen muss jeder dürfen.

163. Das Gute erkenne ich in den leuchtenden Augen, und ich weiß nicht, ob ich zu meiner Seele finden werde, die mich beherrscht und mich leitet. Zeige mir deine Seele, und ich richte mich danach.

164. Werde gut, bevor ich mich in der Einsamkeit auflöse und von dir in der Ewigkeit verloren gehe.

165. Auch Geldspenden helfen, wenn die Einstellung stimmt.

166. Lasst die Schlechten zu Hause, seid gut und geht, wohin ihr wollt – der Weg findet sich.

167. Menschen, die lieben, hassen niemanden – das sieht man in ihren Augen genauso wie bei denen, die nur lieben können.

168. Jeder Mensch hat seinen eigenen Willen und zeigt Gefühle nach eigenem Empfinden.

169. Die Augen strahlen und nehmen nichts weg, wenn man gut über andere denkt und sich im Klaren darüber ist, was vorgeht.

170. Wer nur an seinen eigenen Verdienst denkt, auf Kosten von Hilfeleistungen, ist nicht gut.

171. Nimm den Moment für immer und achte nicht auf Dinge, die dich vom Weg zum gemeinsamen Leben abhalten könnten.

172. Wer zu viele Freunde hat, weiß nicht, ob es genug sind oder ob man nett zu ihnen ist.

173. Wer sich unsicher ist oder Angst hat, es nicht zu schaffen, darf nicht verzweifeln und sollte alles in Ruhe angehen.

174. Gefühllose Menschen setzen sich nie durch.

175. Überforderungen führen zu Fehlhandlungen.

176. Wenn alle nur gut sind, dann haben wir das Paradies.

177. Ich hätte gerne ganz viele gute Menschen um mich herum.

178. Wer sich im Guten freuen kann, wird geliebt.

179. Wenn Meinungen und Aussagen verschmelzen, kann das Liebe sein.

180. Gefühle muss man nicht immer zeigen – man weiß ja, dass man sich liebt.

181. Je mehr Freunde man gewinnt, desto mehr verliert man oft auch.

182. Auch mit guten Fragen schafft man Frieden.

183. Wer konstant gut sein will, muss hart an sich arbeiten und sich nicht zu oft und intensiv hinterfragen.

184. Wenn jeder seine beste Seite zeigt, haben wir es geschafft, zumindest für den Moment glücklich zu sein und unseren Vorstellungen zu entsprechen.

185. Zeige mir, was du für mich empfindest. Ein Tag genügt, um zu wissen, dass du mich zum Guten sehen kannst.

186. Die Eigenständigkeit einzelner Länder führt zur Einigung.

187. Ich bin ein Einzeltäter – manchmal sehr schwer.

188. Wer versucht, seine Meinung und sein Handeln immer sofort umzusetzen, trifft oft, auch wenn es unberechtigt erscheint, auf Widerstand.

189. Wer ohne Absprache irgendetwas bestimmt und handelt, kann kein Glück empfinden.

190. Meine Liebe kommt von innen und glaubt an dich und daran, dass es wirklich gut wird.

191. Wer Eifersucht und Egoismus beiseitelegt, kann Mensch werden und muss nicht wie Tiere manchmal mit einem Feindbild kämpfen.

192. Freunde kann man nicht tauschen, aber man kann sich vorstellen und füreinander einstehen.

193. Das Leben könnte vorbestimmt sein, denn über Zufall und Situationen wird spekuliert, was dem aber im Grunde widerspricht.

194. Im Schatten des Retters finden wir Schutz und Hilfe, das tägliche Rufen erweckt die Träume in uns und stärkt die Wahrheit.

195. Wer die Liebe in mir anzweifelt, wird immer auf der Erde bleiben, ohne Hoffnung, seine Einstellung zu korrigieren. Er lernt nichts dazu.

196. Sag deiner Liebe, was du denkst und empfindest – zu jeder Zeit, vorher, nachher und jetzt.

197. Du schaffst jeden zum Guten.

198. Ehrlichkeit ist eines der höchsten Güter, das man anderen Menschen schuldet, und sie bringt uns im Guten zusammen.

199. Ironie ist wie Musik, die zum Lachen bringt und passt.

200. Unsicherheit kann man nicht durch diktatorisches Verhalten ausgleichen oder sogar befürworten.

201. Wer glaubt, durch Krieg Menschen retten zu können, sollte nachdenken und zu Hause bleiben.

202. Ich liebe nicht nur diejenigen, die denken, ich wäre ein guter Mensch.

203. Ich hasse niemanden, vielleicht nur kurzzeitig, aber "wichtige" Menschen liegen mir nicht.

204. Liebe macht blind, keine Erziehung oder irdische Maßnahme bringt die Wahrheit anders als du zu uns.

205. Was ist, wenn die Erde bald nicht mehr existiert, oder sagt man das nur so?

206. Wenn der Glaube auf die nächste Chance wartet, uns zu erlösen, glaube ich das nicht. Wir sind einmal da und können mit dir Dinge verändern.

207. Töten, sagen alle, gibt es nicht, und es wird nie als richtig empfunden werden können.

208. Wer behauptet, durch Töten zu helfen, muss gründlich nachdenken, vielleicht sogar seinen Standpunkt überdenken.

209. Wenn man allein ist, kann man nichts ändern, auch nicht die Vergangenheit.

210. Der liebe Gott sagt: "Du bist nicht allein, ich bin bei dir, fühle dich und wisse, dass du es bist, der gut ist."

211. Es gibt Menschen, die sind uns unsympathisch, egoistisch und fremd.

212. Horrornachrichten, selbst nur über die Presse, können Charaktere und ganze Völker verderben.

213. Respektiere den anderen, auch ohne ihn lieben zu müssen.

214. Respekt kann sich in Liebe entwickeln, und sollte es auch.

215. Jedes Land wird einen Weg zum Frieden finden.

216. Gut sein ist in unserer Natur.

217. Jeder Wert hat seine Zeit.

218. Wer im Guten nur Nachteile sieht, ist nicht gut.

219. Ohne Kuss vom Partner hält keine Ehe.

220. Man muss darauf achten, dass es einem gut geht und niemand verletzt wird.

221. Ausländer sind wunderbare Menschen.

222. Nur Vorschriften für alles lassen Bürokraten leben.

223. Ich liebe es, beliebt zu sein, und nicht, um immer recht zu haben.

224. Wer auf den anderen hört, ohne selbst überzeugt zu sein, sollte nicht einfach tun, was der andere vorschlägt.

225. Viele liebe Grüße.

226. Es gibt Fragen, die machen den anderen lächerlich.

227. Ehrlichkeit, ohne böse Absicht, muss man deuten können.

228. Kritik oder Bestechlichkeit werden manchmal als sehr schlimm empfunden.

229. Bei manchen darf es noch nicht einmal den Anschein von Kritik geben.

230. In manchen Regionen leben mehr Persönlichkeiten als in anderen.

231. Es gibt auf der Welt ganz andere Menschen.

232. Ironie ist zum Spiel geworden.

233. Unterhalte dich, und du wirst gute Menschen kennenlernen.

234. Rabatte für Kunden, aber nicht für Mitarbeiter, ist ungerecht und falsch.

235. Menschen ohne Humor lachen nicht einmal über sich selbst.

236. Die Aussagen anderer zu prüfen, kann ein Hobby werden, führt aber selten zu Freundschaften.

237. Gefühle zu zeigen bedeutet nicht, dass man sich gedanklich verpflichtet fühlen muss.

238. Wer aus Missverständnis seine Gefühle nicht zeigt, führt ein trostloses Leben.

239. Liebe macht verrückt.

240. Der Sinn nach Richtigkeit und Glück hilft, weiterzumachen und bei dir zu bleiben. Er zeigt, aus welcher Kraft ich atme.

241. Darf ich wiederkommen? Du und ich werden es empfinden, wie es ist: voller Liebe, überall, wo du bist, sorgst du für Glück und Frieden.

242. Genieße das, was du hast und dich glücklich macht, und schließe alle anderen mit ein.

243. Wenn jeder so handelt, wie er es gelernt hat und anderen zeigen und empfinden kann, muss er den Moment finden, der zur Situation passt.

244. Sieh dein Leben als Tanz und hoffe auf alles, was sich bewegt.

245. Genieße den Moment für immer und gib mir das Recht dazu.

246. Gott verwirklicht jedem nach seinem Sinn und Gefühl für das eigene Ich.

247. Gott braucht Menschen, jeden Einzelnen.

248. Das Kennenlernen und die Annäherung geschehen manchmal viel zu langsam, manchmal aber auch zu schnell.

249. Verweigern Geschiedene, die vorher als gut galten, bestimmte Dinge, können diese weiterhin Bestand haben.

250. Wird einem im Ausland beworbene Rente ausgezahlt, wird sie laut Doppelbesteuerungsgesetz im Inland gekürzt, was ungerecht ist.

251. Wer nur tut, was ihm gesagt wird, neigt zur Tyrannei.

252. Um von allen akzeptiert zu werden, muss man auch mal Typ sein.

253. Stimmungen können sich schlagartig ändern, ohne dabei unsicher oder schlecht sein zu wollen.

254. Manche Menschen meckern und machen sich lustig, fühlen sich aber in ihrem Kreis wohl.

255. Ich liebe dich – für mich und immer.

256. Wer in den Krieg zieht, sollte es aus eigener Überzeugung tun und nicht, um helfen zu wollen, denn das tut er nicht.

257. Jede neue Erfahrung birgt die Liebe neu, oft vergessen in Tränen und Freude.

258. Gute Freunde habe ich, und gute Freunde habe ich nicht – aber es wird alles gut.

259. Auf Wiedersehen. Du selbst, nur gut, hast sicher den Weg der Freude für dich gefunden und verlässt die Entfernung, die doch so nah ist.

260. Familie als Regierung ist falsch.

261. So wie es jetzt ist, ist es nicht richtig.

262. Man muss seinen eigenen Bereich im Griff haben.

263. Bei Akupunktur wird durch das Einstechen von Nadeln der Schmerz gezielt weitergeleitet.

264. Ein Diktator kann noch so gut sein und an sein Volk denken, es wird immer in Richtung Demokratie gelenkt.

265. Jede Krankheit ist anders und mit verschiedenen Risikofaktoren verbunden.

266. Lieber Gott, bleib bei mir und lass mich gut bleiben.

267. Anderen Menschen wehzutun, um etwas zu erreichen, ist nicht notwendig.

268. Alles hat seine Grenzen.

269. Aberglaube, bitte weg.

270. In islamischen Ländern sind Frauen treu, während Männer bis zu vier Frauen haben und diese austauschen können.

271. Männer ziehen in den Krieg, um ihre Familie und Landsleute zu schützen.

272. Ich glaube nicht an Horoskope.

273. Teilt man eine Firma nach gewinn- und verlustbringenden Sparten, reduziert man die Personalkosten und Steuerabgaben.

274. Wer andere in seine privaten Räume lässt, weiß, was er tut.

275. Man macht ja doch alles nach, auch den größten Blödsinn.

276. Der Islam als große Familie hält mehr zusammen als Christen, Muslime oder Nicht-Gläubige und ist eine bedeutende Religion.

277. Schwierige Verhaltensregeln bei den Religionen führen seltener zu Konflikten als krasse Unterschiede zwischen Armut und Reichtum.

278. Auch gute Menschen verspüren vermeidbaren Zorn gegenüber dem übermäßigen Zurschaustellen von Reichtum.

279. Sogar Fernsehrechte können Kriege verursachen.

280. Du bist überall, und deine Liebe bringt uns zum Glühen und Löschen.

281. Was ich will, ist, dich zum Glauben an Gott zu bringen. Ob vergessen oder verträumt, ich glaube, es ist wichtig, ein Gefühl zu Gott zu entwickeln und danach zu handeln.

282. Rechtsorientierte Länder, auch wenn es nur ein leichter Trend ist, sollten nicht nur wirtschaftlich, sondern auf jeden Fall vermieden werden.

283. Ohne Worte kann man sich nicht entschuldigen.

284. Sich der Meinung des anderen anzupassen, geht schnell, aber die Verwirklichung und Umsetzung dauert etwas länger.

285. Wer nur die eigene Familie liebt und Angeheiratete verachtet, sollte mit Vorsicht genossen werden.

286. Den Weg findest du allein und änderst ihn, wie du denkst. Ich warte, bewundere und liebe, was auch immer du tust.

287. Gott ist die Festung und bleibt für jeden.

288. Wer die Wirtschaft miteinander verbindet, zieht auch gemeinsam in den Krieg.

289. Partei zu ergreifen ist erlaubt, darf aber nicht zu Stillstand oder der Absicht führen, anderen zu schaden.

290. Eine Richtung aufzuzeigen, mit Argumenten und Beispielen, hält die Lage stabil oder verändert sie.

291. Je weniger Länder selbständig sind, desto weniger zählt der Wille des eigenen Landes, sich selbst entwickeln zu wollen.

292. Ein vereintes Europa kann einen Wandel traumatisieren.

293. Die Länder müssen ein vorwiegend selbst erarbeitetes Niveau haben, unterstützt, bevor man über Gemeinsamkeiten nachdenkt.

294. Gott beobachtet, wie die einzelnen Länder versuchen, Gemeinsamkeiten viel zu früh schönzureden. Es besteht die Gefahr, immer mehr vom Willen anderer abhängig zu werden.

295. Jedes Land hat Bestand, mit Verbesserungspotenzial.

296. Gott hat Gene verteilt, die jedes Land zuerst für sich pflegen sollte.

297. Gravierende Änderungen wird es nicht auf die Schnelle geben, denn das Leben ist ewig und hört nie auf zu sein. Favoriten sind schwer zu stoppen, da sie oft andere für sich beanspruchen.

298. Falsches kann man nicht mit Falschem bekämpfen.

299. Niemand schreibt mir vor, wer meine Freunde sind oder was ich zu tun habe.

300. Sag nicht einfach, dass es so ist.

301. Wenn meine Gefühle verrücktspielen, bekomme ich Hunger.

302. Versuche immer, eine gute Tat zu vollbringen.

303. Manche Krankheiten wirken sehr schnell und intensiv.

304. Ich liebe Menschen, die ihre Meinung sagen, genauso wie Eltern, die einem freie Wahl lassen.

305. Man sollte Fremde immer mit offenen Armen empfangen.

306. Bei Missverständnissen sollte man auf Abstand gehen und neu prüfen.

307. Ich brauche dich, du bist das Herz, das in mir schlägt, Wunder heilt und mir immer sagt: Du bist es, sei gut.

308. Dank dir verarbeite ich die Vergangenheit, und du befreist mich von falschen Illusionen, die mich plagen.

309. Im Moment unterhalte ich mich gerne mit Menschen.

310. Neid kann eigentlich nur jeder für sich selbst bekämpfen.

311. Um nur an sich zu denken, muss man anderen schaden.

312. Wer sich für wichtig hält und sich aufspielt, aber ohne mich nicht leben kann, den sollte man verlassen.

313. Die Liebe und ich werden nie zu viel oder alt, denn wir brauchen es und uns.

314. Das Tor geht auf, und ich trete ein zu dir ins Gloriolen-Reich und lebe.

315. Die Werte verbessern sich, und das Leben mit ihnen.

316. Wenn gespendetes Geld, das für Kriege eingesetzt werden sollte, in waghalsige private Unternehmen fließt, ist das zwar besser, aber immer noch falsch.

317. Gott ist der Teil in mir, den ich oft nicht bemerke, aber auch traurig machen kann, im Unerreichbaren versteckt. Doch er gibt uns das Versprechen, auf jeden Fall wiederzukommen.

318. Der Lebenslauf eines Serienmörders kann interessant sein, aber nicht für jeden – und bestimmt nicht für mich, was auch gut so ist.

319. Jede Staatsform ist davon überzeugt, dass die andere die falsche ist, obwohl man auch an der eigenen Kritik übt.

320. Es kann mir wahnsinnig gut gehen oder wahnsinnig schlecht – Gott, ich liebe dich.

321. Lieber Gott, ich bin dir sehr dankbar.

322. Geldgeschenke als Gegengabe erfreuen, helfen und können die Stimmung heben, das Zusammensein vereinfachen und Geldmangel in jeglicher Form lösen.

323. Gott opfert ständig Menschen für das Gute.

324. Wenn ich tot bin, lebe ich weiter.

325. Fehler in Kunst, verursacht durch Unvermögen, können trotzdem wirken.

326. Behörden haben im Gegensatz zum Privatleben einen Etat, den es auszugeben gilt.

327. Gelder, die vom Staat verteilt werden, gelangen in falsche Hände, weil bei Behörden oder Kommunen zu viel Flexibilität und Freiheit

herrscht. Oft entstehen dadurch freie Gelder, die unter Druck ausgegeben werden müssen.

328. Lasst uns mischen, was wir mischen wollen, alles vermischen, es extra zeigen und an die ganze Welt bis ins Universum glauben.

329. Ich will mit allen Menschen in Frieden leben, was ihr mir auch schuldet und verwirklichen müsst.

330. Die Bevölkerung ist egoistisch, wie jeder Mensch, und unterstützt denjenigen, der ihnen Vorteile verschafft, egal ob dabei das Ausland ausgebeutet wird. (traurig)

331. Wer tolerant und friedlich lebt, führt ein Leben, das Sicherheit vor Krieg bietet.

332. Höre auf das Gute und lass deiner Seele freien Lauf.

333. Wer sich aus Oberflächlichkeit Feinde macht, weil er Bekannte falsch wählt, kommt nicht weit.

334. Geht es einem nicht gut, verliert man die Natürlichkeit, wirkt kalt und übertreibt Aussagen, um es besser erscheinen zu lassen.

335. Kinder in der Pubertät wollen oft erwachsen sein und schotten sich ab, um ihre Selbstständigkeit zu zeigen. Für die Eltern wirkt das oft wie bloße Sprüche.

336. Manchmal sehen Menschen aus einer anderen Perspektive ganz anders aus.

337. Krieg ist nie positiv, darf nie sein, und jeder muss dagegen sein.

338. Tu nichts Böses, sonst wirst du es bereuen.

339. Vielleicht sollte man zusätzlich ein Weltparlament wählen, das die Belange aller vertritt, insbesondere die der 85% der Weltbevölkerung, die arm sind.

340. Wer immer du auch bist oder glaubst zu sein, die Welt dreht sich weiter.

341. Wer die Toten liebt, handelt richtig und hofft auf ein Wiedersehen im Paradies, das auf uns wartet.

342. Um nur Spaß zu haben, verliere ich Teile meiner Seele und die Möglichkeit, wirklich zu leben.

343. Bleib mit Lügen im Dunkeln bei mir, ich passe auf und strebe an, frei zu sein.

344. Bei Fehlern, die ich in deinen Augen sehe, stehe ich dir bei – mit Tränen im Himmel und auf der Erde.

345. Lieber Gott, lass uns nicht mehr sterben, aber auch keinen neuen Tod dazu kommen.

346. Unser Steuersystem stimmt nicht.

347. Gesetzeslücken ermöglichen es, Verluste in eine Art Gewinnausschüttung umzuwandeln.

348. Der Staat unterstützt bei Verlusten, bleibt aber bei Gewinnen neutral.

349. Der arme Mann zahlt Steuern, die die Reichen nutzen, um ihre bewusste Verschuldung in persönlichen Gewinn zu verwandeln.

350. Das Portemonnaie der Reichen ist die Steuer.

351. Ich kann nicht ausschließen, Jesus oder Mohamed zu sein, aber ich bin es nicht.

352. Ich prophezeie euch den Weltfrieden.

353. Man darf anderen Menschen auch emotional keinen Schmerz zufügen.

354. Ich glaube, ich weiß etwas, das kein anderer wissen sollte.

355. Vielleicht wartet der liebe Gott jetzt auf mich.

356. Manches, das vom lieben Gott kommt, bekommt er wieder.

357. Vielleicht heben wir heute ab?

358. Sich ein Geschenk nachträglich verschulden zu lassen, liegt jedem normalen Bürger fern, auch wenn er dabei noch Steuern spart.

359. Das Steuergesetz gehört reformiert: Schulden sind Schulden und kein Gewinn.

360. Schulden auf Richtigkeit zu überprüfen macht Sinn.

361. Firmen nach Steuervorteilen zu splitten, sicher nicht.

362. Suche nach dem, was dich glücklich macht.

363. Jemanden lieben zu dürfen, sollte jeder können.

364. Jeder Mensch hat seine eigene Vorstellung vom Leben.

365. Der Obrigkeit vertraut man, dass sie das Richtige tut, auch wenn sie sich vom Geld anderer Paläste im Ausland bauen lässt.

366. Wenn man mit den vergangenen Tagen zufrieden ist, freut man sich sehr.

367. Ein Großaktionär, der nicht arbeitet, verdient mehr als ein hochrangiger Manager im Stress der Wirtschaft.

368. Es stellt sich die Frage, ob das Recht auf Firmenanteile in fremde Hände sinnvoll ist, sowohl für Klein- als auch Großaktionäre.

369. Großaktionäre bestimmen den Wert und die Zukunft des Unternehmens und nicht die in der Firma arbeitende Bevölkerung mit ihren Kunden.

370. Eine freie Marktwirtschaft, die auf Aktiengesellschaften basiert, erfüllt ihren Zweck nicht, solange sie ungerecht ist.

371. Fremde Länder als Aktionäre bestimmen unsere Zukunft. Sie streben alles für sich an, wie in Monopoly, und notfalls über Zölle oder Abgaben.

372. Das kann es nicht sein.

373. Wahrscheinlich sind die Steuergesetze komplett falsch und ungerecht.

374. Je nachdem, wo Gelder im Steuerformular eingetragen werden, kommen ganz andere Zahlen heraus.

375. Einzelne, nicht nur Arme, haben in ihren Kreisen kaum die Chance, reich zu werden, es sei denn, sie nutzen ungerechtfertigte Steuerlücken.

376. Die Steuergesetze dürfen nicht so stark in die Wirtschaft eingreifen, dass sie am Ende den Markt bestimmen.

377. Sie sind falsch und gehören überarbeitet.

378. Staat, Steuern und Rechtsprechung sind die Pole für Gerechtigkeit.

379. Ich bete niemanden an, ich habe nur Götter um mich.

380. Durch Schulden reich zu werden, kann nicht richtig sein.

381. Der Staat liegt falsch, wenn er das in irgendeiner Form unterstützt. Die Steuergesetze nutzen nicht den Bedürfnissen der Armen und ihrer Existenz.

382. Wer Verluste macht, wird unterstützt und spart Steuern, was richtig ist, doch das sollte nicht jedes Jahr und schon gar nicht über Bonuszahlungen, Werbekosten oder künstlich aufgenommene Schulden geschehen, die keine sind, um damit Gewinn zu machen.

383. Leider kenne ich im Moment niemanden, der mir komplett und uneingeschränkt vertraut.

384. Selbst Teile des kapitalistischen Systems, sowie natürlich auch anderer Staatsformen, müssen überprüft werden.

385. Auch in einer Demokratie hat das Staatsorgan durch seine Beamten und Institute eine grundsätzliche Bevollmächtigung vom Staat, um einfach und sicher handeln zu können.

386. Manchmal werden Steuergesetze im Ausland genutzt, um Gewinne zu erzielen.

387. Die Schnelligkeit einer Entscheidung beeinflusst das Staatsorgan leider nicht immer positiv, da oft Rangstufen eingehalten werden müssen, was die Prozesse verlangsamt.

388. Menschenrechte und Staatsformen unterscheiden sich je nach Land. Es ist wichtig, diese zu vergleichen und die richtige Entscheidung für sich zu treffen.

389. In einer Demokratie wird versucht, Gleichberechtigung zu gewährleisten, das heißt, **alle Geschlechter sind gleich**. In einer Diktatur **steht der Mann oft im Vordergrund**, und im Kommunismus werden alle Menschen als gleich angesehen.

390. Regierungen werden gewählt, durch Gesetze bestimmt oder im Rang der Familie festgelegt.

391. Freie Wahlen für alle Volljährigen, die als Kandidaten antreten und frei wählen dürfen, sind wichtig. Keine Stimme darf verloren gehen.

392. Mit geringen Ausnahmen besteht "mündlich" oder schriftlich Wahlpflicht.

393. Man sollte keine Fehler zweimal machen.

394. Jeden Tag bringe ich mein Herz zu dir und glaube an das Morgen.

395. Keine kriegsverbündeten Nationen, erst recht nicht aus Angst, können den Frieden der Zukunft garantieren.

396. Die Steuergesetze bevorteilen die Reichen in ihrem Geschäft.

397. Viele Kriege werden über angebliche, nicht existierende Bedrohungen angeheizt, ohne Friedensbemühungen.

398. Zeige dich, wie du wirklich bist, und du wirst in offene Arme empfangen.

399. Frieden herrscht dann, wenn Hunger und Durst gestillt sind und das System des Landes funktioniert. Wenn Religionen akzeptiert, Steuergesetze ausgeglichen und freie Wahlen durchgeführt werden, wenn Firmen und Arbeitsstätten Eigenverantwortung zeigen, soziale Gleichheit in der Mittelschicht herrscht und Minderheiten integriert werden, dann gibt es Anreize für mehr Verantwortung und Wachstum.

400. Die Schaffung von Weltspendenstationen, die allen Berechtigten helfen, wäre ein großer Fortschritt. Wir brauchen kein Einheitsland.

401. Wenn sich Länder zusammenschließen wollen, warum nicht?

402. Ein genehmigtes Darlehen sollte zurückgezahlt werden. Es ist falsch, es aufzustocken, um dadurch im Verlustgeschäft weitere Schulden zu machen und so über die Steuer Zuschüsse und Gewinne zu erzielen. Das ist kriminell und falsch.

403. Bei der Organspende gehört die Pflicht zur Befragung dazu.

404. Bevor du über mich sprichst, sieh lieber zuerst auf dich selbst und bleibe auf dem Boden, der für uns alle gleich ist.

405. Wir werden uns wiedersehen, da sich alles dreht und zurückkehrt.

406. Das Leben ist ein Kreislauf. Alles macht Sinn, und aufgeben gibt es nicht.

407. Frieden ist uns sicher, wie Tränen, die sagen "bis gleich", und doch müssen wir den richtigen Zug erwischen, wenn es wieder losgeht.

408. Die Welt, die ich liebe, bedeutet mir nichts, ohne zu wissen, dass du da bist und alles regelst.

409. Egal ob Tag oder Nacht, zuhause oder nicht, ich werde immer bei dir stehen, auch wenn ich manchmal Fehler mache. Du bist der Grund, warum ich lebe.

410. Ich gehe meinen Weg, helfe mit, denke nach, zahle und gebe mein Bestes.

411. Genieße die Zeit mit Freunden. Niemand weiß, wann der Tag kommt, an dem ich in die Erde zurückkehre.

412. Alles ist bunt, die Vögel zwitschern in jeder Ecke, ein Wasserfall rauscht, und Menschen, die du lange nicht mehr gesehen hast, sind wieder da.

413. Warum sind wir hier? Nur wir alle, gleich und einander ähnelnd, opfern uns füreinander auf.

414. "Hilfe" ist fast zu wenig gesagt.

415. Knie dich nieder, sieh, wie Jesus übers Wasser geht und Mohammed die Menschen überzeugt: Die Welt ist schön, mach mit.

416. Die Welt ist manchmal schwer zu verstehen.

417. Deine gute Seele begleitet dich jeden Tag, auch ins Bad, wo du dich wäscht und für das fertig machst, was heute auf dich wartet.

418. Neue Erlebnisse, Erfolg und Eindrücke zeichnen das Umfeld, das Glück und Liebe mit sich bringt.

419. Auch an die Toten zu denken, macht nicht traurig – warum auch? Ihnen geht es gut, und wir werden uns wiedersehen. Warum verzagen?

420. Wer kein Geld hat, braucht es. Wer krank ist, muss gesund werden. Protz und Gehabe brauchen wir nicht.

421. Ein freundliches Gesicht entschädigt für vieles.

422. Gute Laune hätte jeder gerne, aber kaufen kann man sie nicht. Dein Gegenüber könnte einen Teil dazu beitragen – frag ihn mal.

423. Ich strahle, weiß gar nicht mehr, worüber ich nachdenke. Das Glück liegt auf der Straße, hebe es auf oder gib es weiter.

424. Systemkritiker oder eigenständige Spione werden für ihr Tun oft Jahrzehnte inhaftiert oder sogar getötet.

425. Geheimdienste gibt es in fast jedem Land. Sie spionieren, verraten geheime Informationen und arbeiten im Auftrag der jeweiligen Regierung, geschützt von den obersten Stellen.

426. Zu wissen, was der andere vorhat, dämpft oft die Wirtschaft.

427. Besetztes Gebiet muss nach Kriegsende paradoxerweise an den Kriegsgegner zurückgegeben werden – eine Bedingung, die man erfüllen muss.

428. Da sich jedes Land auf verbündete Partnerländer verlassen muss, stellt sich oft die kalkulierbare Frage: Weltkrieg oder nur ein Flächenbrand in der Region?

429. Ein Weltrat sollte bestimmen, ob wir Krieg führen dürfen oder nicht. Die Fragen und Spielregeln lauten:

- Warum wollen wir Krieg führen?
- Haben wir etwaige Partnerländer?
- Existieren klare Ziele im Krieg?
- Atomwaffen: Nein, danke?
- Weltseuchen vermeiden?
- Tretminen verschrotten?
- Monopole verhindern?
- Der Wirtschaft ihre Selbstständigkeit lassen?
- Produktion ohne Zölle oder staatliche Vergünstigungen?
- Steuerregelungen für Gewinne und Verluste?
- Menschenrechtsverletzungen?
- Wird es Hunger, Durst und Tote weltweit geben?
- Wer baut das Land wieder auf?
- Stimmen die Rechtsform und Gesetze?
- Passen die Religionen zueinander?

430. Ein Darlehen muss notariell beglaubigt sein.

431. Man kann nur den aktuellen Stand speichern; die Vergangenheit wird überschrieben.

432. Manchmal renne ich oder verstecke mich, sage nichts und glaube einfach nur. Ich bin Tag und Nacht hier, um auf dich zu warten, denn ich glaube an alles, was du sagst, auch über mich. Die Welt leuchtet über uns und enttäuscht uns nicht.

433. Ich will bei dir bleiben. Glaub mir, du bist meine Liebe.

434. Verlier nie dein inneres Kind.

435. Eigene Wege führen dich auch mal weg, aber sie bringen dich zurück.

436. Musik und Tanz sind füreinander gemacht und ansteckend.

437. Die Religionssteuer ist fällig, auch ohne Einnahmen oder Ausgaben.

438. Ich will alles: dein Lächeln, dein Äußeres, deine Nähe, mich wohlfühlen und immer bei dir sein.

439. Die Zeit wird mich prägen und den Weg zu Gott führen – zu dem Moment für alle, auch für mich.

440. Wenn ein Kind heiratet, vergrößert sich die Familie.

441. Wer ständig nachdenkt, ohne etwas zu sagen, sucht im Nichts.

442. Es wird immer Hochzeiten zwischen gesunden und kranken Menschen geben, und das ist gut so und bewundernswert.

443. Du rufst mich, und ich strecke mich zum Himmel, der Frieden in mir findet.

444. Irgendwann kommt der Tag, an dem ich nur noch Sonne und Liebe spüre, und mit Gewissheit trage ich meinen Teil dazu bei, dass es so kommt.

445. Das Leben sollte Spaß machen. Wir kennen den Weg zum Guten und leben, um glücklich zu sein. So sollte es immer sein, und ich helfe, wie alle anderen auch.

446. Menschen, die schon als Baby sterben, haben andere Erlebnisse als wir.

447. Ich will ein Leben ohne Fehler, Distanz und Trauer.

448. Eltern verlieren sich nicht im Vorbeigehen. Sie sind verwurzelt, bleiben und raten in kritischen Situationen, zum Beispiel, ob sie Töten zulassen, aber nicht befürworten. Sie lassen uns warten, bis wir sie kennen und lieben.

449. Jeder meiner Atemzüge gehört mir, doch er teilt sich im Ganzen zum "Wir".

450. Manchmal sagt man etwas und hofft auf das Gegenteil als wahre Antwort.

451. Man glaubt es kaum, aber auch andere Nationen können alles, was man selbst kann – trotz Pausen und ohne Übung, vielleicht etwas erschwert, aber insgesamt auch gut.

452. Die Definition von Verlust bei der Steuer muss neu formuliert werden, besonders für Selbständige und Großkonzerne.

453. Wer immer das haben möchte, was er nicht hat, wird unglücklich und kann unangenehm werden.

454. Sehr reiche Menschen sollten kein Kindergeld erhalten.

455. Sehr reiche Menschen sollten nur in private Krankenkassen aufgenommen werden und ihre Medikamente auf Rezept privat bezahlen.

456. Sehr reiche Menschen bevorteilen sich oft mit falschen Gedanken über den Staat.

457. Sehr reiche Menschen sollten nicht in die Pflegeversicherung aufgenommen werden.

458. Sehr reiche Menschen sollten keine Firmen im In- oder Ausland ohne Genehmigung zerschlagen oder gründen dürfen.

459. Sehr reiche Menschen müssen Alternativen aufzeigen, falls es rechtswidrige Beihilfen, Zuschüsse oder Zölle aus dem Ausland gibt.

460. Parteispenden sollten nur über die Staatskasse abgewickelt werden.

461. Sehr reiche Menschen müssen im Vorfeld gemeinsam mit der Politik Wege finden, Naturkatastrophen zu umgehen.

462. Sehr reiche Menschen im arbeitsfähigen Alter sollten, wie alle anderen auch, Sozialstunden nachweisen.

463. Sehr reiche Menschen dürfen nur bis zu einem gewissen Rahmen besitzen und verdienen: ca. 2 bis 3 Millionen Jahresgehalt oder 4 bis 5 Millionen als Vermögen.

464. Sehr reiche Menschen sollten gezwungen oder freiwillig mehr verdientes Geld nach freier Wahl spenden.

465. Das Geld muss neu verteilt werden, damit die Gesamtwirtschaft wieder funktioniert und neu aufgebaut werden kann.

466. Dass man über Ausgaben bei der Steuer sehr viel Geld zurückbekommt, ist ohne Frage kriminell.

467. Dreh dich um, und du siehst die Welt bunt, egal wo und warum – die Welt zeigt sich dir.

468. Jeder hat eine besondere Aufgabe auf der Welt, aber niemand kann alles. Doch sein Talent hat jeder.

469. Zu viele Eindrücke, die man verarbeiten muss, sind schwer zu bewältigen. Man sollte immer dreimal überlegen.

470. Organisieren muss man in fast jedem Beruf können.

471. Werbung ist teuer, kann aber als Verlust abgesetzt werden, sodass am Ende die Steuerzahler die Kosten tragen.

472. Die viel zu teure Werbung, oft mit Prominenten, wird bei der Steuer als Verlust abgesetzt, was äußerst fragwürdig ist.

473. Kosten für das Büro beispielsweise werden nach den Prioritäten des Einzelnen oder der Firma und nicht nach Umsatz oder Gewinn abgesetzt. Zur Repräsentation, Ausstellung, Messe, Bekanntmachung oder Anschaffung entstehen fast ausschließlich Verluste, die unsinnigerweise abgesetzt werden.

474. Ein Darlehen als Verlust abzusetzen, ist falsch, besonders wenn es wie ein Girokonto verwendet wird.

475. Man kann auf ein Darlehen immer zurückgreifen, es zurückzahlen und gleichzeitig die geliehene Summe aufstocken.

476. Gewinn muss sich lohnen und plausibel sein, denn dabei bekommt man nichts zurück.

477. Ein Darlehen als negativer Verlust ist bei der Steuer abzusetzen, was problematisch ist.

478. Einnahmen und Gewinne aus Kunst und Kultur sind auf Nachweis teilweise steuerfrei – eine Ausnahme.

479. Firmen gründen, um Verluste zu erzielen und diese zu bündeln, sollte strafbar sein, da es gegen die Grundsätze der freien Marktwirtschaft verstößt.

480. Überhöhte Preise, die keinen Umsatz erzielen sollen, werden oft eingesetzt, um Verluste zu generieren, die dann eine höhere Ausschüttung ermöglichen.

481. Angebote verschleiern das System und bringen selten direkten Gewinn. Stattdessen erzeugen sie Verluste, die steuerlich vorteilhafter sind.

482. Das Aufsplittern von Firmen in Gewinn- und Verlustsparten ist ein aufwendiger Trick, der sich jedoch steuerlich lohnt.

483. Die deutschen Gesetze sind oft zu präzise und dadurch fehlerhaft.

484. Insiderwissen auf hoher Ebene lässt Aktiengesellschaften ihren Reiz behalten, führt aber hoffentlich zur Abschaffung solcher Praktiken.

485. Aktienpakete als Ersatz für Lohn zur Rentensicherung für den Bürger wurden glücklicherweise nicht akzeptiert.

486. Aktiengesellschaften sind Großkonzerne, bei denen oft auch Kapitalgeber aus dem Ausland involviert sind. Viele davon haben keinen festen Wohnsitz und kassieren steuerfrei über andere.

487. Was die Zukunft bringt, weiß man erst im Nachhinein.

488. Der Lebensweg ist abwechslungsreich und bestimmt die Zukunft mit.

489. Ich freue mich auf alles, denn Gott zeigt mir den Weg und ist immer dabei.

490. Hast du Angst, mich irgendwann zu besitzen? Glaubst du zu wissen, wie es wird?

491. Zeige mir, dass du mich so lieben kannst, wie ich bin.

492. Welcher Grund überzeugt mich, dass ich mit dir alles haben kann?

493. Werbung macht Sinn, besonders für soziale Zwecke.

494. Ich leihe mir Geld und nenne es einen Verlust. (Irrsinn.)

495. Schreckensnachrichten durch die Medien erfüllen ihren Zweck nicht.

496. Der gleiche Vorgang, anders eingetragen, bringt Gewinn.

497. Ich lerne und hoffe auf unsere Liebe mit Bestand.

498. Wer sich selbst ein Freund ist, weiß nichts zu denken oder zu sagen.

499. Singen macht glücklich, wie auch Tanzen, Spazierengehen, Malen oder Schreiben.

500. Wer hoffen kann, lebt immer richtig.

501. Wenn ein Engel dich begleitet, hoffe nicht mehr – dann bist du tot, und nur Gott weiß es und regelt es.

502. Lass es dir gutgehen: Schüttle dich, hüpfe oder strecke die Arme aus – dann bist du dem Wahnsinn nah und freust dich.

503. Wer lieben kann, lebt und glaubt an das Gute.

504. Urteile nur, wenn du glaubst, dazu autorisiert zu sein und damit hilfst, das Licht in dir zu finden.

505. Fang bei dir an und ändere die Welt.

506. Spiritualität und Träume sind der Wahrheit fremd.

507. Die Liebe bringt uns als Welt zusammen – sie ist die Kraft, die nie vergeht und auf die man bauen kann.

508. Keiner stirbt umsonst.

509. Ein Darlehen bietet sich auch für Geldwäsche an: Man erhält Geld, das durch den Staat sauber gemacht wird, und mischt es mit Geld aus kriminellen Kreisen. So kann man hohe Summen als Verlust anmelden, ohne dass ein Euro geflossen ist – alles nur Scheingeschäfte, die nicht existieren. Angebliche Auslandsgeschäfte erschweren die Arbeit der Ermittler, die beweisen müssen, dass das Geld nicht rechtmäßig erworben wurde.

510. Die genehmigten Einnahmen der Kredite werden so geregelt, dass sie vom Kreditnehmer als Verlust bei der Steuer abgesetzt werden können, wodurch gewaschene Gewinne entstehen.

511. Ein Darlehen zu genehmigen, ist auch für die Geldinstitute von Nutzen.

512. Darlehen schaden in der jetzigen Form dem Staat.

513. Mit dem Tod verliert man einen großen Teil seiner Liebe.

514. Dass jeder wiederkommt, bedeutet mir viel.

515. Gleiche Fehler mache ich nicht noch einmal.

516. Wenn ich Jesus wäre, würde ich mich nicht umbringen lassen – warum auch? Und ich würde mich selbst auch nicht umbringen, denn die Perspektiven heute sind besser.

517. Gut ist gut und bleibt gut.

518. Rechts ist rechts, links ist links – und geradeaus kann alles sein.

519. Irgendwo wissen wir es – nur noch wir selbst – und feiern mit allen Menschen das Fest des Alltags.

520. Ich kann mir so nicht helfen oder mich weiterleiten.

521. Ich kontrolliere nur noch den Wahnsinn mit dir – und du bist alles für mich.

522. Suche nach Zusammenhängen und nach Veränderung.

523. Alles Festgehaltene läuft wieder weg.

524. Der Moment ist nicht vergänglich.

525. Alles beeinflusst und fühlt mit.

526. Tote unter sich denken nachts und spielen Musik.

527. Erfolg ist, wenn man nie mit sich zufrieden ist und kein Ende sieht.

528. Ich weiß, deine Liebe wird schwerer, wenn man immer mehr will.

529. Ich weiß, du kannst Teile von mir berühren und mich zum Lächeln bringen.

530. Ich mag diese Art und tanze dem Sonnenuntergang entgegen.

531. Zwischendurch brauche ich mehr und liebe es, wenn du so bist und glücklich bist.

532. Deine Seele bleibt und geht nicht, ohne andere im Dunkeln zu lassen.

533. Genug ist dein Weg zum Himmel, erleben zu dürfen.

534. Wer verlorene Seelen teilt, hilft ihnen nicht.

535. Das Gute wird immer mehr, und mir nicht genug, um schneller und genauer arbeiten zu können.

536. Durch dich kann ich mich fühlen, und das ist so toll.

537. Jeder geht seinen Weg, und auch das ist richtig.

538. Der Weg und deine Seele lassen uns ganz nah fühlen.

539. Die Vergangenheit vergeht nicht, denn du bringst sie zurück. Deine Liebe ist es.

540. Ich sage es von dir, und unsere Gleichheit ist einfach, und das Glück spielt eine Rolle von deinem Herzen und mir.

541. Du erzählst, was du willst, und es gilt, mein Herz zu besitzen und nie aufgeben zu wollen.

542. Der kranke Mensch heilt sich selbst, die Medizin hilft dabei.

543. Du musst nicht weinen, vor was oder wem auch immer. Eigentlich laufe ich dann einfach weg.

544. Die Sonne und meine Seele brennen und sind über Nacht gespeichert für den neuen Tag.

545. Wer für sich etwas Gutes will, muss leider manchmal viel Geld ausgeben.

546. Alles stimmt und ist richtig, auch ohne meine Stimmung und Urteil. Auch das Leben, wie es ist.

547. Wenn andere für mich glauben, was das Beste für mich ist, und danach handeln, ohne mich einzubeziehen, nehme ich ihnen das übel und vertraue ihnen nicht mehr.

548. "Ohne" oder mit Schulden – keine positiven Einnahmen.

549. Du bist tot und beschäftigst mich immer noch. Zeit zu haben, ist hierbei ein Fehler, und in dem Fall pure Emotion.

550. Ich kann nicht das machen, was ich will, denn unsere Seelen spielen verrückt vor Glück und treffen sich zum wahren Spiel der Liebe.
551. Erfahrungen prägen dich und bringen dich ständig weiter.
552. Wir sind alle allein und schauen den Sternen nach, hoffen und wissen: Ich liebe. Gib mir Zeit.
553. Ich liebe deine Art und den Weg, den du zeigst.
554. Verrückt zu sein, hilft immer und bringt Stimmung.
555. Mach es richtig und lächle dabei.
556. Gut sein steckt an, und tanzen auch, mit Musik, auf jeden Fall.
557. Der Normalbürger erkennt die Lage und versucht auch, lustig zu sein, was toll ist.
558. Tempowechsel ist ein Träger von Wahnsinn und lässt aufhorchen.
559. Das Natürliche und gekitzelte im Wechsel macht aufmerksam.
560. Im Rhythmus und synchron kann man Liebe spüren.
561. Wenn jemand bewusst arrogant ist und dazu steht, wird er abgelehnt.
562. Wir sehen das Licht im Herzen und brauchen nicht mehr.
563. Man muss nicht schön sein, denn Persönlichkeit zählt mehr.
564. Liebe, Zurückweisung und dann wieder Gefühle, von denen man immer geträumt hat, bringen einen zurück zum Genugsein.
565. Gib mir mehr, denn ich will alles.
566. Wenn Paragraphen, Gesetze und Richtlinien die Dinge sind, an die man denken muss, versagt das Leben.
567. Unsere Seelen atmen zusammen und rufen uns alle auf, eure Herzen brechen zu lassen.
568. Deine Einzigartigkeit lässt mich hoffen, auch so sein zu dürfen, zu dir zu gehören und meinen Teil beitragen zu können.
569. Die meisten Menschen haben keine Freunde oder unterhalten sich wenig.
570. Halte mich jetzt nicht auf. Ich lebe gerade, genieße und fühle mich gut dabei.
571. Unterschiedliche Kulturen, die sich sicher vertreten, in kurzer Zeit zu mischen, ist schwierig und nur mit gegenseitigem Einvernehmen zu gestalten.
572. Die Richtung der Engel und alles führt meine Liebe zum Ziel, zu dir.

573. Was lange her ist, klingt wie gestern und morgen und vergeht nicht in Gedanken oder Wahrheit zu dir.

574. Ich bin tot und tanze nie wieder, bin unwirklich und beuge mich nicht, aber jetzt bin ich in dir, bevor du mich freigibst und nicht mehr prüfst.

575. Wer sich zu schnell verliebt, bekommt manchmal Kummer.

576. Dich zu lieben heißt für immer, keine Zweifel oder Ungerechtigkeiten zu spüren bei dir, mit allem von mir, dich zu besitzen, mit Hoffnung von allen und dich.

577. Sympathie spielt Liebe vor oder beginnt sie.

578. Eine Friedensorganisation wird von der Gegenseite als kriegerische Ausrichtung verstanden, vor allem, wenn sie sich regional und überregional ausrichtet, ohne alle einzubeziehen.

579. Selbstbewusste Frauen wirken immer und geben mehr als Männer, die versuchen zu diktieren.

580. Wir sind oft allein, weil wir die Menschen nicht richtig einschätzen können und auf den anderen hoffen.

581. Ein Gebet kann helfen, Einstellungen zu festigen und andere zu inspirieren.

582. Wenn gute Menschen dir wehtun, ist das, wie ohne Recht zu genießen. Reue und Tadel kommen und bestrafen uns für unbekannte Dinge.

583. Man ist nicht immer gerne mit Menschen zusammen, aber manchmal braucht man sie.

584. Nur sparen hilft im richtigen Leben nicht.

585. Wer glaubt, den richtigen und guten Weg verlassen zu müssen, überlebt keine Prüfung, die über Wahrheit und Ehrlichkeit handelt.

586. Unsere Heimat ist nicht dort, wo wir sind, sondern wo unsere Wurzeln und unser Zuhause sind.

587. Jeder Gedanke muss geprüft werden, bevor man ihn versteht und weitergibt.

588. Wer Jura studiert, sollte auch ein paar Semester Soziologie und Psychologie belegen.

589. Globale Beurteilung mit Freiraum der Menschlichkeit und nicht nur das Gesetz sollten unsere Gesetzgeber prägen.

590. Andere zu behindern oder ihnen ihre Meinung und Stimmung aufzuzwingen, sollte man nicht tun – man ist ja nicht alleine auf der Welt.

591. Die Zukunft ist Träger eines jeden.

592. Wer tagsüber viel macht, tut und denkt, ist abends müde und schläft gut ein und durch.

593. Ohne Angst haben zu müssen, führt jeder Weg zum Ziel.

594. Wo der Wahnsinn fehlt, ist auch kein Humor.

595. Wenn Gesetze nicht weltweit gleich sind und befolgt werden, kommen wir nie ins Paradies, das natürlich ohne Bestrafung auskommt.

596. Gott kann auf der Sonne bestrafen, hier unten bestraft er nicht – hier bestrafen wir.

597. Zu viel und zu lange sind die Strafen, die wir aussprechen, und sicher ist nicht immer, ob wir mit dem Recht sprechen.

598. Niemand kennt den Moment, der zählt und zulässt, böse werden zu dürfen und mich freispricht von jeder Beschuldigung.

599. Wer freundlich ist, den anderen leben lässt, ihm hilft oder ihn unterstützt, wird auch woanders freundlich aufgenommen.

600. Die Menschen wollen alle gut miteinander umgehen.

601. Schlechte Stimmungen schlagen auf den Magen und machen krank.

602. Ausländer dürfen keinen schlechten Eindruck hinterlassen.

603. Tiere fühlen mit.

604. Das Gefühl, zusammen zu sein, ist Gottes Werk.

605. Wer glücklich ist und Liebe spürt, muss abgeben können, notfalls über Lügen oder Tricks.

606. **Alle Lebewesen zeigen, wie man auch sieht, den Zustand ihrer** Gefühle – warum sollten wir uns dann gegen die Natur wenden?

607. Ob Frauen, Männer oder Kinder von Grund auf benachteiligt sind, hat sich Gott sicher nicht so überlegt und zusätzliche Freiräume geschaffen.

1) Der Sonnengott ist für alle Hauptakteur mit Göttern,

2) in der Seele jedes Einzelnen und

3) der Gott pro unterschiedlicher Religion, überall und vielfältig, wo die Religion gebraucht wird.

608. Engel transportieren "Tote" von der Erde zur Sonne und später von der Sonne zu einem Stern, um schließlich freigesprochen im Paradies anzukommen – unserer Erde, die aber auch beim ersten Kreislauf mit Fehlern arbeiten muss. Die Erde besteht dann aus

Gläubigen und Ungläubigen, bis nach weiteren Kreisläufen insgesamt das Paradies da ist.

609. Der Mond versucht zu verbessern.

610. Und die Sterne sind ein vorübergehender Sitz zwischen Gott und der Erde oder dem Paradies.

611. Gott wird schwierige Seelen entsprechend ihrem Befinden und ihren Vorhaben auf Sterne nahe oder fern der Erde setzen.

612. Die Sonne kann Seelen verbrennen, vielleicht so wie wir Kriege auf der Erde führen, oder Menschen verhungern oder verdursten lassen.

613. Gott kann Ungerechtigkeiten verarbeiten und sieht sich nicht in der Pflicht, irgendetwas von Menschenhand Gewähltes zu korrigieren.

614. Gott hat die Erde ohne Sünde und ohne die Macht Einzelner erschaffen.

615. Da Wunder existieren, werden wir nie erfahren, wie der Werdegang und das Befinden von uns verlaufen und wer letztlich Anspruch und Bevollmächtigung erhalten hat, gut zu sein.

616. Gott, ich liebe dich – es bist natürlich du.

617. Sieh dir das Leben hier an, und du hast Zeiten, da freust du dich über Kleinigkeiten, die du wahrnimmst. Dann kommen wieder Trauer, Mitgefühl und Leid auf, wenn du dir über dich selbst nicht ganz sicher bist und Glück und Liebe nicht so einfach empfinden kannst.

618. Bist du gefestigt und gut, empfindest du immer Freude, die ansteckend ist und unser Ziel für immer und alle darstellt.

619. Die Erinnerung sagt mir, nicht "Auf Wiedersehen" zu sagen – es ist ein Spiel, das Leben zum Geschenk werden lässt, und die Liebe lebt.

620. Ich weiß, ich muss sterben.

621. Ich will alles und bekomme vieles zurück, vom Jenseits weit weg, und bin wie andere auch, voller Zuversicht dem Leben entgegen.

622. Gott führt und opfert mich.

623. Haben Ehepaare gleiche oder ähnliche Gene, funktioniert die Ehe wahrscheinlich schon.

624. Das Land, in dem man aufgewachsen ist, spielt neben den Genen eine wichtige Rolle.

625. Eine doppelte Staatsbürgerschaft ist trotzdem abzulehnen – warum auch.

626. Kindern eine Religion nahezulegen, ist kein Fehler, selbst wenn sie später stören sollte und man sie wieder ablegt.

627. Der Staatsapparat funktioniert auch ohne Religionszugehörigkeit seiner Abgeordneten.

628. Werden für einen kurzen Zeitraum zur Klärung Tagungen beauftragt, sollten sie der Wahl entsprechend Querbeet jede Partei einbeziehen.

629. Meinungsverschiedenheiten oder Unwissen über außerhalb ansässige Firmen mit Gutachten zu klären, dürfte es nicht geben.

630. Volksbefragungen sollten nur selten und zu grundsätzlichen Themen stattfinden.

631. Die Einzahlungen eines Bundestagsabgeordneten für die Rente, in nur einer legislativen Periode, reichen, um nicht mehr arbeiten gehen zu müssen.

632. Hauseigentümer müssen ihre eingetragenen Kredite über Notare beglaubigen sowie später löschen lassen. Solche vom Staat unterstützte Gelder nützen nur den Reichen, da es nur sie betrifft.

633. Die Bürokratie besteht aus praktischer und theoretischer Tätigkeit.

634. Schwankt die Stimmung, ist es manchmal Glück, da wieder rauszukommen.

635. Die Welt atmet und nimmt Anlauf.

636. Freibeträge bestimmen die Gehälter mit.

637. In der Regel sollen die Arbeitgeber die Steuerformulare soweit mit ausfüllen, ohne ins Privatleben des Einzelnen schauen zu dürfen.

638. Bei Überraschungen sind die Gesichter, die man dann sehen kann, das Beste.

639. Wer alles richtig machen will, ist manchmal etwas schwierig.

640. Nicht für jede Hilfe braucht man Geld.

641. Mache mit, und ich bin gut zu dir.

642. Es ist traurig – worüber reden wir eigentlich? So schlimm kann es nicht sein, auf der Welt zu leben. Es gibt mehr, als dich zusammen.

643. Gewebeveränderungen, egal wo im Körper, an sich eine Krebserkrankung, kommen im Alter und führen meist nicht sinnvoll zu einer Operation.

644. Wer sich anderen gegenüber öffnet, meint es gut.

645. Der liebe Gott richtet nicht so, wie wir es kennen, er macht uns vielmehr den Weg klar, den wir wiederfinden sollen.

646. Alles bestimmt Gott alleine, und nur er sieht uns so, wie wir wirklich sind.

647. Ist man sich sicher, gut zu sein, kann man sich ganz locker und natürlich geben.

648. Lieber Gott, hilf mir bitte, ich weiß nichts Besseres zu tun.

649. Ich lebe in mir, mein Weg ist die Liebe, die ich gewählt habe, und das Glück der Welt bedeutet.

650. Ich lebe nicht im Schatten von irgendjemandem, ich lebe so, wie ich es vertreten kann, und glaube, es ist das Beste für alle.

651. Parteispenden darf es nicht geben, vor allem nicht vor Wahlen, die manipulieren.

652. Die Aufklärung muss zeitgenau erfolgen – ob durch Lehrer und ganz bestimmt auch durch Eltern.

653. Wer das Allgemeinwohl sucht, findet es nicht bei mir, wenn ich tot bin.

fast geschafft

1. Wenn alles so bleibt, wie wir sind, ist es an der Zeit, Liebe zu zeigen, in Ehrlichkeit und mit einem Hauch von Wahnsinn – dir und mir die Frage zu stellen, ob wir die richtige Reihenfolge kennen.
2. **Wir lassen niemanden zurück oder verstecken ihn.**
3. Ich liebe dich, ich spreche mit dir, rette uns und bleibe, ohne nur nach dem „Warum?“ zu fragen.
4. Wer Zweifel hat, hat das Recht, Korrekturen vorzunehmen, ohne erst um Erlaubnis zu bitten.
5. Wir kennen unsere Fehlbarkeit und tolerieren sie gerne mit Vernunft.
6. Wer sich als gut bezeichnen möchte, muss auch zurückstecken können und ohne Reue akzeptieren.
7. **Die Wahrheit zu manipulieren, um die Freiheit zu bewahren und sich keiner Interpretation zu entziehen, ist der Sinn jeder Kommunikation.**
8. Menschen vertreten einander, entsprechend ihrer Erziehung, ihrer Umgebung und ihren Genen, mit der Aufgabe, diese mit anderen zu teilen.
9. Auch wenn die Gene verschieden sind, gibt es sie – die gleichen Gene, die alle nach dem Guten streben, was beruhigt und an Gott glauben lässt.
10. Wir als eine Welt brauchen Kontrolle, Logik und Bestätigung.
11. Keiner weiß, was der andere ahnt, aber man spricht für ihn.
12. Die Menschen sind kritisch und stellen vieles in Frage, anstatt mehr auf ihre Menschenkenntnis zu vertrauen und zu glauben.
13. **Manche glauben zu früh, andere nie.**
14. Die Vernunftmenschen sind sachlich und haben keinen Humor, oder wissen nicht, wann sie lachen dürfen.
15. Die Menschen sind großartig, aber ihre Zugehörigkeit beruht oft auf Missverständnissen, weil viele ihr Heimatdorf nie verlassen haben und sich nur aus den Erzählungen anderer ein Bild machen.
16. Wenn die Tochter der Mutter und der Sohn dem Vater gleicht, kommen wir nicht weit.
17. Wer die Welt bereist, kennt die Menschen – so sollte es sein.

18. Es gibt internationale Schulen, Universitäten und Berufsschulen – toll, aber teuer und nur für die Reichen, was natürlich nicht geht.
19. Austauschschüler, die in Gastfamilien leben, bringen Schwung.
20. **Die Ausbildung ist eine globale Angelegenheit.**
21. Eine Ausbildung, die Theorie und Praxis integriert, ist gut.
22. Religionsunterricht, Psychologie und künstlerische Aktivitäten sowie Mannschaftssport sind in der Schule absolut notwendig.
23. Ein Unterricht in Pädagogik, der den IQ berechnet, macht alles falsch.
24. Was Vorurteile sind, wissen Kinder schon früh, und sie sollten lernen, damit umzugehen.
25. Rede mit mir, ich will alles, und du auch – also lass es beginnen, Tag oder Nacht.
26. Wenn die Männlichkeit nachlässt, beginnt das Leben mit dir.
27. Synchron, gleich und beide gut – das ist das Rezept, um zu imponieren.
28. Ich liebe diesen Weg und finde Nähe und Natur mit dir.
29. Ich bestimme, und du auch – das ist die Nähe, die wir brauchen, egal wo, und damit imponieren wir.
30. Wer wen bewundert, ist schon toll, und du siehst die Geste und versuchst es auch.
31. **Wer sich freut, steckt andere an.**
32. Gib mir die Chance, mehr zu schaffen, und ich werde es tun.
33. Gott würde es sicher tun, oder macht er schon mit?
34. Man kann sich über etwas Böses freuen, aber nicht lange und nicht nachhaltig.
35. Die Gerechtigkeit spiegelt sich immer wider und bestraft.
36. Lust pur gebe ich allen und denke, sie freuen sich.
37. Lust und Freude, mit Liebe und Begeisterung, kann jeder geben und ohne Verlust oder Hindernisse weiterverteilen.
38. Ob wir alle den gleichen Weg finden, ist möglich, aber nicht sehr wahrscheinlich.
39. Wir stecken an und sind wie eine der vielen Seuchen, die wir schon hatten, nur besser und umgekehrt.
40. **Wer das Licht sieht, kämpft nicht mehr, sondern klärt auf, im Wandel der Zeit.**
41. Misstrauische Menschen denken zu viel und finden nicht zu sich.

42. Wer glaubt, Liebe sei für immer, vergisst Scheidungen und Veränderungen im Leben, die uns ebenfalls prägen können.

43. Dein Weg ist unbekannt, aber du gehst ihn mit Trauer und Freude, immer auf dem Weg zu mir.

44. Die Einmaligkeit deiner selbst ist wie ein Plan – eine Lösung, die immer passt und von außen mit deinem Leben wirkt.

45. **Deine Augen strahlen und lügen nicht.**

46. Ziel kann es sein, jung zu bleiben, ohne ans Alter zu denken, handeln zu können und gut zu sein.

47. Jeder wird wahrgenommen, mit dem Eindruck, den wir von uns aus an alle senden.

48. **Die Augen strahlen Wahrheit, Zuversicht und Glauben.**

49. Ich habe alles, um glücklich zu sein, am besten mit der Sonne, die nicht untergeht und uns Hoffnung gibt.

50. Ich tanze aus Liebe mit dir und schreibe, was du fühlst.

51. Ich enttäusche dich, wenn Dinge klar sind, du aber ständig fragst.

52. **Menschen, die sich ärgern und nicht verzeihen können, findet man oft bei denen, deren Gefühlsleben nicht im Gleichgewicht ist.**

53. Kein Mensch muss sich ständig rechtfertigen, um die Wahrheit zu beweisen.

54. Ich bin so dankbar, leben zu dürfen, und lebe frei, erreiche den Himmel, der mir beisteht und für den Rest des Daseins da ist.

55. Ich bin stolz, dabei gewesen zu sein, und spüre das Leben um mich, das immer da ist, wenn du rufst, und ich lebe.

56. **Gefühlsmäßig irrt man sich fast nie – das bleibt.**

57. Wenn der Transport teurer wird, sollte der Austräger den Zuschlag erhalten, nicht das Unternehmen.

58. Ich möchte beim Sterben alleine sein.

59. Ich werde ungerecht, wenn man mich ärgert.

60. Bei wichtigen Entscheidungen Verantwortung zeigen, ohne vorgeschriebene Rücksprachen, lässt Projekte oft scheitern oder nimmt extrem viel Zeit in Anspruch.

61. Für Entspannung sorgen gelegentliche Feststellungen, die den Status und den von allen Parteien gewünschten zukünftigen Verlauf bestätigen.

62. Mit Sympathie und Verständnis für den anderen arbeitet es sich leichter.

63. Existieren gravierend unterschiedliche Auffassungen zu Themen, muss man zunächst Gemeinsamkeiten ausloten, auf denen man aufbauen kann.
64. Glücklich ist man, wenn man das Gefühl hat, alles richtig gemacht zu haben.
65. Fehler, die auftauchen, sind nebensächlich, wenn man schnell erkennt, wie man ihnen entgegenwirken kann.
66. Wenn wir alle aufeinander achten, kann man verrückt werden, ohne sich bei der Meinungsbildung einzelner aufhalten zu müssen.
67. Ohne das, was ich von dir nicht kenne, kann ich nicht leben. Du bringst es, und wir enden gemeinsam und für immer.
68. Ich will nicht mehr, ich will alles – Tag und Nacht nur du und ständig deine Nähe.
69. Ich will Hilfe von allen, hilf mir und ich danke es dir und gebe es zurück.
70. Auf einem Stern möchte ich leben, die Erde und das Paradies verkörpern und helfen.
71. Wir sind hier, und wir leben besser, wenn wir es wollen. Kommt mit und küsst euch.
72. Ohne Licht sehe ich nicht. Auch wenn du mir nah bist, geht die Sonne unter, und das war's dann.
73. Pech ist nicht das Fehlen von Glück – du hast immer Glück.
74. **Ich bin auf dem Weg, den ich fühle, und ich weiß, dass es der richtige ist.**
75. Es gibt kalte Sterne in deiner Nähe, und du bringst sie mir näher.
76. Wem die Sterne gehören, würde ich gerne wissen. Lieber Gott, gibst du mir einen ab?
77. Lass mich das Licht sehen und komm näher.
78. Du bringst mir alles zurück, wenn du willst, und ich danke dir dafür.
79. Die Erleuchtung kommt von dir, trau dich und komm näher.
80. Ich mache nicht dort weiter, wo ich aufgehört habe. Ich fange immer wieder neu an und gewinne.
81. Ich komme dir nahe und will alle Sterne, die weit weg sind, aber mir auch Erleuchtung bringen.
82. Ob ich an Sterne glauben muss wie an einen einzelnen Gott, glaube ich nicht – aber alle handeln so.
83. **Zeig mir das Leuchten in deinen Augen.**

84. Die Augen können strahlen oder nicht, je nachdem, wie man glaubt und bewusst oder unbewusst kommuniziert.

85. Ich sollte Fehlverhalten anderer nicht unbedingt auf mich beziehen oder fragen, ob ich etwas falsch gemacht habe.

86. Ich beglaubige niemanden, er will es so.

87. Spürt man Liebe mit dem anderen, ist man im Paradies und freut sich wahnsinnig.

88. **Die Offenbarung braucht man nur einmal und frischt sie auf.**

89. Wirst du deine Offenbarung, nachdem du sie hattest, weitergeben und andere zu sich selbst werden lassen?

90. Liebe zeigt man durch leuchtende Augen und Worte, die stimmen und verbinden.

91. Das Herz und die Seele wechseln von Person zu Person und leuchten in Zukunft für immer.

92. Ein Lächeln lässt erstrahlen, und Worte sagen, wie du es willst, und nicht zu mir, sondern nur du, der sie empfängt.

93. **Wir strahlen und übertragen Glück.**

94. **Die Fehlersuche und -lösung erfolgt ohne Probleme und ist einfach.**

95. **Werden wir durch die Sterne erleuchtet und verschickt, oder doch durch die Sonne?**

96. **Leuchtet man in der Nähe der Sterne, ist der Weg von der Sonne oder zur Erde nicht mehr fern.**

97. **Wer sich nahekommt, wird erleuchtet.**

98. **Die Erleuchtung wirkt beim ersten Mal nicht immer so, wie sie sollte.**

99. **Es gibt keine erleuchteten Seelen, die bewusst falsch sind oder ärgern.**

100. **Gott kann den Menschen das Leuchten nehmen, wenn er will.**

101. **Dein Glaube leuchtet durch die Liebe zu dir und umgekehrt, was insgesamt zum Glück führt.**

102. **Entschuldige, ich bin fertig, aber ich muss dennoch das Gute zeigen – zu dir und mir und allen bis zum Schluss.**

103. **Nichts ist umsonst, nichts kommt zu mir ohne Grund und bleibt.**

104. **Ich will deine Liebe sein. Du spürst und empfindest wie immer, und du bleibst, um mir nah zu sein, als wäre ich immer bei dir.**

105. **Keiner braucht Angst zu haben, das Leuchten und das Gute zu verlieren oder sich in den Gefühlen zu täuschen und Gutes wegzugeben, während man Schlechtes erhält.**

106. **Der Mensch handelt eigenständig, und nur durch Gott können grundlegende Veränderungen vollzogen werden.**

107. **Wenn der Mensch Erleuchtung erhält, wird der ganze Mensch, die ganze Seele erfasst und positiv gefestigt.**

108. **Auch bei fremden Menschen wechselt manchmal das Spiel, und der Mensch zeigt Vertrauen und Zustimmung durch leuchtende Augen.**

109. **Leuchten die Augen nicht, heißt das nicht, dass der andere einen nicht mag, sondern eher, dass er kritisch mit sich selbst ist und so handelt.**

110. **Ob die Person erleuchtet ist, zeigt sich natürlich auch an ihren Aussagen, die man prüfen muss.**

111. **Leuchtende Augen vergibt Gott und nicht aus einer kritischen Phase heraus.**

112. **Die Freude in den Augen ist groß.**

113. **Jeder Mensch hat andere Augen, Gott kennt sie und verhindert Fehlverhalten, indem er Macht über andere ergreift.**

114. **Manchmal kann man in Gesprächen einen Wechsel im Leuchten der Augen feststellen. Manchmal bleiben die Blicke konstant, und man ist sich unsicher.**

115. **Ein Wechsel ist schön zu beobachten und bringt Freude über die gezeigten Gemeinsamkeiten zum Guten.**

116. **Wer leuchtet, ist gut.**

117. **Ist mein Gegenüber mir unbekannt und möchte ich nicht herausgefordert werden, bleiben meine Augen bedeckt und prüfend.**

118. **Glaube ich, einen ehrlichen Menschen vor mir zu haben, öffne ich mich schrittweise und beobachte den Weg zum Guten.**

119. **Nicht jedem sieht man die innere Wahrheit an den Augen an.**

120. **Wer sich versteckt, sagt auch mal die Unwahrheit zur Probe und verhält sich entsprechend falsch, oft auch aus dem Bedürfnis nach Ruhe.**

121. Gemeinsamkeiten zu zeigen spiegelt nur das Gute wider.

122. Den Glauben kann man nicht stehlen.

123. Diejenigen, die aus der Kirche ausgetreten sind, unterstützen zwar nicht die Institution der Kirche, aber das bedeutet nicht, dass sie ihren Glauben verloren haben.

124. Angenommen, ich bin wirklich Gott – was mache ich jetzt?

125. Ich habe das Recht, Vorschriften zu machen, aber wie? In welcher Reihenfolge? Wann und für wen zuerst?

126. Hier ist Hilfe gefragt. Wir alle streben nach dem richtigen Weg, den wir wählen könnten, wenn wir und alle anderen frei entscheiden dürften.

127. Reden, reden und nochmals reden – und darüber nachdenken.

128. Jedes Gen ist anders: angeordnet, verteilt und in seiner Anzahl unterschiedlich, nicht nur nach Herkunft und Verwandtschaft, sondern auch über Gott letztlich zu vereinen.

129. Die Entscheidung, Kranke zu unterstützen und zu betreuen, bringt sowohl jetzt als auch später, trotz des Mitleids, natürlich mehr.

130. Ich habe dich immer geliebt, glaub mir, auch bevor ich dich kannte, und du warst schon bei mir und hast mich angelächelt.

131. Die Zeit heilt alles.

132. Auch Gott beobachtet uns mit Distanz, wie wir alles betrachten, und erkennt in uns den Zwiespalt zwischen Hoffnung und Liebe.

133. Schaut einer den anderen mit leuchtenden Augen ununterbrochen an, dann zeige ich zunächst keine Zustimmung, bis auch ich glänzende Augen bekomme.

134. Liebe verbindet die Welt immer.

135. Solange man sich gegenseitig anstrahlt, ist alles gut – bis der eine plötzlich aufhört und dem anderen seinen Glauben zu stehlen versucht.

136. Wer den Glauben hat, möchte ihn behalten, und er setzt sich automatisch fest, wenn er gefestigt ist.

137. Die Angst, etwas an Gefühlen zu verlieren, ist unbegründet.

138. Finde ich am anderen etwas nicht gut, kann ich das eine Zeitlang für mich behalten, bis es mir doch bei einer unmöglichen Gelegenheit rausrutscht.

139. Gott kennt auch die Dummheit und macht sie gerne.

140. Zeigt eure Gefühle – wollt ihr im Gleichschritt stehen bleiben?

141. Mit leuchtenden Augen ist das Leben wie ein Wunder, egal ob richtig, einsam oder frei – ich schreie nach dir.

142. Nette und unterstützende Worte machen einen sympathisch und fördern den Umgang.

143. Wer viel redet, hört weniger zu.

144. Jeder freut sich über Geschenke oder einen lustigen Witz, der niemanden belastet, sondern vielleicht als harmlos dargestellt wird.

145. Jesus wurde, so sagt man, von Gott geopfert, um für die Sünden der Menschen einzustehen, die sich gegen ihn gewandt haben.

146. Jesus starb qualvoll, obwohl er keine Schuld hatte, und er vergab anderen für deren Fehler durch seine Hinrichtung.

147. Gott vergibt auch diesen Verbrechern und würdigt sie.

148. Gott hätte es verhindern können, respektierte jedoch die Entscheidungen.

149. Gott ist bei dir, und du fühlst dich viel besser, indem du bis zum Tod an das Gute glaubst.

150. Für Gott sind wir eine Familie, die er, wenn er es will, auch opfert, wenn er etwas besonders Gutes freigeben möchte.

151. Er gleicht in einer Art aus, die uns unbekannt ist.

152. Vertrete deine Meinung, die du geprüft hast.

153. Auch Gebete von Mensch zu Mensch unterstützen und helfen dir.

154. Wir werden nie alle Entscheidungen verstehen können, aber unabhängig davon haben wir die Pflicht, gut zu sein, zu werden oder zu bleiben.

155. Wenn mich jemand kennt und mich nicht grüßt, habe ich ein Problem.

156. Meine Augen könnten noch mehr strahlen, wenn ich keine Angst hätte, dass der andere mich unterbrechen und ich dadurch mein Strahlen und meinen Glauben verlieren könnte.

157. Ist die Sonne mein Partner und meine Liebe?

158. Manche Menschen wollen alles wissen, können es aber nicht und ärgern sich.

159. Kann das Strahlen der Augen noch stärker werden?

160. Manche Ausländer sagen nach ihrer Dienstleistung und Bezahlung „Danke, bis später."

161. Dass alle Menschen gleich sind, ist klar, aber ihre Wertigkeit kann nicht identisch sein, wenn man z. B. junge Hilfsarbeiter mit einem Hochschullehrer vergleicht.

162. Menschen mit wenig Wissen und ohne Talent sollten nur in ihrem Bereich etwas zu sagen haben.
163. Das Horten von Geld und der Mangel an Mitteln machen die Wirtschaft kaputt.
164. Bei den Reichen fließt zu viel Geld nicht in die Wirtschaft, und die Armen bekommen kaum etwas, um es auszugeben.
165. Alles muss teurer werden, aber nicht wegen der Inflation.
166. Der Freibetrag für Werbemaßnahmen ist unverhältnismäßig hoch und wird als Verlust von der Steuer abgesetzt, was bedeutet, dass der Staat hauptsächlich Unternehmen unterstützt, und der kleine Mann zahlt mit.
167. Die Wertigkeit bei Wahlen weltweit sollte so sein, dass jede Stimme gleich zählt, egal woher sie kommt.
168. Jeder möchte, dass man gut über ihn denkt.
169. In der Stadt machen sich die Menschen hübscher als auf dem Land.
170. Minister und ihre Ämter in jeder Demokratie sind unterschiedlich bestellt und nicht gleich in ihrer Bedeutung.
171. Frauen werden aufgrund des Nachwuchses natürlicherweise mehr als Männer benachteiligt, was der Staat ausgleichen sollte.
172. Wenn mir jemand Falsches unterstellt oder nicht an mich glaubt, kann ich ihm auch nicht helfen.
173. Jeder Mensch ist verantwortlich dafür, wem er glauben soll oder nicht.
174. Das Strahlen, das man kennt, ermöglicht pure Freude ohne Risiko.
175. **Wir streben alle danach, gleich zu sein, und glauben aneinander.**
176. Das Fazit: Jeder geht seinen Weg, und das ist gut so, weil jeder sich selbst wiederfindet.
177. Wenn Gott etwas braucht, nimmt er es sich, mit Recht und Unterstützung.
178. **Wer Hilfe verweigert, verweigert auch Zuneigung.**
179. Eltern sollten nicht immer glauben, dass sie ihren Kindern das Paradies allein besser machen können.
180. Die Generationen werden sich in Zukunft wieder mehr annähern, wie sie es ursprünglich wollten und müssen.

181. Wenn Beziehungen schlecht ausgehen, verliert man oft die Bereitschaft, nach Liebe zu suchen und findet stattdessen Gemeinschaft in Kameradschaft.

182. Solange man Menschen richtig mag, dreht sich die Welt in die richtige Richtung.

183. Wenn jemand, dem es selbst schlecht geht, fragt, wie es einem geht, sollte man seine Antwort differenziert gestalten.

184. Sich an einem Unschuldigen abzureagieren kann die eigene Lage verdeutlichen, aber nicht verbessern.

185. Alles, was mir fehlt, ist nicht – ich liebe dich.

186. Manche Menschen streben den Himmel an, kalkulieren jedoch den Weg zurück und suchen nach Verbesserungen, die das Paradies auf der Erde näherbringen. Dieser Weg ist meist kompliziert und umständlich.

187. Die Menschen gehen nicht verloren, sondern arbeiten an sich mit neuen Aufgaben und dem Ziel des Guten.

188. Eine Einbahnstraße von der Erde zum Himmel ist möglich, aber ich glaube nicht, dass Gott es sich zur Aufgabe gemacht hat, komplett neue Menschen zu schaffen.

189. Es gibt vielleicht einzelne, ganz neue Menschen.

190. Dass Gott selbst auf der Erde ist, bevor sie untergeht, halte ich für unwahrscheinlich, aber angesichts der aktuellen Lage auch für möglich.

191. Gott beschäftigt die Menschheit mit dem Wiederaufbau.

192. Wer sich weigert oder uneinsichtig ist, verlässt die Sterne nie.

193. Nur wer gut ist oder es werden will, kehrt zurück, um in irgendeiner Form zu helfen.

194. Der Kreislauf endet für jeden anders, an unterschiedlichen Orten, wenn er überhaupt endet.

195. Gott kann jedem ein ewiges Leben schenken, ob gewünscht oder nicht.

196. Dass Kleinkinder sterben, weiß Gott auch. Er befürwortet dies für sein Reich, unabhängig davon, ob er es erklären muss oder nicht.

197. Gott nimmt und gibt nach Bedarf und Nachfrage.

198. Die Theorie des Kreislaufs auf der Erde behindert ihn nicht.

199. Dass ungeliebte Menschen die Erde früh verlassen, ist für Gott eine Möglichkeit, zu steuern und einzugreifen, auch ohne Kreislauf.

200. Gott kann im Himmel prüfen und neue Fehler, die auf der Erde begangen wurden, entsprechend verteilen.

201. Die Erde entwickelt sich weiter, auch durch das Abarbeiten von Fehlern zum Guten.

202. Ohne weltweite Wanderung funktioniert nichts in diese Richtung.

203. Die Menschen müssen sich kennenlernen.

204. Wenn die Welt mit der bevorstehenden Zukunft zufrieden ist, könnte sie neue Aspekte betrachten, oder es klingt plausibel, dass wir hier gut leben können.

205. Die Entscheidung treffen alle gemeinsam.

206. Sobald das Finanzielle geregelt ist, stehen wir vor einer glücklichen Zeit, ohne Ausnahmen.

207. Es könnte nur ein globales Unternehmen geben, mit wechselnder Führung, das alle Länder der Welt vereint.

208. Ich lebe, und nur das zählt. Gott lenkt mich, egal ob die Zukunft gut oder schlecht wird.

209. Wer uneingeschränkt auf Menschen zugeht und Liebe zeigt, ist die Zukunft. Eine Welt des Verstehens, Liebens und Hoffens wird nie weniger und bringt Freude.

210. **Gute Herzen müssen gefördert werden.**

211. Wer die Wahrheit verkörpert, ist oft machtbesessen und geht seinen Weg kompromisslos.

212. Bin ich unsicher, entscheiden meine Gefühle, auch ohne Hintergrund und Verdacht.

213. Lass dich nicht von Menschen leiten, die du nicht kennst und normalerweise ablehnen würdest.

214. Nur diejenigen, deren Augen wirklich leuchten, sind ohne Zweifel gut und glauben an Gott.

215. **Es wird eine bessere Welt, in der Menschen sterben und neu aufleben, in der Kinder und Erwachsene leben.**

216. Dein Aussehen spielt keine Rolle, es gibt keine Rassen – denk darüber nach.

217. Wenn Frau Mann ist und Mann Frau ist.

218. Ich verspreche alles, was zählt, und lasse den Tod aus.

219. Ich bin in dir und traue nur dem Einen, der wahr ist.

220. Gott, wo bist du? Und welcher Gott?

221. Ich bin hier, mal oben, mal unten, und sehe dich einsam. Ich schwöre, für die Menschen da zu sein, was ja jeder so sieht.

222. **Ob ich an Gott von allen glaube, an meine Religion oder an mich – was zeichnet mich aus?**

223. Du kennst es nicht, aber es ist der Himmel. Du bist in meinen Armen, dein Herz ist schon lange in mir, und du sehnst dich nach mehr.

224. Mach weiter. Wolken überall, aber es gibt keinen Grund aufzuhören. Du bist sowieso in mir und alles für mich.

225. Beginne die Reise erneut.

226. **Auf Wiedersehen heißt, wieder neu zu beginnen und zu folgen.**

227. Mein Herz führt mich.

228. Die Reise mit den Gedanken von gestern leitet mich.

229. Die neue Reise ist von der Vergangenheit geprägt, aber sie führt trotzdem weiter und noch besser.

230. Im jetzigen Leben sehe ich die Vergangenheit, und ich lerne nicht nur daraus.

231. Nicht alles, was vorhergesagt wird, tritt ein.

232. **In deine leuchtenden Augen zu sehen, ist das Paradies.**

233. **Du siehst die Wahrheit, wenn du glaubst.**

234. Menschen mit einem toten Blick geben vor, nicht glauben zu können, und reagieren sich unnötig ab.

235. **Die Trauer steht im Schatten der Sonne und wird bald wieder im wärmenden Licht des Lebens stehen.**

236. Ich glaube, ich werde blind.

237. Gott weiß es, ich nicht. Ich muss ihm vertrauen.

238. **Das Richtige zu tun, ohne Angst und ohne fremde Hilfe, bedeutet für mich, sich selbst zu folgen und mit anderen zufrieden zu leben.**

239. Im Weltall ist das Universum deine Familie.

240. Gemeinsame Gene verbinden uns und trennen uns wieder.

241. Der Weg zum Ziel variiert, aber das Leben, das wir erreichen wollen, bleibt.

242. Dass sich nahe Verwandte vermehren, wollte Gott nicht.

243. Jeder verändert sich durch Beziehungen und das Zusammensein mit anderen.

244. Tanzen schmückt und offenbart Hoffnung.

245. Die Nähe kann Offenbarungen bringen – der Mond, die Nacht, die Sonne und der Tag. Ist das nicht wunderbar? Die Sterne könnte ich alle mögen und vertreten.

246. Pause, Rechtfertigung, Bewusstmachung und Vorbereitung sind wichtige Dinge fürs Leben.

247. Auf den Sternen lebt man unter Bedingungen, die Gott festlegt.

248. **Im Paradies zu leben, ist um viele Klassen besser, unbeschreiblich. Wir glauben daran und sind glücklich mit allem und jedem.**

249. Ich verlange nichts mehr als dein Herz, das bereits wartet und befreit werden möchte.

250. Wenn Menschen sich näherkommen, geschieht ein Wandel der Seelen, ein Austausch, der bleibt. Und doch will ich glauben, dass es mehr wird. Ich will alle und auch dich zurück.

251. Sind wir selbst unsere Sterne, die leuchten und weit entfernt von der Erde sind, nähern wir uns an, um uns selbst zu finden.

252. Ich möchte auf einem Stern sein, auf der Erde, und dir näherkommen, bis zum Schluss – mit einem Aufleuchten, das das Paradies ist.

253. Je weiter du weg bist, desto größer wird das Verlangen nach Gemeinsamkeit.

254. Menschen befinden sich gerne auf Sternen, besonders auf denen, die leuchten und die Wahrheit in der Wahrnehmung aufleuchten lassen.

255. Die Menschen stecken sich mit dem Leuchten der Augen gegenseitig an, wechseln es aber auch oft wieder.

256. Auch von den Sternen erhalten die Menschen ihre Weisheit.

257. Nicht alle Sterne sind gleich klug, alt oder schnell, und sie vermitteln nicht alle gleich gut.

258. Gott weiß, auf welchen Stern er die Menschen setzt und wann er sie zur Erde zurückbringt.

259. Die Sterne verwalten Strafzeiten, die Gott festlegt. Nach Ablauf dieser Zeit oder spontan kehren die Menschen mit Engeln auf die Erde zurück, mit neuen Aufgaben.

260. Diese neuen Menschen haben keine neuen Fehler erhalten, um auf der Erde gut zu sein – andere vielleicht zum Ausgleich schon.

261. **Ich folge der Liebe und allem, was von ihr kommt, mit der Absicht, es für immer zu bewahren.**

262. **Liebe braucht immer Zeit.**

263. Ich bin alleine, und nichts kümmert mich außer der Wunsch, dir einen Wunsch zu erfüllen.

264. Das Paradies werden wir erst dann erreichen, wenn alle fehlerfrei sind.

265. Sagt jemand immer das Gegenteil, ist er in einer Gruppe schwer zu integrieren und seine Worte schwer umzusetzen.

266. **Die Menschen verraten ihre innere Einstellung durch ihre leuchtenden Augen, die sie spüren und auf die sie stolz sind.**

267. **Manche leuchtenden Augen kann man beeinflussen, andere nicht. Sie leuchten so, wie die Menschen glauben.**

268. Man lässt nicht alles hier zurück, man leiht sich das Gutsein nicht aus.

269. Das Gutsein mit Fehlern lebt nur noch auf der Erde über die Seelen.

270. **Gedanken sterben nie.**

271. Die Sterne überwachen die Liebe und sorgen dafür, dass sie gut bleibt.

272. Im Paradies sieht man viele kleine Sonnen.

273. Wenn man plötzlich nicht mehr zu zweit lebt, verändert sich vieles.

274. Gib deinen Blick weiter, wir brauchen ihn und dich genauso für alle.

275. **Gott hat gut orientierten Menschen eine Liebe mit Glauben geschenkt, zweifelhafte Menschen erhalten ihn nur begrenzt.**

276. **Im Paradies, das wir uns mühsam wieder aufgebaut haben, pflücken wir unser Essen von den Bäumen und trinken aus Quellen.**

277. **Vor- und Nachteile sind abgebaut, und jeder Mensch unterhält sich mit anderen.**

278. **Vorurteile machen keinen Sinn mehr, ebenso wie Kriege.**

279. **Die Lebenserwartung ist eine neue und ersetzt die alte.**

280. **Gott regelt die Anzahl der Weltbevölkerung.**

281. **Naturkatastrophen versucht Gott zu vermeiden.**

282. **Das Immunsystem regelt Gott selbst.**

283. **Gewebe- oder Knochenveränderungen im Körper – Gott spricht ein Machtwort und stoppt jede Art von Krebsbefall.**

284. **Auch Gott kann, will aber nicht, zu Hunger, Durst, Krankheit und Elend führen.**

285. **Gott ist unsere Leitfigur, der wir glauben und lieben.**

286. **Das Leben ist ab sofort ein gesundes.**

287. **Die Religionen prägen jeden für sich, aber letztendlich wird es nur einen Weg geben, einschließlich Beerdigung und Umlauf.**

288. **Vielleicht findet ja jeder seinen Weg doppelt und dreifach, mit Widersprüchen?**

289. **Nur die Meinung am Ende zählt, und nichts ist verboten.**

290. **Erzählst du nur deiner Familie den Sinn des Friedens, soll das alles gewesen sein, oder fehlt noch etwas?**

291. **Bekehr alle und lass sie dann wieder los.**

292. **Mir geht es gut, ich tanze unter den Sternen, will denken und glauben – und ich will mehr.**

293. **Gib mir die Offenbarung, ich möchte sie, bin gut und liebe alle.**

294. **Ist das Spiel vorbei, werde ich so zurückgebracht, wie ich es schon immer wollte.**

295. Wenn man spontane Gedanken niederschreibt, tauchen Widersprüche, Wiederholungen oder Meinungsänderungen auf, die schwer zu vermeiden sind.

296. Ein Erfolg ist nicht kalkulierbar.

297. Darüber nachzudenken schon.

298. Ein Versuch ist es wert.

299. Nur die Version, die überschreibt, ist von Bedeutung.

300. Löscht man Gespeichertes, kann man nicht mehr darauf zurückgreifen.

301. Eine Gewinnbeteiligung und ein Mitspracherecht zugunsten meiner Tochter Camilla Sohn wären bei meinem Verzicht auf das gesamte Skript erstrebenswert und für mich von Bedeutung.

302. Ich gebe diesmal nicht auf, denn ich will das Gute, und das Böse bleibt mir fern.

303. Zu viel darf sich nicht anstauen, sonst wird es zu viel.

304. Der liebe Gott hilft mir, gut zu bleiben. Ich danke und liebe ihn dafür.

305. Träume, die die Wahrheit sagen, gibt es, und es gibt sie nicht.

306. Ich mache das, was ich für richtig halte.

307. Die Aufgabe, nur und immer gut zu sein und dabei die Welt zu retten, ohne dabei unbeliebt zu werden, ist eine hohe Prüfung.

308. Das Ziel, alle zu lieben und dabei gut zu bleiben, erfordert, dass ich mich nicht durch mein Handeln blockiere oder an mir zweifle.

309. Du lebst und prüfst mich jeden Tag, jede Nacht, und lässt mich froh sein, so zu sein, wie ich bin, um schließlich im Leben und im Himmel vollständig zu werden.

310. Zu wissen, dass man gut ist, lässt einen in den Himmel aufsteigen, der bereits vor Liebe und Sehnsucht brennt und auf mich wartet.

311. Wer kennt mich besser als ich selbst?

312. Die Unfähigkeit und Angst treiben mich diesmal direkt zum Himmel, wohin ich auch gehöre.

313. **Mein Ziel ist es, das Leuchten in mir zu behalten und es an alle verteilen zu können.**

314. Diese Aufgabe ist besonders schwer für mich, da ich keine, auch gut gemeinten, Weisungen annehmen möchte und immer alles prüfen muss.

315. Ich habe natürlich auch Zweifel, was den richtigen Weg angeht, und diese lassen mich manchmal im Leeren stehen oder verunsichern mich.

316. Ohne Zeitdruck kann jeder Weg der richtige werden.

317. Wer beim Umsetzen Probleme sieht, hat etwas falsch gemacht.

318. **Das Ziel ist das Gute und der liebe Gott.**

319. Wer mich zu Unrecht verunsichert, belügt sich selbst.

320. **Mein Glaube und mein Wille sind Glück und Zufriedenheit für alle im Paradies.**

321. Ich reagiere nicht aus Zorn, sondern versuche, wieder zu mir zu finden, trotz erlebter Beleidigungen und willkürlicher Anschuldigungen.

322. Wer fehlerhafte Wahrnehmungen hat, ist gut beraten, viel auf andere zu hören.

323. Blindes Vertrauen ist nicht die Lösung für alle.

324. Durch die Tür zur Zukunft zu gehen, bedeutet Veränderung und steht jedem offen.

325. Niemand sammelt Seelen, um mehr glauben zu können.

326. Wir sind gleich und wollen gleich bleiben.

327. Probleme haben wir alle manchmal, doch sie müssen letztlich von jedem selbst gelöst werden.

328. Richtig ist der Weg, der richtig ist.

329. Niemand hat nur Nachteile.

Der Vertrag

1. Besondere Leistungen von jemandem gibt es nicht, und werden daher auch nicht gesondert vergütet.
2. Mein Buch und meine Bilder setze ich auch frei zur Verfügung, wenn sie dem Zweck dienen.
3. Alle werden für ihre Unterstützung zum gleichen Teil und Satz honoriert.
4. Der Satz beträgt pro angebrochener Stunde vor Ort 18 Euro/Stunde und Einsatz.
5. Für außergewöhnliche Leistungen wird entsprechendes Geld verrechnet.
6. Die Vergütung für Hilfe wird nicht extrem hoch ausfallen.
7. Erlöse über den Verkauf und Einnahmen fließen in den Weltpool.
8. Jede Leistung kann quittiert werden, immer über nicht absetzbare Belege.
9. Über bereitstehende Kontonummern und Spardosen kann gespendet werden.
10. Wir verstehen uns neutral gegenüber dem System, der Politik, Religion und Wirtschaft.
11. Das Verhältnis Mensch zu Mensch muss bleiben.
12. Wir sehen uns als Vorreiter für eine bessere Welt.
13. Wir sehen uns als rettender Gewinner, und keiner ist Opfer.
14. Vergleiche mit Gott als ebenbürtig verteufelt jeder.
15. Grundsätzlich werden erbrachte Leistungen, ob geholfen oder Unterstützung erbracht, mit dem bestehenden Satz vergütet.
16. Die Vergütung erfolgt per Überweisung.
17. Hierbei sind alle Nebenarbeiten, die über ihren Arbeitgeber versichert sind, eingeschlossen.
18. Entscheidungsvollmacht hat ein gewählter Vertreter und meine Tochter Camilla.
19. Gelder über die Anpassung unserer Gehälter und Vermögen sind auch hier zu finden.
20. Die Einnahmen von uns sind zur Steuerforderung festzuhalten.
21. Die Liebe bestimmt den Weg. Der Glaube die Richtung. Liebe bleibt Liebe, egal woher.
22. Der Mensch ist nie allein.

23. Es gibt eine Treppe zum Himmel – finde sie.
24. Jeder gibt, was er kann, um Leben zu retten in der Welt.
25. Der gemeinsame Eid, Wille oder Gebet hält das Richtige zusammen.
26. Unkosten minimieren bei maximalem Gewinn und Auszahlungen an die Armen, regulären Migranten und Arbeiter.
27. Runtergewirtschaftete, arme oder in ihrer Substanz zerstörte Länder oder Regionen getreu nach Vorlagen wieder aufbauen.
28. Das Gerüst steht, es fehlen noch viele wichtige Dinge und Details gesondert und im speziellen zur Ausführung.
29. Die Liebe wegzuwerfen, wie einen Stein, im Grunde, ist es nicht.
30. Den Traum, alles gelöst zu haben, wird es nicht geben, und auch nicht den Traum, alles soll vorbei sein, denn es kann keinen geben, der sagt, ich habe gewonnen.
31. Wiederhole das Leuchten deiner Augen zu finden, nur so findest du Glück und Frieden.
32. Die Rettung der Welt läuft automatisch.
33. Nichts kann die Ingangsetzung stoppen, und keiner weiß, wer sie angestoßen hat.
34. Wer arbeitet, macht das erst mal für sich selbst.
35. Die Schmerzen lassen nach.
36. Die Welt ist in Ordnung.
37. Ich bin nicht Gott.
38. Ich bin nicht Jesus.
39. Ich bin gut.
40. Ich bin nicht der Jünger Judas.
41. Ich bin einer von den Jüngern von Jesus.
42. Ich bin gut, ohne Schmerzen erhalten zu müssen.
43. Opfergaben sind kein Ziel, um den Weg zu finden.
44. Nur Jesus bestätigt den heiligen Status mit seinen Wundern.
45. Wir helfen uns durch Anpreisung und Unterstützung.
46. Suche bei einem Streit oder nach der Wahrheit immer überall.
47. Halte dich nicht für zu gut, sonst bekommst du Probleme.
48. Das Gefühl, gut zu sein, kann schnell verfliegen.
49. Wer zu sehr und unberechtigt glaubt, gut zu sein, schadet.

50. Die Frage, sich zu stellen, ob ich schon das zweite oder dritte Mal lebe, ist real und kann gestellt werden.
51. Zu leuchten, ist dein Glaube zur Liebe und führt zum glücklichsten Empfinden insgesamt.
52. Die geprüfte Meinung von anderen anzunehmen und zu vertreten, ist notwendig zum Erreichen einer Einheit, die gleich ist.
53. Bleiben am Ende des Lebens noch Fehler übrig, muss ein neuer Versuch gestartet werden, um wieder die Fehlerfreiheit anzustreben, zu einem immerwährenden Paradies, das lebt und dies ermöglicht.
54. Ich glaube, ich bin ein jahrtausendalter Jünger von Jesus, der aktuell hier ist.
55. Die Vorgänger erleben ähnliches wie man selbst und sind auch ähnlich.
56. Der Kreislauf bestimmt das Leben.
57. Eine alte Liebe wiederzusehen, ist emotional wie schreien vor Glück.
58. Liebe, verlasse mich nicht.
59. Wer etwas Gutes vorhat, darf sich „auch im Tonfall mal vertun“ und zeigen, was wichtig ist.

Buch 13

1. Hier ist die formale Verbesserung und leichte Anpassung deiner Gedanken, so wie du es möchtest:
2. Selbstgespräche sind Gespräche, die man mit sich selbst führt, oft ohne dass andere sie wahrnehmen.
3. Es macht mich traurig, sagen zu müssen, dass Armut und Hunger unausweichlich sind und immer wieder aktuell bleiben.
4. Wir haben die Chance, es besser zu machen, denn wir sind bereits dabei, und es wird gut.
5. Jeder findet selbst den richtigen Blick.
6. Freiheit bedeutet, meinen Weg zu dir zu gehen.
7. Jeder freut sich über Zuspruch.
8. Der Glaube ist die Wahrheit.
9. Der Tod bedeutet Schweigen.
10. Das Leuchten ist nicht das Ende, aber es spielt eine wichtige Rolle.
11. Du hast einen Platz in meiner Seele, komm bitte, ein Kampf wäre falsch.
12. Öffne meine Sterne, und du wirst gewinnen.
13. Politik, die ohne Nachdenken agiert, egal von wem, führt uns zum Verlust.
14. Wer gut sein will, muss an Gott glauben.
15. Einsamkeit lässt mich zu dir eilen und bei dir bleiben wollen.
16. Meine Liebe verschenke ich nicht, sie ist ein Teil von mir.
17. Glück ist, wenn man erreicht, was man sich vorgenommen hat.
18. Du bedeutest alles für mich.
19. Jeder braucht Liebe, immer.
20. Ein Meisterwerk umgibt uns.
21. Mach weiter, ich vermisse dich schon jetzt.
22. Tag und Nacht gehen weiter.
23. "Zu späte Verantwortung" bedeutet Aufteilung und den Blick nach oben.
24. Die Zeit ist für uns alle gekommen.
25. Wir schaffen das, sieh dich um.
26. Seelen ergänzen einander.

27. Wir bestehlen niemanden, wir gehen auf unser Ziel zu.
28. In der Nacht führen Schritte zu mir, bitte bleib bei mir.
29. Lachen und Freude sind immer gut.
30. Wenn die Hilfe richtig ist, ist sie wahr.
31. Komm zu mir, in die Welt der Wunder, und wohin auch sonst.
32. Ich will mich mit allen Menschen gut verstehen, notfalls muss ich mich entschuldigen.
33. Wer glaubt, dass es das Böse in der Menschheit gibt, liegt falsch.
34. In unserem Herzen ist die Welt voller Wunder, und die Liebe ist überall gebunden.
35. Die Liebe besteht aus einem mystischen Vorgang, ohne dass man zwangsläufig darüber nachdenken muss.
36. Ich ändere meine Meinung, wenn du darauf bestehst, aber nur, wenn es notwendig ist und wir es alle tun.
37. Du unterdrückst mich, und ich habe eine Meinung, nicht dich.
38. Deine Meinung trägt dich, und das ist gut, denn sie ist voller Liebe.
39. Ich rechne mit dir, denn du bist ein Teil von mir.
40. Unsere Liebe ist so alt, selbst aus dem All kommen Grüße, und auch meine Gefühle sind da, und alle lieben uns.
41. Wie kann man nur so mit Kindern umgehen? Sie werden geschlachtet und entwürdigt.
42. Meine Gefühle empfinden dich als zu gut und sehen dich als Liebe im Paradies.
43. Ich bin hier, um zu leben und zu lieben, du bist meine Vision, die alles erfüllt und mir immer sagt: Genieße dein Leben, und ich liebe dich.
44. Träume machen Wahrheiten zur Gewohnheit.
45. Musik macht glücklich.
46. Die Natur auch.
47. Jede richtige Einstellung hilft.
48. Mit der Zeit werden wir älter, aber wir leben doch irgendwie ewig, was unsere Einstellung und die Beziehung zu dir formt.
49. Da bipolare Störungen leicht zu depressiven oder manischen Zuständen führen können, sollte man schon in der Jugend Anzeichen prüfen und entsprechend positiv helfen und vorbeugen.
50. Fachleute erkennen die Anzeichen eines bevorstehenden Ausbruchs relativ früh.

51. Der Fehlglaube und die Manipulation der Medien in Bezug auf die rechtsradikale Einwanderungspolitik und Religion sind noch immer präsent und falsch.

52. Sie schüren Schrecken, Mord und Tod.

53. Die Frage ist immer: Welchen Weg verfolgt jemand mit bipolaren Störungen? Ist er im Moment gut oder verfolgt er den bösen Weg, bei dem er auch verzweifelt und Hilfe braucht?

54. Übertragungen aus "heiligen Schriften" sind oft Phantasien von Unreinen, die den Propheten aufgelegte Vorschriften zuschreiben.

55. Die Qual auf dem Weg zum Tod wird von Heiligen auferlegt, durch Sünden und nicht eingehaltene Gebote, die "Gott" angeblich mit Strafen vergibt, wie man früher sagte.

56. Ohne viel Phantasie kann man "heilige" Schriften heute noch nicht unangefochten lesen.

57. Frieden wird der Tag des Jahres sein, und wir beten, zeigen uns den Weg und singen mit Hoffnung für uns alle zugleich.

58. Ist da jemand, der uns den Weg bis zum Ende des Tages zeigen kann? Wir beten dafür.

59. Gott, zeige mir bitte den Weg, ich bete.

60. Ich wache auf und glaube, ich bin woanders. Gott öffnet mir seine Tür.

61. Wir beten, und das ist der Weg.

62. Wir haben den Weg, der sich bis zum Ende des Lebens finden lässt, der Frieden bringt und Liebe zeigt, während jeder Atemzug den Kummer vergessen lässt.

63. Das kurze Leben sorgt täglich für die Gewinner in uns und das Denken zum Guten.

64. Am Ende des Tages predigen wir, und der Frieden kommt.

65. Wir verlieren nicht die Lust am Leben, wir leben fröhlich.

66. Die Liebe im Moment ist immer die stärkste, die wir wollen, und morgen noch mehr.

67. Lege dir gegenüber Rechenschaft ab, aber so, dass auch andere mit deiner Entscheidung gut leben können.

68. Wer nicht glaubt, kennt niemanden richtig, auch nicht Gott.

69. Wir predigen und wissen, wie wir unseren Glauben schützen und anderen zugänglich machen.

70. Nur Wunder bringen den Glauben, der in die Zukunft weist.

71. Beten ist multikulturell, und es gibt nur einen Gott.

72. Der Glaube hat seine Heimat in uns und hofft auf Zuwachs.

73. Gott hat jedem Glauben gegeben, aber viele lachen darüber und denken nur an sich, ohne Rücksicht auf das Wohl aller.

74. Hilf dir selbst, und damit hilfst du auch anderen, nur so funktioniert es.

75. Gefühle, Liebe und Glaube sind Bestandteile einer Seele, die weiß, was los ist und es auch will.

76. Die Wärme ist für alle da, und wir spucken Feuer.

77. Alleine macht man Fehler, die Korrektur erfolgt durch die Gemeinschaft.

78. Richtiger Glaube wird oft von Armen intensiver gelebt, während die Reichen mit ihrem Reichtum versuchen, Seelen zu vergüten und zu reparieren.

79. Jedes Puzzle kann zusammengesetzt werden, es sei denn, es fehlen Steine.

80. Gott spielt gerne Memory, ein Puzzle des Himmels, gefüllt mit Sonne und Sternen.

81. Im Nachhinein könnte man sagen, dass die Reichen lieber arm und die Armen glücklicher gewesen wären.

82. Komm zu dir selbst, finde deinen Weg im Leben, und wenn nötig, gemeinsam mit anderen. Glaube daran.

83. Glaube an Gerechtigkeit, Wohlstand und das Streben nach dem Guten für uns alle.

84. Gott bleibt Gott und wird weiterhin mit seiner Kraft das Ziel zeigen.

85. Ich brauche Freunde, Worte, Musik, den Glauben, Glück, Farben, Wärme, Wasser und Feste im Himmel.

86. Die Toten singen von oben mit und sehen uns, dank der Hilfe und dem Willen Gottes.

87. Der Held sieht dir ähnlich, das bist du, zur Zeit der Wahrheit, und Unsterblichkeit folgt uns mit dir.

88. Im Morgen finden wir unseren Weg, die Heimat verschwindet, und Helden und du führen uns in das Multikulturelle.

89. Die Wahrheit ist Liebe, und der Weg überlebt die Helden durch Gott. Wo Zweifel sind, nimm sie weg und weise den Weg.

90. Glaube daran, dass du den Weg findest, auch morgen, denn du bist der Held.

91. Es gibt Wege, die wir gehen können, und in Gottes Wundern erleben wir das Richtige für uns.

92. Gott, du bist es, es ist nicht schwer, dir zu folgen, denn ich kenne deine unerschöpfliche Kraft für alle und jeden, nicht nur jetzt.

93. Wenn man eine Fremdsprache nicht versteht, spricht trotzdem die Gefühlswelt und verbindet uns alle, ob man es will oder nicht.

94. Man muss lernen, die Gesten der anderen zu deuten.

95. Wir beten, predigen und glauben an Wunder, und genau das ist es.

96. Gott löst die Angst von jedem, der die Menschheit quält, und wir haben es geschafft und überwunden.

97. Liebe ist ein Geschenk Gottes an dich. Du glaubst daran, und Wunder helfen mit.

98. Schönheit, begleitet von Musik und einer Aussage des Glücks, das ist erfüllte Hoffnung.

99. Alles hat seinen Grund. Nach dem Loslassen richtet Gott das Geschehen durch Wunder neu.

100. Es ist das größte Wunder, alle Menschen, die Natur und Lebewesen lieben zu dürfen, und es bewirkt reine Freude.

101. Fehler machen wir und verhalten uns falsch, ohne Absicht. Wir lächeln, stehen wieder auf und akzeptieren es.

102. Wir schauen zum Himmel, umarmen uns und bereiten uns Freude.

103. Eigentlich kann ich nicht anders sein, als ich bin.

104. Wenn die Richtung nicht stimmt, ändere ich sie, und du hilfst, die Richtung zu korrigieren.

105. Hass, Töten, Quälen, Unterdrücken oder Überlegenheitsdenken haben keine Argumente.

106. Lass dir helfen und glaube an Gott.

107. Wenn du nachts aufwachst und Gewalt hörst, ist es vielleicht nur das Rutschen der Möbel.

108. Die Menschen wissen oft nicht, was sie leisten.

109. Mehr als zu lieben, kann ich nicht.

110. Manchmal denkt man: "Es geht mir viel zu gut."

111. Alle Menschen sind gut, unabhängig davon, wie sie heißen.

112. Jeder kann tun, was er für richtig hält. Meine Anwesenheit ist Zeuge, aber nicht bestimmend.

113. Ich kann geliebt werden, meiner selbst wegen, nicht aus anderen Gründen.

114. **Jeder ist frei in seinen Entscheidungen.**

115. **Jeder muss frei sein, um entscheiden zu können, was richtig ist.**

116. **Der Mensch ist wertvoll.**

117. Der Mensch entscheidet sich manchmal als Einzelgänger, weil er es tun muss.

118. Wir verkörpern Gefühle, nicht immer das Rationale.

119. Unglück ist oft eine falsche Beziehung, die man ändern muss.

120. Wer mich erkennt, liebt mich.

121. Ob ich gehorche oder meinen Willen äußere, das ist ein Generationskonflikt, den man ändern muss.

122. Eine Beziehung zu beenden ist keine Formsache, sondern muss gut überlegt sein.

123. **Freiheit überall und immer ist fraglich und oft nicht richtig.**

124. Nicht jeder findet den richtigen Weg ohne Hilfe, und diese muss oft speziell sein.

125. Manchmal muss meine Tür geschlossen bleiben.

126. Einen festen Plan fürs Leben zu haben, sowohl zeitlich als auch gedanklich, gibt es nicht.

127. Gedanken müssen stets an den Zustand und die Umstände angepasst werden, obwohl man oft instinktiv richtig handelt.

128. Meine Liebe zu dir wächst, so wie meine Gefühle sich an dir orientieren und bei dir sein können.

129. Betrachte alle Menschen kritisch, aber denke dabei immer, dass sie auch gut sind.

130. Wer nicht weiß, was richtig ist, urteilt oft flexibel, gut und neu.

131. Wer versucht, Liebe theoretisch zu analysieren, verfällt in feste Muster, die keiner will.

132. Wer glaubt, er sei Kaiser und König, verliert den Kontakt zur freien Meinungsäußerung.

133. Man kann nicht einfach seine Meinung und Gefühle in der Zwischenzeit ändern und glauben, frei zu sein.

134. **Um frei zu sein, braucht man Menschen, Gedanken und Wissen.**

135. **Einzelgänger sind gefährlich.**

136. Wissen muss aufgebaut werden.

137. Wenn du deine Ruhe brauchst, zieh dich zurück, wenn du glaubst, dass es dir hilft.

138. Die Volljährigkeit und Kindererziehung sollten vereinheitlicht werden.

139. Ich will treu sein und geliebt werden.

140. Man kann locker sein, darf aber nicht gefühlskalt wirken.

141. Wer gleichwertige Partner sucht, aber glaubt, der Größte zu sein, verkennt das Leben.

142. Nur Gott ist wahr und richtig, Menschen können sich irren, besonders zu Beginn.

143. Auch fremde Geräusche können etwas Gutes haben, erschrecken mich aber und lassen mich nachdenken.

144. Wer sich vom anderen nichts sagen lässt, ist nicht kooperativ.

145. Glauben kann man auch über andere Menschen erlangen, doch vermitteln kann nur Gott.

146. Wenn man nur lieb zu anderen ist, z.B. zu alten Menschen, macht es sie nicht immer froh.

147. Witze über andere sind schlecht, denn nur der Falsche lacht darüber.

148. Wer sich nicht gut mit anderen versteht, sollte sie nicht schlechtreden.

149. Man muss andere so lassen, wie sie es wollen.

150. Im Kopf gibt es viel Unsinn und viele gute Ideen.

151. Beantworte deine Konflikte durch Liebe in dir.

152. Lass mich dein Feuer fangen.

153. Das Licht ist im Himmel.

154. Die Seele ist der Ursprung, der überspringt.

155. Das Feuer kommt aus dem Himmel.

156. Das Licht vom Himmel strahlt in neue Augen.

157. Wir sind gleich, tanzen gleich, hoffen und denken gleich. Wir sind so wunderbar, schau mich an und fange meine Seele.

158. Einzeln sind wir Spitze, doch zusammen sind wir einfach unübertrefflich – dank dir.

159. Menschen besitzen grenzenlose Temperamente und das ist toll.

160. Der Körper schwingt, die Menschen lachen, und wir empfangen das Feuer von dir.

161. Mit Ernst brennen wir auf, inspiriert von dir. Jeder Einzelne kann geliebt werden.

162. Der fröhliche Tanz gehört zum Spiel des Lebens dazu.

163. Die Liebe singt, die Sonne strahlt, und gemeinsam sind wir stark.

164. Man merkt den Menschen an, wie intensiv sie ihre Ziele verfolgen und begeistert sind.

165. Sich über andere lustig machen, ohne zu verletzen oder rassistisch zu sein, ist erlaubt.

166. Der Himmel brennt und wartet auf deine Antwort.

167. Der Tanz des Jahrhunderts ist geboren.

168. Wenn ich den richtigen Weg nicht finde, falle ich tiefer. Mein Herz bricht, ich werde krank, ohne dich.

169. Hilfe ist immer da, wenn man danach sucht.

170. Wollen wir es wagen? Die Sonne strahlt, um unsere Liebe zu zeigen, und wir leuchten auch.

171. Ich habe die Liebe und das Leuchten in dir gefunden, die ich nie wahrgenommen habe.

172. Willst du von uns bekehrt werden? Wir sagen auf Wiedersehen, während die Sonne scheint.

173. Die Musik spielte, als meine Seele brannte, und die Erinnerung bleibt.

174. Die Sonne zeigt ihre Liebe durch Strahlen und Musik.

175. Die Sonne lebt in uns weiter, und wir vermissen sie.

176. Ist jemand hübsch, möchte er sich nicht verstecken.

177. Glaube nicht, dass Waffen oder Auslandsaufenthalte für eine optimale Erziehung notwendig sind.

178. Wenn jemand das Gefühl hat, sich verteidigen zu müssen, stimmt etwas nicht.

179. Freiheit und Hoffnung in der sozialen Humanität.

180. Warum behaupten manche, dass es keine Armut gibt, obwohl sie existiert?

181. Bewähre dich, und Gott wird dich belohnen.

182. Reiche haben nicht mehr zu bewältigen als Arme.

183. Du musst nicht sterben, um geliebt zu werden – wir brauchen uns, jetzt und hier.

184. Zu sterben bedeutet, das Herz zu verlieren, aber die Liebe bleibt.

185. Der Zusammenbruch bringt Tränen und den Hunger nach Liebe – wo bist du?
186. Ich habe Hunger nach dir, ich möchte wissen, warum, und dich hören.
187. Pass auf, was du tust – die Liebe ist deine Wahrheit.
188. **Der Kreis ist das Geradeaus von jedem**
189. Integriere deine Träume und leite sie ohne Verlust.
190. Ich mache dir nichts vor, achte das Gute in dir.
191. Alles wird wieder gut.
192. Sicherheit und Verlangen müssen immer präsent sein.
193. Freiheit bringt mehr Lebensqualität.
194. Zu sterben ist eine der schwierigsten Prüfungen des Lebens.
195. Gib deiner Umwelt die Unabhängigkeit und fördere sie.
196. Auf der Erde brauchen wir keine Führer, sondern Gemeinschaft.
197. Im Traum lebe ich in Ruhe und Einsicht, über den Weltraum hinweg, mit dir.
198. Das Leben endet nie, wenn wir uns immer wieder begegnen.
199. Persönliche Vorurteile in einer führenden Position schaden.
200. Jeder muss für sich Entscheidungen treffen und Kontakt suchen.
201. Wir sind Partner der Gegenwart, die Zukunft wird noch geschrieben.
202. Jeder Mensch braucht Nahrung, ein Zuhause, Liebe und Sonne.
203. Im Alter braucht man mehr Zuwendung, um Konflikte und Stress zu bewältigen.
204. Eine ehrliche Anteilnahme ist notwendig, wenn Verlass auf den anderen fehlt.
205. Was immer du bist, ich bin glücklich mit dir, und das Gefühl ist gegenseitig.
206. Fehler gehören zum Leben, aber sie hindern uns nicht daran, weiterzumachen.
207. **Das Auffinden von Seelen ist nicht nur Schicksal, sondern auch ein Wunder.**
208. Kinder sollten keine Kinder bekommen.
209. Menschen sollten stets fair behandelt werden, ohne Vorurteile.
210. Wer um Hilfe ruft, muss sie bekommen.

211. Lösungen bringen Ziele näher, aber oft nicht zum gewünschten Zeitpunkt.

212. Fragen zur falschen Zeit können unangemessen sein.

213. Machthaber müssen gestoppt werden, wenn sie nicht das Wohl der Allgemeinheit im Blick haben.

214. Diktatoren, die nur an sich denken, sind gefährlich und schwer zu stoppen.

215. Fahr mich ans Licht, nur was ich sähe, kann ich ernten.

216. Für ein ewiges Leben brauchen wir noch mehr Helden.

217. Ich bin krank, aber ohne Fehler?

218. Ich träume realistisch und erlebe mehr.

219. Wer sich für gut hält, hat sein Ziel noch nicht erreicht.

220. Kranke Menschen, die verstanden werden, erfahren die größte Hilfe.

221. Die Erleuchtung ist weiter verbreitet, als wir glauben, aber jeder muss sie erreichen.

222. Liebe verändert alles, lässt hoffen und lindert den Schmerz überall.

223. Hoffnung bedeutet, Vergangenes verarbeitet zu haben und sich neutral zu verhalten.

224. Religionen wurden früher genutzt, um das Böse zu rechtfertigen und schlimme Dinge zu tun.

225. Gehälter in der Wirtschaft sind in der Regel höher als in der Politik.

226. In der Politik erhält man schon nach vier Jahren im Bundestag extrem hohe Pensionen, ohne notwendige Einzahlungen in die Rentenkasse.

227. Demokratien finanzieren sich langfristig in den Ruin durch steigende Löhne und Unterstützungsgelder bei sinkenden Steuereinnahmen.

228. Da alles teurer wird, kann das System die Kostensteigerung nicht drosseln, ohne auf Ausbeutung zu setzen.

229. Die einzige legale Lösung ist eine Vermögens- und Einkommensreduzierung der Reichen, geregelt durch Gesetze.

230. In Indien gibt es eine hungernde Bevölkerung, während teure Raumfahrtprojekte Geld verschwenden.

231. Entwicklungshilfe für verarmte Länder sollte durch Luxussteuern finanziert werden.

232. Das Steuersystem erlaubt es dem Normalbürger nicht, Steuergerechtigkeit zu nutzen.

233. Werbung sollte steuerlich nicht abzugsfähig sein, insbesondere wenn das beworbene Produkt nicht verkauft wurde.

234. Wenn die Werbungskosten höher als der Preis des Produkts sind, ist das Prinzip der Gleichheit nicht erfüllt.

235. Wenn ich mich als besseren Menschen darstellen möchte, versuche ich, fehlerfrei zu sein.

236. Nicht alles, was gesagt wird, kann wörtlich übernommen werden.

237. Jeder Mensch verdient Respekt.

238. Ein Witz auf Kosten anderer ist in Ordnung, solange er niemanden verletzt oder rassistisch ist.

239. Auch nachts wahrgenommene Geräusche können mein Leben beeinflussen.

240. Ich erwarte von meinem Gegenüber Ehrlichkeit, besonders wenn meine Aussagen falsch verstanden werden könnten.

241. Kinder brauchen Freiraum, um sich richtig zu entwickeln.

242. Fehlerfreie Menschen haben keine Angst vor dem Tod.

243. Wenn mein gutes Verhalten auf die Probe gestellt wird, reagiere ich gestört, böse und falsch.

244. Ohne die Aussicht auf morgen scheint die Welt traurig und alt.

245. Einsamkeit ist nicht die Lösung, aber sie ist ein möglicher Weg, den man gehen kann.

246. Mit Gott an deiner Seite wirst du keinen falschen Weg gehen.

247. Liebe wird dich finden, wenn dein Glaube stark genug ist.

248. Wer im Nachhinein versucht, sein Handeln gutzureden, versucht nur, Klarheit über das zu finden, was ihn beschäftigt.

249. Widerstand gegen falsches Verhalten anderer führt fast immer zu Gegenwehr.

250. Ich sage manchmal die Unwahrheit, um andere zu schützen, und das ist falsch.

251. Der richtige Weg ist, etwas zu leisten, bevor man sich den Spaß verdient.

252. Die Prioritäten setzt jeder für sich selbst.

253. Wir Menschen sind eins, solange unsere Seelen sich finden und wir uns lieben.

254. Jeder muss klar und deutlich äußern, dass er keinen Krieg will.

255. Gute Eigenschaften verstecken sich nicht, sie lassen sich durch Liebe und Wahrheit finden.

256. Du hast das Gesicht, nach dem ich immer gesucht habe. Wir beten und sehen uns an, ohne Angst, uns verstecken zu müssen.

257. Wer erklärt, er habe verstanden, ist nicht immer falsch.

258. Man sollte sich nicht vor Fehlern verstecken, sondern am besten darüber reden.

259. Egal, wie das Ende aussieht, ich liebe dich für immer und brauche dich.

260. Eltern kritisch zu betrachten ist wichtig, denn niemand ist fehlerfrei.

261. Egal, was wir lernen, sagen oder tun, Gott zeigt uns den richtigen Weg.

262. Ich komme mit jedem klar, und wir lieben uns.

263. Gott sagt, dein Glaube bestimmt den Weg und leitet dich zum Guten, gemeinsam mit allen.

264. Menschen brauchen den Glauben an Gott und müssen manchmal auch ohne Partner glücklich werden können, auch wenn es vielleicht nicht für immer ist.

265. Bin ich allein, fällt es mir schwer; ich verliere das Vertrauen, und ohne Hilfe zerbricht meine Möglichkeit, richtig zu handeln.

266. Die untersuchenden und falschen heiligen Schriften erschweren das Zusammenleben, selbst für Gläubige, die richtig handeln.

267. Was ist besser als der Weg zu deiner Liebe und zu dir? Ich bin es, mit allem, was du sagst, denkst und empfindest.

268. Man sollte, auch wenn es berechtigt scheint, nicht schlecht über andere denken oder reden, selbst nicht im Scherz, da dieser oft nicht verstanden wird.

269. Ärgert man sich und hat schlechte Laune, ist das kein Grund, sich abzureagieren, auch nicht ansatzweise.

270. Wer ständig vergangene Gefühle anführt, will keinen Frieden.

271. Gott liebt dich, das Licht erleuchtet dich, denn Wunder gibt es.

272. Lebe deine Träume und genieße das Leben ohne Angst und Sorgen.

273. Das Leben ist ein Rätsel, das jeder für sich selbst lösen muss.

274. Wirst du irgendwann meine Lage verstehen können und mir vertrauen, so wie ich dir vertraue?

275. Menschen, die ich mag, denen vertraue ich auch.

276. Wer sich ständig anzweifelt, macht vieles richtig, weiß aber am Ende vielleicht nicht mehr, warum.

277. Wenn du glaubst, du seist der Einzige auf der Welt, dann bist du es auch.

278. Wer andere schlechtmacht, ist selbst schlecht.

279. Wenn Unrecht geschieht, hilft Gott.

280. Das Böse ist keine feste Größe; es kann sich entwickeln und genauso gut wieder durch Fehler und Gutes in Ordnung gebracht werden.

281. Wir Guten müssen zusammenhalten.

282. Verstecke deine Meinung, wenn du es für richtig hältst.

283. Das Böse kann sich durch Fehler entwickeln, aber grundsätzlich ist niemand von Natur aus böse.

284. Manchmal versteckt sich das Gute.

285. Rette Menschen, und du rettest die Welt.

286. Das Böse entsteht durch Fehler und ihre Deutungen, doch sie sind harmlos.

287. Vor Fehlern braucht man keine Angst zu haben.

288. Menschen, wir lieben uns.

289. Die ganze Welt muss so werden, dass jeder gerecht behandelt wird und wir mit allen zufrieden sind.

290. Nur durch Einigkeit kann Glück entstehen.

291. Niemand sollte Schmerzen haben.

292. Jeder beginnt den Tag voller Freude und beendet ihn auch so.

293. Angst und Unsicherheit dürfen uns nicht quälen.

294. Das Ziel findet jeder zu unterschiedlichen Zeiten und kann dann Ratschläge geben.

295. Ein Basar, der Wunder zum halben Preis verkauft, passt nicht zu meinem Gott, so wie ich ihn mir vorstelle.

296. Das Leben macht Spaß und endet nie.

297. Tote werden von Gott mit Veränderungen wieder integriert.

298. Wir lieben und regieren.

299. **Schlaue Kinder regieren mit**.

300. Landesgrenzen werden verschwinden, da sie keinen Sinn ergeben.

301. Das Gute regiert auch ohne Hindernisse.

302. Reichtum wird gemischt.

303. Schließe ich die Augen, richtet sich meine Stimme nach dir.

304. Lieber Gott, wir brauchen dich überall und von jedem.

305. Die richtigen Antworten finden sich im Austausch zwischen dir und mir sowie im gemeinsamen Willen.

306. Unsere Regierung ähnelt der des Nachbarn, ebenso der Glaube an die Religion.

307. Gene zu mischen ist ein Spiel, das Gott besonders interessant findet.

308. Gebiete, die sich zweckgebunden zusammenschließen wollen, sind schwer zu handhaben und zu kombinieren.

309. Bis die Welt ein einziges Land ist, werden wir alle gut sein, aber nie ganz gleich.

310. Der Wiederaufbau kann Jahrtausende dauern.

311. Aus Menschenhand, mit Gottes Hilfe, werden wir sicher und zukunftsorientiert zufrieden sein.

312. Fehler hindern uns nicht, böse zu werden, besonders nicht von Gottes Hand.

313. Wenn Menschen Fehler machen, müssen sie die Konsequenzen tragen.

314. Verbesserungen ergänzen den Standard.

315. Beim Wiederaufbau hilft jeder mit.

316. Alle Menschen müssen sich ihrer Fehler bewusst werden und sie entweder alleine oder gemeinsam beseitigen.

317. Böse zu werden ist nicht angeboren, es entwickelt sich durch gehäufte Fehler.

318. Wenn die Fehler zu groß werden, kann Gott immer noch eingreifen.

319. Gott hat ein Spiel erfunden, das nicht nur ein Selbstläufer ist.

320. Neue und ehemalige Menschen sorgen für Stimmung, und wenn man die Natur einbezieht, wird das Gute zur täglichen Aufgabe, die von Gott und den vergebenen Fehlern schwer bewältigt werden muss.

321. Kombinierte Fehler, die zu Bösem führen können, werden von Gott entweder verhindert oder geregelt.

322. Menschen sind nicht berechtigt, moralische Strafen auszusprechen oder zu vollziehen.

323. Von Menschen gemachte Gesetze dürfen nicht nur Ländersache sein; sie müssen angepasst und mit gemeinsamen Menschenrechten vereinheitlicht werden.

324. Gott hat Fehlverhalten von sich selbst ausgeschlossen.

325. Menschen kämpfen gegen ihre Fehler bis zum Schluss.

326. Auch wenn man im Recht ist, zum Abreagieren gehören immer zwei.

327. Gott hat alles gemacht – die ganze Welt.

328. Gott hat Fehler verteilt.

329. Aber das Böse hat Gott nicht erschaffen; es entsteht durch die Fehler auf der Erde.

330. Angst vor dem Bösen, das von Gott beherrscht wird, sollte uns nicht beunruhigen.

331. Gott sagt, die Gerechtigkeit wird siegen.

332. Das Böse existiert nicht in Gott.

333. Aber das Böse gibt es auf der Erde.

334. Wer das Gute in Gott ausnutzt, handelt böse.

335. Menschen können böse werden, wenn sich zu viele Fehler ansammeln.

336. Fehler können sich austauschen und manchmal selbst vernichten.

337. Das Böse wird auf der Erde verursacht, indem Fehler zu viel werden oder man sich nicht genug darum kümmert.

338. Das Böse existiert nicht im Himmel.

339. Wenn die Menschen mit Gottes Hilfe die Fehlerfreiheit erreicht haben, werden sie das Böse besiegt und das Paradies erreicht haben.

340. Wenn in Gotteshäusern Einzelne Vorurteile und falsche Ansichten als richtig empfinden, ist das falsch und darf nicht sein.

341. Das Böse kann so auf der Erde entstehen, durch Einzelpersonen oder Gruppen, die durch Fehler oder Missverständnisse hervorgerufen werden.

342. Die Schriften der Religionen treffen die Menschheit heutzutage nicht eins zu eins.

343. Gott hat jedem Menschen wahrscheinlich unterschiedlich schwere Aufgaben zum Abarbeiten mit auf den Weg gegeben.

344. Gott kennt jede Seele und bestimmt den Werdegang und das Leben auf der Erde mit.

345. Verursacher von Kriegen sind Armut und die falsche Auffassung des Kastendenkens.

346. Neid ist eine Krankheit, die jeden betreffen kann.

347. Gott wollte ein abwechslungsreiches Programm für sich selbst und die Menschen auf der Erde mit einem guten Ausgang installieren, hat aber nicht mit so viel Fehlverhalten und dem Drang zu Einzelgängen gerechnet.

348. Gott hat sich nicht solche Ausmaße von Differenzen gewünscht und hilft nur begrenzt weiter; seine Aufgabe ist es, die Menschen zum Glauben zu bringen.

349. Leider wird das Zusammenleben immer schwieriger, und es trifft zum Teil auch Unschuldige.

350. Ohne gefestigten Glauben orientiert sich der Mensch falsch, auf Reichtum und Macht.

351. Glaube, Güte und Gleichwertigkeit miteinander sowie Gottes Wunder, Hilfe von überall und Gerechtigkeit formen den Willen Gottes.

352. Es sind nicht Gott, sondern böse gewordene Menschen, die die Weltbevölkerung zu regulieren versuchen, ohne zu wissen, was sie tun.

353. Der Mensch ist gut, hat Fehler, glaubt und richtet sich nach Gott.

354. Ich glaube, Gott hat bei der Erschaffung der Menschheit das Böse nicht einkalkuliert.

355. Gott kennt das Böse nicht.

356. Gott freut sich nicht über das extreme, rationale und gewaltvolle Verhalten bestimmter Egoisten in unserer Gesellschaft.

357. Der richtige Glaube führt zum Ziel, und das Ziel ist Liebe.

358. Gott denkt vielleicht demokratisch über uns nach.

359. Opfer für Heilige überschatten die Realität.

360. Wer gegen alles ist, wird verlassen und hat Probleme.

361. Nur der begründet richtige Glaube mit dem entsprechenden Bewusstsein bringt uneingeschränktes Glück.

362. Auch Gott ist kritisch, und manchmal erkennen wir erst spät das Wahre und den richtigen Weg.

363. Gott richtet nicht über uns, er zeigt uns die Richtung.

364. Wenn man eine feste Meinung hat, kann man sie nur schwer ändern, ohne Vertrauen zu verlieren.

365. Es gibt auch Gleichberechtigung zwischen Mann und Frau, und genauso dürfen Tieropfer nicht sein.

366. Wenn ich den Tag ehre, träume ich und lebe doch, und bin dankbar für mein Leben mit dir.

367. Du machst mich glücklich in Gedanken, wir zusammen und für immer, du lässt mich leben, und was ich meine, sage ich auch.

368. Gott ist nur gut, er überlässt das Böse uns.

369. Bin ich der Letzte, der weiß, dass alle gut sind?

370. War ich bisher der Einzige, der Angst hatte?

371. Gibt es Menschen von Gott, die nur gespielt böse sein müssen, um uns zusammenzuführen?

372. Alle Menschen sterben fehlerfrei oder nach Gottes Willen.

373. Alte Menschen optimieren ihr Handeln über lange Zeit.

374. Wäre jeder Mensch so, wie er sein sollte, wären wir alle glücklich, gleich und bei Gott.

375. Der eigene Wille ist nie ein Hindernis, sondern eine Möglichkeit zur Entfaltung.

376. Falsch gedachte Situationen lassen das Gute zum Vorschein kommen.

377. Fehlerfreiheit inbegriffen, und alles auf der Welt stimmt.

378. Wenn Menschen Gedächtnislücken haben, geht etwas von ihrer Eigenständigkeit verloren. Dann müssen sie nach ihrem Gewissen, Verstand und natürlich nach Gottes Willen handeln.

379. Der Mensch ist dankbar für sein Leben.

380. Der Mensch sieht den Tod und das Sterben als Bestrafung an, aber ahnt seine Zukunft nicht.

381. Wir können uns Gott anvertrauen und beten.

382. Gott verlangt keine Gegenleistung und honoriert dein Verhalten, das dich ausmacht und das er zu schätzen weiß.

383. Alle Menschen stehen in einer langen Schlange und erhalten einzeln eine Repräsentation dessen, was in ihrem Leben passiert ist.

384. Gott mischt Gutes und Fehler.

385. Gott sieht das Gute und unser Verhalten.

386. Gott entscheidet, wann die Spirale zu Ende ist, und ist live dabei.

387. Das Ende ist pure Zufriedenheit mit Glück, dem Glauben an alle und mit Liebe.

388. Die Erde ist unser Paradies.

389. Jeder Mensch spendet Glück und Liebe.

390. Alle Lebewesen sind in ihrem Verhalten und Umgang voneinander abhängig.

391. Da Gott jeden Menschen einzeln erschaffen hat, gibt er uns eine große Vielfalt, die allein dadurch entsteht, dass jeder anders ist. Und das macht glücklich.

392. Der Weg, der richtig ist und uns führt, ist unser Weg.

393. Mach es richtig, und du machst es gut.

394. Manche Wege kreuzen sich, laufen parallel oder finden sich erst spät, zum Schluss.

395. Gott gibt jedem die freie Wahl, sein Leben zu gestalten.

396. Fehlerfreiheit wollte Gott den Menschen nicht einfach so schenken, also verteilte er an jeden Fehler.

397. Die Menschen streben dank Gott nach dem Guten, und sein Spiel von richtig und falsch beginnt für alle. Wir sehen uns, wie wir wirklich sind, so Gott will.

398. Der Tod kann uns räumlich trennen, muss es aber nicht.

399. Gott setzt Schwerpunkte und fördert das Gute.

400. Gott bestimmt den Weg ins Paradies.

401. Er will Gleichheit mit Chancen für alle.

402. Gott ist Gott, und Menschen sind Menschen.

403. Wir haben unseren Hauptgott in der Sonne, alle gleich.

404. In unserer persönlichen Seele haben wir noch zwei Götter, für Glauben und Persönliches.

405. Die Götter zeichnen ein Bild von uns mit ihren Genen.

406. Zum Gleichsein gehört das Verhalten, das Geben und Nehmen ermöglicht.

407. Gottes Mensch gibt gerne und empfängt genauso gerne.

408. Wir können keine neue Erde erbauen, wir strukturieren nur um.

409. Ich glaube, ich werde belächelt und nicht ernst genommen.

410. Viele Menschen wollen Wunder nicht akzeptieren, weil sie rational nichts Sinnvolles ergeben.

411. Bei Menschen mit kleinen Augen ist man sich nicht sicher, ob sie leuchten. Genauso unklar sind Menschen, die konstant stumpf schauen, und man vermisst das Leuchten, selbst wenn es nur kurz aufblitzen könnte.

412. Man darf Glauben und Wissen nicht trennen.

413. Jeder hat seinen Bereich zum Leben und Arbeiten.

414. Eltern müssen nicht immer nur Vorbilder sein, manchmal müssen sie genau das Gegenteil tun, um zu korrigieren.

415. Der liebe Gott versteht Witze und lacht gerne.

- Es gibt für den Menschen drei zuständige Götter:
  1. Der Sonnengott für alle.

     Die zwei Götter in der Seele des Menschen:
  2. Der Gott, der Privates reguliert und bestimmt, wie der Mensch an sich ist.
  3. Der Gott, der für den Glauben jedes Einzelnen sorgt und diesen festigt.
- Gott weiß alles.
- Die Menschen nehmen gedanklich jederzeit gegenseitig und immer alles wahr. Das Gefühl kann krank machen, wenn Gott nicht hilft oder man nicht an ihn glaubt. Die Angst, die man dabei bekommen kann, können die Götter zum Guten wenden. Das schadet nicht, sondern hilft. Es ist eher gut als schlecht.
- Ist man sich einer Schuld bei seinem Handeln bewusst und handelt trotzdem weiter falsch, hilft Gott nicht. Allein gelassen und zusätzlich mit dem Gedanken, dass alle einen beobachten, wird man schnell überdreht und muss möglicherweise in einer Psychiatrie über seine Manie behandelt werden oder, im schlimmsten Fall, ins Gefängnis.
- Glaubt man jedoch an Gott, hilft er, zum Beispiel bei der Wahrung der Persönlichkeit und des Intimbereichs. Er schützt und isoliert die harmlosen Gedanken in solchen Fällen, sodass man sich frei fühlen kann, zu handeln. Man darf darauf vertrauen und es nutzen, ohne Angst haben zu müssen, bestraft zu werden.
- Gott stellt sich schützend vor einen und verbirgt die Gedanken des Einzelnen vor dem Rest der Menschheit. So führt es zu keinem Schaden.
- Gott hilft eigentlich immer, lenkt Handlungen und verschweigt sie, wenn nötig.
- Wenn der Mensch glaubt oder liebt und seine Augen strahlen und leuchten, scheint die Welt in Ordnung und Gott zeigt sein Gesicht.
- Das sind Wunder, die Gottes Güte offenbaren.
- Leuchtende Augen sind flexibel und leuchten nicht immer automatisch; manchmal leuchtet auch nur ein Teil des Körpers.
- Der Glaube an Gott hilft nicht nur, glücklich zu werden, sondern auch zweifelsfrei das Gute zu verfolgen, was schließlich zu klaren Zielen führt.
- Gott hilft immer, egal, welchen Fehler man macht.